石油帝国的兴衰

英国的工业化与去工业化

CRUDE BRITANNIA
How Oil Shaped a Nation

［英］詹姆斯·马里奥特
James Marriott
［英］特里·麦卡利斯特
Terry Macalister
著

刘楚宁
译

中国科学技术出版社
·北京·

Crude Britannia: How Oil Shaped a Nation, ISBN: 9780745341095.
Copyright © James Marriott and Terry Macalister 2021.
First published 2021 by Pluto Press, London. www.plutobooks.com
The simplified Chinese translation rights arranged through Rightol Media（本书中文简体版权经由锐拓传媒取得，Email:copyright@rightol.com）
Simplified Chinese translation copyright © 2024 by China Science and Technology Press Co., Ltd.
All rights reserved.
北京市版权局著作权合同登记　图字：01-2024-2780

图书在版编目（CIP）数据

石油帝国的兴衰：英国的工业化与去工业化 /（英）詹姆斯·马里奥特（James Marriott），（英）特里·麦卡利斯特（Terry Macalister）著；刘楚宁译 . -- 北京：中国科学技术出版社，2024. 11. -- ISBN 978-7-5236-0843-2

Ⅰ . F456.162
中国国家版本馆 CIP 数据核字第 20240D5C13 号

策划编辑	申永刚　方　理	执行编辑	何　涛
责任编辑	方　理	版式设计	蚂蚁设计
封面设计	东合社	责任印制	李晓霖
责任校对	吕传新		

出　　版	中国科学技术出版社
发　　行	中国科学技术出版社有限公司
地　　址	北京市海淀区中关村南大街 16 号
邮　　编	100081
发行电话	010-62173865
传　　真	010-62173081
网　　址	http://www.cspbooks.com.cn

开　　本	710mm×1000mm　1/16
字　　数	334 千字
印　　张	23.75
版　　次	2024 年 11 月第 1 版
印　　次	2024 年 11 月第 1 次印刷
印　　刷	北京盛通印刷股份有限公司
书　　号	ISBN 978-7-5236-0843-2 / F·1279
定　　价	89.00 元

（凡购买本社图书，如有缺页、倒页、脱页者，本社销售中心负责调换）

献给：朵琳·玛西（Doreen Massey）
下一个世代

那些在财富之上繁衍生息的人，竟然是这个国家最贫穷的人，这难道不是一种讽刺吗？
——萨姆·巴迪洛·巴科（Sam Badilo Bako），尼日利亚奥贡尼地区塔巴的一名学校教师

若想铭记……那就永远要先将其记录下来。
——《百无聊赖》（Bored Stiff），粉丝杂志

未来已经降临，只是它还未均匀地分散开来。
——威廉·吉布森（William Gibson），小说家

权威推荐

这是一本真正的奇书，其内容博学而雄辩。作者对英国在这个对石油成瘾的世界中的经历和所扮演的角色发表了独到的见解。他们的书描绘了"石炭纪资本主义"给后代留下的有毒遗产，在这一点上，此书兼具了人性的温度和近乎残忍的冷酷。

——赫伯特·吉拉德（Herbert Girardet），罗马俱乐部执行委员会成员

这本书的叙述十分生动、令人信服且人性化，它讲述了石油是如何渗透进我们的生活，描绘了那些因它而致富和被它抛弃的人的故事，并记述了那些决心看到它走向终结的人的承诺。

——卡罗琳·卢卡斯（Caroline Lucas），议员

这本书很好地说明了英国与石油的有毒关系是如何定义了我们的政治、生活和文化，读起来引人入胜。

——乔恩·金（Jon King），四人派乐队

本书的作者选择了一个通常聊起来会感到枯燥乏味的主题，并将它转化为我们日常生活中的事物。他们凭借着书中无处不在的细腻而完美的细节，向读者展示了石油对今天的英国的影响。

——阿迪蒂亚·查克拉博蒂（Aditya Chakrabortty），《卫报》（*The Guardian*）高级经济评论员

你将在这本书中了解到所有你需要知道的石油在英国工业化和非工业化中的作用——生活是如何被构建、如何被摧毁，以及我们现在对建立一个绿色、公正和可持续经济的诉求是何等的迫切。

——丽贝卡·朗·贝利（Rebecca Long-Bailey），议员

这是一本引人入胜的读物，叙述了英国战后不光彩的历史——操纵市场、捣毁和掠夺企业，以及石油经济的繁荣和萧条。马里奥特和麦卡利斯特冒着承担痛苦后果的风险，扮演了侦探、考古学家和见证者的角色，为读者们讲述了一个有关改变了数百万人生活的石油、金钱和政治的故事。

——玛德琳·邦廷（Madeleine Bunting），作家

本书用丰富且极具趣味性的语言，描述了石油工业对当代英国的塑造力，以及石油工业作为国际金融的一个分支，尽管其未来的不确定性看起来与日俱增，但其到目前为止是如何持续不断地影响着政府的政策和决策者的。

——戴维·毕瑟姆（David Beetham），利兹大学政治学名誉教授

这是一段将石油工业和全球资本主义与当地故事联系起来的辛酸而精彩的旅程，作者在途中以极尽柔和的方式带领读者了解了我们所处世界的背景，并领略了发生在这一刻的诸多隐秘故事之精彩及其间瑰宝之绚丽。在整个旅程中，作者深思熟虑且认真细致地引导着我们。

——法扎纳·汗（Farzana Khan），作家兼伦敦治愈正义组织（Healing Justice London）执行董事

这是一幅生动而透彻的肖像，描绘了石油是如何塑造英国社会

的。马里奥特和麦卡利斯特通过千变万化的事件和地点，向我们介绍了一部分缔造了英国"石油文化"的环境和企业，以及现在正对其发起挑战的人们。他们用激情和睿智叙述了石油帝国的故事。这是一部精彩的原创作品，讲述了石油所带来的持久的民族印记。在这个转型的时刻，石油行业可能将在一段时间内处于最不稳定的状态，而这本书则表明了我们是如何走到了这一步，以及未来将会发生何种改变。

——加文·布里奇（Gavin Bridge），杜伦大学（Durham University）教授

作为一名曾于北海石油全盛时期在海上工作的前石油地质学家，我的思绪被这本书带回到了那个时代。这本书完美地捕捉了当时的情绪和精神，并以法医般的手法，揭示了英国政府和石油公司之间发生的各种政治和金融事件。

——蒂姆·菲尔斯（Tim Fairs），前石油地质学家，理学本硕，芬兰地质学会特许地质学家

目录

引言　001

第一部分
1940—1979

第 1 章　世间已被引燃　014

第 2 章　天国的光辉　032

第 3 章　宝贝，你可以开我的车　049

第 4 章　白日梦背后的污垢　071

第 5 章　唯一的天堂之路　097

第二部分
1979—2008

第 6 章　如果你容忍，你的孩子将会成为下一个　116

第 7 章　《立柱平原》：挽歌　128

第 8 章　盲人之眼　152

第 9 章　本地英雄　180

第 10 章　斯坦洛　196

第三部分

2008—2020

第 11 章　这苦涩的大地　　228

第 12 章　罪恶的交易　　270

第 13 章　愤怒纽带　　302

第 14 章　走向灭绝　　329

后记　风之联邦　　352

参考文献　　358

致谢　　363

引言

被上帝诅咒的欧洲人们啊

带我回到美丽的英格兰

那些阴冷潮湿、污秽不堪的年代

和那些记录诛伐的残书漫卷

雾霭沉沉，笼罩群山

伫立在墓园，这死寂的海上之都

我走过这刺痛骨肉的废墟

鼓点如醉，乱了乐拍

路过泰晤士河细碎微光的闪耀

如同金子，迅速售罄

不为什么……怅然若失

——歌词节选自P.J. 哈维（P.J. Harvey）的《最后一朵活着的玫瑰》（*The Last Living Rose*），2011年

我们首先去参观了废墟。我们沿着庄园大道穿过科林厄姆向河畔驶去。这条路上曾经挤满了油罐车。那些载满了汽油的罐车车轮碾压过山丘，而那些驮着空罐子的则在它们身侧飞驰而过，冲向炼油厂重新灌满汽油。这是一种无休止的循环，仿佛是蜜蜂不舍昼夜地往返于蜂箱。而现在，这条路上几乎连车辆的影子都看不见了。

当我们驶出山脊，河口赫然出现在了我们面前：田野、一片片沼泽地，还有远处汇入大海的宽阔的棕色泰晤士河。潮水退去，航道上几乎没有任何船只。南部的肯特山呈现出清冷的灰色。

从20世纪40年代至21世纪，位于伦敦以东50英里❶处的泰晤士河河口，是英国炼油厂和天然气进口码头的主要区域，类似汉堡附近的易北河或鹿特丹的莱茵河。在20世纪60年代末，这里的男女雇员约有15000名，他们负责着3家炼油厂的管理、另外3家炼油厂的建设以及数家天然气厂的经营工作。放眼望去，地平线上矗立着众多储罐和烟囱。工厂中的火光与灯光划破了夜晚的天空。为了给从全国各地搬来的家庭提供住房，石油公司出资建造了城镇和村庄。

炼油厂主宰了这片区域的命脉。科里顿的工人们纷纷加入了飞马俱乐部，该俱乐部的会所坐落于山脊上，是一座典型的20世纪60年代建筑物。俱乐部内设有许多不同活动的"专区"，其中有游泳、周日足球、保龄球、网球、帆船、高尔夫、板球、曲棍球、羽毛球、戏剧、电影制作、露营、卡丁车、步枪射击、园艺、钓鱼以及嘉年华。

拖船和领航船曾经占据了这条船运通道，这些船只夹在从中东运输原油的油轮和向上游或沿岸油库运送汽油或柴油的小型燃料驳船之间，寸步难行。那时的天空中弥漫着烟囱和发电站排放的浓烟。现如今，历经了两代的洗礼，这个行业几乎已经消亡殆尽。最后一家炼油厂已经于2012年关闭。

我们把车子停在了离旧科里顿炼油厂大门有一段距离的地方，现场的保安肯定会赶来察看情况，但我们希望能够通过这样的方式尽量争取一些时间。我们的左侧是一片宽阔的浅棕色混凝土平地。这片占地数公顷的区域是储罐、裂解塔、管道工程和建筑物的地基。在中间的位置有几座由碎石和灰尘组成的山丘，一台JBC挖掘机在山腰处笨重而缓慢地移动着。一根烟囱拔地而起，孤零零地耸立在高处，那是一根高达300英尺❷的沙色管子，顶部涂有一圈黑色油漆，还有一个小

---

❶ 1英里 ≈ 1.6千米。——编者注

❷ 1英尺 ≈ 0.3米。——编者注

扶手。从那里俯瞰河口的景色一定非比寻常。烟囱的底部被豁开了几个大洞，顺着洞口看去，里面常年经受烟熏火燎的钢铁烟道已经被人拽下来带走了。这台机器已经被肢解了。

这里出人意料地安静，耳边除了远处货运卡车的隆隆声和参与拆迁工作的卡车在倒车时发出的"嘟嘟"声之外，再也听不见任何声音了。一只知更鸟在一棵樱桃树光秃秃的树枝上卖力地歌唱着，这棵樱桃树一定是为了给通往这座大型工业设施的大道增添一抹色彩而种植的。在历经了长达一个世纪的间歇之后，这片沼泽地似乎正在重新焕发着生命力。

在现场入口处的门房上方，一面破旧的英国国旗在风中摆动。很明显，大楼里有人，但他们懒得出来，所以我们径直穿过停车场，朝着一栋侧面标有"泰晤士河企业公园"字样的写字楼走去。这是一座相对较新的建筑，但门把手周围挂有一条生锈的重链和挂锁。我们凝视着一条走廊，那里散落着许多衣服碎片和难以辨认的公司传单。

最后，一个穿着印有公司标志的高可视度背心的男人向我们走了过来。他身材矮胖，50多岁，下巴上留着黑色的胡茬，穿着一双黑色的工作靴。与预料的恰恰相反，我们的出现并没有真的使他感到困扰。我们在他身边站了一会儿，凝视着停车场和那些正在辛辛苦苦地摧毁一座旧行政大楼的人和机器。

"我已经在这儿15年了。先后做过英国石油公司（BP）、瑞士石油冶炼公司（Petroplus）、孚宝公司（Vopak）、泰晤士河石油公司（Thames Oil）和泰晤士河企业（Thames Enterprise）的保安，现在这儿又变回了泰晤士河石油公司。"他说道。这座炼油厂在其60年的使用寿命中经历了多次的所有权变更。它是由索科尼真空石油公司（Socony Vacuum）建造的，后来演变成美孚公司（Mobil），后者又将工厂出售给了英国石油公司。我们调查了几乎空无一人的停车场。

"这个地方曾经挤满了上下班的人。2012年瑞士石油冶炼公司关闭时，这里有800名员工，还有大量的承包商。"他告诉我们。停在柏

石油帝国的兴衰
英国的工业化与去工业化

油路面上的车辆中有许多小型公共汽车。"那些车是用来拉一家拆迁公司布朗 & 梅森（Brown & Mason）的人的。他们大多数是来自英格兰北部的小伙子……他们留下了那根最大的烟囱作为历史纪念碑，其余的3根都被炸毁了。"他的声音中没有一丝一毫的苦涩，有的只是听天由命。这项拆迁工程的规模之大简直令人头晕目眩。这家工厂早在5年前就关闭了。从那时起，数百名工人一直在努力将这里夷为平地，但至今仍未完工。建造这部机器花了2年之久，而拆除工作将会耗费更长的时间。

* * *

我们早在进行这次访问的数年之前就相识了。特里是一位在石油和天然气行业从业35年的记者，最近成了一名能源编辑；詹姆斯是一位作家和活动家，过去30年间一直在对这个行业进行研究。我们的生活由于一个共同的兴趣交织在了一起——我们都热爱音乐。

我们都是石油革命下的孩子。我们的童年在一个充斥着汽油、塑料和杀虫剂的国家中度过。在特里4岁那年，第一架从伦敦飞往纽约的客机诞生了。在距离詹姆斯出生3年之前，英国开通了第一条高速公路。我们都是从出生前就开始乘车旅行的人。我们都曾吮吸过石化厂生产的合成橡胶奶嘴。我们自幼玩的是玩具卡车，十几岁时的白日梦里充斥着各色跑车。后来，音乐带着它那爱的承诺和开放的道路抓住了我们的心。塑料牙膏管、国外旅游、尼龙衣物、食品包装袋、洗涤剂、石油公司的贴纸和车库赠品、充裕而廉价的石油伴随着我们长大成人，并助长了一个时代的乐观情绪。

到了21世纪最初十年，即我们的中年后期，我们发现自己身处的国家正不断地受到冲击——金融崩溃和日益加剧的气候变化，出人意料的苏格兰独立投票和英国脱欧公投，以及使石油世界突然停摆的新冠病毒。我们在工作生涯中一直书写着石油和天然气行业及其给世界各地带来的影响，但眼下，它在英国的动荡中又扮演着什么样的角色呢？

在 2016 年 6 月 23 日的欧盟公投中，前科里顿炼油厂周围的卡斯尔波因特区有 72.7% 的人投票选择脱离欧盟，27.3% 的人投票选择留在欧盟。这是全英国脱欧意愿第三强烈的地区。是什么导致了这些男人和女人们如此坚决地想要退出欧盟呢？我们注意到，在遭遇过石油行业关闭工厂并解雇工人的其他地区，人们对于脱欧的意愿也同样强大，例如在南威尔士的塔尔伯特港。这些事情之间是否存在着某种联系？石油和"落后的英国"、去工业化的英国之间又是不是有着关联？

贯穿了我们童年的"乐观主义时代"是在第二次世界大战之后出现的，那是一场由石油引发的冲突，并在许多方面都是为了石油而战。战后，晚期的大英帝国成了一个石油帝国。人们对于这些事件的记忆往往是被石油公司所左右的，而对我们当今的国家而言，这有何影响呢？

我们对于由人类带来的地球气候变化都深感关切。它将主宰我们以及我们的朋友和家人的余生。大气中二氧化碳的最大来源是化石燃料的提取和消费。而在决定英国应对气候混乱做出的回应时，将利益建立在这一过程之上的石油公司扮演的是什么样的角色呢？

在我们的周围，石油公司同样急切地想要推动他们自己和英国脱碳的愿望。他们这样做是为了应对来自民间社会有关气候保护的压力吗？还是他们认为自己在大数据公司崛起的背景下受到了更大威胁？新冠病毒的大流行使这个国家从通勤转向了居家办公，从汽车转向了视频会议软件 Zoom，这场疫情对这一威胁进行了强有力的阐释。

在这些问题的驱使下，我们在过去 5 年间于英国各地游历，试图了解石油究竟是如何影响到了战争、城市、金融、运输、工业、社区、地区、国际关系、消费模式、大众文化，等等。简而言之，也就是石油到底如何塑造了一个国家。

在我们的旅程中，有 3 项观察结果在引导我们理解的过程中起到了尤为特别的作用。

剑桥大学的学者海伦·汤普森（Helen Thompson）向我们解释说：

"对石油展开思考是一件极其困难的事情,我认为人们是无法办到的。因为石油太过庞大了,就像是一个平行世界。它渗透了一切。我们的日常生活已经离不开石油了,尽管大多数人还无法自觉地去理解这一点,但大家或多或少都意识到了我们都是由石油引起的许多坏事的同谋。"

保罗·史蒂文斯(Paul Stevens)是邓迪大学的石油政策和经济学教授,这个职位是由英国石油公司创造出来的。在我们展开研究的早期,他曾这样提醒过我们:"他们避开了公众的视线。比起公开露面,他们更喜欢将自己隐蔽起来,因为石油公司一直以来都不受待见。而且他们真的不需要花太多力气去游说,因为(得益于他们的巨额税收),他们正在向政府敞开大门。"在史蒂文斯的帮助下,我们将石油行业理解为一种"潜艇式行业"。

一位资深石油高管私下告诉我们:"人们都认为大型石油巨头拥有巨大的影响力,但实际上他们的影响力小得可怜。大公司是政策的接受者,而非制定者。或许他们只能在小范围内玩玩游戏罢了。"

在这本书中,我们试图将英国描述为一块由石油组成的土地。伦敦,由石油塑造。泰晤士河、塞文河、默西河、福斯河和迪河几个河口地区,受到了该行业近一个世纪的浇铸。最与众不同的是北海,它变成了一个主要由少数几家公司经营的离岸殖民地。在所有这些地方,我们都与各行各业的人们进行了交谈。我们试图通过当地的例子,来了解石油在过去以及现在是如何影响着英国的经济、政治和社会的。

在对这个由石油组成的国家的研究过程中,我们也了解到了这个国家是如何开始对石油产生影响的,我们国家的人民正在以何种方式改变着石油工业,并加快速度形成一个新的时代。

* * *

驱车返回山脊后,我们来到了位于科林厄姆村郊区的飞马俱乐部。这里是由美孚公司建造的,在我们首次到访时,它还是那些在科里顿工作的人的社交中心。在阳光明媚的露台上，我们遇到了托尼·韦德（Tony Wade），他是这次聚会的组织者。他正在和另一位头发花白的男人交谈："你听说埃尔米的事了吗？他去世了，石棉肺。"

我们一起眺望俱乐部的足球场、庄园、沼泽地和远处的河流。"没错，风景的确很好，但如果能看到几家炼油厂的话会更好。"70多岁的韦德是个性格吵闹的人，时常发出热情澎湃的咆哮。"他们留下了一根流体催化裂解装置上的烟囱。他们说这是出于历史原因，但很明显，这实际上是为了让他们在需要的时候可以获得三层仓库的规划许可。你看过中国的集装箱港口吗？那正是迪拜港口想要在此处炼油厂的位置上建造的。"

在远处，在泰晤士河布满褐色污迹的边缘，我们可以看到12台巨大的龙门起重机，远洋船只从海面滑入港口，而这些大家伙则被用于将那些装载在船只之上色彩鲜艳的集装箱吊上吊下。科里顿的隔壁还有第二个更大的炼油厂——壳牌赫文炼油厂（Shell Haven）。该厂由壳牌公司（Shell Group of Companies）所有，建于20世纪40年代末，用于加工科威特原油。它于1999年关闭，比科里顿早了10多年。这片场地被拆除了储罐和裂解塔，并作为航运和分销中心出售给了迪拜主权财富基金（Dubai Sovereign Wealth Fund）旗下的迪拜港口。这其中还有一个富有诗意的转折，事实上，壳牌和迪拜的统治家族都是依靠在海湾开采石油发家致富的，而现在，迪拜正在收购前者的废品。不过直到英国纳税人士在数十年不间断的精炼后，他们终于提供了进行土壤净化的资金，此事才算结束。

"噢，我的先生，您实在应该感到荣幸。这位是约翰·维托里（John Vetori）先生，他是科里顿的前经理之一，此次前来加入我们。这可是一个少见的待遇。"韦德说道。一个60多岁、皮肤晒得黝黑的男人大步走到阳光下，他整齐地穿着一身高尔夫球服。他由内而外地散发出一种与聚在我们周围的其他人截然不同的自信。"我不想待在外面，因为我需要避一避太阳。"维托里宣布道，于是我们都退回到了酒吧的座位上。其他人也加入了我们的行列，很快就有14位男士聚集在了一起，静静地等待着对话的开始。这一天似乎得到了命运的眷顾。在同一天，英国首相特蕾莎·梅（Theresa May）发动了《欧洲联盟条约》第50条，即英国正式要求退出欧盟。

斯特凡·罗戈基（Stefan Rogocki）曾在科里顿的油罐区工作，他辗转于巨大的装满汽油、柴油、沥青和喷气燃料的巨大灰白色钢瓶之间。他的脸色十分苍白。受工厂疾病的影响，他在工厂关闭之前就停止了工作。此后，他的儿子迈克（Mike）开始在炼油厂上班，就在最近，当他即将完成学徒生涯之际，瑞士石油冶炼公司却破产了，他被解雇了。迈克在福利炼油厂（Fawley Refinery）做了一阵子的保安，但当他在迪拜港口码头找到了一份驾驶起重机的活儿后，便回到了该地区。"他是一只'天狗'，"他的父亲说道，"他一年挣3万英镑。要是炼油厂能一直开着的话，他就会得到炼油厂的一半。"

瑞士石油冶炼公司的关闭似乎让所有男人都大吃一惊。"它正在赢利。""他们是为了支持在德国、比利时和法国的其他工厂才关闭了这座工厂的。"然而，瑞士石油冶炼公司自身并没能在科里顿坚持多久。该公司在炼油厂关闭后不久，就因欠债权人15亿美元而倒闭了。科里顿的800名被解雇员工没有得到任何裁员待遇。"我只得到了一点儿少得可怜的国家裁员补助，"戴夫·穆森（Dave Musson）说道。这些前雇员认为，这家现已倒闭的公司的所有者只是充当了资产剥离器罢了。然而，他们最强烈的批判并不是针对瑞士石油冶炼公司的负责人，而是一位名叫托马斯·奥·马利（Thomas O'Malley）的美国人。有人则将矛头指向了欧盟。"它本应提供一个公平的竞争环境，英国政府遵守了规则，但其他国家政府却没有。德国人、法国人和比利时人保护了他们的工厂，我们的却被关闭了。"没有人批评英国政府。英国首相戴维·卡梅伦和财政大臣乔治·奥斯本（George Osborne）尽管在公开场合对欧盟持强烈的批判态度，但他们似乎也未能逃过一家总部位于瑞士的石油冶炼公司的操纵。

事后来看，我们不难发现科里顿的命运可能早在被关闭的十年前就注定了。作为与美孚进行资产互换的一部分，英国石油公司于1996年收购了这座炼油厂。然而，彼时英国对汽油、柴油和航空燃料的需求正在下降，与此同时，印度和中国正在建造炼油厂，以满足蓬勃发展的亚洲市场的需求。为了提高该炼油厂的竞争力，英国石油公司在首席执行官约翰·布朗（John Browne）的领导下，极力降低其在科里顿的成本。两年后，也就是1998年6月，当得知壳牌将关闭其邻近的炼油厂，并解雇290名直接员工时，该工厂的工人们震惊到了无以复加的地步。在近十年后的2007年2月，在布朗和当时的英国石油公司炼油业务负责人约翰·曼佐尼（John Manzoni）的监督下，科里顿炼油厂被出售给了瑞士石油冶炼公司。

我们在一处远离飞马俱乐部酒吧人堆的地方与埃迪·霍里根（Eddie Horrigan）交谈。他就住在北边的巴西尔登，那里的楼大部分建于20世纪50年代，一部分是为了给炼油厂的工人家庭提供住所。这家石油公司为这座新城的建设提供了资金。"我住在巴西尔登附近的一个小地方，那儿有40到50人在美孚工作过。"

霍里根解释说，大约在2006年，当他即将退休时，带着几位科里顿的学徒去参观他在巴西尔登就读的学校。那天是职业日，他在学校中为六年级学生们讲述在炼油厂工作的情形。"他们中竟然没有一个人知道炼油厂是什么！我震惊了！我把这事告诉了老师。"

在几年的时间里，这些曾用火光与灯光划破夜幕的巨大工厂，已经被从泰晤士河口的景观景象和人们的生活中抹去了。炼油厂现在更多地存在于前雇员的脑海中、心中以及他们的肺组织中，而不是在沼泽地上的现实之中。

***

在离开科里顿的路上，我们在巴西尔登附近的一个加油站停了下来，加满油后，我们向在收银台服务的女人询问卡车什么时候来为地下储罐加油。她很友善，但她所知道的只是一辆英国石油公司的油罐车会在每天清晨时分过来。她穿着一件印有英国石油公司标志的衬衫，于是我们问她是否受雇于该公司。她回答说："哦，不是的，我是英国燃油集团（Motor Fuel Group）的雇员。"回到车里，我们借助自己编制的图表整理出了一条无铅汽油进入我们的发动机的行程轨迹。

为我们重新加满油的带有英国石油公司标志的加油站，实际上并非为英国石油公司所有，而是为英国最大的加油站前院运营商英国燃油集团所有，而该公司本身是由一家美国私人股本公司所有。为这座加油站提供运输服务的油罐车上，虽然印有英国石油公司的标志，但该车实际上是为一家美国运输跨国公司——XPO物流公司所有。这辆油罐车的司机主要在夜间送货，他从位于科里顿旧址的泰晤士河油港出发，一路下来，途经数十座加油站。这座贮存库由伦敦私人股本公司绿色能源公司（Greenergy）所有。泰晤士河油库还通过英国石油管道管理局向斯坦斯特德机场、盖特威克机场、希思罗机场，以及位于萨福克的霍宁顿等英国皇家空军基地提供航空燃料。60年来，出于国家安全考虑，这些管道一直归英国政府所有；现在，它们归西班牙的CLH所有，其最大股东是CVC——一家在卢森堡注册的私人股本公司。由泰晤士河石油公司提供的燃料由船舶供应至仓库。这大概率是一艘来自像维多（Vitol）这样的石油贸易公司的油轮，这是一家总部位于瑞士的私营公司。这艘油轮本可以从全球任何一个地方抵达，但它选择了位于印度西孟加拉霍尔迪亚的炼油厂，因为在那里，它可以装运到经过加工且符合欧盟标准的燃料。那么，那家炼油厂的原油又是来自哪里呢？我们都知道，英国石油公司持有一份向霍尔迪亚供应石油的合同，但供应源却是一桩商业机密。在这一点上，由于供应轨迹中存在太多的变量，因此我们再也无法在这个工业世界的灌木丛林中追寻到它的踪迹。

P.J.哈维在歌中唱道：

> 路过泰晤士河细碎微光的闪耀
> 如同金子,迅速售罄。

让我们来讨论一下,这一切意味着什么?这意味着十年前,当这些道路上车水马龙时,英国石油公司在科里顿进行了燃料的精炼。其公路油罐车为大量的加油站运送石油,而我们随便驶入的一个加油站,可能就是属于这家公司的。反观现在,尽管交通同样繁忙,但纵观整个系统,从印度的一家炼油厂到我们停车的车库,都是由一系列富有吸引力的私人股本公司拥有和掌控的。这些公司尽情地享用着英国石油公司和壳牌炼油厂关闭后留下的废墟。随着大公司逐渐撤出,他们开始向英国进军。

但为什么说这些事很重要呢?我们还能给车加满油就够了不是吗?那是因为这些公司几乎都是在像卢森堡或摩纳哥这样的国外避税港注册的。而这些公司的经营者往往都是因逃税而流亡海外的百万富翁。

尽管大家都在谈论着化石燃料的终结、电动汽车的繁荣和可再生能源的兴起,但石油在英国的经济中仍然起着至关重要的作用。在新冠疫情大流行过后,随着一切恢复"正常",路上依然行驶着同往常一样多的卡车,空中也有着同样多的飞机飞过,厨房里的塑料依旧不见减少,田间也同样喷洒着大量的杀虫剂。然而,我们社会这股血脉的控制权现在却掌握在了极少数富人的手中,他们完全隐藏在公众视线之外,处在一个政治家、工会或民间社会团体都无法触及的位置。

那些私人股本公司的所有者们,希望从英国获得最高的资本回报率和尽可能低的税收,同时遵守最不严格的规定。他们最不希望看到的就是为了应对气候变化而限制燃料的销售。英国石油公司、壳牌公司和其他公司的负责人,可能还会为了安抚公众情绪而发表一篇脱碳承诺声明,但私人股本公司的那些人却完全隐藏在公众的视野和压力之外。

位于泰晤士河口的社区中的居民们,就居住在像泰晤士河石油公司这样的资产旁边，血脉在这些社区中流过，然而这些私人股本公司的所有者们却几乎对这些地方一无所知。他们当然不会像科里顿的石油公司那样为员工们建造房屋。而那些就职于泰晤士河石油公司的人可能也谈不上有什么工作保障。

这仍然是一个"潜艇式行业"。只是现在，一部分是为了应对来自民间社会的压力，这艘潜艇又进一步向深海潜去。我们的旅程是为了追逐它的脚步，并找出这个行业是如何帮助人们建立了英国的过去，并仍然在塑造英国的未来一事上发挥作用。

我们继续前行。当我们到达 A130 公路上的本弗利特山顶时，泰晤士河入海口处的风光尽收眼底。在山的下方，在科里顿周围的平地上，是一片组成泰晤士河石油公司储存设施的肮脏的白色圆柱体。在更远处，停泊在一个码头上，一艘停泊在码头上的巨型油轮正在将燃料泵入血脉中。

第一部分
1940—1979

第 1 章
世间已被引燃

石油开始燃烧,

所有的土地都无法幸免。

世间已被引燃,

但我们的祖国以石油为名。

——歌词节选自库尔特·魏尔(Kurt Weill)的《马盖特贝壳洞窟》[莱奥·拉尼亚(Léo Lania)的音乐剧《石油热潮》插曲,1928 年创作]

1941 年夏天,特里的父亲伦诺克斯·马克·麦卡利斯特(Lennox Mac Macalister)是北非沙漠战争期间英国皇家空军机动野战医院的一名外科医生。为了试图减缓隆美尔指挥下的德国军队的前进速度,英国军队已经战斗了一年之久。轴心国❶的最终目标是伊朗和伊拉克的油田。

马克·麦卡利斯特的命运任由石油摆布。正是由于坦克缺少柴油,隆美尔才无法攻占开罗;而也是因为有了航空燃料,英国皇家空军战斗机才得以在空中飞行,并扰乱德国的补给线。在沙漠中,汽油的重

---

❶ 轴心国是指在第二次世界大战中结成的法西斯国家联盟。——编者注

要程度不亚于水。

在同一个月里，詹姆斯时年10岁的父亲理查德·马里奥特（Richard Marriott）在一个石油极度匮乏的世界中生活着。利兹附近的"守护者乡村别墅"靠着燃烧木柴来取暖。送他去南方上学的是燃煤火车，玩具是由木头、铅或胶木制成的。他在日常生活中连一丁点塑料的影子都看不到。每一滴原油都被贡献给了战争。

像这样以石油为中心展开的战争，并非只在北非一处上演过。1941年6月22日，德国军队入侵苏联，决心征服高加索油田。一个月后，美国对出口至日本的石油实施了禁运。紧接着，英国政府和荷兰流亡政府也颁布了类似的禁令。作为报复，日本于1941年7月25日入侵了中印南部，并前往了主要由壳牌公司控制的宝贵油田——婆罗洲油田。

1941年夏天，英国能在独善其身的情况下幸存的概率看起来十分渺茫。美国尚未参战，日军将他们目之所及的一切都扫荡得一干二净，隆美尔在北非大获全胜，而苏联红军则在德国进攻之前就撤退了。在全球范围内，石油的开采、精炼和分销是每一场冲突的核心。

在这个石油战争席卷全球的时刻，英国做出了一个关键性的转变，他们舍弃了煤。50多年来，一节节满载着燃料的车厢缓慢而笨重地在全国各地穿梭，它们在铁轨上隆隆前行，驶过了一站又一站。很明显，以这种方式运输汽油是极易遭遇空袭的。

英国使用的每1加仑❶石油产品，都是被运送至福斯河和泰晤士河等东部河口的。但1939年第二次世界大战全面爆发时，东部海岸极容易受到德国空军、海军和水雷的袭击。泰晤士河口成为一处杀戮之地。因此，决定英国是否能继续参战的石油被改运至西部港口，例如位于默西河畔，临近斯坦洛炼油厂的布罗姆伯勒，以及位于塞文河口，临

---

❶ 1加仑 ≈ 4.5升。——编者注

近布里斯托尔的埃文茅斯。

1941年初，在伦敦大轰炸的"闪电战"期间，壳牌公司经由英国政府石油部的委托制订出了解决这一问题的计划。同年4月2日，由安德鲁·阿格纽（Andrew Agnew）爵士领导的石油委员会批准了从埃文茅斯到沃尔顿的管线图纸。5月，施工正式开始。这个处于战争状态的国家将大量的钢铁和劳动力转移到了这个项目上。到1941年11月，"埃文茅斯/泰晤士"即"A/T"管道开始为全国各地输送车用汽油、拖拉机用柴油以及灯用煤油。这条管道线路不出几年便延伸到了位于泰晤士河口的壳牌港口码头和谷岛。

很快，从埃文茅斯到斯坦洛旁边的布罗姆伯勒的"北/南"，即"N/S"输油管线也被扩建了出来。其中一条管道从斯坦洛出发，穿过米德兰郡，到达诺丁汉郡的米斯特顿和贝德福德郡的桑迪。另一条管道以位于格拉斯哥不远处的克莱德河上的老基尔帕特里克为起点，穿过苏格兰，最终到达位于爱丁堡附近的福斯湾的格兰杰默斯。还有一条是从泰晤士河口的泰晤士港出发，一直延伸到诺维奇和萨夫隆沃尔登，这条管道为轰炸机机场提供了航空燃料。由国家出资打造的7.5万吨钢管将英国的河口连接了起来。作为这个国家的地下主干道，它们发挥着与地面上的公路、运河和铁路同样重要的作用。1000英里的石油如同血液般在其国土之下暗流涌动。这些由国家所有并由两家私营公司进行有效管理的管线，不仅避开了敌机的侦察，还躲开了那些窥探的目光与公众的视线。

我们从车站步行到河畔，泰晤士河沃尔顿的郊区街道足有1英里长。在连接萨里和米德尔塞克斯河岸的桥下，我们转而乘船，沿着河道顺流而下。

在这场意在理解我们时代大漩涡背景的旅程中，我们需要回到某个原点。当然，富有这样意义的时刻和地点是数不尽的，但我们需要找到一个才行，那将是一个我们可以抓住并追随的线索。我们来到了英国石油系统的腹地。

第 1 章　世间已被引燃

6 个灰白色的储罐被隐秘地放置在一个被草覆盖的土堆和高高的铁丝网后面。我们沿着这些储罐的北侧向大门走去。除了一块声明此地归 CLH 公司（Companyia Logistica de Hidrocarburos）所有的招牌，没有任何其他线索能够显示出这片场地的功能。

* * *

无论从实践还是记忆角度来说，第二次世界大战都是一场石油之战。从那以后的 80 年间，人们已经将第二次世界大战的意象提炼为喷火战斗机和兰卡斯特轰炸机、北非沙漠中的坦克以及大西洋护航队运输队中的船只。隐藏在所有这些符号背后的是内燃机、管道、炼油厂和钻机。在冲突年代，全球原油开采量大幅增加。事实证明，这场战争是英国向石油世界迈出的一大步，而站在这一切背后的则是私营石油公司和民族国家之间的联盟。

根据英伊石油公司（Anglo Iranian）、壳牌公司以及其他 3 家石油公司和英国政府之间达成的协议，当战争爆发时，企业将集中手头的资源，并在战斗期间将其置于国家控制之下。石油委员会的成立是为了监督海外石油的交付、码头的运营、炼油厂的管理以及向平民和武装部队零售燃料。公路油罐车上与加油站中的壳牌和英国石油公司标志被拆除了，它们被涂上了不显眼的伪装，并被改称为"POOL"。

这些公司在英国和海外的员工实际上都被征用了。战争伊始，壳牌驻埃及代表大卫·巴兰（David Barran）曾希望应征入伍，但战争办公室（War Office）要求他留在岗位上，负责协调向在利比亚与德国人作战的第八集团军提供燃料的工作。

为了优先生产新的高辛烷值标准航空燃料，炼油厂进行了重组，在位于桑顿的壳牌研究机构的指导下，斯坦洛站在了这一尝试的最前沿。壳牌公司在希舍姆建造了一座生产高辛烷值喷气燃料的新工厂。整个石油委员会的运作都是由位于伦敦市中心斯特兰德的壳牌 Mex 公司（Shell-Mex）和英国石油公司办公室负责的，由壳牌运输贸易公司（Shell Transport and Trading）董事长、壳牌公司的关键人物安德鲁·阿格纽爵士进行管理。

1939年12月1日中午，当壳牌公司的圣卡利斯托油轮向泰晤士河口驶入时，船长A. R. 希克斯（A. R. Hicks）对他的船身进行了检查。震耳欲聋的爆炸声响起。希克斯俯身靠在海图桌上，他感觉船身的中部被托举了起来，然后从船头开始向下坠落。几分钟后，第二枚水雷引爆，更猛烈的爆炸使一股巨大的水柱向破碎的船体和后甲板冲去。6名男子当场殒命，另有6人受伤。这是壳牌公司第一艘沉没的油轮。

第二年春天，由于轴心国的袭击，贯穿地中海和苏伊士运河的航道对盟军油轮关闭了，因此，来自伊朗的石油进口几乎完全处于停滞状态。精炼产品而非原油横渡大西洋，被从美国、加勒比海和南美洲运出。这些油轮被国家征用，它们被涂上了伪装色，并交由贸易管制委员会进行协调，阿格纽爵士再次担任主席。到战争结束时，已有87艘炮弹船失事，另有50艘严重受损，50艘英伊油轮沉没，657名船员丧生。两家公司的船队几乎有一半被毁。

冒着被大西洋U型潜艇袭击的危险，向在斯坦洛遭受轰炸威胁的埃文茅斯和壳牌工人运送石油的正是英伊油轮的船员们。负责通过管道、铁路和公路油轮为英国机场的英国皇家空军喷火战机飞行员们供应燃料的正是壳牌Mex公司和英国石油公司的员工们。所有的男女雇员都受雇于这些公司，但他们却是在英国政府的指挥下进行工作的。正如英国石油公司的历史学家所写的那样："战时控制机制不断在扩张，直到它变得如此完整，以至于该公司、其他石油公司和政府之间的缝隙似乎本就不存在一般。"

* * *

1934年10月，在希特勒上台20个月后，荷兰皇家壳牌公司

（Royal Dutch Shell）董事长亨利·德特丁（Henri Deterding）爵士与希特勒在元首的私人疗养地伯希特斯加登共同度过了 4 天。《纽约时报》对这次会面进行了报道，德特丁的目标是确保壳牌在"很长一段时间内"垄断帝国内部的汽油分销。到了第二年，有更多的美国领事报告称壳牌的目标是"在德国取得垄断地位"，并称德特丁为了促成这项协议，已经向纳粹政府提供了一笔巨额石油贷款。

1933 年至 1939 年，德国为欧洲提供了最强大的石油制品市场，部分受德国空军重整军备的影响，航空燃料出现了最大幅度增长。英国石油公司占有 9.6% 的市场份额，壳牌公司占有 22.1%，标准石油公司（Standard Oil）占有 26.1%。正如壳牌母公司通过其子公司壳牌 Mex 和英国石油有限公司在英国运营一样，它在德国也通过一家名为"雷亚纳-奥萨格"（Rhenania-Ossag）的公司进行运营。1932 年至 1938 年，该壳牌公司的分支在德意志帝国的营业额从 1.8 亿马克增至 5 亿马克，员工从近 6000 人增至 1 万人，这一增长速度是其在英国的业务中未曾有过的。

在 20 世纪 30 年代，包括英伊石油公司和壳牌公司在内的石油公司，在德国的业务愈发受到纳粹意识形态的支配。在某些地区，人们欣然接受了这一变化。壳牌的雷亚纳-奥萨格公司采用了反犹太人政策，早在《纽伦堡法律》（Nuremberg Laws）提出这一要求的两年半之前，该公司董事会中的犹太成员就被迫辞职了。这一举动需要得到以阿格纽爵士为首的壳牌公司董事会的首肯。这些变化不仅发生在高级管理层，而且贯穿了整个公司的钻机、油港、炼油厂、配送站以及加油站。无论在德国国内还是国外，壳牌公司和英伊石油公司都对纳粹政权的性质心知肚明。当时，达豪（Dachau）和布亨瓦尔德（Buchenwald）等集中营开始运作，盖世太保的手中掌握着绝对的统治权。然而，只要贸易还能够进出德国，这些公司就会继续经营下去。例如，壳牌公司从委内瑞拉的油田进口原油，并在汉堡进行精炼；而英国石油公司则在伊朗的阿巴丹进行原油精炼，并通过海运将其送往德国市场。

法西斯主义也是一种治理结构，它对私有制、稳定性以及国家促进下的经济增长许下承诺，并对有组织的劳工可能造成的干扰采取了限制措施。正如德国希望看到的那样，企业被源源不断地吸引过来创造垄断。与自由竞争相反，对市场的控制可以确保以较低的风险获得更高的资本回报。因此，纳粹德国的严苛准则在许多方面看起来比英国等议会民主国家的易变性更具吸引力，也更有利可图。虽说这个国家有可能会将战略性产业收归国有，但公司和政府之间的密切合作，似乎可以将这一威胁拒之门外。20世纪30年代很好地说明了一个问题，那就是石油公司对民主和开放社会不存在任何固有的忠诚。最能让其效忠的首先是资本回报率。

* * *

1938年，同盟国和轴心国之间发生冲突的可能性与日俱增，战争的潜在影响变得越来越大。一个问题被摆在了英国石油高管们的面前，即在发生战斗时，他们应该支持哪一方。英伊石油公司的选择相对简单，因为一旦宣战，他们在德国的资产可能会被没收；而对英国石油公司而言，他们的加油站和供应系统的多数股权届时将被握在敌国政府手中。然而，壳牌公司却决定将自身划分为一家盟国公司和一家轴心国公司。

德国的壳牌公司雷亚纳-奥萨格在纳粹政府开始入侵其他国家时倒向了政府一侧。德国于1938年3月吞并了奥地利，并于1939年3月吞并了捷克斯洛伐克，此后，纳粹团体批准了在这些国家中的壳牌公司将归雷亚纳-奥萨格公司控制。1940年6月法国沦陷后，荷兰皇家壳牌公司在所有被轴心国占领的国家中成为德国经济的一个关键部分，担任其领导，或者说管理人的是埃克哈特·冯·克拉斯（Eckhardt von Klass）。冯·克拉斯是在被占领的荷兰中的德国政府最权威人士、德意志帝国主义者塞斯-英夸特（Seyss-Inquart）的批准下接受任命的。印有纳粹党徽的旗帜被悬挂在了壳牌公司位于荷兰海牙卡雷尔范比兰德兰的总部外。位于鹿特丹附近的佩尔尼斯的炼油厂在1940年持续运营了一整年，并在三年后被重新用于加工来自轴心国罗马尼亚的原油。位于阿姆斯特丹的壳牌实验室也在继续着他们的工作，其中包括了对杀虫剂滴滴涕（DDT）的生产调研。

根据官方的公司历史的描述，冯·克拉斯"极尽所能维护了荷兰皇家壳牌公司作为控股公司的完整性，他此举意在保持公司业务强大，从而使公司在战后为德国服务。为此，他奔走于世界各地，对被占领的欧洲的（壳牌）集团公司进行监督，并通过谈判成功收购了位于匈牙利、南斯拉夫和希腊的公司。"当德国入侵苏联时，为了重新获得该集团对那片已于1921年国有化的油田的所有权，冯·克拉斯火速与柏林取得了联系。1942年9月，冯·克拉斯自愿提供设备和106名壳牌员工，来协助德国军队在被占领的苏联领土上建造一座炼油厂。拆除位于法国鲁昂附近的小库罗讷市的壳牌公司炼油厂，并将其转移到高加索地区的计划已经制订完成。然而，随着德国军队向巴库挺进的行动被叫停，这项计划也被搁置了。

1940年，罗马尼亚的油田全年向德国输送了140万吨石油，到1943年秋季，该数字已经攀升至300万吨。壳牌公司是罗马尼亚最大的石油生产商。德国战争机器所需的大部分石油，都来自壳牌公司位于普洛耶什蒂的炼油厂，尽管该炼油厂自1942年6月以来不断地遭到同盟国的轰炸，但它一直在维持运作。"德国人强迫大批劳工重建普洛耶什蒂周围的炼油厂。"该公司的历史中这样写道。

壳牌的员工与德国国家铁路（Reichsbahn）的员工合作，共同监督从罗马尼亚的公司自有油田到位于汉堡的哈伯格炼油厂，或位于鹿特丹的佩尔尼斯炼油厂的原油运输工作。壳牌公司的员工负责协助从这些炼油厂向德国的空军基地或被占领土的机场运送航空燃料。1941年春，当输油管道铺设到沃尔顿时，梅赛施密特战斗机和喷火战斗机在英吉利海峡上方发生了一场恶战，而这两架战机都是由壳牌公司的燃料驱动的。

壳牌，这家被一分为二的公司在整个战争期间持续服务于两个阵营，无论是处在法西斯主义还是民主政体中，它都能够赢利。战争结束四年后，壳牌出版了一套名为《壳牌战争成就》(Shell War Achievement)的四卷作品，并聘请了著名艺术家保罗·荷加斯（Paul Hogarth）和罗纳德·塞尔（Ronald Searle）为其绘制插图。这套书的主要读者是其公司的员工，书中描述了该公司在冲突期间对同盟国做出的支持。如今，该公司在2007年出版的官方历史中着重说明了冯·克拉斯作为主席的低效，以及员工在面对被德国占领一事时的消极抵抗。壳牌公司在纳粹国家中所扮演的角色令人尴尬。

壳牌公司在轴心国和同盟国两个阵营中都有业务。企业经常试图宣称他们是超脱于政治的，但正如战争所表明的那样，这家公司的规模如此之庞大，以至于他们不可能不影响到政治。在冲突中，壳牌公司的作为和不作为对英国产生了影响。如果壳牌公司炸毁了其位于荷兰和法国的炼油厂，并摧毁其在罗马尼亚的油井，那么英国在战争中的走向将有所不同。石油公司塑造了这场战争，也塑造了这个国家。

* * *

那天早上晨光灿烂，一阵和煦的微风从东北方吹来。圣保罗大教堂穹顶之上的观景廊是一个俯瞰城市、凝视过往的好地方。一幅标志性的画面萦绕在我们的脑海中——当德国空军的炸弹在"闪电战"中呼啸而下时，这座穹状建筑物巍然矗立在烟雾和火海上。虽然战火引燃了周遭的一切，但圣保罗大教堂却奇迹般地保留了下来。另一幅画面是手中拄着拐杖、头戴洪堡帽的丘吉尔，在一座遭遇了空袭的城市废墟上进行视察。一座大都市就这样在航空燃料的协助下被摧毁了。

到1945年，伦敦市中心的大部分地区，尤其是伦敦城，都因轰炸而面目全非了。沿着泰晤士河从河口一直延伸到旺兹沃思的码头，自

19世纪70年代以来一直都是通往大都市的主要石油供应通道，而现在，它也已经被摧毁了。伦敦不像汉堡、德累斯顿或华沙那样荒芜，敌军的轰炸结束后，这些城市变成了残垣断壁的海洋，身处"海难"中的公民们试图让他们的生活看上去与从前一样。伦敦的任何一次经历都无法与德国的"零点时刻"（Stunde Null）相提并论，但"闪电战"是一个决定性的时刻。在炸弹的轰鸣声中，超过43000名伦敦人被炸死。也许是强烈的冲击让公民们做好了彻底改变的准备，一个新的伦敦在废墟中浴火重生，这是一座石油之城，一个"石油都会"。

在战争期间，由于伦敦仍处于轰炸的威胁之下，伦敦大学学院城镇规划学教授兼伦敦市议会顾问帕特里克·阿伯克龙比（Patrick Abercrombie），在英国皇家地理学会（Royal Geographical Society）提出了一项关于未来城市的愿景。他提议建立一个"帝国中心"，而为了达成这一目标，他认为有六个决定性因素亟须解决。第一个决定性因素是对公路和铁路交通的管控。他宣称，道路交通是一种"屠杀了众多男性、女性，尤其是儿童"的"威胁"。另外五个决定性因素是住房，工业，伦敦的乡村单元，空地，地下输水、输气管道以及电力等。为了创造一个崭新的伦敦，以上这些问题必须加以解决。

正如英国皇家地理学会主席在回应这位规划师的描述时所说："他们的梦想也许不会如他们所梦想的那般得以实现，但他们所做的一切，让年轻一代走上了他们必须走的道路。如果他们想让伦敦成为一个新伦敦，比像我这样的老年人所熟悉和喜爱的老旧且破败的旧伦敦更值得居住，那他们就必须前行。"

阿伯克龙比的愿景变成了一项具体的提案，并在战争迅速发酵时经由伦敦市议会发表。我们坐在一家咖啡馆里，摊开了一份随《1944年大伦敦规划》（Greater London Plan 1944）一起发布的地图的副本。我们凝视着那些紫色、棕色和绿色的斑点，它们代表着工业、住房和公园，那个我们所成长的世界映入眼帘。这里是像哈洛一样的新城镇。这些黄色的小斑块代表的是未来的希思罗机场和盖特威克机场。而这里，这条环绕着大都市的宽阔的白线，后来成了在达特福德横跨了泰晤士河的 M25 高速公路。直到 1986 年，也就是阿伯克龙比的团队起草该计划的 42 年后，该计划才得以完成。

看着这张地图，我们感到一阵眩晕，因为我们意识到了自己自 20 岁出头以来一直居住的城市，不仅处在有机演变中，而且这些演变在很大程度上是由战争中期的少数几个人设计的。我们只是他们设计中的统计数据罢了。这项设计旨在创造阿伯克龙比所说的人类与环境之间的"平衡"。这座城市与希特勒和斯佩尔（Speer）的新柏林或勒琴斯（Lutyens）的新德里不同，它不是为了吓唬它的居民或游客而建的。跟柏林不同，这里没有能让炸弹为之开路的"辉煌大道"，但这是一个更近似市民城市的地方。在一个建立在种族主义等级制度基础上的帝国中心建立一座具有一定程度的公平性和多样性的城市，这恰好体现了彼得·阿克罗伊德（Peter Ackroyd）所描述的"伦敦的民主主义和平等主义天性"。

然而，这个新的社会民主主义伦敦有一个关键的基础：石油。19 世纪和 20 世纪初的伦敦是从英格兰和威尔士的煤矿中发展而来的。无烟煤的价格低廉，因为资本并没有被用于改善工作条件，而且矿工的工资极低，这一切让它得以建造出一个历史上最大的城市。廉价的煤炭在窑炉中燃烧，把黏土烧成了数不尽的砖；廉价的煤炭用高温使白垩与泥土熔融，创造出了水泥的海洋；廉价的煤炭在数百万保温不良的房间的狭小炉箅上默默燃烧，发出暗淡的红光；廉价的煤炭为火车提供了燃料，将劳动力和其体内的养料带入大都会；廉价的煤炭生产出了城镇煤气，照亮了建筑物和大街小巷；廉价的煤炭为发电站提供了燃料，从而产生了供有轨电车和地铁运行的电力。没有廉价的煤炭，就没有现代的伦敦。

阿伯克龙比的计划标志着英国从煤炭之国到石油之国、从煤炭之城到石油之城的转变。煤也许能让家里的壁炉一直燃烧，但希思罗和盖特威克的民用机场正蓬勃发展。为了给数千架燃烧航空燃料的飞机提供燃料，新的黑马从战争中建造的主管道系统中杀了出来。哈洛和巴西尔登等新城镇围绕着汽油，将重点放在了小汽车的生产上。巴西尔登的部分资金来自美孚公司和壳牌公司。石油造就了像A40西部大道和A12东部大道这样的公路干线。高速公路专门为柴油驱动的公共汽车和汽油驱动的私家车而设计，上面不会运载电动有轨电车。被阿伯克龙比称为"威胁"的交通问题不是通过设置限制或禁令，而是通过规划更宽阔的道路来解决的。伦敦正在效仿美国的州际公路和纳粹德国的高速公路，在那里，汽车的普及被视为通往国家进步的道路，例如"大众汽车"，也就是"平民的汽车"。

* * *

我们从圣保罗附近的咖啡馆穿过千禧桥，凝视着泰特现代美术馆的高塔。在1981年关闭之前的90年间，位于这处河岸的各个发电站一直在城市的中心发电，其中绝大多数是燃煤电站。我们沿着泰晤士河的堤岸向上游走去，河中几乎没有往来的船只。依稀可见的只有燃煤拖船和轮船以及靠潮汐驱动的驳船和货船的身影。

若想让阿伯克龙比的愿景成为现实，战争的结束与一个有政治意愿推动其实现的政府缺一不可。凭借在1945年大选中的惊人取胜，艾德礼（Attlee）带领工党组建了这个政府。安奈林·贝文（Aneurin Bevan）被任命为卫生部部长，他负责住房事务，并在上任后立即着手与伦敦市议会合作，以实现《1944年大伦敦规划》。国家之所以有能力对首都实施这样的转型，是因为美国政府提供的巨额贷款支撑了这个饱受战争蹂躏的国家的财政，并控制了英国经济的命脉。

1918年，工党通过了一部新宪法，其中包括了著名的"英国工党第四项条款"："保证体力或脑力劳动者……得到生产、分配和交换手段的共同所有权。"尽管受到了多个利害相关团体的坚决反对，但在1945年的选举宣言中获得的巨大政治支持，还是让艾德礼实现了这一愿景。煤矿在1947年被国有化，同时被国有化的还有发电和输电、城镇煤气（由煤炭制成）的生产和分销、铁路、供水以及苏格兰一项横跨高地的水电计划。

自1939年9月战争爆发以来，大部分基础设施实际上都掌握在政府手中。长达6年的冲突表明，即使在要求极为苛刻的情况下，国家也可以有效地管理工业。事实上，此事确凿地证明了对私人资本家来说，重要的事情是可以被置于公共控制之下并有效地发挥作用的。

从事后诸葛的角度来看，有一个行业在这一群体中脱颖而出，那就是石油行业。这场战争说明了石油对工业经济的重要性——它取代了煤炭，成为胜利的引擎。整个石油系统都是在国家的控制下运行的。为什么这种如此类似煤炭行业的安排，却没有导致国家将英国石油行业纳入公有制呢？

壳牌公司和英国石油公司与政府达成了历史性的妥协，这与私人银行和其他英国机构之间达成的妥协颇为类似，这些机构可能看起来与社会民主的新时代并不一致，比如私立学校。妥协的内容提到了石油公司可以保持私有，股东的资产也可以保持不变，但公司要成为支持战后英国的伟大重建的"国家冠军"。自打在战争期间将忠诚一分为二之后，这两家公司都变得十分热衷于强调他们对国家的忠诚。这一妥协对英国社会的正义与平等、英国的外交政策和战争，乃至整个社会对全球生态的冲击方面都产生了深远的影响。

煤矿国有化意味着这项产业将成为国家的一个分支。但由于石油公司仍为私有，这种关系在某些方面发生了逆转——英国政府成了石油公司的一个分支。这些公司帮助塑造了国家的未来。

* * *

沿着泰晤士河散步10分钟后，我们到达了南岸。这里是1951年5月召开的英国艺术节的举办地，并且至今仍是皇家节日音乐厅，是展览的中心。这座由工党政府创建,由赫伯特·莫里森(Herbert Morrison)监督建造的建筑物,是对战后和平和新英国的希望的颂扬。在 5 个月的展览期间,聚集于此的 850 万人中也包括了马克·麦卡利斯特和理查德·马里奥特(Richard Marriott)。当新保守党政府上台时,展览已经落下帷幕。人们普遍认为新首相丘吉尔对这个节日是持反对态度的,因为他称其为"对社会主义的全方位鼓吹"。

在极具未来主义色彩的"云霄塔"下,英国艺术节之《大不列颠导游指南》(About Britain Guides)填补了各种形式的艺术活动的空白,这本书对英国的各个地区都进行了介绍,并鼓励读者去探索他们自己的家乡。书中对从苏格兰东北部到英格兰西南部的最优路线进行了概述。这些路线是给私家车准备的,内燃机打开了这个新的国家的大门。这场英国艺术节的现场十分合时宜地被全国最大的汽油供应商——壳牌 Mex 公司和英国石油有限公司的总部给忽视掉了。

在战前时代,汽车被宣传为一种奢侈品,驾车是一种属于精英的出行方式,而驾驶者们都是"聪明的年轻人"。战后,汽车成了大众和平民交通工具,各色出版物也对"普通人"开车环游全国的想法予以支持。《特殊公路法》(Special Roads Act)于 1949 年通过,在英国高速公路系统的规划之下,一切都在有条不紊地进行着。1959 年 11 月,欧尼斯特·玛波斯(Ernest Marples)开通了 M1 高速公路,而这位交通部部长同时也挥舞着他的"比钦大斧"(Beeching Axe),戏剧性地宣布他们将关闭英国铁路,并停运燃煤火车。

* * *

1955 年 12 月 16 日,年轻的君主伊丽莎白二世在新伦敦机场的女王大楼揭幕,该机场后来更名为希思罗机场。这座现代主义的建筑由弗雷德里克·吉伯德(Frederick Gibberd)爵士设计,当时他还忙于设计壳牌公司位于锡廷伯恩和桑顿的研究中心。皇后行是国有的英国海外航空公司（BOAC）和其他航空公司的办公室所在地，楼内设有一个观景台和屋顶花园，这里成了全伦敦最受游客欢迎的景点之一，因为游客们可以在这里凝望现代世界。

在停机坪跑道上发出闪闪银光的是彗星喷气式客机。每周都有8架BOAC的"彗星"飞往约翰内斯堡、东京、新加坡、科伦坡以及沿途的许多机场。1952年5月，世界首架载客喷气式客机从伦敦飞往了约翰内斯堡。"彗星"第一年的载客量达到了3万人。1953年6月，伊丽莎白二世、伊丽莎白王太后和玛格丽特公主的首次皇家飞行使"彗星"大放异彩。1958年10月6日，一架BOAC的"彗星"首次横跨大西洋，从伦敦飞往了纽约。

这是一个乘坐喷气式飞机出行的新时代，世界上第一架喷气式飞机就是在伦敦的北部郊外制造的。在英国政府的资助和指导下，有4000名员工的德·哈维兰公司（De Havilland）研发出了"彗星"（Comet）客机，研发场地哈特菲尔德机场工厂正是阿伯克龙比构想的未来机场的所在地之一，尽管这一愿景从未能实现。哈特菲尔德彼时是一座崭新的航空小镇。BOAC公司安排了一队"彗星"型号的飞机作为客机飞往遥远的城市；这样的城市有很多，比如内罗毕、德黑兰和德里，这些地方都是严格或非严格意义上的帝国的一部分。

一架螺旋桨客机从伦敦飞到东京需要86.5小时；现在，即使沿途有9次停站，"彗星"客机也可以将这趟飞行时间缩短到36小时。然而，与传统客机相比，新的喷气式飞机的耗油量更大。壳牌Mex和英国石油公司获得了"彗星"客机的独家供油合同，并为希思罗机场的加油机每小时输送15万加仑的航空汽油。到1956年，"彗星"被其美国竞争对手"波音707"（Boeing 707）和"道格拉斯DC8"（Douglas DC8）超越，后者飞行距离更长，载客量也更大。然而，这两种美国飞机的耗油量是"彗星"客机的3倍。壳牌Mex和英国石油公司适时地以泰晤士河上的沃尔顿仓库为起点，建造了一条分支管线。到了1959年，它们开始通过一种新的加油设备将汽油泵入707和DC8的油箱中。在希思罗机场的销售取得成功，证明了10年前分销总监弗雷德里克·莫里斯（Frederick Morris）于1947年制定的英伊航空燃油政策的正确性，即"无论何时何地"都要积极地打入市场。

在第二次世界大战期间，主要用于对抗敌军的石油生产如今逐渐转向了民用市场，斯坦洛和阿巴丹的航空燃料产量飞跃就是一个证明。曾有大量的资金被投入用于提高战时石油精炼水平，而在战争结束后，这些资金被崛起的民用航空和私人汽车行业吸收了。这便是石油对英国人日常生活的改变。

从皇后行的观景台上，游客可以欣赏到现代英国的新式大帆船。帝国的指挥系统已经从航运业的风、煤和石油转向航空旅行的喷气燃料。这些"彗星"客机绘制出了供应路线和指挥线，这个帝国已经把目光从海运中的风、煤炭和石油，转向了航空旅行所需的喷气燃料。煤炭帝国摇身一变成了一个石油帝国，身着长袍的维多利亚时代的职员，或身着卡其布的爱德华时代的将军们已经退位，现在监管着这个国家的，是身着休闲服的伊丽莎白时代的商人和公务员。站在这一切背后的则是坚定地向希思罗机场输送燃料的石油公司，希思罗机场成为英国最大的能源使用者之一，也成为伦敦以西最大的无焰之火。

* * *

位于伦敦城的"不列颠之家"是英伊石油公司（AIOC）的总部。大楼由埃德温·勒琴斯（Edwin Lutyens）爵士设计，他是大英帝国爱德华时代的建筑师，同时也是印度国都新德里的缔造者。建筑物的正面装饰着戴有头饰的石刻人形，这代表了该公司在波斯和伊拉克的资产。

楼内的董事会会议室和套房由董事长威廉·弗雷泽·洛德·斯特拉瑟蒙德（William Fraser Lord Strathalmond）爵士使用。身材高大、魁梧似老鹰的弗雷泽从出生以来，就一直在这家公司里了，他的父亲曾是公司早期的关键人物。作为董事长，他以专制和粗暴著称。

英伊石油公司利用自身的资源和国家的资金，接下了大量的基础设施项目，比如在谷岛建造炼油厂。同样是在泰晤士河口一带，壳牌公司在肯特的锡廷伯恩附近建造了一座新的研究设施；而在卡林顿的曼彻斯特船舶运河上，壳牌公司出资在斯坦洛附近的桑顿建造了一座新的化工厂和另一个研究单位。

在提赛德、威尔赛德、泰恩赛德、克莱德赛德和默西赛德，壳牌公司和英国石油公司都通过订购新吨位的方式，在造船业进行了大量投资。这些公司在战争中损失了近140艘油轮，现在他们渴望弥补这些损失，并扩大其运输船队。1945年至1965年间，壳牌公司订购了136艘船只，英国石油公司则订购了168艘，这些船只分别来自25家船厂，其中包括桑德兰的斯旺·亨特船厂（Swan Hunter）和J.L.汤普森船厂（J.L. Thompson），格拉斯哥的利思戈斯（Lithgows）和A.&J.英格利斯船厂（A. & J. Inglis），贝尔法斯特的哈兰德和沃尔夫船厂（Harland & Wolff），以及默西赛德的坎梅尔·莱尔德船厂（Cammell Laird）。

莱尔德曾是当时英国第三大造船商。其位于伯肯黑德的工厂总共为壳牌公司建造了18艘船，并为英国石油公司建造了9艘船。在军事命令下达后，来自这些公司的订单在船厂的产量中占据了很高的比例。默西河的上游流经卡林顿，中游流经斯坦洛、桑顿和布朗巴勒，入海口位于莱尔德附近，沿途还流经了诸如位于朗科恩的英国帝国化学工业集团等一系列化工厂，这些独特的优势，使其成为英国最大的石油河流之一。

杰克·罗杰斯（Jack Rogers）过去曾是莱尔德的一名木匠，他曾在20世纪60年代中期在工厂中为壳牌公司参与建造了最后3艘油轮。"我本人更喜欢商人的工作，因为他们的工作要优越得多。那时候海军的工作非常普通。欧皮纳（Opina）、欧巴利亚（Opalia）和欧西拉（Oscilla）是3艘为壳牌公司打造的油轮，它们都被造得很漂亮。这3艘船上都装有通往舵手室和后面的锻铁螺旋楼梯，我们没有使用普通的嵌板，而是采用了一幅由 8 英尺 ×4 英尺的嵌板制成的美丽的大壁画,在安装之前必须对其进行切割和衬里。那算得上是我做得最好的活儿之一了。"他对作家大卫·罗伯茨(David Roberts)说道。

油轮同皇家海军的船只一同成为英国造船业的生命线。事实上,在 20 世纪 40 至 60 年代,全国各地的船厂实际上都是国防和石油工业的有效武器;国防部以及壳牌公司和英国石油公司总部决定着众多工人的命运。

皇家海军和商业舰队是英国皇权的象征。那些身着白色短裤,头戴尖顶帽,站在横渡大西洋或印度洋或在地中海巡逻的船只的舰桥上的军官们,是这个在 1945 年胜利后复兴的国家的象征。英国的许多商船都是由盎格鲁-撒克逊有限公司(Anglo-Saxon Co Ltd)和英国油轮公司(British Tanker Company)拥有或经营的,它们是壳牌公司和英国石油公司的航运部门。与此同时,船厂接到了制造更大的油轮的订单需求,这是使造船业成为英国经济支柱的关键。这使得石油行业成为仅次于皇家海军的英国造船业的最大客户,同时帮助公司对来自工会的支持进行了整合,并树立了英国石油公司和壳牌公司作为国家机构的意识。英国石油公司在每艘船的名字前面都使用了"不列颠"作为前缀的举动,还有那张伊丽莎白女王在挥舞着英国国旗的人群面前启动油轮的照片,更是印证了这一点。1965 年 3 月 17 日,这家风光无两的公司将一艘即将面世的欧洲最大油轮命名为"不列颠海军上将号"(MV British Admiral),该油轮由位于巴罗因弗内斯的维克斯·阿姆斯特朗船厂建造。他们宣称"船舶和石油是我们经济中最强大的两根支柱"。这艘 10 万吨级的超级油轮顺着船台滑入了海中。

第 2 章

天国的光辉

> 月光啊!
>
> 爱人的陪伴
>
> 天国的光辉
>
> 月光啊! 来自天空的光亮
>
> 世界的光明
>
> 我的月亮现在何处?
>
> 夜间和你共度,我们又有她在身侧
>
> 不管世界如何,我们都"用唇亲吻着唇"
>
> ——歌词节选自维格内(Viguen)的《月光》(Moonlight),1954 年

罗斯·哈蒙德(Rose Hammond)出生于查尔顿,那里地处泰晤士河畔,位于谷岛和伦敦之间。十几岁时,她曾在西门子电缆厂工作过,后来她与一名驻扎在隔壁伍尔维奇兵营小镇的皇家陆军勤务队的男子坠入了爱河。在结婚并生下第一个女儿后,他们搬回了阿瑟·哈蒙德(Arthur Hammond)的家乡斯托克村。

离谷城只有几英里远的斯托克村位于梅德韦河之上,是该地区最大的定居点。这个村庄是靠着从河边沼泽地中挖掘蓝色黏土的产业而发展壮大的。哈蒙德一家世代都是铁匠,阿瑟找到了一份钢铁结构安

装的工作，负责在谷岛上为海军部建造储油罐。1914年，他被征召到西线服役。在战壕里待了几个月后，他因吸入毒气而丧生，罗斯因此获得了一笔小额的战争抚恤金。

到20世纪20年代末，罗斯和阿瑟总共生育了4个女孩和4个男孩。一家10口人就挤在从吉米·穆格里奇（Jimmy Muggeridge）那里租来的一栋有4个房间的小屋里。屋内既没有电或煤气，也没有室内厕所，更没有自来水。罗斯和阿瑟两人都在斯托克附近的农场和临近的万圣村中工作。一切都靠着运货马车来搬运，田地也是用马来耕耘。那里没有公共汽车，轿车也很少见。牛奶产自班纳特家的农场，肉则来自一家名为"帝国金匠"的乡村肉铺。哈蒙德一家从田间往返家中需要走上几英里路。在旺季，他们在穆格里奇的宾尼农场中的工作是用手拔土豆。一些作物被装载到扬特利特河的泰晤士河驳船上，扬特利特河是一处宽阔而泥泞的水湾，它将万圣村的沼泽与谷岛的沼泽分隔开来。

我们沿着小路朝着宾尼家破旧的农舍和锈迹斑斑的谷仓走去。云雀在广阔的陆地上空盘旋。远处呈现出谷场平坦的轮廓，旁边的堤岸步道上青草绵延。我们可以想象出泰晤士河驳船在河中等待期间那扬起的褐色船帆。那时，罗斯和其他人一样在田间弯着腰劳作，她从苍白的沙土中拔出土豆，装满麻袋，在这个尚未开始开采石油的世界里，她缓慢而吃力地将这些土豆拖到马车上。

罗斯最小的儿子弗兰克（Frank）出生于1927年。当他2岁时，这家人搬到了斯托克村的一所新屋子中。屋内有电和水。弗兰克在他70多岁时回忆道："我还记得第一天晚上，妈妈把我抱起来开灯，我们在室内洗澡，水龙头里面能流出水，我被这事儿吸引住了。我们不停地往浴缸里灌水，因为我们简直不敢相信这是真的。"

* * *

在1947年至1993年的大部分时间里，英伊石油公司的核心人物都在就"在哪建造他们想要的两座新炼油厂"一事的优缺点展开辩论。炼油厂是否应该靠近伊朗、伊拉克和科威特的油田？或者它们更应该靠近英国和欧洲的成品油销售主要市场？由于劳动力成本上升和劳动力竞争，人们对中东的建筑业感到担忧。此外还有一个威胁因素，那就是政局动荡可能导致伊朗等国扣押公司资产，或变更英伊石油公司开采石油的协议条款。另一方面，在西欧建立炼油厂的顾虑是，英伊石油公司及其竞争对手试图销售的汽油、柴油和航空燃料，是否会有足够的市场。

几位50多岁的男士——威廉·弗雷泽（William Fraser）爵士、哈罗德·斯诺（Harold Snow）、乔治·科克森（George Coxon）和弗雷德里克·莫里斯（Frederick Morris），是展开辩论的焦点人物。他们在伦敦靠石油驱动的出租车和汽车的车轮上，以及将乘客从新开放的伦敦机场运送到欧洲、美国和中东城市的螺旋桨飞机上度过了忙碌的日子。尽管只位于伦敦城的英伊石油公司总部不列颠之家以东30英里处，但谷岛的世界却截然不同。

谷岛的位置对于一家英国炼油厂来说再合适不过了。那里不仅靠近伦敦和英格兰东南部的黄金市场，还靠近泰晤士河和梅德韦河的深水航道，此外距离查塔姆的海军码头也不远。阿瑟参与建造的谷岛海军码头，是1941年后建造的输油管道网络中的一个关键节点。它是海底输油管道系统的起点，并在1944年诺曼底战役后为同盟军提供了物资。弗雷泽、莫里斯和斯诺在整场战争中一直是军用燃料的核心人物，他们对谷岛储罐的存在都心知肚明。

然而，计划中的炼油厂规模十分庞大，其所需要的空间远远超过了受海军部管控的土地面积。因此，他们需要英伊石油公司出面来购买或是征用土地。谷岛上大多数农民都来自穆格里奇家族，事实上，他们在位于胡半岛各处的农场里都有租赁出去的房屋。与理查德·穆格里奇（Richard Muggeridge）达成协议后，红房子农场的土地就这样被炼油厂吞并了，为了给建筑工人们提供住所，谷岛小村沃伦德在

1949年迅速建起了住宅。同年，阿瑟去世，他儿子弗兰克在过去7年间一直在金钟码头的发电厂工作，并与母亲同住在斯托克村，此时则找到了一份建造炼油厂的工作。

劳动力大批抵达谷岛，他们中的大多数都不是本地人。在斯托克村，人们为那些来这里干活儿的男性建筑工人及其家人建起了房屋，他们中的一些人来自南威尔士的阿伯凡。在隔壁的高哈尔斯托村，公司很快为炼油厂员工建造了更多的住房。这些新楼中的每一个房间都有电和室内厕所，它们从昔日老旧的住房中脱颖而出，标志着一个崭新的现代世界。与邻居们相比，在石油公司工作的住户通常可以拿到更高水平的工资。

马里恩·斯托斯，40多岁，住在谷岛以西4英里的地方。她回忆道："哈尔斯托曾是一个可爱的村庄，不过当然，英国石油公司的到来改变了它。我们过去很喜欢网球和舞蹈，后来英国石油公司来了，他们建了很多房子，现在一切都不同了。住在高哈尔斯托的居民总是满口抱怨，英国石油公司的人给社区带来了钱，一切都不一样了。要是你有了钱，生活就会不同。"

彼时，炼油厂已经开工，该地区的农场已开始使用拖拉机，而一部分福特生和弗格森机车也开始烧柴油，但以上这些与穿越斯托克前往谷岛的机械大军相比简直微不足道。那儿的人们用卡车、推土机、打桩机和平地机来排干沼泽中的水，平整土地，并建造炼油厂。发动机和蒸汽机的轰鸣声似乎永远不会停止。

宾尼农场中土豆田的景色完全改变了。谷岛不再是一片微微隆起的灰绿色田地，而是变成了一堵由黑色钢塔组成的宽大围墙。在黑暗中，它闪烁着上千束光亮，就像一座摩天大楼林立的城市。日日夜夜、每分每秒，火焰都在炼油厂的顶部迎着东风咆哮。

经过3年的建造，弗兰克于1952年年底开始在炼油厂中进行轮岗工作，他说："我那时是一名操作员。我们都是从底层工作开始的。我们去学校中学了大约12个星期，知道了炼油厂是做什么的，那儿不仅和石油有关，还和电力有关。之前我对他们教给我的东西一无所知。我当时操作的机器每周可以处理100万加仑的原油，或者类似于……他们教我如何操作阀门和泵，并告诉我什么是化学反应。我们当中一些人比其他人更聪明，他们直接获得了最高的职位，而像我们这些不那么聪明的人，则需要花更长时间去学习，不过我们最终也做到了。在那种工作中，人都是不进则退的。"

第二年，他的母亲罗斯在炼油厂找到了一份工作。"她在她喜欢的食堂里工作。这是她做过的最简单的工作了，她在那里干到76岁。到最后，他们不得不让她回家，她在那儿是一位很受欢迎的老太太，大家都很喜欢她。"

* * *

耽搁了许久之后，我们正前往彼得·皮克林（Peter Pickering）在伦敦东部的公寓。布满维多利亚时代排屋的街道贯穿了全城，几乎与M11公路平行。在皮克林居住的地方，你可以听到那座由阿伯克龙比设计出的建筑物所发出的轰鸣声。不间断的车流给这个地区带来了一种破败感。

我们走到位于瓦德利路上的一家门前，不知道皮克林是否还有足够的力气前来开门。我们透过玻璃看到一个黯淡的身影在移动，然后他就出现在了我们眼前。他比我们记忆中的要瘦小，但脸上的活力依旧不减。显然，他住在卧室和前室中。后者堆满了书籍和论文，几乎连坐的地方都没有。通往厨房的通道墙面上满是潦草的字迹和涂鸦。皮克林非常喜欢孙子们的这些画，这些画恣意而放纵。

一切准备就绪，我们开始对他进行录像。他经常抱怨自己得了阿尔茨海默病，记忆力正在衰退，但他的故事十分生动。几个小时后，当我们准备离开时，他给了我们一份他的生活年表，这是他专门为家人和朋友打印的。尽管其中记录的通常只是些令人费解的只言片语，但这些碎片却帮助我们拼凑出了一段真实的生活。

皮克林的父亲是左翼图书俱乐部的早期成员，受父亲的影响，加上阅读奥登（Auden）、斯彭德（Spender）和麦克奈斯（MacNeice）等诗人的作品，皮克林从14岁那年就开始变得激进起来。第二次世界大战期间，皮克林在意大利服役，并于1947年4月退伍。两个月后，他与一群英国志愿者乘火车前往南斯拉夫参加人民青年铁路项目（Peoples' Youth Railway）。来自欧洲各地的年轻男女正在修建从萨马克到萨拉热窝的铁路。数百人携手并肩，帮助这个支离破碎的国家建设一个新的未来。英国代表团中的几位后来成了名人——左翼历史学家E.P.汤普森（E.P. Thompson）和工党议员约翰·斯通豪斯（John Stonehouse），艺术家保罗·荷加斯和罗纳德·塞尔以及未来的撒切尔支持者阿尔弗雷德·谢尔曼（Alfred Sherman）。皮克林在炎热的盛夏修了一个月的铁路，同时也与帕姆（Pam）——他在营地中遇到的一位新情人——度过了这些夜晚。

1947年秋，皮克林回到了伦敦，他加入了数据电影公司（DATA films），并于不久后成为一位助理导演和编辑。为了拍摄一部名为《聚焦英国》（All Eyes on Britain）的纪录片，他开着一辆奥斯汀面包车四处旅行，这部影片讲述了英国在遭遇战火侵袭后的复兴。此时，皮克林与帕姆的爱情已经破灭，他在一次家族的婚礼上邂逅了希拉（Sheila）。他在日记中写道："在她的父母去海耶斯的复式公寓居住期间，我和她度过了一段狂野的时光。当弗朗西斯来我母亲位于贝肯纳姆的家中做客时，折叠式两用沙发倒在了她的头上，而希拉和我当时就在楼上的床榻上。"

1949年，数据电影公司的总部位于苏豪广场，那是伦敦西区的中心。正如皮克林所描述的那样，数据电影公司是以民主的方式运营的——一人一票——从制片人到勤杂工，每个人都有投票权。他所拍摄的影片讲述的是1947年1月1日被国有化的煤矿，以及在位于塔尔伯特港的国有威尔士钢铁公司（Steel Company of Wales）内建造新工厂的故事。第二年，希拉和皮克林成了伦敦南部德威士选区的繁忙工党活动家。日记中隐晦地记录着"希拉的情人。来自时间的名字。艾伦·马特哈斯（Alan Matejas）。帕特·奎恩（Pat Quinn）"。接下来的内容是"1948年9月4日，我和希拉结婚了"。

大约在同一时间，数据电影公司受到了英伊石油公司的委托，制作了一部关于其在谷岛沼泽地建造炼油厂的纪录片。那一小队左翼力量显然没有影响到公司。这部由皮克林执导，由约翰·英格拉姆（John Ingram）编写剧本的25分钟影片就是日后的《岛》(The Island)。

皮克林在他温暖的房间中描述了电影的制作过程。负责与数据电影公司进行联络的是一位叫罗尼·特里顿的石油公司员工。"他相当右翼。他很狡猾。"说话间，皮克林的双眼闪闪发光。根据与英伊石油公司签订的合同，他们的影片需要从1949年春季开始，将为期4年的施工过程全部涵盖进去。他解释说，他那时和约翰、罗恩·比克还有负责监督拍摄的约翰·冈恩一起前往了位于伦敦东南30英里外的罗切斯特，并投宿在罗切斯特酒店。他们每天都会从那儿出发，驾驶着那辆奥斯汀面包车沿着胡半岛前往谷岛，并在沿途试图捕捉一些正在施工的建筑工程影像。每当下雨或光线不足时，他们就去附近的皇家维多利亚大酒店打台球。

《岛》的编辑工作前前后后占据3年中的大部分时间。在沃杜尔街一间黑暗的剪辑室里，皮克林将这部影片和马尔科姆·阿诺德（Malcolm Arnold）的配乐剪辑在了一起。在工作间隙，他就会与数据电影公司的同事们一起泡在苏豪附近的"狗与鸭""卡莱尔纹章"等酒吧中，或是去希腊街上的"维克托"等咖啡厅消磨时间。彼时，希拉已经怀孕，他在日记中写道："晚上我开始在伦敦西区和数据电影公司的女职员珍待在一起。"

1952年，《岛》刚刚上映不久，其续集《塔》(The Tower)的拍摄和剪辑工作就开始了。这一项目一直持续到1953年底，皮克林写道：《塔》已完成。在我和珍在弗利特街上的咖啡厅共度的许多夜晚中，我们的柏拉图式关系加深了。"第三部影片《肯特炼油厂》(*The Kent Refinery*)最终于 1954 年上映，这部很大程度上是对前两部的汇编。合约已经完成。该炼油厂也于同年竣工，并在女王、爱丁堡公爵以及英国石油公司总裁威廉·弗雷泽爵士造访之际举行了揭幕仪式。1954 年 3 月，希拉和皮克林的女儿乔出生了。

我们阅读了英国电影学院在 2010 年重新发行该作品时随附的小册子中的注释：

> 这部影片在很大程度上继承了 20 世纪 30 年代乡村纪录片的传统，《岛》将目光聚焦在永恒与现代之间的紧张关系——此处指的是谷岛现有的社区与环境，还有其与即将到来的石油商之间的关系。不难推断，这部影片最终给出的结论是，这些都是可调和的……《塔》是一部传统上欢快的纪录片……在关键的几幕中，采用了低角度拍摄和悬疑配乐……《塔》试图将英雄主义和浪漫主义注入到一个本质上是以过程为基础，并带有技术官僚主义色彩的故事中。一言以蔽之：炼油厂取得了惊人的成功。

让我们印象深刻的是这部影片中那玩世不恭的叙述语气。作者暗示，这部影片当然是片面的，制片人的乐观主义态度自然也是被逼无奈的。

但在我们看来，皮克林将炼油厂视为整个社会进化的一部分。这家半国有的石油公司，在战后为建设一个新的英国做出了贡献，而皮克林也在其中发挥了作用，就像他为建设南斯拉夫所做的贡献一样。影片中流露出的乐观主义精神，反映了一种带有政治意图的信念，这种信念又与外遇、婚姻、孩子和浪漫的兴奋情绪交织在了一起。

* * *

37 岁的斯旺西诗人迪伦·托马斯（Dylan Thomas）在给他挚爱的

伊朗妻子凯特琳（Caitlin）写信时感到懊悔不已。凯特琳刚刚发现，她的丈夫与美国杂志《哈珀集市》（Harper's Bazaar）的一位高管珀尔·卡津（Pearl Kazin）有染。在过去的5周时间里，他寄出了4封书信以乞求她的原谅，这些都是他在伊朗旅行期间写的。在1951年1月8日至2月14日期间，托马斯和他的制片人拉尔夫·"邦尼"·基恩（Ralph 'Bunny' Keane）正在为英伊石油公司拍摄一部影片。这是一部向国内外观众揭示石油行业运作方式，并展示它给伊朗带来的好处的影片，这家石油公司委托托马斯为其撰写剧本。

托马斯是当时英国最重要的诗人之一，他曾为英国广播公司（BBC）电台做过100多次广播，并为战时宣传片撰写过剧本。作为一个斯旺西人，他一生都生活在英伊石油公司的影响之下。该公司位于镇后山丘上的炼油厂于1919年动工，当时托马斯5岁。那家工厂被命名为"兰达西"（Llandarcy），这一名称取自英伊石油公司创始人威廉·诺克斯·达西（William Knox D'Arcy）的姓氏，并结合了威尔士语中的"教堂"一词。那是英国战争机器的一部分，在时任军火部部长丘吉尔的批准下，这座炼油厂被建在了一座低矮的山丘后面，从海面上完全无法察觉到它的存在。该厂于3年后开放，并由定期抵达斯旺西皇后区码头的油轮对其进行补给，来自伊朗的原油从码头处被泵送至工厂。这家石油公司给这片地区带来了极大的影响，炼油厂甚至拥有自己的工人模范村。斯旺西从一个煤炭城镇转变为一个煤炭和石油城镇。

"我看到一群又一群的波斯小孩子在饱受饥饿之苦：他们的眼睛极大，眼中映着一切，却又十分空洞；他们的肚子鼓鼓的，火柴棍一般的手臂上挂着蓝色的、皱巴巴的皮肉。"托马斯在写给凯特琳的信件中描述了他在对德黑兰一家医院进行参观时看到的情景。"在那之后，我和一位拥有3000万英镑的男人共进了午餐，他的钱来自伊朗各地农民的租金以及上千笔不正当交易。他是一位迷人且有修养的男士。"

托马斯显然对出现在他眼前的贫困感到震惊，他看到了大量"肮脏和破旧的衣服",看到了用毯子遮住身上的"破布"的妇女,看到了"婴儿们在贫困中蜷缩成一团"。他描述了在这座英伊石油公司的炼油小镇"令人作呕的阿巴丹"中感受到的巨大心理落差,他本以为那里"草木葱茏,有花园、柏树、电影院、油罐和林荫大道,还拥有波斯文化的软香摇篮"。他看不惯公司员工们肆无忌惮的种族歧视,"苏格兰的工程师在波斯工厂中肆意妄为"。

在炼油厂的接待室中,托马斯被引荐给了 29 岁的办公室职员易卜拉欣·戈尔斯坦(Ebrahim Golestan),他后来成为伊朗的主要电影制片人之一。戈尔斯坦带他去了一家酒吧,他们一边喝着麦克尤恩啤酒,一边谈论着乔叟、巴赫和诗歌。这位伊朗人是这样描述他的国家的:

一切都是由黏土制成的,无论走到哪里,你都能看到用黏土和泥砖砌成的房屋。我们在里海边上有一片狭长的丛林,其余地区就都是沙漠、山脉和石头了。尽管有很多座石山,但用泥建造房屋要比用石头容易得多。从亚历山大时代起,这里就没有用石头建造的房屋、宫殿或庙宇。这些建筑都是由黏土建成的,有的烘烤过,有的没有。我们来自大地,又回归于大地,当我们离开时,我们什么都不会留下。事实上就是这样,难道不是吗?

托马斯没能完成剧本,那部影片也未被制作出来,他在两年内就去世了。他并非没有意识到自己在英伊石油公司中所扮演的角色,"我的工作是为陷入困境的石油浇点水",但他却几乎不知道聘请他这样一位知名诗人,对公司来说会产生多么强烈的政治影响。

在托马斯结束行程的 4 周后,伊朗议会便发布了一则具有历史意义的通告,他们决定将英伊石油公司在该国的所有资产国有化。每年生产 3000 多万吨石油的七大油田、1990 英里长的管道、泵站和码头、阿巴丹的世界最大炼油厂、出口码头、工人城镇、加油站和全国各地的办事处——这些都是英国最庞大的海外资产。除此之外,英国政府还拥有 51% 的股份。国有化并非没有先例，尤其是 30 年前苏联没收了壳牌公司在高加索的油田以及 1938 年墨西哥做出的类似举动。然而，这两件事对壳牌公司来说，都不如伊朗对英伊石油公司来说那般重要；位于扎格罗斯山脉的油田和波斯湾前端的炼油厂是该公司近 50 年来的核心与灵魂。

围绕着英伊石油公司资产国有化所衍生的一系列事件对伊朗、英国、该公司，以及全球石油行业的影响都是极其重大的。

1933 年，英伊石油公司与专制的伊朗国王沙·里扎（Shah Riza）签署了一项石油特许权，这一条款对该公司非常有利。1941 年，由于担心伊朗落入轴心国之手，英国派出了军队，伊朗国王退位并逃跑了。在接下来的 10 年里，在实力较弱的继任者国王穆罕默德·里扎·沙阿（Muhammad Riza Shah）的领导下，政治党派和激进主义开始兴起。其中最有威望的当属穆罕默德·摩萨德（Muhammad Mossadegh）博士，他是一名 70 岁的国会议员，曾遭受过前国王的监禁。摩萨德成为广泛政治运动"国民阵线"（National Front）的名义领袖，这个运动呼吁将英伊石油公司国有化。"国民阵线"在 1950 年 2 月举行的议会选举中赢得了强大的地位后，便开始着手推动对国家的控制。一年多后，他们的观点被一项法案所采纳，并于 1951 年 5 月 1 日被通过，并纳入了法律。

埃里克·德雷克（Eric Drake）是英伊石油公司驻伊朗的总经理，其总部的办公室位于霍拉姆沙赫尔。1951 年 6 月 10 日，新成立的伊朗国家石油公司（National Iranian Oil Company）董事会抵达了英伊石油公司的办公室。有人发表了演讲，他们在仪式上依照惯例宰杀了一只羊，并在主楼上方升起了伊朗国旗。胡齐斯坦省省长阿米尔·阿拉伊（Amir Ala'i）向着 1000 来人宣布，石油现在已经国有化了。德雷克在办公室门口遇到了一名紧握刺刀的士兵。他被告知，他现在已经是伊朗政府的雇员了，任何拒绝合作的行为都是违法的。

英国考虑过进行军事干预。然而，美国害怕这样做会破坏伊朗的稳定，从而将其推向苏联一侧，因此反对这样做。自此，艾德礼的工党政府开始了一段曲折的历程，他们试图以谈判的方式说服伊朗放弃将石油公司国有化。在威廉·弗雷泽爵士的领导下，英伊石油公司董事会采取了一条异常强硬的路线，这令英国外交部和美国国务院都感到万分沮丧。摩萨德以一种非凡的坚韧态度参与了谈判。他在不同的阶段逐步增加施压的力度，例如在1951年10月3日，他迫使所有的英国工作人员撤离。

英伊石油公司发布了一项禁令，他们反对任何其他公司从阿巴丹的装货码头购买他们声称的"他们的石油"。谈判仍在继续，英国和该公司都试图收回资产并索取赔偿，与此同时，伊朗人则致力于签订合同，以将他们的原油销售到世界市场。值得注意的是，1951年10月，艾德礼的工党政府被丘吉尔的保守派所取代，英国和美国随后集中力量迫使摩萨德下台。丘吉尔痛斥他的前任们"在开一枪就能了结此事的时候却逃离了阿巴丹"。他写信给新任外交大臣安东尼·伊登（Anthony Eden），"如果我们在阿巴丹的伊斯梅利亚射出了本该你负责的那一发子弹，那么这些困难就一个都不会发生。"

1953年8月，摩萨德和"国民阵线"在扎赫迪（Zahedi）将军领导的军事政变中被推翻，这位将军得到了美国中央情报局（CIA）和英国军情六处（MI6）的支持。英伊石油公司和包括标准石油公司及壳牌公司在内的一个石油公司财团，与军方支持的新政府谈判达成了一项新协议。英国员工重新返回了油田和炼油厂，美国则开始向日益专制的伊朗提供了近30年的财政和军事援助。摩萨德被判处了3年单独监禁，并于1967年去世。由于担心引发民众骚乱，国王拒绝为他举行公开葬礼。

* * *

在被英伊石油公司回收的资产中，有一位名为约翰·布朗的员工被派往了位于马斯吉德-苏莱曼的油田。在一年之后的 1958 年,他的妻子带着他们的独子过来与他一同生活,他们的儿子同样叫约翰·布朗,并且后来成了英国石油公司总裁。小布朗在回忆录中描述了他 9 岁时的经历。小布朗写道,从英国寄宿学校出发的旅程是"乘坐'彗星 4 号'等最新型号的飞机往返于英国和伊朗",并补充说:"从许多方面来看,在伊朗的外籍人士的组织及其运作方式仍然类似于殖民社会,他们普遍具有优越感,而且没有融入当地社区中。"他接着写道:

当然,源自英国白人男性的偏见已经被直言不讳地写在英伊石油公司的员工手册中了。手册指出,招聘对象应仅限于英国人和拥有欧洲血统的人,但在有雇用当地国民的法律规定或妥协义务的国家中除外。公司的政策不允许"雇用女性来从事通常被视为男性工作的劳动",他们还认为女性员工预计在婚后将会辞职,并且称"本规定不得有任何例外"。

透过这位 60 多岁男人渴望体现进步观点的自传,我们看到的依旧是一个孩童的视角,这一点情有可原,但尽管如此,这本书却让人感受到了外籍石油工人及其家人的世界。这个世界位于伊朗,却又与伊朗格格不入:事实上,它与该公司致力于塑造的政治现实是相背离的。正如英国和美国所预料的那样,伊朗国王的统治变得臭名昭著,并在人权方面犯下了骇人听闻的恶行。伊朗监狱中的大部分酷刑是由伊朗国王的秘密警察负责执行的,其中一些军官曾在 1957 年该部队刚成立时在英国接受过培训。

* * *

在宾尼农场的田野里,我们凝视着对面的谷岛、杂乱的铁丝网围

第 2 章　天国的光辉

栏和醉鱼草,那是肯特炼油厂曾经坐落的地方。随着对伊朗激烈斗争了解的深入,皮克林的电影现在看起来有些幼稚,而《塔》中那愤世嫉俗的点评腔调似乎也不得要领。在英国对伊朗的战争中,炼油厂可以被视为英国的武器,这是一场晚期帝国,即社会民主主义帝国的战争。从 1948 年秋季接到第一次委托,到 1954 年春季的最终发布,皮克林制作 3 部谷岛影片的漫长过程贯穿了整个对抗伊朗的战争,这一点颇为有趣。"谷岛和苏豪""阿巴丹和白厅❶",这两个世界平行并进,又显然毫不相干。

在有关国有化一事的谈判中,伊朗人宣布,在该国开采的所有原油都应在该国进行精炼,这一举措必然会增加生产国的收入,当然也有助于创造工业就业岗位。英伊石油公司决定不再在伊朗建造炼油厂,他们要在谷岛建造,这意味着该公司此时在英国拥有了 3 座工厂——兰达西、格兰杰默斯和肯特。因此,英国的炼油工作岗位增加了,伊朗的反而越来越少,伦敦财政部的收入增长了,而这些钱都是从德黑兰的腰包里掏出来的。

建设谷岛是减少英伊石油公司对阿巴丹依赖的关键一步,这可以使该公司能够应对未来任何由海外炼油能力带来的损失。谷岛工厂的建设使弗雷泽在面对摩萨德时态度更加强硬,并拒绝达成协议。这使得该公司有可能为了给伊朗国家施加巨大压力而要求并实施对伊朗原油和成品油的禁运。谷岛是这场经济战中的一支武器,它支撑了这场隐秘的战争,并帮助推翻了中东最大国家的民主政府。

然而,只有在英国经济能够消耗足够的石油的情况下,在肯特建造一座炼油厂才有意义,因此它也在第二场战争中成了从根本上提升英国石油制品市场的武器。第二次世界大战期间修建的从沃尔顿到谷岛的管道的流向发生了逆转。航空燃油经由沃尔顿向西被输送到希思

---

❶ 白厅是英国市内的一条街,国防部、外交部、内政部、海军部等英国政府机关设在这里,因此人们用白厅作为英国行政部门的代称。——编者注

罗机场，随后流入了彗星 4 号喷气机的油箱中，这些喷气式飞机继而搭载着像小布朗这样的年轻人飞往阿巴丹。

从英国意识到自己没有实力独自采取军事行动那一刻起，这场英伊石油公司与伊朗之战，便表明了伦敦在该地区的权力完全取决于华盛顿。1956 年的苏伊士运河危机通常被视为英国帝国实力下降的标志和对美国霸权的肯定，但早在 5 年前的 1951 年 5 月，当美国阻止了英国对"盗窃其资产"的行为采取果断行动的计划时，这一新的现实就已经凸显了出来。

到 20 世纪 50 年代末，美国对其在第二次世界大战中最重要盟友的支配不仅体现在地缘政治上，还体现在英国的国内经济上。英国海外航空公司（BOAO）开始使用来自西雅图的波音 707 而非来自哈特菲尔德的彗星 4 号作为其机队的补充。肯特炼油厂是在 1955 年 4 月由女王开办的，但在 11 个月前，她的母亲却在科里顿开设了一家由纽约索科尼真空石油公司（Socony-Vacuum）建造的炼油厂，并成了她的竞争对手。

1953 年 1 月，科里顿的第一批石油到港。随着一艘油轮快速驶入进口码头，来自科威特沙漠下的原油被泵送上岸。这种液态地质产物是由英伊石油公司和美国海湾石油公司（Gulf Oil）从科威特地下开采的。1899 年，这个摆脱了奥斯曼哈里发统治的国家在英国外交和内侍省的帮助下建立了科威特国。直到 1961 年，科威特都一直是英国的"保护国"，是战后大英帝国的基石。

在科里顿，原油被送入一台催化裂解热电设备中。这台产于格林尼治的机器在当时英国的同类产品中是最先进的，它被安装在了炼油厂的中心。科威特石油的分子复合结构在高温下在埃塞克斯的沼泽地中被分裂开来。作为催化剂的二氧化硅是这一过程的核心。在这一巨大的化学装置中，每天有 3 万桶原油被裂化成卡车和汽车所需的柴油和汽油，这彻底改变了英格兰南部的经济。就像阿巴丹和为其供油的油田是英国在伊朗的一部分一样，坐落于波斯湾沿岸的科威特城，也成了美国的一小部分。在泰晤士河流域移动的船只和在其领空飞过的飞机，都与来自中东的石油输入息息相关。

索科尼真空石油公司面临着两个问题：如何向他们位于伦敦的旺兹沃思和默西赛德的伯肯黑德的润滑油工厂供应成品油，以及如何应对布雷顿森林体系❶诞生后由美元国际化带来的挑战。为了解决这些问题，他们建造了科里顿。与"马歇尔计划"一样，该炼油厂在美国战后地缘政治中，扮演着与达根安的福特工厂和弗利的埃克森炼油厂相似的角色。在一个名为"得克萨斯工作组"（Texas Taskforce）的公司团队的带领下，科里顿的建造工作前后用了两年的时间。

在成功地进行了 15 个月的精炼之后，该工厂于 1954 年 5 月 27 日正式投产。伊丽莎白王太后从伦敦港出发，自圣凯瑟琳码头沿泰晤士河顺流而下，前往科里顿为其揭幕。陪同她的还有来自纽约的美国大使温思罗普·奥尔德里奇（Winthrop Aldrich）和索科尼的总裁伯纳德·布鲁斯特-詹宁斯（Bernard Brewster-Jennings）。头戴新圆顶礼帽的管理人员站成一排。站在工厂入口处迎接的是燃料和电力部部长杰弗里·劳埃德（Geoffrey Lloyd）议员，在他的头顶上方，英国国旗和美国星条旗正迎着微风飘扬。同一年夏天在孟菲斯，"猫王"埃尔维斯（Elvis）用单曲《好极了》（*That's Alright*）创下了他的第一个纪录。在随后的两年内，他在英国音乐榜上的排名一直居高不下。美国携着他们刻录在黑胶唱片中的摇滚音乐到来了。

1959 年 4 月，电视机前的观众们用惊诧的目光盯着文斯·泰勒（Vince Taylor）扭动的胯部。作为英国对"猫王"的回应，他身着黑色皮衣，演唱了英国最早的摇滚歌曲之一：

嘿，我的宝贝开着一辆崭新的凯迪拉克离开了

---

❶ 第二次世界大战后以美元为中心的国际货币金融体系。——编者注

哦，我的宝贝开着一辆崭新的凯迪拉克离开了
嘿，她看着我说，"爹地，我再也不会回来了"
我说宝贝宝贝宝贝你不再听我的话了吗？
我的甜心，稍微听听我的恳求吧
她看了看我的福特，说我们永远不会和解
噢，凯迪拉克汽车。

这种文化能量的爆发不仅跪倒在了美国面前，还对汽车致以崇高的敬意。汽车将摇滚乐、性和青春融为了一体。从肯特和科里顿的炼油厂中抽取出来的是狂野与反叛的燃料。在战争中为坦克和轰炸机提供能源的炼油厂，现在也为机型优美的彗星4号和人们梦寐以求的凯迪拉克提供能量。

在阿巴丹，人们还靠着运货马车和脚力搬运货物，但谷岛——罗斯·哈蒙德所处的世界——已经转变为石油的世界，转变为炼油厂和油田制品的贪婪市场。

第 3 章
宝贝，你可以开我的车

问了一个女孩她想做什么

她说，宝贝，难道你还不懂吗

我想要出名，做一名荧幕之星

但在其间你还可以做些什么

宝贝，你可以开我的车

是的，我将成为一位明星

宝贝，你可以开我的车

也许我会与你坠入爱河

——歌词节选自"披头士乐队"（The Beatles）的《开我的车》（*Drive My Car*），1965 年

拉扎鲁斯·塔马纳（Lazarus Tamana）一分不差地准时出现在了我们约定好的位于皇家节日音乐厅第五层的会面地点。这儿有厚厚的地毯、安乐椅以及可以俯瞰泰晤士河的广阔视角，可以说是一处清静的访谈场所。塔马纳像往常一样面带笑容，但他双睑下垂的眼睛里却流露出了一种难过的疲惫之感。他穿戴得无可挑剔，将高大的身躯靠坐在沙发上。

塔马纳和我们一样，出生在大英帝国。他的母亲是一个农民，父亲在当时还在尼日利亚殖民地的奥韦里区的博多小镇上当小学老师。

这片地区最终由英国殖民地事务大臣负责管理，而该大臣则对外交大臣负责。1957年，当塔马纳出生时，这两位大臣分别是威勒尔选区的保守党成员塞尔温·劳埃德（Selwyn Lloyd）阁下和中贝德福德郡选区的保守党成员艾伦·伦诺克斯-博伊德（Alan Lennox-Boyd）阁下。这两位当时都在白厅的外交及殖民地办公室工作，距离我们此时坐的地方步行有10分钟的路程。到塔马纳出生时，外交部的大部分工作都被苏伊士运河危机的余波所吞没了。

博多是奥贡尼（又称奥贡尼兰）一个城镇。奥贡尼是一个面积385平方英里、人口85万的国家。在长期冲突之后，它于1901年被英国军队占领，随后被并入尼日利亚殖民地。奥贡尼位于大三角洲的东部边缘，这片面积相当于比利时大小的地区实际上是一片雨林，由尼日尔河和从几内亚湾吹来的风暴灌溉而成。拥有完全不同的语言的奥贡尼，从根本上讲是一种自给自足的农业和渔业文明，那儿的人们在冲积土中收获山药和蔬菜，并在无数小溪中捕捞鲤鱼。船都是靠桨划动的——除了顺流而下前往哈科特港的船只。

塔马纳回忆起他的童年时期。"在我上小学时，我们会去附近的水域钓鱼。我家离小溪只有不到200米。我们会在放学后扔下书包，跑到小溪里徒手抓鱼、螃蟹，还有别的什么东西。"

农民们开始种植棕榈，棕榈油被出售给了皇家尼日尔公司（Royal Niger Company）等英国商业公司，并被出口到利物浦等港口，用于润滑发动机或加工成肥皂。此时，作为奥贡尼西部边缘地区的火车头和港口，建造于20世纪最初10年的哈科特港加速了这些地区与帝国经济的融合。

然而，由壳牌公司的亨利·德特丁爵士、英伊石油公司的约翰·卡德曼（John Cadman）爵士和英国殖民地事务大臣威廉·奥姆斯比-戈尔（William Ormsby-Gore）于1936年在白厅签署的一项商业协议，彻底改变了奥贡尼人的生活。该协议授予了两家公司的合资企业"壳牌达西勘探公司"（Shell D'Arcy Exploration）以特许权，允许他们在尼日利亚 37 万平方英里土地上的任何地方钻探和开采石油。时至今日，这仍是人类有史以来签署的最大的特许协议之一。

这一协议引发了石油勘探的开始，特别是在尼日尔河三角洲地区，在此前的 30 年间，人们一直认为此地蕴藏着石油。来自壳牌-英国石油公司（Shell-BP）的地震勘探小组在小溪和红树林间，断断续续地勘探了 14 年多，直到 1956 年，他们才最终在奥贡尼以西的伊贾兰德发现了量大到足以赢利的石油。1958 年 2 月，时任英国石油公司供应与开发部主席、曾是英伊石油公司在伊朗的关键人物的埃里克·德雷克（Eric Drake），从希思罗机场飞往拉各斯机场，然后乘车前往哈考特港，出席了首批尼日利亚原油，即"伯尼轻质原油"的仪式性公告会。奥贡尼境内也很快被勘测出了石油，这片土地的生命力和其人民的历史自此走向了可怕的衰落。

为了建造码头和通道、砍伐森林以进行地震测试和钻探、建造工人住所和复合围栏以及铺设管道和电报线，柴油船和汽油车被引入了进来，并给奥贡尼带来了严重的冲击。这个民族原本除了将石油用作煤油灯的燃料，几乎用不到石油，却霎时间被石油世界入侵了。

塔马纳是这样描述的：

我非常清楚地记得拖拉机在博多的一些地方向前滚压时的情景。那是些重型设备。壳牌公司的设备纷至沓来，被用于铺设管道、挖掘地面。我们那时候常常去看热闹，并且盯着机器看，因为对我们这些孩子来说，那场景实在太令人兴奋了。过了一段时间，我们开始看到一些黑色的东西出现在红树林的地面上和小溪中，因为我们通常会在早上上学之前去那里洗个澡。

他继续说道：

他们的钱多到可以到处乱扔的程度。他们的钱都被花在了自己的身上，所以他们非常富有。他们可以很容易地在市场上买到东西……他们使用的是重型设备，所以那里有很多白人，设备是由白人驾驶的。他们指挥着一切。挖掘之类的体力活是由尼日利亚人来干的。

但直到石油开采开始后，人们才感受到真正的冲击。一台钻机凿进了三角洲下方的岩石深处，石油泄漏随之而来。钻井现场周围的土壤被原油所污染，在这个水系极度发达的世界，这些原油渗入或被倾倒进了小溪中。浓重的油光覆盖了河流，杀死了鱼类和植物。与所有的油井一样，人们在岩石中找到了原油的同时，还发现了天然气。这些气体通过一根高出地面60英尺的管道被排放至地面，并在管道顶端被引燃，由此产生的煤气火炬日夜燃烧。火焰照亮了森林，烈火的咆哮声淹没了林中的鸟鸣。

塔马纳回忆道，反对这种工业入侵的呼声开始高涨："人们对正在发生的事情感到十分不悦。"过去经常大量捕鱼的渔民受到了直接影响，他们开始向地区官员和那儿的其他人投诉，但却没有任何效果。有一些投诉直接指向了壳牌公司。

1965年，来自临近的塔巴地区的奥贡尼学校教师萨姆·巴迪洛·巴科（Sam Badilo Bako）给壳牌–英国石油公司写了一封公开信：

如今，我们需要教育，我们需要就业，我们想要吃饭，我们想要生活……我们不想让我们的孩子继续失学……曾经是我们的主要收入来源的土地被壳牌公司夺走了，我们不想因此而缺钱。简而言之，壳牌–英国石油公司是我们所遭受的厄运与压迫的始作俑者，我们不想再陷入这样一个恶性循环中……那些在财富之上繁衍生息的人，竟然是这个国家最贫穷的人，这难道不是一种讽刺吗？

但是，位于哈科特港的壳牌–英国石油公司，位于伦敦和海牙的壳牌公司和英国石油公司总部以及位于拉各斯的尼日利亚政府，几乎完全无视这些抗议。因为在 5 年前的 1960 年 10 月 1 日，尼日利亚脱离英国获得了独立。作为英联邦内的一个独立国家，尼日利亚政府在技术上是可以自由管理自己的事务的，但这种自由并没有扩展到对其矿权的控制上，也没有扩展到石油领域。掌控着尼日利亚主要外汇来源的开采和出口的是壳牌公司和英国石油公司。他们的控制力与 10 年前在伊朗的英伊石油公司的力量如出一辙。这两家跨国公司都以确保资本回报为导向。其他人以及他们自身都受益于开采的石油，但这些利益的分配是不均匀的，伦敦的股东和博多的村民之间的反差就表明了这一点。

* * *

1965 年秋天，在巴迪洛·巴科写完信后不久，原油便从三角洲土壤深处流向了博多的一个井口装置。随后，液体被泵入从博多到伯尼石油码头的管道中。沿途 20 英里的多个泵站中的压缩机推送着这些液体，使它们穿过农田和小溪。原油在钢管中流过，一股股脉动使管线发生着剧烈震颤。管道直接穿过了村庄中通往田野和水边的小路，使得农民和孩子们不得不从它上面跨过去。这根管道是一支巨大的注射器，将财富从奥贡尼，也从尼日利亚抽了出去。

在伯尼，原油被集中在一个巨大的白色储罐中，等待着来自欧洲或美国的船只抵达。停泊在码头边的"英国海军上将号"（MV British Admiral）正处于它的第二次航行中。它是英国石油公司的第一艘大型油轮，运载量超过 10 万吨，能够运载 50 万桶石油。这艘巨轮是在巴罗的维克斯·阿姆斯特朗船厂中建造的，并丁 1965 年 3 月在女王出席的隆重仪式上下水，出席仪式的还有英国石油公司董事长莫里斯·布里奇曼（Maurice Bridgeman）。

在几内亚湾炎热的空气中，"英国海军上将号"在穿着白色短裤和及膝短袜的船员们的监视下脱离了系泊用具，向大西洋的地平线驶去。

西非海岸收缩成了一条紫色的细线。几天后，油轮绕过佛得角，向北驶向英国。这是亚速尔群岛以东一条平静的海路交叉口，两周后，船员们在锡利群岛望见了陆地。它穿过这些岛屿和地角进入凯尔特海，随即驶向了米尔福德港入口处的安格尔湾海洋码头。

米尔福德港位于兰达西以西的彭布罗克郡，多年来一直以高质量深水港著称。在诺曼底战役之前，一部分盟军海军就已经集结在了这些长长的水湾里。1959 年，英国石油公司的董事们批准了安格尔湾海洋码头的融资。

米尔福德港南岸的水域中建起了一条混凝土防波堤，通向安格尔村田间的一个泵站。工人们还在那里挖掘了一条通往兰达西的沟渠，整条沟长 65 英里，从塔夫河和泰维河的入海口下方经过。沟渠里铺设了一根直径为 1 英尺半的钢管。与奥贡尼不同的是，威尔士的石油完全在地下流过，农民和学生们眼不见心不烦。这根管子同样是一支注射器，它将"毒品"注射到了英国的血液中。

流入兰达西大门的原油量从每年 100 万吨增加到了 20 世纪 60 年代初的近 800 万吨。为了将这种原材料转化为标准产品，该炼油厂进行了扩建，但鉴于吞吐量规模如此之大，这座工厂还可以提供石脑油原料，这是石油化工厂的命脉。因此，另一条从兰达西开始的管道被修建起来，该管道位于尼斯河下方 2 英里处，负责将石脑油泵送到刚刚在巴格兰·巴罗斯上建造的英国石油公司工厂的中心。

巴格兰·巴罗斯，又名巴格兰·摩尔斯，是一大片沙丘，呈弧形围绕在斯旺西湾北部边缘地带，并在埃文河和尼斯河之间绵延 4 英里。这片由沙地和沙茅草组成的平原向内陆延伸至南威尔士的山脚下。山坡上聚集着巴格兰村煤矿工人们的家，后面的斜坡则是 Cwmclais 等农场的所在之处。沙丘上偶尔有放牧的绵羊，那里是夏季采摘露莓的好去处，也是塔尔伯特港的孩子们的绝佳游乐场。1960 年，一场巨变降临在了这里，就像昔日钻向博多的钻机同时也击穿了奥贡尼一样，这场变革也改变了威尔士。

在此前的一年，国家煤炭委员会宣布关闭了塔尔伯特港的三座煤矿——格伦哈福德、阿伯拜登和彭特雷。西格拉摩根煤田矿坑的"合理化"也成了南威尔士煤矿就业人数快速下降的另一个标志。一些人在塔尔伯特港钢铁厂找到了工作，另一些人则搬走了，比如那些从阿伯凡移民到肯特并在谷岛建造炼油厂的家庭。

煤的时代明显在衰退，而石油的时代却在日益壮大。在这个新时代，石油化工是一个快速增长的领域。在20世纪50年代之前，石油化工产品几乎全部是在美国制造的；但到了1962年，英国一跃成为欧洲最大的石油化工产品生产国，生产塑料、合成橡胶、人造纤维纺织品、洗涤剂等。

由内维尔·加斯（Neville Gass）爵士领导的英国石油公司董事会意识到，这个石油化工的世界为石油产品提供了一个全新的市场前景和一个全新的利润领域。如果英国石油公司不在这块土地上占有一席之地，那么他们的竞争对手将一举将其击溃。这次征服的主要武器是裂化器。与科里顿等炼油厂的催化裂化器相类似，这是一种可以将石脑油分解成乙烯、丙烯和丁二烯等产品的机器。这些化学品本身可以被用作聚苯乙烯、合成橡胶、聚氯乙烯等产品的原材料。它们也是食品、住房、服装、运输、家居用品、杀虫剂等工业制造的基石。一个崭新的世界从裂化器中诞生了。

1960年，英国石油公司在其位于爱丁堡外的格兰杰默斯工厂中已经有三台裂化器在运行。只要再建一台，它就会超过其竞争对手壳牌公司和英国帝国化学工业集团，成为英国最大的乙烯生产商。乙烯是裂化器裂解出来的最灵活且最有价值的化学物质，也被称为"媒介物"。董事会就是否应该在格兰杰默斯建造第四台裂化器一事进行了仔细讨论，但得出的结论认为，苏格兰的化学品市场并不足以吸收更多的产量。因此，他们敲定了巴格兰，英国石油公司为主要分布于英格兰南部的塑料领域建了一座桥头堡。该公司的目标是使巴格兰变得与格兰杰默斯一样重要，并通过南威尔士的裂化器使英国的乙烯生产能力增加10%。

1961年1月31日，英国石油公司公布了以1300万英镑的成本在巴格兰开设化工厂的决定，600个新的就业岗位应运而生。该公司要求塔尔伯特港议会为重要工人建造100栋房屋，让他们入住到巴格兰·摩尔斯南端已在建10年的沙田庄园中。

两年半后，即1963年10月16日，这座巨大的新工厂建成了，工厂开始投入运营，并准备正式开业。住房和地方政府及威尔士事务部部长代表保守党的麦克米伦（Macmillan）内阁，与阿伯拉文选区的工党议员约翰·莫里斯（John Morris）站在了一起。但一旦考虑到这位部长竟然是在未来以反对国有工业的"撒切尔夫人支持者"而著称的基思·约瑟夫（Keith Joseph）爵士，此情此景就变得万分讽刺。《西南晚报》(The South-West Evening) 宣布，这个将长满露莓和青草的沙丘吞噬殆尽的项目，将会使巴格兰·摩尔斯从"荒原变成仙境"。

前一天，即10月15日，顶着普罗富莫事件丑闻的重压工作，并因前列腺手术而入院的哈罗德·麦克米伦（Harold Macmillan）通知内阁，他将辞去首相职务。他觉得自己是被一群后座议员给害了，但事实上，他看起来已经像是一尊来自20世纪50年代的老古董。为了处理内阁紧急情况，约瑟夫爵士迅速离开仪式现场，并返回了伦敦。他乘坐了海军直升机，因为计划从伦敦延伸至南威尔士的M4高速公路当时尚未完工。而当时，那条公路已经修建到伯克郡的梅登黑德以西不远处了。

10月13日，在工厂开业前的那个星期天，披头士乐队在位于伦敦帕拉斯剧院的ITV《周日之夜》(Sunday Night) 节目现场演唱了他们的热门歌曲《从我到你》(From Me to You)。

通过这档节目，"披头士热潮"在英国正式诞生了。一时间，性丑闻、流行音乐、塑料制品——摇摆的20世纪60年代已经阔步走来。

第3章　宝贝，你可以开我的车

* * *

乙烯厂是新巴格兰工厂的核心。它每年从石脑油原料中可以生产出 6 万吨乙烯。该公司每周从位于柴郡桑德巴奇的迪斯提乐公司（Distillers factory）的工厂中通过铁路向巴格兰输送 1000 吨的氯，这些氯与乙烯相结合，可以生产出二氯乙烯。这些产品随后会被输送到其他工厂，尤其是到方圆百里范围内的巴里、纽波特和斯特劳德等地的工厂中。一列罐车会每周几次从巴格兰出发向南驶向巴里的迪斯提乐工厂。在那里，二氯乙烯变成了氯乙烯单体，然后变成了聚氯乙烯——塑料时代的神奇材料。一个以巴格兰为核心，被英国石油公司牢牢掌控着的塞文河口油区正在逐渐成形，该区域从安格尔湾开始，一直延伸到了格洛斯特附近的斯特劳德。威尔士通过基础设施的建设得到了改造，这些基础设施可以吸收大量增加的原油，然后将其加工成汽油、塑料和农药。

巴里的一部分聚氯乙烯产品被装载到公路罐车上，沿着 A48 和新建 M4 高速公路，隆隆驶向伦敦西部位于海耶斯的百代唱片公司（EMI）。1965 年 10 月 12 日至 11 月 15 日，披头士乐队在百代公司的艾比路工作室中录制了他们的新专辑《橡胶灵魂》（*Rubber Soul*）。这些乐曲在艾比路的车床上被刻录成黑胶母盘，用于在海耶斯制作金属主盘。聚氯乙烯被倒入模具中，随着所有机器的运转，海耶斯在唱片公司高需求的预期中制作出了 75 万张唱片。

这张专辑的副本在英国各地发行。运货卡车沿着 M4 返回，将一批货物运往位于塔尔伯特港教堂街的德里克斯唱片店。作为威尔士第一家专门的流行乐和摇滚乐商店，德里克斯唱片店十分热衷于预购这张唱片。12 月 3 日，这张专辑开始发售，从收音机和沙田的丹塞特牌电唱机中传来了第一首曲目的歌词——《开我的车》：

是的，我将成为一位明星

宝贝，你可以开我的车

也许我会与你坠入爱河

披头士乐队的声音从奥贡尼地表下的液态岩石中传来，回响在南威尔士的空气中。

* * *

20世纪60年代中期是沙田的繁荣时期。尽管威尔士钢铁公司面临着竞争和裁员，但塔尔伯特港的就业形势依然乐观，因为男性在化工厂中找到了工作，而该厂的工作岗位数量在过去十年中翻了一番。沙田有了自己的酒吧、商店、学校和海滨游乐园，并成了一座标志性的庄园。这是一个坐拥巴格兰工厂的繁荣社区。

1965年6月，女王和菲利普亲王来访。他们在瓢泼大雨中经过了一群挥舞着英国国旗的学生，打开了"阿凡丽都海滨休闲中心"（Afan Lido）的大门，看见了闪闪发光的游泳池和体育馆。迎接他们的是休闲中心的经理格雷厄姆·詹金斯（Graham Jenkins），他是在一个采矿家庭中长大的。他的兄弟理查德·詹金斯（Richard Jenkins）在前一年与伊丽莎白·泰勒（Elizabeth Taylor）结婚了，他现在更广为人知的名字是演员理查德·伯顿（Richard Burton）。作为煤炭世界之子，伯顿却成了电影、汽车、喷气式飞机旅行以及遥远的城市等石油所带来的魅力的代言人。

成立于1965年的沙田综合学校（Sandfields Comprehensive School）是威尔士第一所专门设置的综合学校，校内拥有一个可容纳1200名观众的大厅。这所学校被视为教育领域，特别是戏剧领域的杰出先驱。戈弗雷·埃文斯（Godfrey Evans）是英语系的戏剧专家，他将戏剧嵌入了该学院的核心。根据戏剧系主管凯文·马瑟里克（Kevin Matherick）的回忆，"人们过去常常成群结队地从英国各地赶来，参观最先进的设施。"在校的 2000 名学生在前三年都会每周上一次戏剧课,之后可以选择参加表演考试。女演员与前在校生弗朗辛·摩根（Francine Morgan）记得,她曾在大厅中观看过布莱希特（Brecht）的《勇敢的母亲》（*Mother Courage*）和《哈姆雷特》（*Hamlet*）等剧,并称该戏剧系散发出"一种非凡的气息"。

沙田庄园建于 20 世纪 50—60 年代,其中的许多房屋都是英国石油公司工厂的工人住宅,庄园内的所有房屋都配备了室内厕所,并且通了自来水和电。这里现代化且舒适的环境与许多新居民原本居住的矿业村庄的环境截然不同。在阿伯拉文的海滨坐落着迈阿密海滩游乐场和佛罗里达餐厅——这是南威尔士的美国梦。塔尔伯特港支路被沿着山脚修建了起来,这条像踩着高跷的公路,很快便成了通往伦敦的 M4 高速公路的一部分。与拥有炼油厂、汽车厂、新城和机场网络的泰晤士河口一样,塞文河口正从煤炭时代跨越到石油时代。这些都是建立在石油帝国基础上的英国社会民主的成果。

* * *

1959 年,壳牌 Mex 公司和英国石油有限公司聘请了 S. H. 本森（S. H. Benson）机构的广告高手约翰·梅（John May）为其撰写了一份新的简报。他向大众推广家中燃油集中供暖的好处。当时只有一小部分家庭拥有这样的奢侈品,英国的气候条件温和,大多数人认为这种奢侈品是不必要的。梅意识到,为了鼓励大众购买石油并安装整个管道系统,该公司需要营销的并非一种产品,而是一种生活方式,是一个对温暖、清洁和现代化家庭的承诺。

梅建议拍摄一部描绘未来的电影,他提议将影片命名为《1969 夫人》（*Mrs 1969*）,并随后改为《1970 夫人》（*Mrs 1970*）。在这条广告的成片中,一位女演员扮演了家庭幸福者的典范,她在厨房里兴高采烈地雀跃着,她接听着电话,自豪地接受了送货员的敬礼,并与一个裸体婴儿嬉戏玩耍；身穿安哥拉毛线织物的她，显得十分机警，而其他身着睡衣的人们却看起来昏昏欲睡。为了销售精炼过程中产生的副产品之一供暖燃油，壳牌公司和英国石油公司向英国——尤其是中产阶级——出售了他们向往的未来。

让我们来想象一下，一名男子于20世纪60年代初在巴格兰找到了一份工作，他们一家子从南威尔士的其他地方搬了过来。他们在沙田庄园的塔尔伯特港租了一栋房子。开始工作大约一年后，他会步入一个新的阶段，并迈进一所用石化厂的产品压制出来的房屋。虽然巴格兰本身不生产任何家用产品，但其工厂生产的石油半成品却可以在其他工厂中被转化为房屋的组成部分。这恰如巴格兰的二氯乙烯被巴里和海耶斯的工厂转化为《橡胶灵魂》的黑胶唱片一样。

走进房间，地毯垫和地砖是由苯乙烯单体制成的，墙上的乳胶漆是由醋酸乙烯酯制成的，天花板瓷砖是由聚苯乙烯制成的，电灯开关和插头是由酚醛树脂制成的，挂灯泡的电缆上则涂有聚氯乙烯。前室的窗户是聚氯乙烯框架，长椅靠垫上的泡沫是由丙烯制成的，放置电视、收音机和丹塞特牌电唱机的橱柜是由苯乙烯单体聚合后铸造的。专辑架和单曲架都是用聚氯乙烯制成的。厨房里的冰箱、洗衣机、吸尘器和电熨斗都有一部分是由聚苯乙烯制成的，水槽周围的碗、桶和瓶洗涤剂是由聚乙烯制成的，橡胶手套和海绵是由苯乙烯单体制成的，将水输送到水槽的管道是聚氯乙烯管。所有防火胶板的表面都含有酚醛树脂。冰箱和橱柜里的大部分食物都是用聚氯乙烯包装的。花园里的软管是苯乙烯单体聚合后制成的，排水管、水桶、花盆和植物托盘都是聚氯乙烯制成的。当男人转身与其真爱热吻时，她穿的是一件聚醋酸乙烯做的裙子，嘴唇上涂抹着丙三醇（即甘油）。他所能接触到的几乎所有东西也许都是从巴格兰流出的。

这个舒适的塑料世界在一定程度上是为了从由中东和非洲输送到英国市场的原油中获利。然而，这些生硬的经济学却被现代社会耀眼的色彩所掩盖了。1965年3月，英国石油化学公司的常务董事查尔斯·埃文斯（Charles Evans）访问了巴格兰。他在演讲中宣称："公司内部的所有人都应该为我们的产品提高了英国的生活水平而倍感自豪。"

在沙田的房子前面的街道上停着一辆新车，这可能是达根安的泰晤士河口制造的福特科尔蒂纳（Ford Cortina）。这辆车可能是用一个工人在巴格兰的工资分期付款买来的，但它属于他和他的妻子。20世纪60年代，不仅汽车的持有量激增，而且还出现了女性驾驶热潮。1956年，佩图拉·克拉克（Petula Clark）演唱了那首《全心全意》（*With All My Heart*），并在一辆崭新的粉红色特纳950跑车旁摆了个姿势，这辆车象征着她的独立和性感。

三年后，在文斯·泰勒（Vince Taylor）的《全新的凯迪拉克》（*Brand New Cadillac*）的MV开场中，开车的是一个女人。在披头士乐队的《开我的车》中，她告诉她的男人，他可以开属于她的车。开车不仅是为了四处兜风，也是为了出风头。

汽车无情地淹没了沙田的街道，挤满了M4向西延伸的车道。对汽车以及驱动汽车的汽油和柴油的欲望，不仅为兰达西和谷岛等炼油厂带来了利润，还推动了汽车行业及其所有需要更多石脑油的附属工厂的蓬勃发展。克拉克的粉红色跑车中配备了在巴里的迪斯提乐塑料工厂中制造的人造革。到20世纪60年代中期，负责向伯明翰和考文垂的生产线输送材料的巴格兰成了供应链的一部分。塔尔伯特港钢铁厂因福特、沃克斯豪尔（Vauxhalls）和迷你（Minis）等汽车的金属建造需求增长而暂时摆脱了低迷。

决心超越竞争对手壳牌和英国帝国化学工业集团的英国石油公司展开了一场收购热潮，其中最重要的是，他们于1967年收购了饮料集团迪斯提乐公司（Distillers）的化学和塑料部门。第二年，该公司的工厂就遍及了爱丁堡附近的格兰杰默斯、提赛德的威尔顿、赫尔附近的索尔特德、伯明翰附近的桑德巴奇和奥德伯里、伦敦的卡苏顿、南安普顿附近的海斯，以及横跨了斯特劳德、巴里和巴格兰塞文河口石油综合体。到20世纪60年代末，英国石油公司已经成为英国最大的石化产品制造商，并从位于伦敦的皮卡迪利和维多利亚的新办公室中监视着这一领域的风吹草动。

沙田的现代化住宅之所以保持了清洁明亮，一部分是因为来自尼日尔河三角洲的石油，但石油世界的舒适感只惠及了奥贡尼社会中的极少数人。《1970夫人》中描绘的未来已经到来，但显而易见，它的分布并不均匀。

* * *

然而，尼日尔河三角洲石油带来的财富前景加剧了尼日利亚内部的紧张局势。尼日利亚是由英国建立的一个由30多个不同民族和族裔组成的国家。位于尼日利亚东南部的伊格博人宣布独立，并建立了比夫拉国，其国土涵盖了大部分新的产油区。在军事独裁者雅库布·"杰克"·高旺（Yakubu 'Jack' Gowon）将军的领导下，尼日利亚于1967年7月6日入侵比夫拉，随后发生了一场激烈的战争，估计有50万至200万平民死亡，其中许多人死于饥饿。媒体向全世界展示了胃部膨胀、身体瘦弱的尼日利亚儿童的照片。在英国，这些照片甚至出现在了儿童电视节目《蓝色彼得》（*Blue Peter*）中。

塔马纳通过他10岁时的眼睛描述了这些事件：

一开始，我们听到附近的伯尼小镇上传来了炮击声。尼日利亚军队正在伯尼小镇上炮击比夫拉人，随后战机开始飞来。他们向村庄投掷了炸弹并发射了火箭。我们所有人都会在凌晨5点之前跑到茂密的森林里躲起来，我们在那里挖了战壕，我们就待在那些战壕里。

1969年7月，即战争爆发3周后，哈罗德·威尔逊（Harold Wilson）首相向外交和联邦部部长发送了一份文件，其中显示了英国对这场战争的担忧。它指出：

壳牌-英国石油公司在尼日利亚的投资是英国的一项重大收益，对我们的国际收支状况和经济复苏至关重要并关乎国家利益，理应得到保护。因此，我希望尽一切努力，将其作为最紧急的事项……帮助壳牌-英国石油公司和尼日利亚联邦当局建立对我们石油投资的有效保护措施。

最终，比夫拉于1970年1月7日向联邦政府军队投降。高旺将军将战争背后的紧张局势部分归咎于前殖民大国英国和"外籍人士、前帝国主义者和石油公司"。早在战争打响之前的1968年和1969年，尼日利亚政府就通过立法规定了石油工业"尼日利亚化"，现在这一进程加快了。英国石油公司高管大卫·卢埃林（David Llewellyn）于1972年3月访问尼日利亚后报告称，与殖民主义或帝国主义有联系的公司极度不被信任，并且"在尼日利亚的高压之下，为数不多的有能力和经验的外籍人士正在被排挤，而构成现有体系的正是这些人"。

这些变革需求发生在国际石油行业的深刻转变时期。在伊朗的国有化和随后针对摩萨德（Mossadegh）发起的政变的阴影下，全体产油国，特别是阿拉伯世界的活动家们都敏锐地意识到了全球力量平衡的不公正性。1960年9月14日，石油输出国组织（OPEC）在巴格达成立。这个在西方石油公司和欧美政府那里碰了壁的卡特尔自身是缺乏力量的，然而，它却利用20世纪60至70年代石油市场的动力慢慢地汲取力量。在利比亚的伊德里斯（Idris）国王于1969年被推翻后，石油输出国组织开始展现出自己的实力。政变领导人卡扎菲上校立即公开表明了他对西方国家和利比亚石油公司的控制者怀有敌意，其中包括英国石油公司、壳牌公司和西方石油公司（Occidental）。

伊朗和英伊石油公司之间的战争表明，对于一个政府来说，挑战一家在极大程度上决定整个国家经济的在行业中占据主导地位的公司是非常困难的。利比亚则不同。出于偶然原因，掌控该国石油行业的外国公司许多都是像西方石油公司这样规模相对较小的公司，他们可能会比英国石油公司或壳牌公司更容易受到压力的影响。此外，利比亚人口少，从10年的石油生产中积累下的财富也不多，因此能够比伊朗更容易经受住禁运的打击。正如卡扎菲所指出的那样，"利比亚人民已经过了5000年没有石油的生活，为了实现他们的合法权利，可以再次脱离石油。"

此外，在20世纪60年代末和70年代初，尤其是当美国陷入越南战争的泥淖时，世界的平衡在两个超级大国之间显得岌岌可危。利比亚可以依靠向苏联和东欧的经济互助委员会国家出售石油的方式换取军事和外交上的援助。最终，利比亚并不是孤身一人，而是与其他阿拉伯国家，特别是伊拉克、叙利亚和阿尔及利亚紧密地联结在了一起，其中最后这个国度中，仍然充满了弗朗茨·法农（Frantz Fanon）著作中所概括的反殖民精神。为了维护利比亚的主权并为第三世界解放运动竖起一座灯塔，卡扎菲向西方石油公司宣战。

利比亚副总理阿卜杜勒·萨拉姆·贾卢德（Abdessalam Jalloud）少校宣布，利比亚的石油公司必须增加他们付给利比亚人的资金，否则国家将对这些公司建造的石油钻机、管道和出口码头实行国有化。这让壳牌公司、英国石油公司和其他公司感到十分恐慌，不仅是因为他们的资产可能会被没收，还因为如果利比亚能够成功地提高每桶石油的价格，那么其他石油输出国组织的国家——尤其是中东国家——将"狮子大开口"并索取更高的收益。曾处于伊朗风暴中心的英国石油公司董事长埃里克·德雷克（Eric Drake）和壳牌公司董事长大卫·巴兰（David Barran），共同游说了英国外交大臣亚历克·道格拉斯·霍姆（Alec Douglas Home）和在基辛格领导下的美国国务院。两人同时宣称自己无法再支撑公司的运作，因为他们担心会煽动起阿拉伯方面的舆论，并将这些国家推向苏联。这些西方的公司没有像在伊朗时那样得到军事和外交上的支持，他们屈服了，接受了卡扎菲的条件。

正如德雷克和巴兰担心的那样，以伊朗为首的几个石油输出国组织国家要求获得与利比亚同等的待遇。到1971年4月，《德黑兰协议》

（Tehran Agreement）和《的黎波里协议》（Tripoli Agreement）已经被签订，生产国从每桶原油售价中获取的收益大幅上涨。石油输出国组织以自己的力量吸引了更多国家加入其中。1971年7月，尼日利亚也成为石油输出国组织的一员。随着新生产国的加入，石油输出国组织的实力在不断增强，西方石油公司的力量则在不断衰弱。

这两项协议本应维持5年，但1973年10月，石油输出国组织要求在维也纳举行会议并重新谈判。当此要求遭到了西方石油公司的拒绝时，石油输出国组织单方面宣布将每桶油价从2.90美元上调至5.11美元。石油输出国组织部长们的自信完美诠释了跨国公司和生产国之间力量平衡的逆转，这是一种完全有利于后者的转变。油价正在进一步上涨。

卡扎菲与美国及其公司进行斗争的一部分原因，是他渴望改变尼克松政府对以色列的支持政策。1967年，以色列人在为期6天的战争中击败了叙利亚和埃及，占领了巴勒斯坦的全部领土和西奈半岛，30多万名在约旦和黎巴嫩的巴勒斯坦人沦为难民。巴勒斯坦和阿拉伯民间社会迅速激进化，并开始对他们认为支持"犹太复国主义国家"的组织采取了行动。1972年8月，巴勒斯坦的"黑色九月"（Black September）团体炸毁了位于意大利的"英国石油-壳牌跨阿尔卑斯输油管线"，中断了从伊朗到西德炼油厂的原油流通。

许多阿拉伯国家的政府，包括那些一直以来都是美国坚定盟友的国家，都极为担心，因为如果不能击退以色列人的入侵，他们自己就会像伊德里斯国王那样陷入革命。在计划于1973年10月在维也纳举行的石油输出国组织会议开始的前3天，埃及和叙利亚袭击了以色列，"赎罪日之战"打响了。由于美国拒绝改变其武装以色列的政策，以沙特阿拉伯为首的阿拉伯国家立即实施了5%的减产，并将减少的5%用在了他们的军事武装上。阿拉伯国家还对向美国以及荷兰和葡萄牙这两个特别支持其"亲以色列战略"的国家出口的所有石油实施了禁运。

西方国家受到的石油供应威胁产生了严重的后果。英国的物价即刻上涨，政府几乎惊慌失措。司机们争先恐后地给车辆加油，导致英国各地的加油站都排起了长队。在塔尔伯特港、格雷夫森德、利物浦以及全国各地的加油站前排队的汽车,将道路堵得水泄不通。它完美地说明了英国社会对石油与石油公司是何等地依赖。人们广泛讨论了壳牌公司和英国石油公司等是如何拥有和控制这个充满汽车、住宅和音乐的现代世界——石油世界的。与利比亚人民不同的是,英国人民忍受不了几个星期没有石油的生活,而在迫不得已的情况下,他们的"合法权益"可能会崩溃。

10月21日,在阿拉伯国家宣布减产的4天后,对石油供应下降给英国脆弱经济造成的影响极为担忧的希思首相,召见了英国石油公司的埃里克·德雷克(Eric Drake)和接替大卫·巴兰(David Barran)担任壳牌公司董事长的弗兰克·麦克法泽安(Frank McFadzean),几人一同前往契克斯(首相的乡间别墅)参加了一场正式晚宴。希思向德雷克和麦克法泽安施压,要求他们在英国需要的时候能够忠诚地提供帮助,并优先考虑向兰达西或壳牌赫文等英国而非其他国家的炼油厂交付原油。德雷克拒绝了,他强调这意味着英国石油公司必须违背其对其他欧洲国家的集体责任,因为英国是欧洲经济共同体(EEC)的成员。这些公司曾要求英国支持他们与卡扎菲的斗争,但现在角色被调换了,他们拒绝协助政府。希思怒不可遏,25年后他在回忆录中写道,他"对这些大亨们在我们的国家面临危险之际执拗且顽固地不愿意采取任何行动而深感羞耻"。

几天后,一个更大的威胁摆在了希思的面前,全国矿工联合会(NUM)颁布了加班禁令,他们企图利用石油危机来强调他们对英国经济的重要性。12月13日,全国矿工联合会主席乔·戈姆利(Joe Gormley)在接受英国广播公司采访时说:

廉价石油的供应永远结束了。他们(政府)将越来越需要本土能源来填补这一空白。但不会有人来满足他们的愿望的,因为男人们不会在每周工资低于40英镑的英国煤矿中工作。如果这个国家看不到我们争论的意义，那么其未来将会十分悲惨。

为了应对"石油危机"，希思于 1974 年 1 月 1 日宣布实行"每周 3 天工作制"，即企业用电按 3 个工作日配给。4 周后，全国矿工联合会将加班禁令升级为全面罢工，到 3 月，希思在他本人要求的提前大选中失利。在契克斯的会面之后，英国石油公司与各位部长们进行了旷日持久的讨论，其间，总经理彼得·沃尔特斯（Peter Walters）是公司团队的核心。英国石油公司确实试图缓解英国的困境，但这对希思来说太微不足道且太迟了，这位保守党领袖总是将他的失败部分归咎于英国石油公司和壳牌公司的不妥协。

作为石油输出国组织采用石油武器的后果，"石油危机"闯入了大众的视野中，正如邦尼·韦勒（Bunny Wailer）在 1974 年的歌词中所唱到的那样：

这是阿拉伯人的石油武器
这是阿拉伯人的石油武器
这是阿拉伯人的石油武器
这是阿拉伯人的石油武器
这是阿拉伯人的石油武器
没有任何科学成果
能够维持文明继续前行
时代的迹象表明
你所有的科学研究
都永远无法完成
再也没有火车、船或是飞机
你必须试着去创造

事实上，在伊德里斯国王被推翻后的 4 年里，官方公布的全球油价从每桶 1.80 美元上涨到了 1974 年 1 月的 11.65 美元。以沙特阿拉伯为例，原油的生产成本一直保持在每桶 12 美分的水平，而现在更大比例的利润分成流向了生产国，而不是石油公司。这一转变被美国国务卿基辛格描述为"20 世纪历史上最关键的事件之一"。

* * *

在这些年里，与英国石油公司、壳牌公司和所有石油跨国公司及西方国家有关的产油国的实力确实有了显著提高。可以说，油价上涨促使并鼓励了生产国将外国公司的资产国有化。然而，从长期来看，石油公司并没有受到不利影响，因为他们有足够的政治力量来应对强加给他们的变革，并可以确保让英国及其他消费国去承担由这一变革带来的负担。这意味着他们不仅将自己的利益置于英国的利益之上——这一点让希思非常愤怒——而且还受益于油价的全面上涨。1974 年 3 月，阿拉伯国家解除了对美国、荷兰和葡萄牙的禁运，人们认为"石油危机"已经结束，油价没有下跌。

燃油价格上涨确实对英国的汽油市场产生了影响并冲击了炼油行业。英国石油公司撤销了对肯特炼油厂的扩建计划，其他公司在其他地方新建工厂的计划也被搁置。然而，油价上涨也极大地影响了在建项目有可能会产生的利润。当原油交易价格在每桶 21.50 美元左右时，壳牌公司、英国石油公司和其他公司曾计划对资本高度密集的英国北海进行开发。1975 年秋天，当第一批石油上岸时，原油的交易价格为 52.00 美元，而那些看似有风险的项目现在利润丰厚。

此外，"石油危机"也警醒了一个已经对石油和其他资源枯竭的前景深感担忧的世界。1972 年，罗马俱乐部[1]发表了一项备受讨论的研

---

[1] 一个关于未来学研究的国际性民间学术团体，也是一个讨论全球问题的全球智囊组织。——编者注

究调查报告——《增长的极限》(The Limits to Growth)。这篇文章在英国和其他地方引发了关于节约能源和为后石油时代做好准备的必要性的辩论。石油公司本身也并非没有受到这些想法的影响。壳牌公司极具影响力的人物哈伯特·金（M.King Hubbert）宣称美国的石油产量已达到峰值，而英国石油公司的首席地质学家哈里·沃曼（Harry Warman）则对有待发现的石油量做出了悲观预测。在"石油危机"发生之前的1973年6月，美孚公司宣布，在美国，他们将不再为汽油打广告，而是改为致力于说服人们节约能源。一则广告写道："聪明的司机让汽油经久耐用。"另一则写道："她计划每周节省1加仑（汽油）。"

* * *

由于受到了险些失去伊朗资产一事的磨炼，英国石油公司董事会从20世纪50年代中期开始，就努力在全球范围内寻求石油发展前景。1959年4月3日，在莫里斯·布里奇曼（Maurice Bridgeman）任董事长期间，约翰·帕蒂森（John Pattison）、埃里克·德雷克和哈罗德·斯诺买下了312平方英里的阿拉斯加冻土带的钻探权。这份租契是与华盛顿特区的美国联邦当局签订的，因为此时的阿拉斯加尚未成为一个州。

阿拉斯加北坡面向北冰洋的这片土地是因纽特人的领地。这是片夏季里开满鲜花的广阔平原，也是驯鹿、狐狸和200余种鸟类的家园。数千年来，这里的人们一直以狩猎和捕鱼为生。他们饲养爱斯基摩犬，驾驶捕鲸船。但在买下这片土地的人来看，这片他们从未踏足过的地方是一块无主之地，荒无人烟。

在英国石油公司的地质学家哈里·沃曼（Harry Warman）、彼得·肯特（Peter Kent）和阿尔怀恩·托马斯（Alwyne Thomas）的带领下，经过近10年的搜寻，人们终于在1969年发现了足以达到赢利数量的石油。一场漫长而艰苦的斗争随即展开，英国石油公司努力想要建造一条 800 英里长的管道，原油将通过这条管道从阿拉斯加北坡被运往瓦尔迪兹港，并从那里通过船运被送往位于美国西海岸的炼油厂。与许多环境组织合作的因纽特原住民强烈抵制他们的计划。随着成本的不断上升，自 1959 年开始实施的整个"英国石油公司阿拉斯加战略"（BP Alaskan strategy）开始显得有些草率。突然间，"石油危机"的到来将权力交到了英国石油公司的手中。基辛格敦促尼克松总统向国会传达一个信息，即一系列的事件"让我们认识到了自身的脆弱性"，他们应该放弃对阿拉斯加输油管道的反对。1973 年 11 月 16 日，《纵贯阿拉斯加管道授权法案》（The Trans-Alaska Pipeline Authorization Act）最终被签署成为法律。历经了近 4 年的法律较量之后，该项目大获全胜，原住民和环保主义者被晾在了一边。

4 个月后，即 1974 年 4 月，为了专注于将在 11 个月后开工的阿拉斯加输油管道的建设，在英国石油公司纽约办事处工作的约翰·布朗被调往了旧金山。

第 4 章
白日梦背后的污垢

> 白日梦背后的污垢
>
> 白日梦背后的污垢
>
> 自此以后快乐永驻
>
> 在彩虹的尽头
>
> 也许会有石油
>
> （正在寻找欢愉）
>
> 在罗卡尔岛之下
>
> （在彩虹的尽头）
>
> 也许会有石油
>
> （自此以后快乐永驻）
>
> ——歌词节选自"四人派乐队"（Gang of Four）的《乙醚》（*Ether*），1979 年

就在 1965 年节礼日（Boxing Day）的午前时分，英国石油公司"海洋珍宝号"（Sea Gem）钻井平台上的厨师长罗尼·法罗（Ronnie Farrow）在他的铺位上辗转反侧。他在北海南部上夜班，累得要命。狂风的怒吼和金属与金属相摩擦产生的刺耳声音使他无法入睡。突然，钻机猛烈地朝一边倒去，他被甩到了房间的另一侧，躺在了他室友的铺位上。两个都只穿着内裤的男人赶忙跑过去查看发生了什么。钻机

严重倾斜，平底锅、食物和陶器散落在厨房的地板上。法罗冲回船舱，抓起一件外套，跑上甲板，他知道那儿的无线电操作员小屋旁有一艘救生艇。然而，救生艇已经不见了。令他惊讶的是，他看到无线电小屋正漂浮在海面上，在救生艇旁边坐着的正是那位无线电接线员。法罗冲他大声喊叫，但他正凝视着上空，似乎有些神志不清了。

这时，钻机以一个陡峭的角度倾斜了下去，法罗不顾一切地想要上船，他跳入大海，结果又被一股巨浪掀了上来，海浪把他卷到了一条金属通道下方，他的腿被卡在了一个重物下面。随着钻机进一步倾斜，他周围的水涨了上来。就在他几乎已经放弃了希望之时，钻井队成员肯·福赛斯（Ken Forsythe）抓住了他的手臂，并将他拽到了安全地带。幸运的是，卡在他腿上的物体是一艘救生筏。他们迅速为它充上气并跳了进去。更多的人爬了上来，直到船上挤满了湿漉漉、瑟瑟发抖的躯体。

2个小时后，钻机完全倒塌。幸运的是，一艘名为"巴尔特罗弗号"（Baltrover）的货船正好途经此地，他们看到了"海洋珍宝号"正在沉没，于是冲到20英尺高的冰冷海浪中去帮助幸存者。一架来自贝弗利附近的英国皇家空军直升机在暴风雪中协助了救援。32名船员中有13人在东约克郡海岸40英里外溺水身亡。第二天，另一名男子死于体温过低。那名无线电接线员也不幸遇难。

40年后，"海洋珍宝号"的井架工人凯文·托普汉姆（Kevin Topham）回忆起了那个夜晚："钻机看起来十分安全，但它显然并不安全。我曾随武装部队到过一些事件多发地区，我迫不得已被卷入那些事件中，而这也是那一系列事件中的一个。当然，我对这事记忆犹新。有些人告诉我，那起事故至今仍然会出现在他们的噩梦中。"

在那个寒冷而明亮的节礼日下午，英国石油公司伦敦勘探与生产部门负责人戴维·斯蒂尔（David Steel）获悉了这一事件。总部人员正在休假，所以他此刻正待在切尔西昂斯洛广场的家中。到晚上，英国石油公司已经向新闻界作出了回应，英国广播公司也播报了这条新闻。

第 4 章　白日梦背后的污垢

斯蒂尔在人们眼中是一个谦逊、耐心而且非常认真的人，他似乎在所有社会阶层中都如鱼得水。在第二次世界大战中，他曾在法国战役、北非沙漠战役，以及意大利入侵这几场战役中担任坦克指挥官，并随后在马克·麦卡利斯特的移动野战医院中效力。斯蒂尔因其勇敢而被授予了"金十字英勇勋章"和"战功十字勋章"，他的经历被简明扼要地概括为："6 次击毁坦克——未受伤。"也许，他也像托普汉姆一样，是透过自己的军队经历滤镜来看待那天的"海洋珍宝号"灾难的。海上钻探还处于初始阶段，此时的北海有着战争中的一切危险与友情。

在石油输出国组织崛起之前，英国石油公司董事会就已经开始迫切希望获得可靠的新原油来源。就在反摩萨德政变发生的 10 年后，这家公司在伊朗变得举步维艰。英国石油公司企图将那些对本公司非常有利的条款维系下去，因此斯蒂尔与伊朗国王展开了一系列曲折的谈判。这些情况促使人们在阿拉斯加购买许可证，并迫使大家在尼日利亚开发资源。然而，在 1959 年，壳牌公司在荷兰北部寻找到了一个巨大的气田，这一发现带来了许多意想不到的机会。如果北海下面的地层中也蕴藏有类似的资源，尤其是在英国的海域，那么英国石油公司的未来可能会更加光明。

5 年后，英国北海地区的石油和天然气勘探区块开始了一轮竞争性招标。每个区块的占地面积为 250 平方千米，石油公司或通常是石油公司财团从英国电力部购买了为期 6 年的石油和天然气钻探权。英国石油公司的许多高管认为，他们的公司作为国家的捍卫者，应该获得其竞标的所有 32 个区块的授权。该公司董事长莫里斯·布里奇曼（Maurice Bridgeman）希望英国石油公司作为一家完全由英国政府控股的英国公司，可以在许可证的授予方面得到一些偏袒。一位英国石油公司的经理在写给该公司首席地质学家的信中称，他认为他们有获得优惠待遇的"道德权利"。安格斯·贝克特（Angus Beckett）是英国电力部的常务副部长，他后来回忆道，公司间展开了激烈的角逐，而最抢手的几个区块最终都落到了英国石油公司的手中。1964年9月，这家公司获得了许可证。

英国石油公司立即着手展开工作。"最抢手的区块"是被绘制在海军部海图的海床部分，位于约克郡海岸以东约40英里处的"48/6区块"。现存的技术无法满足在离岸那么远且水那么深的地方进行石油或天然气钻探的需求，因此他们从一家法国公司中租赁了一艘驳船，并在法国勒阿弗尔将其改装为一个名为"海洋珍宝号"的钻井平台。接下来，它在位于米德尔斯伯勒的史密斯码头的船厂中被配备上了钻塔和住宿单元，并被拖往了"48/6区块"。1965年9月17日，"海洋珍宝号"挖掘到了天然气，英国的能源前景在一夜之间发生了翻天覆地的变化。三个半月后，节礼日灾难降临，英国石油公司的技术创新被巨浪吞噬，并夺走了14条生命。

这个钻井平台是在法国和英国建造的，但英国北海的海上作业文化从最初就是美国式的。钻井平台上的技术人员和许多工作人员都是从美国墨西哥湾沿岸来的，这些人将他们在路易斯安那州的工作经验带了过来。人们在石油平台上的生活是美国南方生活的一个缩影——伙食良好，十分男性化，主要为白人，并且完全没有工会。这种危机四伏的生活与军事世界遥相呼应。这是一个远离平民区、远离社区、远离妇女和儿童、远离总部的舒适生活的世界。这些就是最终被斯蒂尔所领导的人们的处境，他们为英国石油公司开拓了一片新的领土，并为英国创造了一个新的殖民地。

* * *

1965年节礼日后的第二天一早，英国石油公司的高管们聚集在位于伦敦城的总部办公室"不列颠之家"，仔细考虑前一天下午约克郡海岸发生的灾难的后果。18名男子正在赫尔的医院里养伤，但在北爱尔兰，"海洋探索号"（Sea Quest）的建造工作仍在紧锣密鼓地进行着，这是一项比"海洋珍宝号"大得多的工程。"海洋探索号"是在贝尔法斯特的哈兰德和沃尔夫船厂用 15 万吨钢铁焊接而成的。它将在 12 天内竣工,并被拖到英国石油公司买下的北海区块中进行勘探作业。尽管发生了灾难,但征服这片新领土的运动却不会停止。

接下来,"海洋探索号"花了 4 年半的时间,在阿伯丁东北部的水域进行钻探,但进展极为缓慢,因为英国石油公司确信,在北海北部发现有可供赢利的石油的机会微乎其微。地质勘探继续进行,并得到了在邓迪、彼得黑德但绝大多数位于阿伯丁等苏格兰东北海岸港口工作的补给船的支持。这座"花岗岩城"一直在缓慢地衰退,这一部分与北海的渔业资源枯竭有关。这个小镇陷入了贫困,直到海上石油和天然气的魅力诱使它突然加快了发展步伐。

寒冷的阿伯丁是一个与伦敦的新"不列颠之家"截然不同的世界,后者有一个更广为人知的名字——"伦敦塔"(Britannic Tower)。这座 35 层高的大楼,是布里奇曼领导下的英国石油公司委托建造的,于 1967 年开放。这座伦敦城中最高的摩天大楼仿佛是将纽约的一部分空运到了伦敦一般,以其富丽堂皇的外观吸引着众人的眼球。楼内有一个带大理石柱的高大宽敞的大堂、占地数英亩❶的镶有护墙板的会议大厅和"国务室"、一个设施齐全的餐饮小镇、数家商店和一家酒吧以及一个带有捷豹公司(Jaguars)车队的地下车库。楼前是一片宽阔的广场,一面印有英国石油公司绿盾标识的旗帜在广场上的旗杆上迎风飘扬。广场中央有一个类似当代雕塑的金属物体,用来纪念英国石油公司的大部分财富来源:一口来自伊朗油田的古老"圣诞树"(Christmas Tree)油井于 1911 年首次流出石油,自此以后,该油井总共输出了5000 万桶石油。

尽管新总部的外观极具现代风格,但这家从昔日的帝国故居迁来

---

❶ 1 英亩 ≈ 4046.9 平方米。——编者注

的公司仍保留着其保守的企业文化。大楼的最上面两层分别设有董事长、副董事长和常务董事的办公室以及董事会会议室、董事长餐厅和董事餐厅——员工们戏称为"金槽"（Golden Trough）。往下面一层是高级午餐俱乐部的餐厅，这里所说的"高级"是涵盖了物质和等级制度两方面的，这间餐厅不允许女性员工或女性客人进入。员工经理当时发表意见说，压根儿没有必要颁布这项规定，因为这是一项众所周知的"部落习俗"。楼内的大堂里有两部电梯，一部会在所有楼层停靠，另一部直接通往董事长和董事会所在的最上面两层。后者完全是男性的领地。

布里奇曼领导下的英国石油公司并未受到美国企业文化变革以及英国各地更广泛的文化转变的影响。新办公室开业后的一年，福特公司位于泰晤士河口的达根安工厂的 850 名机械师举行了要求同工同酬的罢工，芭芭拉·卡斯尔（Barbara Castle）议员被任命为首席大臣。英国石油公司并不是唯一一家利用其在经济中的影响力来维护男性在权力职位上的主导地位的公司。壳牌公司和石油公司所依赖的金融机构的情况也是如此。直到 1973 年 3 月，第一批女性才被允许在伦敦证券交易所内进行交易。

* * *

我们想象着乘坐电梯登上 35 层的伦敦塔并走进那些如今已成为"温斯顿和斯特朗"（Winston & Strawn）办公室的房间中。自 1991 年最后一位使用这座大楼的英国石油公司董事长鲍勃·霍顿（Bob Horton）离开后，房间的构造发生了翻天覆地的变化。然而，从一间屋顶比圣保罗大教堂的屋顶还要高的房间的落地窗向外望去，风景与过去相比并没有太大的变化。尽管附近多了一些像"小黄瓜"这样的新街区，向南望去还可以看到远处金丝雀码头的塔楼尖顶，但眼前的场景仍然能够给人一种将包括威斯敏斯特❶和城区在内的伦敦尽收眼底的感觉。英国的首都向远处蔓延开去。

1975年12月1日，星期一，斯蒂尔坐到了办公桌的后面。2天前是他的生日，这一定像是一份适宜的生日礼物。在为英国石油公司效力了25年之后，他终于登上了顶峰。自1月以后，他将接替德雷克（Eric Drake）爵士担任董事长一职，这一点已经毋庸置疑。他对这个房间并不陌生，自从8年前德雷克的前任布里奇曼入住以来，他就经常来这里开会。在1972年担任副董事长之后，斯蒂尔就一直在楼下的办公室中办公，在此期间，他也踏上了通往顶层的电梯，并挤进了"金槽"。

在新上任后不久，斯蒂尔作为董事长召开了第一次董事会会议。坐在他周围的还有其他5位执行董事：副董事长蒙蒂·彭内尔（Monty Pennell）、财务总监罗宾·亚当（Robin Adam）、威廉·弗雷泽、克里斯托弗·莱德劳（Christopher Laidlaw）以及将会接替他的彼得·沃尔特斯（Peter Walters）。这些人的年纪大多50多岁，只有沃尔特斯年仅44岁。他是一颗冉冉升起的新星。

与会的还有6位非执行董事，他们不参与公司的日常运作，但会就公司的未来战略出谋划策。与会的还有塞缪尔·埃尔沃西（Samuel Elworthy），一位退休的高级将领；来自金融部门的迈克尔·维利（Michael Verey）；来自船运部门的林赛·亚历山大（Lindsay Alexander）以及伯麦石油公司（Burmah Oil Company）的代表，英奇开普伯爵（Earl of Inchcape）。与他们在一起的还有英国政府任命的两名非执行官：外交部前部长、军情六处成员丹尼斯·格林希尔（Denis Greenhill）爵士，还有邮政工人联合会秘书长汤姆·杰克逊（Tom Jackson）。

英国政府持有英国石油公司68%的股份，因此他们有权指名任命

---

❶ 威斯敏斯特市是伦敦的一个自治市，英国行政中心所在地，英国国会威斯敏斯特宫就位于此。——编者注

两位董事。这两人本应与政府保持距离，但他们向首相内阁办公室报告了会议情况，并特别向财政大臣丹尼斯·希利（Denis Healey）和能源部部长托尼·本（Tony Benn）进行了汇报。

本是英国左翼的偶像，也是半个世纪以来英国社会主义的旗手。他还曾担任能源部部长，在任期间，他代表英国政府领导了有关北海石油的斗争，对抗可以说是最强大的资本主义组织——国际石油公司。当这场战斗开始时，拥有25年的议员生涯和5年的部长生涯的本已经50多岁了。彼时的他已经因工作努力、思想独立和敢于直言不讳而闻名。站在他那边的批评家们认为他是一个不羁的特立独行者。

他的母亲是一位女权主义者和神学家。他的父亲曾是工党议员和艾德礼政府的航空部部长，在职期间负责监督伦敦机场，即日后的希思罗机场的建造工作。本在泰晤士河口埃塞克斯一侧的斯坦斯盖特度过了他大部分的青少年时光，那里距离壳牌赫文和科里顿炼油厂仅有7英里远。后来，成为议员的本坚定地致力于英国议会民主，他严厉反对任何他认为会破坏议会民主的东西，例如欧洲经济共同体或私营公司。

本是"开放政府"的积极拥护者，并且兢兢业业地保持着记日记的习惯。这些日记在他的整个职业生涯中被分批发表，在日记的字里行间，他通过自己对所目睹的事件坦率且往往不甚恭敬的评估，揭示了他对政府运作的迷人见解。本和他的同事如芭芭拉·卡斯尔和罗伊·詹金斯（Roy Jenkins）等人的日记的存在凸显了一个事实，那就是像斯蒂尔或沃尔特斯这样在公司中与其拥有同等职位的人中，没有一位曾公开发表过自己的日记。

斯蒂尔就职董事长后的首次董事会会议本应像人们期望的那样井然有序。但斯蒂尔在其职业生涯的大部分时间里，都在与伊朗国王之类的人作战，以至于他在上任之后，与英国政府以及代表政府处理能源事务的部长本实际上处于对抗状态。

第 4 章　白日梦背后的污垢

***

1969 年 12 月 23 日，菲利普斯石油公司（Phillips Petroleum）在挪威埃科菲斯克油田（Ekofisk Field）发现了北海的首批大量石油。这立即导致了英国石油行业步伐的改变。1970 年 8 月，"海洋探索号"正在英国石油公司位于阿伯丁以东 110 英里的 21/10 区块中进行钻探。人们终于在这里发现了石油。10 月 7 日，英国石油公司向媒体宣布他们发现了一块油田，并将其命名为"福蒂斯油田"（Forties Field），这是在英国水域发现的第一个巨型油田。

英国北海大量石油储备的发现改变了英国石油公司、壳牌公司、苏格兰东北部和英国政府的命运。这一事件远比四年半前在西索尔发现天然气更加意义重大。英国国际收支的严峻状况一直困扰着政府，此事带来的影响甚至超过了 20 世纪 50 年代的伊朗事件和随后的比亚法拉战争等事件，但突然之间，这种状况似乎有了补救的方法。随着更多油田的发现，人们开始意识到这个国家将成为一个石油出口国。保守党议员劳伦斯·里德（Laurance Reed）于 1973 年 7 月宣布："北海石油的及时抵达，将使我们免于降为（主导原材料与能源输出）的'第三层级国家'……20 世纪 80 年代将是属于英国的十年。我们将成为最有影响力的国家之一。"首相威尔逊在次年 2 月的大选中宣称，"到 1985 年，负责能源的工党大臣将成为石油输出国组织的主席"。在这场奇迹般的变化中，能源部部长的职权也有了大幅提升。

1975 年 6 月，英国就是否应该退出欧盟的前身——欧洲经济共同体一事举行了全民公投。威尔逊支持留在欧共体中，而时任工业国务大臣的本则支持退出。首相一方获胜了。随后，工党的左翼和右翼就本的立场展开了可怕的斗争。威尔逊希望本辞去部长一职。左翼和部分工会认为这象征着对本在工业部的战略持反对态度的商业领袖的胜利。一些工会考虑采取罢工行动来捍卫本的立场。尽管对威尔逊的策略感到愤怒，但本最终还是接受了降职为能源部部长的要求。《卫报》

称这一结果为"威尔逊把本的头颅送给了这座城市"。然而，人们普遍认为，本作为一位对国际资本直言不讳的批评家，现在对英国潜在的最重要经济部门拥有很大的发言权。

在担任能源部部长一周后，本携妻子卡罗琳（Caroline）共同前往泰晤士河，参加了由英国石油公司组织的发布会，并出席了一场在河口的肯特炼油厂旁举办的仪式。1975年6月18日，由美国的汉密尔顿石油公司（Hamilton Oil）、德士古石油公司（Texaco）和英国矿业集团（RTZ）从英国北海开采的第一批石油上岸了。本拧开了从阿盖尔油田（Argyll oilfield）新抵达的油轮上的阀门，并宣布这一天从此刻开始，应该成为一个举国欢庆的日子。

他在日记中指出，他不得不在"一群国际资本家和保守党机构及其妻子们"的陪同下出席仪式。其中包括汉密尔顿石油公司的负责人弗雷德·汉密尔顿（Fred Hamilton），美国大使艾略特·理查德森（Elliot Richardson），以及"来自肮脏的《每日邮报》（Daily Mail）"的维尔·哈姆斯沃斯（Vere Harmsworth）。本回忆道："那是一个晴朗而炎热的日子，即使是梅德韦最满目疮痍、最荒凉的工业地区谷岛，看起来也相当美丽。"时年76岁即将退休的哈蒙德仍在远离政要和媒体的肯特炼油厂的内部食堂中工作着。

5个月后的11月3日，本和斯蒂尔在阿伯丁附近参加了一场更为重要的活动，当着公务员、政治家、石油高管和记者的面，女王和菲利普亲王打开了直接从福蒂斯油田输送石油的管道。

本在日记中记录了这一天：

在基恩杜胡酒店用过早餐后，我们在福蒂斯观看了一部影片，随后，威尔逊与吉姆·卡拉汉（Jim Callaghan）（外交部部长）、英国石油公司的德雷克爵士，以及其他许多人一起抵达，我们共同驱车前往了位于戴斯的英国石油公司总部。我首先注意到，实际上把石油带上岸的工人们被关在了带刺的铁丝网后面，当我们开车经过时，他们只被允许向我们挥手。我们来到一个造价 4 万英镑的巨大帐篷前，地面上铺有一条奢华的红毯。这个有两个足球场那么大的帐篷中容纳了 1000 人，他们中的大多数都是土生土长的伦敦人。在等待女王到来的间隙，我们喝了一杯咖啡。

在女王与一排政要握手后，威尔逊宣告这一事件"为历史学家和记者所钟爱的'转折点'……是我们结束对海外能源供应依赖的开始"。他的这段话恰好附和了他的前任希思仅在两年之前的经历，当时其觉得英国的未来取决于外国石油，尤其是壳牌公司和英国石油公司在供油方面的援助。

本对这一系列行为的看法更为尖锐：

> 坦率地说，这一天完全是在浪费时间和金钱，当女王出现在这场活动中时，其他的一切就都被卷进了冻结的封建等级制度中。所有老态龙钟的大人物都被带到了仪式上来，就好像他们在某种程度上对一项伟大的工业成就作出了什么贡献一般，而工人们则被视为原住民和野蛮人，他们可以出现，但必须保持距离。工党政府竟然允许这种情况继续下去，这是一种耻辱。我还觉得，这一苏格兰盛会只不过是一个让伦敦权贵站出来主宰苏格兰人的契机罢了。

本还指出，"午餐时，我坐在了斯蒂尔夫人的旁边，她的丈夫斯蒂尔即将接替德雷克出任英国石油公司董事长"。德雷克爵士曾经历了阿巴丹战役、哈科特港第一批石油投产以及与希思的斗争，在这一天，他迎来了他职业生涯的最终章。3 周后，他将位于伦敦塔顶的办公室交给了斯蒂尔，英国石油公司新任董事长和英国能源部部长之间的战争打响了。

＊＊＊

在阿伯丁以北 15 英里处，我们离开了 A90 干道，向克鲁登湾的村庄驶去。一排房屋向下延伸到了斯莱恩斯城堡和山羊丘（Goats Hillock）的岬角所庇护的港口。海面上风平浪静，海浪拍打着沙滩，一群蛎鹬聚集在河口附近。这里连我们要找寻之物的影子都看不到。我们的工作生涯一直都与"克鲁登湾"这个名字密不可分。因为有一根直径为 3 英尺的钢管就是从此处开始，穿越了 105 英里的海床，而后到达对岸。福蒂斯管道系统承担了英国 40% 的原油输送工作。而这一切都在悄无声息地进行着。

我们继续往前开了一点儿，来到了地势较高的地方，那里有放牧牛羊的草地和大农场，在冬季寒冷的东北风中，这些地方显得十分遥远。我们在距离悬崖边缘 90 米的小路旁发现了一个管道标记。我们的面前是一片灰色的大海，身后是一片用栅栏围起来的场地，这是 4 个泵站中的第一个，负责向南边 130 英里处泵送浓稠的黑色原油。安全措施几乎没有。这两个看起来很不起眼的大储罐由两道栅栏保护着。入口处有一间用灰卵石抹面的小木屋，和一个 60 多岁的男人，没有武装警察。

我们向南行驶。灰蒙蒙的天空中有几只灰雁划过，雨点落在了挡风玻璃上。我们在田野中和宽阔的伊坦河的河口之间快速搜寻着管道的标记。很快就经过了梅尼球场，这是特朗普位于阿伯丁郊区的高尔夫球场。福蒂斯管道系统直插到顿河之下，并甩向了城市的西部。我们艰难地穿过交通堵塞的郊区，在小镇的南边跨过了迪河，河水从凯恩戈姆山脉流向港口。我们随后在那里偶遇了瓦腾福电力公司（Vattenfall）。在西边的地平线上，是曾受作家娜恩·谢泼德（Nan Shepherd）赞美的群山。福蒂斯管道系统蜿蜒盘绕在她昔日的住所——迪河河畔的村庄周围。

下一个泵站位于阿伯丁南部的穆尔斯基伍德附近。内泽里的管道挖掘工作必须在 2018 年圣诞节结束之前开始动工。所有的石油流通都停止了，挖掘机夜以继日地运转着。再往南，地下管道沿着米恩斯的豪伊穿过了考伊河和伯维河，这里是受人敬仰的作家刘易斯·格拉西奇·吉本（Lewis Grassic Gibbon）的故乡。坐落在北艾斯克河下游和南艾斯克河岸边的是位于布里金附近的下一处工厂大院。继续前行，途经福弗尔进入西德洛山，我们最终到达了博尔贝吉村和最后一个泵站。福蒂斯管道系统在珀斯以西穿行，并遁入了泰河和康河之下。

我们的脚步没有停止，并依次来到了金罗斯以西、克莱什山以西。在俯瞰考登比思和邓弗姆林时，我们在右手边看到了由壳牌公司和埃克森美孚公司（ExxonMobil）所有的莫斯莫兰化工厂（Mossmoran Chemical Works）的火炬烟囱，其燃料正是来源于北海的天然气。最后，我们在卡尔罗斯附近见到了福斯湾。在那里，管道从宽阔的河口下方延伸到南岸以及格兰杰默斯炼油厂东边的金尼尔码头。

我们游历了连接迪河河口和福斯河河口的石油之河。它已经流了 45 年之久。看看被它排空的所有油田的地图就会知道，这可以说是英国最大的一台机器。

* * *

1975 年 12 月 19 日，即福蒂斯管道系统正式开放一个月后，本写道：

> 致英国石油公司……就听取他们高层一个半小时的简报一事。他们谈到英国石油公司是一家英国的国际化公司，其 650 家公司遍布 70 个国家，有 17 万名员工，其中在英国的有 15000 人。他们每年处理 1.65 亿吨原油，使用的资本价值为 43 亿英镑。他们核查了所有数字。我们谈到了英国石油公司与政府和英国国家石油公司（BNOC）的关系，实际上，他们重复了之前说过的话，即在我们出售英格兰银行持有的股份之前，他们不可能与政府合作。他们辩称，政府所有制对他

们来说是一大障碍。我必须认真对待这一点，但我认为我们不能降到 51% 以下，关于这一点我确实说得很清楚。

在这场于伦敦塔中举行的会议上，一家跨国公司的"高层人员"与其东道国的能源部部长，双方的心中都充斥着一股狂热的情绪。

尽管北海石油前景看好，但英国经济仍在快速下滑，国债和失业率不断上升。工党内阁由财政大臣丹尼斯·希利（Denis Healey）和本两部分组成，前者希望推行货币主义政策，而后者则主张使国有企业基本成为公有制，并让工会在经济政策、再投资和进口控制的大项目中发挥更大作用。

战后英国的社会民主主义社会是由英国的政治和军事力量支撑的，这有助于创造一个廉价石油进口和私营石油公司高赢利的世界。到了 20 世纪 60 年代末，这一秩序被推翻了。大英帝国的实力正在迅速减弱，其武装力量规模的缩小及阿巴丹和苏伊士运河等危机的到来，恰好可以表明这一点。产油国对在其领土内工作的外国公司生产的原油提出了更高的价格要求，这打击了英国石油公司和壳牌公司等公司的赢利能力。两年后，1973 年秋季的"石油危机"加剧了英国社会民主政府和斯蒂尔领导下的跨国公司的危机。两者的命运似乎紧紧地联系在了一起。

这片土地迎来了一份神奇的礼物。1970 年 10 月，人们在福蒂斯油田发现了石油，其特许经营权 100% 由英国石油公司所有，并且由该公司负责运营。这些石油是在"石油危机"发生的 36 个月之前被发现的，因此英国北海原油储量的商业和政治意义，直到 1973 年年底才真正得以显现。

对英国政府而言，北海石油和天然气的快速开采，不仅意味着财政部的税收收入将会增加，更重要的是，在中东原油成本已大幅飙升的情况下，它有能力减少石油的进口量。

这种情况的意外变化突然为英国的国际收支问题带来了解决方案。

北海的礼物为这个国家提供了一条逃离困境的神奇路线。难怪《每日快报》(Daily Express)的漫画家迈克尔·卡明斯(Michael Cummings)将新能源部部长本描绘成了一位跨坐在北海的钻井平台上，并让首相对其言听计从的阿拉伯酋长。

然而，尽管英国石油和能源部部长的权力是建立在对主权领土的开采上，但其行使最终还是取决于私营石油公司，尤其是埃索(Esso)公司、阿莫科(Amoco)公司、壳牌公司和英国石油公司。对于这些公司来说，在英国发现石油一事也为他们自己的困境提供了一个神奇的解决方案。虽然提取成本高，技术难度大，但这些资源蕴藏于一个政治长期稳定的国家中，该国的政府将给予支持，并发自内心地顺从——这与伊朗、利比亚或尼日利亚形成了鲜明的对比。

1970年10月，在希思的保守党政府执政4个月后，福蒂斯的油田被发掘了出来，人们疯狂地涌向北海北部的其他许可区块进行钻探。虽说自1965年以来，使私营石油公司能够从北海开采石油的法律和财政条件一直在被不断创新，但福蒂斯的发现还是起到了催化作用。在一片许多人原本认为只能够输送天然气的油田中开采石油，彻底增加了这些公司准备投入英国的资本规模以及他们希望获得的利润规模。这些公司争先恐后地说服政府同意那些能使其利润最大化的条款。

两位曾在1970年至1974年担任工业大臣的保守党议员成了他们有力的盟友。第一位是约翰·戴维斯(John Davies)，他在英国石油公司担任高级会计师20年，此后担任壳牌Mex公司和英国石油有限公司的常务董事，1965年任英国工业联盟总干事，后来成为部长。第二位候选人彼得·沃克(Peter Walker)则公开表示自己支持保守党。

然而，对于英国石油公司和壳牌公司来说，在北海建立一个对他们有利的政权，可以让他们获得更大的回报。在英国，他们可以基于自己的条件，建立一个他们希望被引入世界其他石油产区的模型。这家石油公司可以将北海这块英国最新的殖民地塑造成最适合其自身目的的样子——就像皇家尼日尔公司塑造了后来的尼日利亚，英波石油公司（Anglo-Persian Oil Company）塑造了现代的伊朗一样。

如此阴暗、寒冷且超出大多数英国人想象的北海，在第二次世界大战后成了新英国的熔炉，强大到可以和石油之城伦敦相匹敌。与曾在 20 世纪 40 年代上演过的一幕相同，石油公司致力于创造一种能够使其获得成功的新秩序，而在此过程中，他们也塑造了英国未来的经济、政治乃至文化。

后来成了英国石油公司首席执行官的约翰·布朗告诉我们，他曾于 1976 年和 1977 年在英国石油公司的福蒂斯油田工作，当时他所在的办公室就位于伦敦塔的隔壁。他解释说："我认为北海有着巨大的自豪感……这太出乎意料了，它确实是新英国的一颗明珠……女王在不断地开创事业。"

* * *

自英国取得首个行业许可的 10 年以来，北海的开发工作一直以一种完全有利于英国石油公司、壳牌公司，以及美国和法国的跨国公司的方式展开着。然而，命运的轮盘开始逆转，尤其是对英国石油公司来说。1974 年 12 月，伯麦石油公司（Burmah Oil Company）突然透露说，该公司正处于崩溃的边缘。该公司一旦倒闭，整个英国的就业都会受到影响。因此，工党政府决心防止这种情况发生。伯麦石油公司自 60 多年前起就已经持有英国石油公司 20% 的股份。因此，为了拯救这家公司，政府以英格兰银行的形式介入买下这些股份，从而向伯麦注入了资本。

一夜之间，英国石油公司 68% 的股份都归英国政府所有了。公司正朝着被接管的方向发展，这与德雷克、斯蒂尔和董事会其他成员的预期完全相反，这样下去，公司很有可能会愈加受到英国能源部部长的控制。1974 年冬天，当能源部部长还是埃里克·瓦利（Eric Varley）

时，英国石油公司对此事并不担心，但 6 个月后，情况就不同了，因为现在的部长变成了本——伦敦城的"左翼恶魔"。

就职 5 周后，本在日记中写道：

3 点 30 分，英国石油公司的德雷克爵士来探望我，我特意表现出谈吐迷人的样子。他表示，由政府持有的英国石油股份必须保持在 50% 以下，因为超出这一比例将导致该公司在美国、新西兰和其他地方的信誉受损。英国石油公司的业务遍布了 80 个国家。因此，他希望由伯麦公司持有的英国石油公司股份可以在公开市场上出售，但不要出售给外国政府。不过，我对此并不接受。

本的日记继续写道："我曾考虑让德雷克担任英国国家石油公司的董事长，但他如此消极且充满敌意，以至于我改变了主意。我很高兴与他见面，与他保持理智的关系可能是件好事，尽管他是保守党中最保守的那一位。"德雷克的观点向来很有说服力，他十分擅长煽动大众情绪，并将其引入歧途。正如研究英国石油公司的历史学家詹姆斯·班伯格（James Bamberg）在讣告中写的那样："虽然他产生了自我怀疑，但绝不会表现出来。"

英国国家石油公司由在本之前担任能源部部长的埃里克·瓦利勾勒出雏形，并于 1975 年依据《国会法案》（Act of Parliament）建立。其目的是创建一家有权获得英国行业区块许可证的国有公司，并可以像私营公司那样建造海上平台和开采石油。事实上，英国国家石油公司的成立是为了与英国石油公司、壳牌公司以及其他遵循由伊朗、尼日利亚或利比亚等产油国所创建模式的公司展开竞争，并效仿其他北海国家正在创建的公司，如挪威的挪威国家石油公司（Statoil，现更名为 Equinor）和丹麦的丹能公司（DONG，2017 年更名为 Ørsted，即沃旭能源）。

建立一家可以与英国石油公司或壳牌公司竞争的公司是一项复杂的任务，在时间、资金和劳动力方面都很昂贵。它需要雇用私营石油公司最优秀的员工。挪威认识到，他们必须确保自己的国家在行业保持开放且步伐稳健，只有这样，挪威国家石油公司才能有实力参与许可证招标的竞争并获得开采石油的专业知识。奥斯陆制定了一项"消耗政策"，以确保可以小心地管理从海底抽出石油的速度。因为尽快开采石油以产生最高的利润可以满足私人资本的利益，但尽可能延长开采过程以确保稳定和持久的收入流，可能更符合国家公民的利益。挪威人的政策意味着他们的油田可以持续更长的时间并为国库作出更久的贡献。

这一战略大获成功，以至于挪威的方法被许多国家视为最佳实践的典范，通过这种方式，国家而非跨国公司可以从石油生产中获得最大利益。但英国并没有采用这些策略，自1964年首批许可证发放后，英国历届政府都同意在公司的推动下加快发展的步伐。这意味着英国的油田正以令人咋舌的速度被抽干，实际上，天生没有利齿的英国国家石油公司并没有时间发展出足够的实力来与竞争对手抗衡。本的计划的一部分是减缓发展速度。

"参与"（participation）是本在担任能源部部长的4年中一直大力推行的战略，而英国国家石油公司也将成为这一战略的重要工具。"参与"是一项在中东国家和跨国公司之间的斗争中逐渐形成的法律原则，并被伊朗和尼日利亚等许多国家运用。这意味着，国家将要求所有开采石油的私人财团都将其一部分交付给国家，以便使国家"参与"石油生产业务。借此方式，政府不仅能够从油田获得收入，还能对油田的运营方式进行更大程度的控制。它允许国家获取情报、培训具备相关技能的公务员并为该行业制订未来计划。比起国家仅仅可以对开采的每一桶石油征税、处处遭受蒙蔽、无法真正了解油区的内部运作及其可能的发展，这一战略还赋予了政府一个更强大的功能。

本决心让所有在英国北海工作的公司都参与进来。包括英国石油公司、壳牌公司和埃索公司在内的公司，都决心对他进行抵制。很明显，该行业的集体战略就是这样耗下去，他们试图等待一位比本更为温和的部长。本的日记记录了这些公司高管在会议上拖拖拉拉和抱怨的情况，这位部长在会议上变得越来越沮丧。

在一段生动的回忆中，本描述了他与后来被英国石油公司收购的美国石油公司阿莫科（欧洲）总裁诺曼·鲁巴什（Norman Rubash）的一次会面。这位高管和他的律师一口拒绝了壳牌公司和埃索公司已经接受的条款。本这样记述了他们的对话：

"我不敢苟同壳牌–埃索的安排。"鲁巴什摆出一副十足的白人姿态。"请你记住，正在与你打交道的是女王陛下的英国政府，这些有关参与的讨论旨在做出一些真正意义上的改变。你不是在与一位20世纪40年代的首长打交道，你是在与20世纪70年代的英国政府打交道……"我怒不可遏。我感觉自己就像一位正和跨国公司对话的香蕉共和国的总统。我永远不会忘记与鲁巴什之间的那段经历。

有彭内尔在侧的斯蒂尔拥有一种专属于英国石油公司的特殊武器。他们一再对本说，在政府出售其从伯麦公司收购的英国石油公司股份之前，他们不可能就"参与"一事采取任何行动。在不列颠之家大厦、契克斯和能源部的会议上，部长和董事长二人的意见方向很明显是背道而驰的，一位想得到更多的政府控制，另一位则相反。

对于部长来说，"参与"原则不仅是为了将更大的控制权拉到国家一侧，更是为了进一步加强民主文化。本坚定地致力于加强工会在工业中的作用，并在经济的各个方面扩大工业民主。海上工业是一个相对较新的行业，10年来，该行业一直遵循着美国文化，公司对钻机和建筑工地上的工人加入工会一事十分抵触。本想改变这一点，斯蒂尔却坚决反对。

北海这一全新的工业领域被视为新大不列颠未来的希望，而在英国石油公司、壳牌公司、埃索公司和许多较小公司管理层的共同努力下，这里的组织方式打破了长达一个世纪的传统劳资关系，并迈向了撒切尔夫人上台后将此方式变为常态化的新世界。这里也成了"撒切尔主义"(Thatcherism)的实验室。

* * *

尽管斯蒂尔想抵制本的要求,但他知道英国石油公司也需要北海的石油来维持自身的生存。1976年6月27日至29日,在桑宁戴尔的公共服务学院中举办了一次规模庞大的谈判,谈判持续了27个小时,其间只留有6个小时的睡眠时间。最终,斯蒂尔在一定程度上同意了"参与"战略,并答应协助英国国家石油公司的发展。

但随后,形势却突然转向了有利于英国石油公司董事会的方向。就在此前18个月,伯麦公司的垮台使局势偏向了政府一方,而在桑宁戴尔谈判结束的两天后,本参加了一场关键的内阁会议。卡拉汉首相透露了英国经济危机的严重程度,以及财政大臣希利正在与国际货币基金组织(IMF)磋商数十亿美元的贷款的消息。

这是自第二次世界大战后国际货币基金组织成立以来,首次有发达国家濒临破产并请求纾困。这条消息被公之于众后,毫无疑问地成为国家的耻辱,同时也给工党政府带来了巨大的打击。作为贷款的条件,国际货币基金组织要求英国对经济做出改变,在接下来的6个月里,内阁的主要事务是讨论如何满足这些条件。希利和他身边的其他人提议大幅削减公共支出并缩减国家福利。在本的周围则聚集了另一个派系,他们的"替代战略"提议实行进口管控,同时只进行一小部分削减。

由政府持有的英国石油公司股份的问题被摆在了双方面前。财政大臣的团队坚决支持出售国家持有的17%的股份来提高收入,从而避免削减一部分的公共支出。能源部部长则坚决反对出售。与此同时,斯蒂尔虽然不在内阁会议室中,但他很快便察觉到这是一个减少政府控制的好机会,是他和他的前任德雷克长期以来一直极力争取的。

第 4 章　白日梦背后的污垢

内阁中的辩论一直在如火如荼地进行着，直到 12 月，希利的一方取得了最终的胜利，国际货币基金组织同意发放 39 亿美元的贷款，部分条件是政府将出售其在英国石油公司的 17% 的股份。这是国际货币基金组织成立 30 年以来发放的最大一笔贷款。6 个月后，即 1977 年 6 月 24 日，股份出售完成，售价 5.35 亿英镑。这是所有公司有史以来规模最大的一次股权处置。政府仍然持有英国石油公司 51% 的股份，但本在日记中记录，他认为这是一次巨大的失败：

我们已经将该国一些最有价值的资产交给了伊朗国王（据报道，伊朗国家石油公司正试图购买英国石油公司 1% 的股份），交给了美国人和私人股东，我为自己是做出这种行为的内阁的一员而感到羞耻……我们已经为未来出售公共资产画出了蓝图，我们将没有任何理由去遏制它。这真是骇人听闻。

由于本长期不懈的坚持，政府的持股比例并没有低于 51%，但他针对此次出售做出的更广泛意义的观测是具有先见之明的。当时在伦敦塔的经济团队中工作的尼克·巴特勒（Nick Butler）对我们说：

这是世界上首个公共部门股票被放在私人市场中出售的案例。它让保守党影子部长尼古拉斯·里德利（Nicholas Ridley）和基思·约瑟夫（Keith Joseph）产生了私有化的想法——你可以在抛售公共部门公司的股份的同时筹集资金，并摆脱行业国有化的困境。它让撒切尔夫人知道了自己能做些什么。

在 1977 年同年，斯蒂尔在卡拉汉的授意下获得了爵士头衔。国际货币基金组织的危机让斯蒂尔有了可乘之机，他已经为这一目标奋斗了两年半。1977 年的出售开创了先例，并坐实了英国石油公司与保守党影子政府之间的结盟。两年后撒切尔夫人上台，新任保守党能源部部长戴维·豪厄尔（David Howell）和斯蒂尔立即着手进一步出售英国石油公司的股份，此举为政府筹集了 2.9 亿英镑的资金，并在不到 6 个月的时间内，将国家的持股比例降至 46%。

后来，英国石油公司首席执行官彼得·沃尔特斯与第一任能源部部长、后任财政大臣的奈杰尔·劳森（Nigel Lawson）一起完成了斯蒂尔的愿望。在他的监督下，英国石油公司另外 14.5% 的股票于 1983 年 9 月被售出，4 年后，最后的 31.5% 也被大规模售出了。这再次打破了股票出售的纪录，最后这次出售为政府创造了 55 亿英镑的收益，并将其持股比例降至零。在仅仅 10 多年的时间里，英国石油公司已经完全私有化，它成了如英国电信（British Telecom）和英国天然气（British Gas）等所有其他公司私有化的风向标，这是撒切尔夫人的新自由主义革命的象征。

1977 年 6 月，本出售了政府持有的英国石油公司 16% 的股份，这并不是他能源部部长生涯的结束，但却成了一个转折点。在那之前，政府持股为他在北海的谈判提供了强有力的支持，但现在，本会看到公司完全国有化的可能性已经渐渐消失。

20 世纪 70 年代末，随着工党政府地位被削弱，英国石油公司董事会的力量越来越大。1979 年 2 月 21 日星期三，这位能源部部长在他的日记中写下了他们对该公司的最后一条评论："我批准了一份文件，里面说为了获得对英国石油公司的一些控制，我们将每月甚至每周都接受一些得寸进尺的要求。我必须得说，此事让我感到发自内心的恶心。他们对这个国家连最起码的忠诚也没有。"两个月后，本卸任了，保守党的豪厄尔接替他成为新的能源部部长。受到了猛烈打击的石油公司终于熬到了本倒台的这一天。

此前 15 年，在海上石油许可证首次发放期间，英国石油公司董事长布里奇曼认为，他们的公司应该得到特殊待遇，因为它是一家英国公司。当与本在伦敦塔中首次会面时，斯蒂尔坚定地声称它是一家"英国国际"公司。在接下来整整 5 年的时间里，英国石油公司一直在

第 4 章　白日梦背后的污垢

不厌其烦地与这位英国民选政府部长作对。渐渐地，英国石油公司开始强调其作为一家国际石油公司的独立性，并将英国抛诸脑后。

* * *

> 白日梦背后的污垢
> 白日梦背后的污垢
> 自此以后快乐永驻
> 在彩虹的尽头
> 也许会有石油
> （正在寻找欢愉）
> 在罗卡尔岛之下
> （在彩虹的尽头）
> 也许会有石油
> （自此以后快乐永驻）

乔恩·金可以说是石油和撒切尔夫人的受益者。这位昔日的后朋克乐队"四人派乐队"的歌手兼词曲作者，如今的数字媒体和广播公司 Vice Media 执行官以代表其文化受众对新自由主义政治和经济展开批评而闻名。

歌曲《乙醚》将北海的石油批判为"白日梦背后的污垢"，为攻击工会和其他反对私有化的人提供了最大一笔资金。"我想所有的左翼人士都会认为，我们之所以会有这样一个支离破碎且无用的社会，唯一的原因就是北海石油，因为北海石油为失业买了单。"金坐在苏豪区的一家咖啡馆里说，他的穿着打扮看起来就和人们心目中的后朋克摇滚明星一样优雅整洁。

时年 62 岁的金是一名电工的儿子，他出生于伦敦南部，并在七橡树中学接受教育。在那里，他遇到了安迪·吉尔（Andy Gill）。1976 年，他们在共同就读于利兹大学期间一起组建了"四人派乐队"。该乐队的名字受库尔特·科班（Kurt Cobain）、迈克尔·斯蒂普（Michael Stipe）等人的影响，并被《滚石》（Rolling Stone）杂志描述为"可能是摇滚乐队中最具政治动机的一个"。

我们问了关于石油和他的歌曲的事情，金说：

我写《乙醚》的歌词是因为当时的人们觉得（用石油）可以扭转一切：英国可以成为沙特阿拉伯的一个岛屿……那里寄托着乌托邦的希冀。当然，撒切尔夫人在20世纪80年代所做的就是用这笔钱来资助失业人群。我国与挪威之间的荒诞差异，就在于挪威人拥有主权财富基金。他们实际上做了可能是在所有政府中最明智的事情，那就是投资挪威以外的股票。我们只是用它来打压工会，摧毁工人阶级，有组织的工人阶级。

金继续说："这件事是经过了深思熟虑的。撒切尔夫人一定认为这很'了不起'，因为要是没有这笔钱，她永远不可能压垮矿工。英国的去工业化是石油造成的。然而从歌曲的角度来看，这似乎是我们社会赤裸裸的错误之一，大家有目共睹，而它只是明确指出来了而已。"

金还确信，石油行业是"有组织破坏"大众公共交通的幕后黑手，尤其是在洛杉矶等美国城市：

显然，如果没有人想开车，汽车就卖不出去……其次是音乐体验。在与其他人共同出行的过程中，音乐差不多是个人品牌的体现。公路电影已经十分流行，公路音乐也出现了。人们在汽车中完成了自己的初体验。大家在那块小天地里迸发激情，然后逃之夭夭。一个装满汽油的油箱意味着自由。

＊＊＊

我们仔细端详着这个战场。位于伦敦塔内的英国石油公司董事长前办公室，一系列被载入公司史册的斗争就是在这里发生的。30年后，未来的英国石油公司首席执行官布朗在回忆录中写道："眼下，英国石油公司的地位已经如此之高，以至于时任能源大臣本有了将这家公司国有化的想法，在政府已经拥有控股权益的情况下更是如此。我在公司中的地位太低了，并且终日忙于往返北海，因此无法理解董事会对本先生的极力抗拒。"

20世纪70年代中期英国事态的发展并非不可避免。英国本可以走挪威开创的道路。这条路使挪威人得以在获得许可证一事上放缓脚步，从而为他们的国家石油公司（相当于英国国家石油公司）争取足够的时间来增强实力并积累专业知识。与英国在该行业引用的美国模式截然不同的是，他们发展出了一整套的海上工作条款，在这种模式下，强大的工会成为一种规范。他们建立了一项主权财富基金。挪威的这项从石油收入的投资收益中稳步建立起来的基金，在2020年11月价值12000亿美元，是当时世界上最大的基金。

如果英国政府当初奉行了本所倡导的理念，那么今日英国的主权财富基金将会拥有更加庞大的规模，并能支撑起一个远高于现任政府认为合适的社会保障水平。一部分由卡拉汉领导的工党内阁想要抵抗住国际货币基金组织要求削减公共支出的压力，并维持和改善国家的福利水平。这正是挪威在接下来的几十年里主要从事的事情。如果英国当时也能以同样的方式对石油这一神奇的礼物加以利用的话，那么无论是这个国家的未来，还是我们如今生活的时代，都将看起来非常不同。

英国有幸在北海发现了石油，并且至少有一部分政府部门认为这项资源的许可证和经营权应该掌握在一家公有公司手中。毕竟，当时的水、电、气资源，以及铁路、公共汽车、机场、飞机和码头等基础设施，都是由国家所有并进行管理的。经过25年的斗争，伊朗、尼日利亚或利比亚等大多数主要产油国，都建立了各自的国有石油公司。只有加拿大和美国不屑于这种战略。英国选择了由美国资本所开创的模式，并沿着自20世纪40年代起踏上的拥抱美国文化之路继续前行。

英国石油的发现正值英国石油公司失去对阿拉伯世界主权国家的控制权，并大量汲取美国的企业理念之际，这是英国的不幸，因为彼时的英国石油公司已经下定了鏖战的决心，他们要努力确保北海的石油由私人资本开采，并使公司远离国家的控制。人们总是倾向于指责历届英国政府未能明智地对石油宝藏加以运用，例如设立主权财富基金等，但他们却忽视了这样一个事实，那就是各个企业都对国家采取的此类措施展开了坚决的抵制。

当斯蒂尔于2004年8月9日在布列塔尼的家中去世时，他的一篇讣告的标题为《戴维·斯蒂尔爵士——战胜了托尼·本的英国石油公司董事长》。其中写道："近两年来，斯蒂尔和他的同事们一直在与当时负责能源的部长本展开较量，但最终英国石油公司取得了胜利，这在很大程度上要归功于斯蒂尔的默默坚持，法律培训与经验使他适应了旷日持久的谈判。"

当本于10年后离世时，相关的新闻占据了报纸的大半个版面，但字里行间却对发生于伦敦塔内的特殊斗争鲜少提及。

第 5 章
唯一的天堂之路

我还记得那次散步

我和我最心爱的姑娘沿着围墙

并排走在茂密的草地上

大船从身侧滑过，滑过

云雀在阳光下高歌

当我低头望向她的眸子

那画面简直就是天堂，是天堂，是天堂

人们在谈话，但他们却不知

我到过哪里又将去往何方

世界不住地轮转，万物永远在改变

我并不耻于爱上两位姑娘

你所有的爱恋都让我心生激动。

不能随你而去，只是我不能离去

高速公路有千条，人生只此一次

唯有一条天堂之路，天堂之路，天堂之路

——歌词节选自维尔科·琼森（Wilko Johnson）的《天堂》（*Paradise*），1977 年

两千年来，所有需要在农田间搬运的东西都是由马和牛拉着或者

是由女人和男人推着移动的。在罗斯·哈蒙德曾于20世纪50年代工作过的谷岛旁的宾尼农场，所有农作物都需要借助马力或帆力才能被运到市场中售卖。在汽油发动机于19世纪80年代问世后，马匹依然在相当长的一段时间里为人们所使用，这有些出人意料。在谷岛以西的胡半岛上的海厄姆村中，最后一匹名为拳师的马一直工作到了1974年。但在马匹的世界存在的同时，拖拉机和汽车的世界也在不断地发展着，它们都是以从伊朗、尼日利亚和其他国家的岩石中提炼出来的柴油和汽油为燃料的。除了在拖拉工作中依赖石油，农场还靠石油来制造肥料、杀虫剂以及实现它们被许诺过的奇迹。

其中最具传奇色彩的杀虫剂是"德林系列"（drins）——爱耳德林（aldrin）、狄氏剂（dieldrin）、艾氏剂（eldrin）还有七氯（heptachlor）。这些由石脑油制成的化学品被冠以"土壤害虫杀手"（Soil Pest Killer）、"蚂蚁末日"（Ant Doom）和"壳毒"（Shelltox）等多种名字在市面上出售。在实验室中被研制出来的"德林系列"旨在大规模杀死昆虫，特别是蝗虫、蚱蜢、线虫棉铃象鼻虫。它们的击杀目标是被视为"害虫"的物种，也就是那些会削弱农业生产力的生物。

"德林系列"是由一家名为"朱利叶斯·海曼"（Julius Hyman & Co.）的私人公司在美国科罗拉多州丹佛的落基山军事兵工厂中发明的，目的是将其作为第二次世界大战期间美国陆军机器的一部分。在德国的占领下，完全独立于轴心国欧洲的阿姆斯特丹壳牌实验室，也开发出了类似的杀虫剂。1950年，壳牌公司获得了"德林系列"的全球独家营销代理权和该种类化学品的制造权。这时的人们已经开始对这些产品的毒性表现出担忧。在此前的一年，荷兰政府植物病理学部门的负责人C. J. 布雷杰（C.J.Briejer），曾对这些杀虫剂的滥用提出了批评。

但这些担忧并没能阻止壳牌公司，他们欣然接受了"德林系列"，并提出要为农业创造出一个崭新的未来。农作物上的害虫将成为过去。农药与化肥的结合将农业带入了现代世界。正如曾任壳牌化学公司（Shell Chemicals）负责人的壳牌首席执行官本·范·伯登（Ben van Beurden）向我们回忆道的："我们过去常说'我们是一家能源公司，我们提供的是对现代化生活至关重要的东西'。"

对于壳牌公司来说，"德林系列"的销售不仅使公司能够贩卖未来，并且还产生了可观的利润。史蒂芬·霍沃思（Stephen Howarth）和乔斯特·容克（Joost Jonker）在公司的官方历史中写道："'德林系列'是该集团的理想化学产品的代表。它们受到了'专利''碳氢化合物'以及'研究密集型'等字眼的良好庇护。它们极具现代感且富有魅力，为人类古时候的灾害提供了即时的技术解决方案；它们可以与其他的制造工艺高度匹配；它们能够以很少的交易量创造出超高的利润。"

生产这些化学品的欧洲工厂分别坐落在荷兰鹿特丹附近的佩尔尼斯以及英国、比利时、德国、法国和意大利等地。这些产品本身被一股脑儿地推销给了英国的农民并被广泛采用。在鼓励之下，"德林系列"不仅被工人们喷洒在了农作物上，还被涂抹在了种植前的种子表面。与英国其他地方一样，在20世纪60至70年代初的泰晤士河口周边地区，人们经常可以看到轻型飞机或直升机低低地盘旋在农田上空喷洒农药。即便是仍在使用马匹进行牵引的农场，也采用了这项技术。

人们一直在不停地研究"德林系列"的有效性，还建立了多个用于进行作物和动物试验的实验室。壳牌公司在英国的研发场所位于肯特郡锡廷伯恩边缘地带的伍德斯托克农场中，距离科里顿和壳牌赫文炼油厂仅有15英里。1954年，几幢新的大楼被修建了起来，建筑师正是英国最著名的现代主义者之一、伦敦机场和默西塞德桑顿研发实验室的缔造者弗雷德里克·吉伯德（Frederick Gibberd）爵士。这是一项由这家自豪地建设了现代世界的公司所发起的大胆研究。

新的研发实验室受到了当地居民的关注，其中一人后来描述说："在位于旧谷仓路和伍德斯托克农场之间的大橡树路右侧的田地里，有许多块被用于不同化学品测试的正方形和长方形土地。很久以后……动物研究和其他奇怪的事情开始在那里上演。"

人们对这种"未来农业"的担忧与日俱增。1955年，发表于英国《化学时代》（Chemical Age）杂志上的一篇文章，对锡廷伯恩的壳牌公司提出了批评，起因是他们在试验中将"德林系列"用在了一头刚满一岁的海福特牛身上，并致其在随后的5小时内死亡。两年后，两位来自英国的兽医明确地将"德林系列"与鸣禽的死亡联系在了一起。第二年，锡廷伯恩在当地组建起了一个毒理学研究小组。

1962年6月，美国生物学家蕾切尔·卡森（Rachel Carson）的一系列开创性论文开始在《纽约客》（New Yorker）杂志上连载。后来，这些作品被整合到一起出版，成为畅销书《寂静的春天》（Silent Spring）。卡森以布雷杰的成果为基础，对"德林系列"给美国东北部各州动物生活带来的影响进行了研究。霎时间，原本许诺会为农民带去聚宝盆的化学物质，竟被发现是整个生态系统的死亡药剂，是戕害生命之网的毒品。

卡森对"德林系列"在美国和英国的影响都进行了描述。从1960年起，令人震惊的报道接二连三地出现了。诺福克的一位农场主写道："我的土地仿佛是一片战场……数不尽的尸体，其中有大量的小型鸟类——苍头燕雀、金翅雀、红雀、篱雀、家雀……对野生动物的破坏令人扼腕叹息。"1961年春天，下议院委员会听取了这一问题的意见，并从农民、政府机构以及英国皇家鸟类保护学会（Royal Society for the Protection of Birds）和英国鸟类学信托基金会（British Trust for Ornithology）等野生动物非政府组织那里收集了证据。一名目击者说："鸽子突然从天上掉下来，死掉了。"其他人则描述说"鸟类的尸体被扔进了巨大的火堆中焚烧"。其他动物也受到了影响。在1959年11月至1960年4月，至少有1300只狐狸死亡。人们看到一些狐狸"兜着圈子徘徊，神志不清，呈半失明状态，并最终在痉挛中死去"。委员会建议"农业部长应努力确保立即禁止将……狄氏剂、爱耳德林或七氯用作杀虫剂"。

对鸟类和哺乳动物的影响发出警报后，人们意识到了溪流和河流也正在遭受毒物的侵害，鱼类死亡，整个生态系统受到了极为严重的影响。"德林系列"侵入了食物链并使猛禽的蛋壳变得越来越薄。雀鹰、游隼和其他猛禽的繁殖率急剧下降。

博物学家 J. A. 贝克（J.A.Baker）基于他对泰晤士河口北区的游隼及其生存环境的深入研究，创作了《游隼》(*The Peregrine*)。在 20 世纪 50 年代末和 60 年代初，在这些动物启程飞往北海之际，他在切尔默河谷和黑水河谷以近乎痴迷的专注力对它们进行了追踪。这片在斯坦斯盖特附近的土地正是托尼·本 10 年前长大的地方，位于锡廷伯恩以北 20 英里，距离科里顿和壳牌赫文炼油厂只有几英里。

在贝克的研究接近尾声时，他注意到了杀虫剂对他心爱的猛禽造成的毁灭性影响，他写道：

10 年以来，我一直追随着游隼。我为它着迷，它是我永恒的梦想。现在，它已经远去。漫长的追求已经结束。幸存的游隼已经很少了，未来还会更少，可能少到无法生存。许多游隼在最后一次抽搐中仰面死去，死前疯狂地抓挠着天空，它们被肮脏且阴险的农药粉末所戕害，形容枯槁，最终被大火烧掉。在为时已晚之前，我试图重温这种鸟儿惊心动魄的美，并向世人传达他们所居住的土地上的奇迹。对我来说，这是一片像非洲一样富饶而辉煌的沃土。这个世界如同火星，正在消亡，但仍在发光。

1963 年，政府机构大自然保护协会（The Nature Conservancy）得出结论，杀虫剂从本质上讲是无法控制的，并建议全面禁止爱耳德林、狄氏剂、七氯以及艾氏剂的使用。值得注意的是，尽管壳牌公司是受到如此强烈批评的化学品的唯一生产商，但其公司本身却从未被点名提及。在一场旷日持久的斗争过后，"德林系列"中仅有一种于 1974 年被实施了限制。在下议院委员会首次建议部分禁止使用狄氏剂的 13 年后，英国环境部长杰弗里·里彭（Geoffrey Rippon）宣布使用狄氏剂是违法行为。1989 年，爱耳德林和七氯被禁止作为杀虫剂使用。

"德林系列"产品并未就此走向终结，因为尽管避开了西欧和北美，但壳牌公司还在继续进行着"德林系列"的生产和销售。与在石油的生产中一样，壳牌公司在杀虫剂的生产中也实行了双重殖民行动（two-tier colonial operation），一套应用在北半球，另一套应用在南半球的前殖民地和各个国家。直到 20 世纪 90 年代中期，大多数国家才禁止使用"德林系列"。最后，在 2001 年，《斯德哥尔摩公约》(Stockholm Convention on Persistent Organic Pollutants) 在全球范围内禁止了爱耳德林、艾氏剂和狄氏剂的生产。此时距离下议院听说"鸽子从天上掉下来死掉"已经过去了 40 年，但壳牌公司直到 20 世纪 90 年代仍然在继续生产着这些化学品。

在 20 世纪 60 至 70 年代的这场战争期间，壳牌公司制作了他们自 20 世纪 30 年代以来就一直在做的《壳牌郡指南》(Shell County Guides)，并出版了大量的《壳牌××之书》(The Shell Book) 系列书籍，这些出版物以"普通司机"为目标，反映了一种看待世界的方式。他们响应了英国艺术节的地方探索活动，鼓励普通人开车游历英国。其中最能说明这一现象的是 1978 年出版的《壳牌英国乡村之书》(The Shell Book of Rural Britain)。这本书中的插图丰富，照片有 152 张之多。这本书中充满了马匹犁地或拉车、男人和女人建造围栏、制造车轮或搅拌黄油的图片，其中只有 6 张图片拍摄了拖拉机或摩托车。书中没有提及对作物喷洒农药的直升机，也没有提及被涂抹了"德林系列"农药的种子。一个有关英国乡村的幻想被出售给了壳牌的读者和司机。正如该公司向农民们贩卖了未来一样，它也向汽车司机们贩卖了过去。

第 5 章　唯一的天堂之路

* * *

云铎河流经伦敦西南角，全长 9 英里，是位于河口潮汐区内的一条泰晤士河支流。它曾是一条快速流动的白垩溪流，北部丘陵地带的水分沿着它的河道流出；现在，它成了一条运河化的水道，流经克罗伊登、苏顿、默顿和旺兹沃思。如今，对云铎河的流量做出最大贡献的是贝丁顿的污水处理厂，尤其是在夏天的几个月里，萨里山的泉水不足，但郊区的厕所和浴室仍然在排放污水。

自 20 世纪 60 年代以来，云铎河一直在这种悲惨的状态下饱受煎熬，尽管被铐上了枷锁，但这条河流仍旧迸发出了强大的生命力——翠柳在河岸上并排挺立，溪流中的水毛茛花洁白无瑕，翠鸟掠过水面，水中还有棕色鳟鱼在游动。如此多的物种得以幸存，这在很大程度上要归功于云铎河谷的环保主义团体在过去 50 年间的卓越贡献。从"旺兹沃思地球之友"到"云铎节"，从"云铎三角洲之网"到"旺兹沃思协会"，数百名当地居民参与到了众多的团体中。

在这些组织中，排在第一位的是为了应对石油行业而生的"云铎团体"。1967 年，在主席莫里斯·布里奇曼（Maurice Bridgeman）和化学品主管约翰·亨特（John Hunter）的领导下，英国石油公司将迪斯提乐公司开在了云铎河畔的卡苏顿。这家工厂以来自科里顿等炼油厂的石脑油为原料，将其加工成溶剂、中间体和增塑剂，然后销售给涂料、制药和食品行业，这些行业可以用它们来生产洗衣机外表涂层、香水、卷烟纸、软饮料、玩具和鞋等商品。它是英国石油公司在斯特劳德和海斯、巴格兰和巴里的其他石化工厂的姊妹。

在不满两年后的一天，也就是 1969 年 2 月，这家英国石油公司的工厂发生了一起极为严重的污染物泄漏事件，污染物不仅导致了沿河野生动物的死亡，还流入了泰晤士河的水流。当地报纸对这次河道毒化事件进行了广泛报道，"云铎团体"也应运而生。在此之前，整个山谷中居民的担忧已经与日俱增，这起事故只不过是最后的一支催化剂而已。在过去 10 年间，云铎河经常被一层厚厚的泡沫所覆盖。根据照片显示，河流表面的白色泡沫有时竟会达到一英尺厚。这条河流的河道大体上与流经贝丁顿工厂的主排污系统一致，而这些渣滓正是家用洗涤剂涌入水流的结果。

在 20 世纪 40 年代末，壳牌公司、英国石油公司和其他石油公司在对炼油废品进行提炼的过程中发明了洗涤剂。起初，它们仅被用在工业工厂中，但从 20 世纪 50 年代初开始，它们被直接销售到了家庭市场。1959 年，英国石油公司在影片《1970 夫人》（*Mrs 1970*）中对未来的厨房进行了描绘。其中不仅展示了高度的自动化和塑料装饰品，还为"家庭主妇"配备了一整套洗涤剂和家用清洁剂。这是一个现代化的家庭，但似乎很少有人注意到这样一个事实，那就是这个一尘不染的乌托邦却创造出了污秽不堪、布满泡沫、鱼类濒临绝迹的河流。

由于被倾倒了洗涤剂的云铎河最终汇入了泰晤士河，因此从牛津郡、埃塞克斯郡、伯克郡和肯特郡流出的数百条其他支流，也产生了类似的污染。这条主河流所受到的影响是灾难性的。杰弗里·哈里森（Jeffrey Harrison）和彼得·格兰特（Peter Grant）描述说，"船员告诉我们，在 1959 年那个干燥的夏季，问题尤为明显，当时，移动的渡轮在水中搅起了一层又一层的泡沫，停泊在伍尔维奇渡口附近的船只完全被淹没在了泡沫山中。"在最糟糕的年份里，"泰晤士河的水面上覆盖了一层洗涤剂"。这两位生物学家解释说，"洗涤剂产生的影响是大幅降低了氧气通过曝气系统转移的速率"，因此洗涤剂"成为在 20 世纪 50 年代压倒河流、使其完全进入厌氧状态的最后一根稻草"。实际上，从生物学角度来说，从塔桥到北海这段流域上的泰晤士河已经死于缺氧了，这意味着只有在水面呼吸的鳗鱼才能在其中生存。浩瀚的泰晤士河已经窒息，同样的厄运也降临在了塞文河、默西河和福斯河的头上。

***

1967年3月18日上午9时11分，在位于锡利群岛和兰兹角之间的赛文斯通的岩石间，"托利峡谷号"（SS Torrey Canyon）搁浅了。它与"不列颠海军上将号"（MV British Admiral）类似，也是一艘新型超大型油轮。当时船上装载着从科威特发货，准备运往位于米尔福德港的英国石油公司安格尔湾码头的119328吨石油。它是由英国石油公司从百慕大梭鱼油轮公司租借来的，此行的目的地是兰达西炼油厂和巴格兰石油化工厂。但石油永远无法交货了。在撞上岩石的瞬间，船体破裂了，一层黑色的浮油倾泻到了清澈的蓝色海洋中。

在接下来一周的时间里，新伦敦塔中的工作人员迅速完成了向兰达西再度供给与转移收货方注意力的任务，与此同时，英国广播公司（BBC）的摄像机则对这艘受损的油轮展开了跟踪报道。全国人民亲眼见证了这艘巨轮被暴风雨所摧毁，也目睹了英国皇家空军轰炸船体残骸，并试图用凝固汽油弹点燃石油，康沃尔、德文郡，甚至布列塔尼的海滩都被黑乎乎的原油所覆盖。数万只海鸟的死尸被冲上岸，当地的志愿者们尝试着清理沙滩，还有海雀、鸬鹚和刀嘴海雀的尸体。英国和法国都部署了军队。这起事故很快就被认定为英国和平时期最大的原油泄漏事件。然而，如此大规模的灾难此前从未发生过，也本可以避免发生，这艘世界上最大的油轮只不过是企业通过规模经济追求利润的产物。

***

人们通过电视、广播和媒体，对托利峡谷号的事故展开了一场全国性的辩论，国人大体上对英国的前景持两种截然相反的态度，而石油则陷入这两种观点的长期冲突中。这两派中的一方着眼于英国的乡村、自然和传统，另一方则看重英国的工业、技术和现代化。威尔逊首相曾在三年多以前宣称这个国家需要"技术革命的白热化"。然而，他本人十分享受在田园牧歌式的锡利群岛上度假一事却无人不晓。这个田园牧歌式的地方就处在文斯·泰勒的"全新凯迪拉克"世界的1000英里之处。

自20世纪30年代以来，英国石油公司和壳牌公司，以及通常作为营销公司的壳牌Mex和英国石油公司（Shell-Mex and BP Ltd），都自诩能够同时满足两种愿景。它们就像一辆载着司机、后座上放着一本《壳牌郡指南》的跑车，快速而高效地驶入一片满是绿洲、村庄、林地和农场的土地——《壳牌英国乡村之书》的土地。

但到了20世纪60年代末，在"德林系列"杀死的动物尸体、河流中因洗涤剂而泛起的泡沫和海滩上的油污的催化下，这两种愿景之间产生了冲突，环境运动在英国迅速发展了起来。在美国，人们也因被圣塔芭芭拉附近的一场石油灾难触怒而开始了同样的运动，这些运动变得愈发壮大，在政治上也越来越有影响力，最终推动了一个联邦机构"美国环境保护署"（Environmental Protection Agency）的成立。不久，两个重要的北美组织在英国成立了分会："地球之友"（Friends of the Earth）和"绿色和平组织"（Greenpeace）。尽管环保运动尚未明确反对石油，但英国石油公司和壳牌公司已经清楚地认识到，他们需要与对工业主义的批评声音展开交锋。他们发展出了两种策略：表示关切，并通过合作来拉拢批评家。

到20世纪60年代中期，诸多的证据都显示了洗涤剂的危害，生产化学品原料的公司对此表示了关切。1966年，壳牌公司发行了短片《这条河流必须存活》（The River Must Live），这是由石油行业制作的首批明显具有环保意图的影片之一。制造商找了个恰当的时机，将可生物降解的"软"洗涤剂引入了大众的视野，问题得到了解决。

两家公司开始争相发表各种材料，以表明他们也十分担忧现代化工业给环境造成的影响。在壳牌公司发布《这条河流必须存活》的4

年后，作为1970年的欧洲保护年的贺礼，英国石油公司献上了电影《进步的阴影》(The Shadow of Progress)。与数据电影公司的彼得·皮克林于18年前制作的影片《岛》类似，《进步的阴影》是由格林帕克制作公司的德里克·威廉姆斯（Derek Williams）在其位于苏豪区的剪辑室中完成编辑的。然而不同的是，《岛》的全片充满了乐观情绪，并将炼油厂描绘成了新英国的心脏，但这部20世纪70年代的影片却充斥着对地球未来的焦虑。

壳牌公司制作了一部名为《平衡中的环境》(Environment in the Balance)的类似影片，并资助了《能源使用还是滥用?》(Energy to Use or Abuse?)一书的出版，该书的作者约翰·戴维斯是受E. F. 舒马赫（E. F. Schumacher）在《小而美》(Small is Beautiful)中的思想启发而形成的"媒介技术发展组织"的一位合伙人。并不是公司内部的每个人都看好这些策略。英国石油公司在英国、法国、德国和瑞士的经理们对《进步的阴影》提出了反对，但在董事长德雷克的帮助下，威廉姆斯压制住了这些来自内部的批评声音，并对电影的宣传工作和英国石油公司的"优秀保护实践"承诺表示了支持。

拉拢环保组织或与其合作不可避免地会引发更多的政治问题。然而，壳牌公司却通过世界自然基金会（WWF）实现了这一目标。这家公司赞助了一本描写世界上最濒危物种的小册子，在手册的封面上印着的除了有代表世界自然基金会的熊猫图样，还有壳牌公司的贝壳标志。手册的页面被制作得十分漂亮，并附赠了可以让动物看似在"运动"的塑料三维立体卡片，孩子们可以将这些卡片粘贴到页面的空白处。每当父母在壳牌汽车修理厂加油时，他们的孩子就会在前院免费得到一本这样的小册子。壳牌公司与世界自然基金会的联系如此紧密，以至于约翰·劳登（John Loudon）在卸任壳牌公司董事长后不久，于1977年成为世界自然基金会的主席。

* * *

维尔科瞪着他那双标志性的眼睛,尽管已经 70 岁,但他的身上仍然散发着一种狂野的朋克能量,但他同时也十分平易近人并充满热情。我们是在剑桥的谷物交易场馆的更衣室中见面的,这个谈话地点实在是太不同寻常了。几年前,他宣布自己患上了致命的胰腺癌,只剩下几个月可活了。他原本已经开始着手准备生命中的最后一次巡演,但在剑桥阿登布鲁克医院中进行的一次创新手术,使他的病情得到了缓解。似乎是为了证明自己已重获新生,他一边大声笑着一边脱下了身上的石油之城 T 恤,在那一刻,我们看到一条条狰狞的伤疤仿佛毒蛇般从他的胸部和腹部蜿蜒而下。为他实施手术的外科医生也将持着免费入场券,观赏他当晚的表演。

约翰·维尔金森(John Wilkinson),也就是后来的维尔科·琼森(Wilko Johnson),出生于泰晤士河口的坎维岛。1959 年,当维尔科 12 岁时,他的父亲开始在英国天然气坎维甲烷码头中工作,负责从路易斯安那州进口天然气。维尔科在索森德买下了他人生中的第一把吉他,那是一把 Telecaster 电吉他。 9 年来,半英里外的科里顿炼油厂一直处于建造之中。"当时这些东西还没建好。你可以看到这些高塔耸立在地平线上。我还记得我妈妈告诉我最大的那座塔是一块猫饼干。这对一个小孩子来说真是太妙了!后来我发现隔壁其实有一家叫'猫饼干'的酒吧。这事儿还让我挺开心的,因为这证明了我没有在胡说八道。"

维尔科的童年世界一直被坎维的天然气码头和地平线上的科里顿炼油厂、壳牌赫文炼油厂,以及肯特的炼油厂所笼罩。这些工厂 24 小时不停地运转,埃塞克斯南部的节奏是由在这些巨型机器中上下班的男女决定的。每次轮班时,工人之间都会展现出强烈的友谊,他们中的许多人都是邻居,都生活在周围的斯坦福·勒·霍普、科林厄姆、巴西尔登和坎维等村庄和城镇中。下班后,工人们便会来到像飞马俱乐部这样的活动场所,在里面数不尽的"专区"中开始各自的社会生活。20 世纪 60 年代《科里顿大报》(*Coryton Broadsheet*)的版面常常被他们所占据。其中有《鲁滨孙漂流记》(*Robinson Crusoe*)在海上韦斯特克利夫酒店的皇宫剧院中进行巡演的通知，以及飞马俱乐部戏剧部于伍德兰兹男子中学内表演的照片。此外，炼油厂中每年还会举办圣诞儿童派对，巴士会把孩子们从索森德、格雷斯、坎维以及其他地方接过来。

从韦斯特克利夫男子高中毕业后，在进入纽卡斯尔的大学学习盎格鲁撒克逊语专业之前，维尔科曾于 1963 年在伦敦找到了一份办公室工作，他说：

当时上下班的通勤实在是太痛苦了。我记得我一大早就在本弗利特车站的月台上等车。太可怕了！而那时，我看到了一英里外的炼油厂。我想象着某种美好的生活。我已经 16 岁了，自我感觉很糟糕，而那里却看起来很雄伟。我以前曾称它为"巴比伦"。在夜间，那些巨大的火焰和塔楼上所有的灯光都令人为之惊叹。

到 24 岁时，维尔科已经加入过"流浪者"(The Roamers)和"机甲废场"(The Heap)等好几个乐队了，他步行到了印度的果阿邦，随后顶着一头嬉皮士的头发回到了坎维。1971 年的夏天，他遇到了李·浦利诺(Lee Brilleaux)，传奇的酒吧摇滚乐队"感觉良好博士"(Dr Feelgood)诞生了。"我们过去常常混在一起，喝得酩酊大醉，然后一边聊着天，一边梦想着来一场这样的旅行：我们想穿着这些便宜的西装，开着雪佛兰车到处兜风。我想浦利诺应该是第一个将坎维称为'石油之城'的人。这可能是除纽约之外我见过的最棒的天际线了，可以看见那些火焰从烟囱里喷射出来。"

也许受到了泰晤士河岸边的美国气息的感染，维尔科的布鲁斯吉他竟然与"强尼·凯德和海盗"乐队(Johnny Kidd & the Pirates)的米克·格林(Mick Green)十分相似，都传递了南半球各国的心声。毫无疑问，感觉良好博士乐队的每一部作品中都有"炼油厂"的影子。他们的第一张专辑名为《码头下》(*Down by the Jetty*)，指的是石油上岸时装卸货物的码头。专辑的封面上印有一艘原油油轮。

凭借维尔科声势浩大的吉他演奏、浦利诺狂热的演唱、乐队成员那破破烂烂的西装和肾上腺素狂飙的表演，感觉良好博士乐队在索森德和巴西尔登的俱乐部中发展出了一批狂热的追随者，来看他们演出的观众有很多都是炼油厂的工人。像这样做了3年的临场演出之后，他们与联美电影公司（United Artists）签订了唱片合同，并于1974年6月8日开始了《码头下》的录制工作。

* * *

到20世纪70年代初"石油危机"发生之前，英国燃料需求的快速增长加上中东和非洲原油的相对低价，意味着在英国炼油可以为石油公司带来丰厚的利润。公司计划在泰晤士河口现有3座炼油厂的基础上建造更多的工厂，一座位于肯特海岸的克利夫，两座位于埃塞克斯海岸的坎维岛。

这些公司和英国政府本以为与现有行业密切相关的当地居民将十分乐于看到炼油职位的进一步增加。不料坎维的人们却对此事极为反感。维尔科是这样描述的："我们发现有人提议要在岛的西边盖两座炼油厂。当时有两家公司，美国的西方石油公司和意大利的埃尼集团（ENI）。那时，岛的西边朝向壳牌赫文炼油厂的地方还什么都没有，都是农田、沼泽和未修筑的道路。"此事激起了人们的反抗情绪。"有些人自幼在那里长大，还有很多人是从伦敦东部搬来的，但突然间，有人要将这些该死的玩意儿堵到他们的家门口，他们的房子也会因此而贬值。当时那里就像一个受到了威胁的天堂。"

坎维有着悠久的独立历史——第一次世界大战后，有些家庭搬离伦敦，来到了这块位于河口的低洼地带，这些拓荒者们建造了自己的独栋平房，他们的社区在潮湿的低地中逐渐发展壮大。到了20世纪60年代，这个地方虽然有了柏油路和自来水，并且变得更加规范，但居民们独立而反抗的精神却丝毫未减。

每到涨潮时，北海的海水都会沿着本弗利特河和东赫文河流入泥泞的河道，将坎维与埃塞克斯的其他地方隔绝开来。可以与大陆相联结的只有一座狭窄的桥梁。为了建造和运营计划中的炼油厂，必须修建一条更宽阔的通往小岛的道路才行。该项目受到了希思的保守党政府和埃塞克斯郡议会的支持，并得到了石油公司的一部分资助。很快，一道平坦的混凝土弧线便从小溪和沼泽的上方穿过，将A13公路上的车辆直接引到了岛上。1973年4月，为了给大桥的揭幕仪式剪彩，达官显贵们齐聚一堂。但在一位手持扩音器的坎维保守党议员的带领下，一群愤怒的居民出现在了他们面前。

岛上从来没有发生过这样的示威活动。埃塞克斯警方反应过度，想将事件压下来。警方出动了几乎与抗议者相同人数的警员。维尔科和他的兄弟马尔科姆（Malcolm）鼓励人们冲向市长所站的舞台。"你可以想象一下那个场景，普洛德先生（Mr Plod）看着我们带领人群登上讲台。'长头发的无政府主义煽动者！'我在叫喊中被逮捕并被带到了本弗利特的警察牢房中，15分钟后，惊慌失措的马尔科姆也被抓了过来。"这次严厉的管制和逮捕行动促成了"坎维岛炼油厂抵抗组织"（Canvey Island Oil Refineries Resistance Group），也就是CIORRG的成立。

在接下来的6个月里，抗议活动接二连三地发生。在坎维的一场5000人的示威活动中，人们在社区的中心举行了一次模拟葬礼的游行。炼油厂的建筑工地被拉上了警戒线，卡车司机被说服拒绝运送材料。在伦敦，200名"愤怒的母亲"在游行中穿过议会广场，径直来到了白厅中环境部，闯入了环境部长杰弗里·里彭（Geoffrey Rippon）的办公室。一支由700名岛民组成的小船舰队沿着泰晤士河，一路乘风破浪，仅用6小时便从坎维冲到了威斯敏斯特。他们在唐宁街向希思首相递交了请愿书。这些事件在媒体和电视上得到了广泛报道，系列节目《活着的人》(Man Alive)还为此拍摄了一部纪录片。

正如维尔科所描述的那样,坎维岛炼油厂抵抗组织还将这场斗争直接引到了企业身上:"那时我们的抗议活动已经非常奏效了。我们带着两车妇女和孩子,侵入了这家石油公司位于伦敦的办公室。埃尼集团和西方石油公司被占领后,人们终于等到了他们所期待的回应。石油公司派人去坎维,说他们会把炼油厂改造得很好,会把所有的东西都刷上油漆。那个蠢蛋,他的名字叫哈默,阿尔芒·哈默(Armand Hammer)。他来了。"

75岁的西方石油公司董事长阿尔芒·哈默是一位老道的商人和石油界巨头。1965年,他在利比亚购买了一项利润丰厚的特许权,到1967年,这项特许权使其公司供应了欧洲25%的原油需求。利比亚的石油被运送到了科里顿、壳牌赫文和肯特等炼油厂。两年后,利比亚伊国王德里斯(Idris)的政权被穆卡扎菲领导的军事政变推翻。1970年1月,卡扎菲的革命指挥委员会发起攻势,要求石油公司改写特许权以使其中的各项条款更符合利比亚人民的利益。西方石油公司成了他们攻击的焦点,哈默的公司很有可能会因此而倒闭。经过10个月的谈判,他与抗议者达成了一项协议,公司最终得以幸存。

在与坎维岛炼油厂抵抗组织的斗争爆发时,西方石油公司不仅在建造坎维炼油厂,还在英国北海的勘探工作上投入了巨资,并同时在派珀油田开采石油。不久之后,西方石油公司又开始计划在奥克尼郡的弗洛塔建造一座原油码头。难怪希思的政府,特别是能源部部长彼得·沃克议员,对哈默在坎维的行动如此支持。

维尔科继续说道:"哈默要下来和我们见个面。我们都坐在坎维的这所房子里,这非常棒。这群人以前从未聚在一起过。我们就这样一直等着,直到接到一通电话,说哈默已经在巴西尔登的一家汽车旅馆里了。"电话刚挂,坎维岛炼油厂抵抗组织就赶去与西方石油公司的董事长见面了。"他们坐在那里,不停地谈论着他们将要对坎维岛做的一切,企图让人们接受。我记得我是这么说的:'我们不在乎你把它涂成什么颜色，我们不想要，懂吗？'"

这位石油巨头一向以会说漂亮话而闻名。"他们翻来覆去地说着这些事。他们试图跟我们做些商定，来让我们减少抗议活动。但他们完全是在胡说八道。他们要建造工厂，我知道我们无能为力。那个叫哈默的走到我面前，说道：'继续奋斗。'"维尔科大笑着继续说道："我们达成了一些约定，不再入侵他们位于伦敦的办公室。不过我们当然也确实做到了。一个负责伺候哈默的小混混走到我跟前说：'说好了，你们以后不会再过来了。'我回答：'我们都是骗子啊，不是吗？'"

西方石油公司和埃尼集团看上去正势不可当地推进着他们的计划。但随后，情况突然开始向有利于坎维岛炼油厂抵抗组织的方向发展了。1973年10月6日，埃及、叙利亚和以色列之间爆发了"赎罪日战争"。受战争的影响，世界石油供应已经出现了短缺，此外阿拉伯国家对美国和几个欧洲国家的石油禁运也导致了原油价格的飙升。这继而使加油站的油价不断攀升，司机们付不起油钱，英国对燃油的需求量开始急剧下降。壳牌赫文、科里顿和肯特炼油厂不得不迅速缩减产量，西方石油公司和埃尼集团的工厂施工也迅速被叫停。

当感觉良好博士乐队完成了《码头下》的录制时，这家石油公司已经注销了他们的投资，坎维岛炼油厂抵抗组织取得了胜利。

这根巨大的烟囱还有这个探进河里的码头都是西方石油公司建造的。他们建了巨大的储油罐，紧接着，石油行业的经济发生了动荡，他们突然间就离开了。前一分钟，政府的部长们还下来对我们说拥有新的炼油厂是非常必要的，我们必须建造这座工厂。然后沙漠中发生了那次动荡，之后他们扭头就走了。一直到现在，储油罐都放得生锈了。

石油公司和几个阿拉伯国家之间的斗争，使泰晤士河口上的这片土地和这些社区的大变革戛然而止。

维尔科的儿子在他自己的索森德乐队（Southend band）中担当吉他手，他神色匆忙地走进我们谈话的更衣室，提醒他的父亲，他很快就要上台了。当然了，今晚他将唱出《天堂》中的那句歌词：

世界不住地轮转，万物永远在改变。

第二部分
1979—2008

第 6 章
如果你容忍，你的孩子将会成为下一个

未来将教会你如何独处

当下令人感到恐惧和寒冷

如果你容忍，你的孩子将会成为下一个

如果你容忍，你的孩子将会成为下一个

成为下一个，成为下一个

——歌词节选自"狂躁街道传教者"乐队（Manic Street Preachers）的《如果你容忍，你的孩子将会成为下一个》（If You Tolerate This, Your Children Will Be Next），1998 年

我们脚下踩着绵软的沙滩，手中抓着沙茅草，爬到了沙丘的顶部。那是一个清晨，海湾在我们眼前延伸开来。平静的水面上泛着点点银光。这便是周日沉睡中的斯旺西城和曼布尔斯角的剪影。北德文郡那些苍白的峭壁穿过塞文海，向南边数英里外伸展过去，一艘轮船沿着海峡逆流而上，向布里斯托尔驶去。

在长长的阿伯拉文普劳姆海滩上，零星可以看见一些遛狗和慢跑的人。钢铁厂的轮廓出现在远处的地平线上，蒸汽从工厂的塔楼和烟囱中飘了出来。站在逆风处几英里外的这个地方望去，工厂安静而温和。隔在我们和工厂之间的是位于塔尔伯特港西区的沙田的屋顶。夹在二层楼房之间的街道看上去十分静谧。只有路过的汽车或一两个骑

自行车的人的声音会偶尔传来，闯入这周日的宁静。

在房屋和工厂冒出的大团蒸汽的后面，是埃姆里奇山和迪纳斯山山脉。它们柔软的身躯上披着鲜绿的牧草和茂密的丛林，俯瞰着这个小镇，在狭长的沙滩上安营扎寨，并贯穿山海之间的工厂。

我们转身望去，目光越过了巴格兰沼地。远处，一根坚固的燃气发电站圆柱形烟囱巍然矗立着，再往远处，可以看见 M4 高速公路桥高高地横跨于尼斯河之上。我们查看了英国地形测量局的地图，发现那根烟囱位于 1 英里外。拦在我们之间的是一片漆黑的平原。这里遍地都是生锈的金属结构。两台黄色的 JCB 挖掘机一动不动地停在远处。大部分土地都被低矮的灌木丛、野草和大块的砖石覆盖着。在我们脚边，周界处的屏障将整个场地包围了起来。这里的灰色混凝土柱、勾花网围栏和生锈的带刺铁丝网足有 7 英里长。在附近的一堵砖墙上，一些褪色的油漆赫然写着一个乐队的名字——"新秩序"（New Order）。

这就是英国石油公司巴格兰石油化工厂的旧址，我们此行的目的地。但当这片绵延至远方的广袤平原真正出现在眼前时，我们都被这座工厂的规模震撼了。此前我们了解到，该区域的一部分土壤受毒素的影响，被污染深度达到了地下 10 英尺。这座运行了 41 年的工厂一度是欧洲最大的石油化工厂。那时，它不分昼夜地运转着。它曾在大约 38 万小时的时间里不停地将制造塑料的废水排入陆地、海洋和天空。

我们的目光扫过了沙田区的屋顶，那里是威尔士的第二大住宅区。为工人建造 3500 座崭新房屋的工程始于 1948 年。当这座石油化工厂的烟囱开始冒烟时，房屋的建造工作也基本完成了。这里的两代人对石油公司为他们创造的就业机会无疑是心存感激的，但与此同时，他们也吸入了由此产生的有毒气体。在每一个这样的清晨，西风都会把工厂里的垃圾和废气带到人们的肺里、皮肤上，还有那些居于山海之间的人们的房屋和汽车中。

我们穿过沙田庄园的街道，在"阿凡丽都海滨休闲中心"附近海滩上的佛朗哥咖啡馆旁停下了脚步。为了找寻20世纪60年代末英国在石油世界中的定位，我们一边喝咖啡，一边不停地翻看着地图和数张图表。

这里显示的是英国所依赖的伊朗、尼日利亚、利比亚、科威特和伊拉克的资源。而这些线表示的则是将原油运送到英国的超级油轮的航线。我们追踪了从尼日利亚出发的"不列颠海军上将号"的航程，以及从科威特出发前往彭布罗克郡的安格尔湾，并在地角失事的"托利峡谷号"的航线。黑潮般的石油沿着英吉利海峡涌向了塞文海，并覆盖了距离我们现在坐的位置仅有25英里远的德文郡北部的海滩。

到20世纪60年代中期，这6个国家的石油产量已经有了飞跃性的提升，英国的石油消费也相应增加了。开拓新市场的财务压力迫使西方石油、埃尼和道达尔（Total）这几家公司试图在坎维岛修建炼油厂。沙田和巴格兰的世界也被同一股压力彻底改变了。

到1968年，巴格兰石油化工厂已经被公认为欧洲最大的石油化工厂，但英国石油公司对其赢利能力十分担忧。公司在皮卡迪利大街的办公室的石化部门负责人约翰·亨特认为，该工厂的核心——几年前刚刚投入使用的催化裂化器——已经小到了无法使用的程度，他宣称该裂化器是一个"必须被消除的经济弱点"。在伦敦塔内的董事会会议室中，一项更宏大的计划被构思了出来，并达成了一致。

1968年10月28日，英国石油公司通过连接闭路电视的方式，在伦敦总部和斯旺西飞龙酒店同步举行了一场新闻发布会。在发布会上，英国石油公司宣布他们即将建立一个新的巨型裂化器。该项目的成本预计为6000万英镑；其中的2250万英镑将由政府提供，剩余的3750万英镑则出自英国石油公司——尽管后者的68%为国家所有。据称，这是英国石油公司在英国进行的最大一笔投资，当然，其中也包含了一大笔用于巩固石油行业基础的公共资金。亨特说，该项目"将在所有阶段都对英国石油公司的人力和经验征税"。

这个用于碎裂和燃烧原油的巨型新机器，将成为南威尔士未来发展的关键所在。厂区内的10家新工厂将生产不同类型的原材料，这些被他们称为"媒介"的原材料，在其他地方的其他工厂中被加工成各种产品，从塑料花盆到椅垫泡沫，从药品到化妆品和油漆，种类应有尽有。在建设阶段，工厂将创造出3000多个就业岗位，按计划投入运行后，厂内将在此基础上再雇用1500名员工。这进而推动了沙田区和与巴格兰·摩尔斯新住宅区的建成。

此次对工厂的扩建是我们称为"塞文河口石油综合体"（Severn Estuary oil complex）扩建的核心。在这个由管道、公路和铁路组成的网络中，巴格兰从安格尔湾和兰达西获取原料，并将其生产出的化学品供应给英国石油公司在巴里和斯特劳德的工厂。该综合体本身支撑着英国石油公司在伦敦的卡苏顿、伯明翰的奥德伯里和柴郡的桑德巴奇等更远的地方运作。英国石油公司慢慢地将所有这些工厂都收入囊中，并于20世纪60年代超越强大的英国帝国化学工业集团，成为英国最大的石化公司。

塞文河口石油综合体是英国石油公司工厂网络的一面镜子，从爱丁堡附近的格兰杰默斯到提赛德的威尔顿，再到赫尔附近的索尔特德，这些工厂遍布东北海岸，而所有这些都是通过一条化工产品管道连接起来的。英国塑料这一领域的管理权被掌握在英国石油公司在伦敦皮卡迪利和维多利亚大街上的新办公室的手中。

在巴格兰的经济被宣告增长了5倍的一年后，人们在工厂扩建之际于1969年12月在"阿凡丽都海滨休闲中心"内举办了一场"阿凡进步音乐节"。参演嘉宾中最为知名的是五角星乐队（Pentangle）和平克·弗洛伊德。

* * *

早在7年前的原始工厂建设期间，这里就曾发生过反对建厂的抗议活动。1963年4月25日，也就是在工厂正式开工的5个月前，《每日邮报》报道称"金树林的烟尘将白色染成了黑色"。这指的是新的火炬烟囱造成的污染毁了沙田的居民挂在晾衣绳上的衣服,这种情况在金树林周围的街道上尤为严重,那里的花园、街道和屋顶上都沉积了一层厚厚的沙砾。为了要求工厂采取行动,40名妇女扛着从家里扫出来的一袋袋沙子向工厂方向游行。据英国石油公司出版的一部巴格兰历史书记载:"管理层在工厂中接见了这个团体,并邀请女士们到食堂中喝了杯茶。公司保证了不会再次发生此类问题;居民们接受了这一说法。"这次由沙田妇女组织的示威游行比坎维的行动早了10年,有可能是英国历史上首次反对石油工业的抗议活动。同月,也就是1963年4月,一个居民协会在工厂北边的巴格兰村中成立了,他们发誓要"向地方当局宣战",并要求当局对工程带来的影响做出赔偿。

随着新扩建的工厂于20世纪70年代初投产,当地居民再次提出了强烈的反对。其中的一些消息传到了全国媒体和电视台中。《星期日泰晤士报》刊登了助理牧师A. R. 温特尔(A. R. Wintle)的一段话,他所在的巴格兰圣凯瑟琳大教堂正处于工厂的上方:

在最糟糕的那段时间里,几乎不可能打开卧室的窗户……每晚……庞大而恶心至极的蒸汽云从英国石油公司的烟囱和塔楼上方升起,并向周遭在睡梦中的人们那毫无抵御能力的住所飘去。空气中弥漫着难以形容的气味,整个地区都散发着由现代科技专家那冷漠的创造力所制造出的臭气。

新上任的巴格兰工厂总经理雷·诺兰德(Ray Knowland)不得不在电台直播中与温特尔牧师展开正面交锋。

尽管管理层做出了保证,但这座化工厂还是对周围的环境产生了巨大影响。林恩·里斯(Lynne Rees)曾在1969年到1976年就读于沙田综合学校,她在回忆录中写道,这所学校是"一处远离英国石油公司的咳嗽和窒息之所,我还记得那时警报声一响,我们就必须待在室内，一直到警报解除为止"。她回忆说，由于污染，"洗干净的衣服搭在花园的晾衣绳上会变黑，甚至会被撕碎。除此之外，我还记得曾经有一条巨大的开口排水管穿过沙丘，从工厂一直延伸到海滩的高潮线。"

与对坎维炼油厂的抵制一样，20世纪70年代初在巴格兰的抗议活动，推动了更广泛的英国环境运动的发展。然而与坎维不同的是，这次的抵抗并没能阻止工厂的建设。这或许是因为英国石油公司的强大实力。与西方石油公司不同，它是一个"国家机构"，并且与塔尔伯特港、格拉摩根郡以及威斯敏斯特郡的官员都有着根深蒂固的联系。也可能是因为这家公司已经在南威尔士直接或间接雇用了6000多名员工，从安格尔湾到巴里，数千个家庭的日常开销都是靠着它支付的工资来维系的。又或者是因为工厂夜间的灯光太过耀眼，映射在斯旺西湾海水中的白光使它看上去同曼哈顿的摩天大厦一般气派，以至于他们声称自己是威尔士必然降临的未来，也是英国的未来。

我们放下手中的咖啡，抬起头向窗外望去。我们想要探寻在威尔士数一数二的浴场周边两英里处还有些什么。或许，女王在1965年创办"阿凡丽都海滨休闲中心"的动机之一，就是让塔尔伯特港的居民们不必在有毒的海水中洗澡。如今，这个阳光明媚的海滩完全没有昔日旧工厂的影子，但令人难以置信的是，沉积了40年的毒素也没有在这里留下任何痕迹。

* * *

1971年11月，一个扩建工厂开始生产氯乙烯单体（vinyl chloride monomer），即VCM，它是聚氯乙烯塑料的关键成分。仅仅一年多后，消息传来，美国的一家石油化工厂中有3名男子死于肝血管肉瘤，该工厂的工会对此发出了警报，这是一种罕见的肝癌，诱因可能与氯乙烯单体的制造有关。

巴格兰工会的 3 个主要谈判代表委员会与工厂总经理彼得·沙洛克（Peter Sharrock）进行了会面。在这次的集体行动中，他们拒绝了他最初的"挣危险钱"的提议，反对穿发给他们更高水平的防护服，并拒绝了在高危险区工作。他们设法迫使工厂降低了毒素的水平，并安装了监测器以确保这一成果得以维持。1973 年 8 月，在工会代表与沙洛克进行了谈判数月后，英国石油化工公司的负责人约翰·亨特从伦敦赶来对工人进行安抚，他说："自一月份这一特殊情况被曝光以来，我们已经取得了很大进展，关于这一点，我想大家是有目共睹的，而今后还会有更多工作要做。"

在巴格兰居民的抗议活动过后，英国石油公司组建了一个团队来对附近地区进行巡视、监测空气质量、回应投诉，并表达公司对社区的关怀。公司没有费太大力气便解决了斯旺西湾的污染物问题、沙田和巴格兰住宅周围的空气污染问题，以及由"待在室内"的警报带来的不便。

但癌症问题却如幽灵般一直困扰着巴格兰。1989 年 6 月，沙田综合学校校长戴维·温菲尔德（David Winfield）提请注意这样一个事实，那就是自 1984 年以来的 70 名在校员工中有 7 人患上了癌症，其中 3 人死亡，与此同时还有 6 名学生患有不同形式的癌症。这所学校曾在 20 世纪 60 年代因其先进的戏剧部而声名鹊起，但如今却已沦为了一个有着致命性污染的地方。温菲尔德敦促西格拉摩根卫生局调查了癌症的诱因，以及此事与距操场几百码远的巴格兰工厂的联系。卫生局在随后发布的报告中安慰大家说，巴格兰的癌症发病率并不比西格拉摩根的任何其他地方高，同时英国石油公司也回应说，"对工厂周围的空气进行了详细的监测，并没有发现任何由工厂的污染造成的环境问题"。

但癌症给英国石油公司带来的财务影响却引起了恐慌。H&N 有限公司（H&N Ltd）等石棉制造商的最终命运广为人知。他们曾奋力抵制有关石棉肺的抗议活动，但石棉对健康的危害最终是无法辩驳的，这一物质被禁止使用和制造，这家公司也被淹没在了诉讼的洪流中。壳牌公司有惊无险地逃过了有关"德林系列"的谴责。如果英国石油公司或任何一家石油巨头被发现蓄意制造导致其劳动力和邻近居民患癌症的化学品，那么它也有可能会陷入无法估量的巨大法律纠纷当中。

＊＊＊

在 VCM 带来癌症的威胁之初，工会就做出了强有力的反应。这一点不足为奇，因为长期以来，巴格兰的劳动力一直致力于争取体面的工作条件。

自 1961 年开始动工的那一刻起，工厂的工作岗位数量就随着工厂本身的实际规模而增长和缩减。巴格兰拥有 12 家不同的工厂，其本身的复杂性反映在其工会的复杂性上，不同的工会代表着不同的劳动力要素，其中包括"运输和一般工人工会"（TGWU）、"电气、电子、电信和管道工会"（EETPU）和"联合工程工会"（AEU）。

在工会和公司管理层相互合作的时代，于 1968 年 10 月宣布的工厂扩建工程似乎很合时宜。当时，英国石油公司与 TGWU、EETPU 和 AEU 之间签署了一项特殊的人力资源生产力协议。然而，在 20 世纪 70 年代初，由于试图在劳动力中引进新的运营方式，这家公司迎来了一种全新的精神。此外，随着爱德华·希思的保守党政府试图打破 20 世纪 60 年代的共识，巴格兰的争端与更广泛的英国社会政治斗争交织在了一起。

1970 年 6 月，就在希思掌权的当月，这一系列的动荡到达了顶峰，起重机司机在巴格兰建筑工地掀起了一场为期 5 周的大罢工。到 1971 年 3 月，第一期《建筑工人》（*Construction Worker*）杂志开始发行并在工厂内被传阅，这是一份来自国际社会主义工业部门斯旺西分部的公告。其中写道：

我们在更广泛的战线上遭遇了一次大规模的政治攻击，对方以劳资关系法案的形式对整个工会运动发起了攻击。重点在于，在此事的建设上，我们正在创造一个全新的开端——我们必须重新思考组织问题，与此同时，巴格兰在这方面起到了带头作用，他们正在帮助建立一个团结的工人阶级来对抗当前的保守党攻击。号召总罢工是必要的。没有什么比失去工作更能说明问题，尤其在他们（英国石油公司）必须为此付出代价的情况下。

在随后的两年中，扩建工厂的工地上一再发生劳资纠纷。据说，承包公司失去了对这一巨大项目的控制，当然，该项目最终严重超支并落后于原本的计划安排。在十座新工厂中，有两座的投产时间比计划晚了将近两年。英国石油公司的成本不断攀升，厂房内一片混乱。祸不单行，1972年9月，工厂遭到纵火袭击，造成了价值12000英镑的损失。

在整个南威尔士激进主义情绪高涨期间，英国石油公司的劳动力和许多按合同工作的公司的劳动力开始政治化。当英国石油公司正在努力实现雄心勃勃的巴格兰计划时，南威尔士的全国矿工工会也参与到这场自1926年大罢工以来规模空前的工业斗争当中。

1971—1972年的英国矿工罢工在1972年2月10日的伯明翰"萨尔特利门之战"（Battle of Saltley Gate）中到达了顶峰。在这场斗争中，来自南威尔士矿坑的矿工们与来自约克郡的同行们合力迫使政府做出了让步。参与这次斗争的不仅有英国石油公司的员工家庭与矿工家庭比邻而居的沙田和塔尔伯特港附近的社区，还有在巴格兰的人们。

这座工厂极大程度依赖于燃煤发电站的电力，因此在1971—1972年英国矿工罢工期间的任何一次电力供应中断都对工厂的生产造成了影响。鉴于此种情况，从英国石油公司的利益角度考虑，从巴格兰工厂的总经理彼得·沙洛克到公司的董事长埃里克·德雷克，每一个人都希望希思的政府迅速与矿工达成和解，从而确保供电的稳定。

第6章 如果你容忍，你的孩子将会成为下一个

然而在1973年4月，巴格兰地区建成了一座新的发电厂，其动力来自兰达西的燃油。新的发电厂为工厂提供了电力上的保障，这意味着巴格兰自此不但不再会被供应中断问题所困扰，还能够向国家电网输出电力。因此，如果将来再与矿工发生任何冲突，这座发电厂都可以切实支持政府方面的行动。

1973年10月的石油危机进一步提升了政治方面的热度。长期以来，人们一直认为煤炭是一个垂死的行业，煤炭之王也终将被石油之王所取代，但原油价格的暴涨以及对英国石油供应安全的担忧，使人们不禁质疑塞文河口石油综合体是否真的有能力担负起如此重要的责任。煤炭霎时间再次强大了起来，其政治实力在1973—1974年的第二次矿工罢工中得到了充分的展示。

1973年11月，全国矿工工会颁布了一项影响英国电力供应的加班禁令，巧合的是，巴格兰的争端与此同时达到了新的高潮。联合工程工会、电气、电子、电信和管道工会和运输和一般工人工会要求获得更高的工资和倒班补贴。英国石油公司的管理层拒绝了他们的要求，并且将所有的1200名工业员工都停薪一周。在这场激烈的争端中，工厂的大门口时不时会出现100来名纠察员，警察也被叫来了。生产几乎完全陷入了停顿。12月7日，工厂重新开始运作，但因为罢工恰好发生在英国全国化学品短缺期间，因此媒体对其进行了大规模的报道，并为巴格兰的工人们树立了声誉。

一个月后，矿工们决定迅速采取行动，以避免与希思政府就工资和条件问题进行旷日持久的斗争。从全国矿工工会的角度来看，白昼时间增长与春季天气的转暖，是他们成功路上最大的威胁，因为这降低了电力供应的重要性，增强了发电站的抵御能力。现在能够向英国国家电网（National Grid）输出电力的巴格兰等地的工厂阻碍了矿工们扼杀英国电力供应战略的实施。全国矿工工会决定破釜沉舟，经过投票表决，91%的成员支持全面罢工。在全国范围内最激进的当属南威尔士的矿工，他们中有93%的人支持罢工，反对者仅占7%。行动

石油帝国的兴衰
英国的工业化与去工业化

开始于1974年2月5日。两天后，顶着"谁治理英国"（Who Governs Britain?）这一口号带来的压力，希思首相宣布进行大选。

希思在随后的投票中败给了威尔逊，这是矿工们的胜利，也是所有有组织工人的胜利。工会再次展示了他们足以影响英国政坛的力量。南威尔士的众多社区是这场胜利的中心。这场斗争的领导者是全国矿工工会，但其力量却取决于街坊邻里、当地企业、家族和朋友们的支持。沙田和类似住宅区内的关系网络是这场反抗活动的重要源泉。与在阿巴丹时一样，英国石油公司运作在了这一劳动力交战区域的中心。

4年后的1978年，"不满之冬"来临了。1978年12月至1979年2月的事件成为英国历史上的标志性事件。从垃圾收集者到掘墓人，公共部门工人罢工的电视画面塑造出了一个任由工会摆布、无法执政的工党政府形象。未掩埋的尸体和街道上堆积如山的垃圾，帮助撒切尔夫人赢得了随后的大选并上台掌权，在接下来的40年里，保守党一次又一次地利用这些往事来警告选民们不要支持工党。

油罐车司机在一系列罢工中起到了关键作用，作为运输和一般工人工会的成员，他们于1978年12月18日要求禁止加班并涨薪40%。在这些司机当中，许多人都曾从英国石油公司和壳牌炼油厂中输送过燃料，例如南威尔士的兰达西炼油厂和泰晤士河口的壳牌赫文炼油厂。工党内阁就"鼓槌行动"（Operation Drumstick）计划展开了讨论，在该计划中，油罐车司机的工作将被军队所替代，但很明显，若想这样做，就必须发布紧急事态宣言。1980年1月3日，一场全面罢工开始了，2000名司机停止了工作，8天后，运输和一般工人工会正式宣布开始行动。内阁讨论了进一步的应急计划，因为国内80%的货物都是通过公路运输的，因此这次的罢工意味着很快就会出现必需品的短缺。最终，在将近3周之后，司机们接受了20%的涨薪，罢工开始结束。

英国政治方向的严峻考验在于其金融部门和工业领域之间的斗争。在这场斗争中，石油公司扮演了至关重要的角色，他们的作用不仅体现在北海开发权的城市之战中，还体现在南威尔士等制造业的中心地带。此外，巴格兰也出现了资本对工会力量的抵制以及工党对资产国有化的推动。

第 7 章
《立柱平原》：挽歌

——《立柱平原》（*Tuireadh*），单簧管和弦乐四重奏作品，由詹姆斯·麦克米兰（James MacMillan）于 1991 年创作。谨献给派普·阿尔法（Piper Alpha）灾难的罹难者及其家人。

在明媚的阳光下，我们站在房前的石板台阶上，草坪区域在我们的前方结束了，被修剪得十分整齐的草地夹在两侧长满鲜绿色植物的狭长花坛之间，一直向下延伸到网球场。向前方看去，首先映入眼帘的是一棵巨大落叶松，继续向它身后望去，目光可以越过威尔德峡谷，直接眺望到北部丘陵的轮廓。那 3 英亩半的花园里挤满了人。这些人大都为白发苍苍的老夫妻，这些情侣们一边凝视着装饰性的池塘，一边喃喃低语，然后，他们会退回到温室中，享用菲律宾员工拿给他们的茶和海绵蛋糕。这一天是"国家花园计划"（National Gardens Scheme）开放日，到下午 3 点，已经有 350 人入园游玩，他们每位都向慈善机构捐赠了 5 英镑的入场费。这座曾被《每日电讯报》（*Daily Telegraph*）提及并且将会出现在《时代生活》（*Period Living*）中的花园，紧密地环绕着彼得爵士和梅丽尔·沃尔特斯（Meryl Walters）夫人的周末别墅。这片地区是由沃尔特斯夫人设计的，她的 7 名园丁组成的团队提供了协助。

我们来到这里是希望能够找到机会与曾于 1981 年至 1990 年任英

国石油公司董事长，并曾密切参与了与希思和托尼·本的斗争的彼得爵士进行一次哪怕十分简短的交谈。他如今已是一位86岁的老人。我们曾试图联系他，但却被告知他不想接受采访。我们觉得自己有必要在不太侵扰对方的情况下再做出一些努力。我们站在花园里的一对墓碑前，墓主人是两只死去的狗。在那儿，我们与一位工作人员的妻子聊起了天。"这两只腊肠犬叫里贝纳和卢卡，是'葡萄适'饮料的缩写。当他离开葛兰素史克公司（他曾是该公司的非执行董事）的董事会时，他们将这两只狗作为礼物送给了他。他们非常喜爱他们的腊肠犬。他们养了四只。"她告诉我们，"他现在身体不好，很少出门。沃尔特斯夫人仍然每周都会去肯辛顿的房子，但他不再去了。"看来我们来得太迟了。我们当然连他的影子都没见到。我们坐在日式禅宗风格的花园中，脑海中不断地思索着这次失败的任务。

一想到一位昔日的行业巨擘，如今竟然沦落到只能在几个房间内活动，我们的心中便不禁感到有些不是滋味。一位曾凭一己之力，帮助塑造了我们的祖国的人，此刻已垂垂老矣。这位曾指挥过世界上技术最先进的组织之一的男人，此时正在一个被完美的英国爱德华式乡村花园包围的旧牧师住宅中度过生命的最后时光。伦敦的这个角落成了他永远的帝国。

沃尔特斯夫妇刚买下这幢旧牧师住宅时就种植了3000棵树，他们想要遮挡住A24公路上往返于南海岸、在山谷中呼啸而过的车辆。25年后的今天，成片的林地挡住了公路上汽油发动机的大部分噪声，就像这栋房子窗户上的百叶窗挡住了大部分的公众视线一样。

沃尔特斯是撒切尔夫人的忠实支持者，她于1984年授予他爵士头衔。一位英国石油公司的前同事说："是的，他绝对是保守党的支持者，绝对是，千真万确。"他同时也是右翼的"企业董事协会"的主席，并于日后成了现在备受争议的"英国经济事务协会"的受托人。

沃尔特斯的儿子是一名警察，他于1931年出生于伯明翰，当时，这座城市正处于汽车制造业的繁荣时期。沃尔特斯在13岁时开始进入爱德华国王文法学校中学习。不久之后，他的父亲在第二次世界大战中阵亡。后来他回忆说："我那时有两条路可选：要么让我父亲的死将我击败；要么走下去，继续做一些自己的事情。我选择了后者。"每天放学后，他都会帮助母亲料理家务。

1949年，作为受新工党政府教育政策资助群体中的一员，他进入了伯明翰大学。有趣的是，他学习的不是像数学、工程或法律这样的开启石油行业职业生涯的常规专业，而是商业。23岁时，他开始就职于英伊石油公司，同年，该公司更名为英国石油公司。他在公司里迅速晋升。在伦敦从事供应和开发工作9年，并在英国石油公司纽约办事处工作了两年之后，他于1965年被提升为英国石油北美公司的负责人。当时，他年仅34岁。他的前任被授予同一职务时比他大了整整10岁。

沃尔特斯被派往纽约的一年后，英国石油公司曾对中层管理人员进行过一项内部调查，调查结果显示，他们对公司的薪酬和体育设施、社交俱乐部、补贴午餐等慷慨的福利安排，以及疾病和退休福利体系都感到十分满意。在20世纪60年代，这家公司的总部办公室员工无论是在巴格兰的工厂中，还是身在伊朗和尼日利亚外派员工营地中，都享受到了由公司提供的绝无仅有的福利待遇。此外，这项调查还揭示了一个问题，"据说英国石油公司的事务是以绅士、愉快的方式处理的"，但却缺乏动力。该报告称，典型的英国石油公司新成员是"那种如果在鸡尾酒会上遇到他，你会说：这真是个不错的小伙子"。

沃尔特斯称自己来自一个有才学的工人阶级家庭，他意识到，他身边的许多同龄人和高年级学生都来自一个完全不同的阶层。20世纪60年代初，英国石油公司曾在董事长莫里斯·布里奇曼的领导下成立了一个由六人组成的执行董事会。这其中除一人外，所有人都上过剑桥大学，并且没有一位学过像商业这样的专业。正如英国石油公司的官方历史所描述的那样，沃尔特斯宣称，他信仰的是"基于功绩的精英主义"，并且"对由布里奇曼操纵的老同学人脉网和个人赞助制度表示不满"。这一信念与撒切尔夫人的观点不谋而合，而她本人也是一个店主的孩子。

刚一到达纽约，沃尔特斯就开始在麦迪逊大道的摩天大楼中工作，他最重要的任务是推动英国石油公司在阿拉斯加北坡特许权的进展。在他执掌纽约办公室的三年期间，公司在伊朗的地位再次变弱，伦敦总部对英国石油公司地震勘探小组施加的压力开始变大，公司迫切希望勘探小组在对阿拉斯加的河流和山脉进行调查时能够有所发现。

这或许是一场为了保护英国石油公司在美国免受竞争对手埃克森美孚公司和壳牌公司影响而打响的斗争。又或者，这可能只是一段远离伦敦的沉闷，在20世纪60年代中期的纽约生活的经历。但无论如何，他对公司的印象都发生了转变，沃尔特斯开始相信英国石油公司应该改变其文化，并效仿他们的竞争对手——美国。英国在汽车、飞机和塑料上的石油消费，使这个国家深受美国文化的影响。现在，这些大石油生产商和大企业本身也陶醉其中了。

***

1967年5月，沃尔特斯从纽约调职回到伦敦，并被提升为了英国石油公司全球物流部的负责人，负责全球原油和石油产品的运输工作。在抵达这个两年前最后一次工作过的城市后，他走进了新的伦敦塔，乘电梯上到了高层。

沃尔特斯对英国石油公司占主导地位的战略思维的反对态度日益加剧。由于计算能力的快速扩展，复杂的建模得以实现，得益于此，公司的不同部门在勘探、精炼、供应、营销和财务之间进行了更大程度的整合。这促使人们将这些本身都是一个个庞大的官僚实体的部门，视为一个巨大整体的一小部分，而不是应该独立判断其赢利能力的不同领域。在沃尔特斯看来，英国石油公司的整体运作将很快被交由一台大型计算机来操作，而评估这家公司的哪些部分赢利，哪些部分亏损，将变得越来越困难。他深信，集中控制削弱了各个部门管理人员的责任心、动力和商业头脑。

在接下来的一个月中，沃尔特斯有了一次催化性的体验。一个星期六的早晨，他正在位于伦敦北部海格特地区的新家中割草。那是在中东"六日战争"爆发几天后。他接到了英国石油公司油轮租赁负责人打来的电话，对方告诉他，希腊航运大亨奥纳西斯突然取消了所有现有的租船安排。奥纳西斯愿意向英国石油公司提供他的整个油轮船队，但价格是前一天的两倍。英国石油公司必须在中午之前给出答复，而最终的答案取决于沃尔特斯。这是一个关乎数千万美元的决定。他突然清楚地意识到，现在没有中央计算机程序可以帮助他，他能够依靠的只有他的商业判断。他回了电话。是的，接受这个提议，说完这句话，他又回去继续修剪草坪了。接下来的一系列事件很快便证明了这个决定的正确性；到了周一，油轮的运价飙升到了上周五的4倍。

从那一天起，沃尔特斯成为一名运动领导者，他反对由计算机支持的集中管理，支持英国石油公司各部门的分散化。"这让我开始思考我们做生意的整个方式。我意识到，进一步一体化的支持者正朝着错误的方向前进。他们把本应由经营者进行判断的东西交给了机器。"这一时刻让沃尔特斯知道了自己应该在公司内部推行何种主张："很明显，有一些整合是会带来一定的好处的，但我们不会为此付出额外的代价。"他后来解释说，"对我来说，战略与赢利能力是密不可分的。"他告知手下的经理们"在英国石油公司中没有什么是不容置疑的"，以及"你要告诉我哪些事情有经济意义，哪些没有，然后我会告诉你我们会保留哪些，哪些不会被保留"。而这些话也让他本人名声大振。

* * *

据沃尔特斯描述，1967年的"六日战争"给他带来了一场地震般的冲击。这一事件改变了这位36岁男子的认知，后来，他刚被任命为负责人，就改变了自己管理英国石油公司供应和开发部门的方式。这些转变不仅提升了他在公司内的形象，还对整个公司产生了影响，因为他所管理的是英国石油公司最强大的部门之一。1973年，时年41岁的他被任命为董事会成员，跟身边的同僚相比，他年轻了10岁。

1967年的动荡发生的12年后，伊朗革命（又称1979年革命）爆发了。通过1954年政变建立起来的伊朗国王政权残暴而冷酷，数十年间，人们一直在抵抗，1978年时，这些抗争到达了顶点。由西方国家的公司运营的油田受到了罢工和针对外籍员工的暴力的打击。英国石油公司、壳牌公司以及埃克森美孚公司从伊朗撤出了各自大部分的工人。约翰·布朗十几岁时居住过的那种家庭院落也都被撤空了。英国石油公司、壳牌公司和其他公司在伊朗的立场和对伊朗石油的控制霎时间被推翻。这些公司的所有资产都被收归国有。一夜之间，石油的生产工作几乎完全陷入了停滞状态。但这一次却并没有峰回路转，伊朗国王没有复辟，西方公司也没能再次回归。

与20世纪50年代初相比，这次事件对英国石油公司的直接影响要小得多。然而，1981年的两伊战争接踵而来。战机袭击了世界上两家最大的原油生产商的炼油厂和油田，供应立刻受到了最直接的威胁，全球石油价格开始飙升。第二次石油冲击彻底改变了整个行业。

70年来，国际上各家石油公司的结构基本都大同小异——每个公司都拥有油田、油轮、炼油厂和加油站。在很大程度上，每家公司都是通过其自身的工业代谢来传送其开采的原油。这是综合石油公司的本质，他们建立在对石油储备、汽油市场份额和两者之间结构的控制之上。而现在，这座本就开始吱嘎作响的房子，在这场石油冲击中坍塌了。

自20世纪50年代以来，为了将中东和非洲国家石油的产量尽可能保持在-个较高的水平，西方各国的石油公司一直处于巨大的压力中。这一部分是由于他们希望尽快获得资本回报，另一部分是因为他们需要确保这些国家的政府从石油中获得高收入。同时，这些公司还需要掩盖这样一个事实，那就是他们从自身资源的开采中只获得了相对较少的收益。建设炼油厂和加油站，以确保高水平的原油生产可以被不断扩大的市场吸收，这与石油巨头们的利益相吻合。

英国石油公司和壳牌公司不愿透露他们开采的原油的利润规模，因为他们担心这一信息的披露，可能会使产油国开口索要更高的收益份额。因此，从公司的利益角度出发，他们设立了低收入的炼油厂和销售部门，这样一来，当对整个公司进行核算时，其综合利润可以看起来相当合适。这些公司热衷于不将不同部门的账目分开。然而，在伊朗革命发生后，这些公司又失去了另一个油田生产部门，炼油等部门则被透露处于亏损状态。

于是，一种全新的、以市场为中心的管理模式被引入了进来，沃尔特斯成为这条赛道上的领头羊。来自公司外部的压力迫使他们进入了一个分散化的新阶段。沃尔特斯自1967年以来一直在计划的一次飞跃正在逐步实现，他能够通过英国石油公司来引导这些变革。1980年，沃尔特斯被任命为公司的副董事长，很明显，当戴维·斯蒂尔于1981年11月达到退休年龄时，沃尔特斯一定会接替他成为下一任董事长。

英国石油公司一体化结构的崩解不仅是一项管理活动，还涉及了公司文化的变革。炼油厂自第一次世界大战以来一直被保留下来的原因是"英国石油公司就是这么做的"，而在英国船厂中建造油轮，则是因为"英国石油公司一贯如此"。但现在，人们对每一个部门、每一种做法都产生了质疑。沃尔特斯坚信他的原则，"没有什么是不容置疑的"。如果一个单位自身不具有商业意义，如果它不能产生足够的资本回报，那么它就会被关闭或出售，它下面的工厂将被关停，员工将被裁减。

正如一位英国石油公司内部人士告诉我们的，"这是实践中的一次重大转变。英国的大公司此前从未有过如此大规模的裁员。市场成为英国石油公司的主导理念。在20世纪80年代之前，公司内最重要的组织支柱是'尽一切努力避免资产国有化'，现在，它变成了'市场'。"沃尔特斯于20世纪60年代在美国学到的经验，最终在20世纪

80年代初被英国最大的公司之一采用了。其竞争对手壳牌公司也在经历着同样的过程。

秉承着"没有什么是不容置疑的"这一原则，很多英国工厂都在沃尔特斯的监督下关闭了，这一过程持续了30年。斯特劳德和桑德巴奇等地较小的化工厂关闭了，但最引人注目的是位于谷岛的英国石油公司肯特炼油厂也被关停了。1982年8月29日，在沃尔特斯的主持下，在能源部部长奈杰尔·劳森（Nigel Lawson）、财政大臣杰弗里·豪（Geoffrey Howe）和首相撒切尔夫人的注视下，这座工厂被永久关闭了。

事后看来，这一关闭行为具有极其强大的象征意义。27年前，刚刚完成加冕礼的几个月后，年轻的伊丽莎白女王就和她的配偶一同参观了这座工厂。苏伊士运河危机爆发前不久，英国在波斯湾的势力仍然仅次于美国，而肯特炼油厂的建造显然是为了加工来自伊朗的原油。现在，不到30年过去了，英国石油公司和壳牌公司在伊朗和伊拉克连一滴原油也没有了，如今的他们只是科威特、阿拉伯联合酋长国和阿曼的初级合作伙伴。英国石油公司和壳牌公司曾被迫从中东撤退，而现在，在新的"市场"原则的指导下，他们也开始撤出了泰晤士河口。约翰·维托里（John Vetori）曾在塞克斯的科里顿担任经理，当我们在飞马俱乐部中与他聊到科里顿关闭一事时，他说那一天，一直闪耀于南部天空的肯特炼油厂上空的火炬突然熄灭，当时他深感错愕。

***

1984年3月，全国矿工工会呼吁其成员停止工作。与20世纪70年代初的罢工一样，矿工们一心思索着能够切断英国电力供应的行之有效的策略。在火力发电站停产期间，燃油发电站的可靠性，成为撒切尔夫人政府打击全国矿工工会的力量来源。至于如何才能避免1972年和1974年的失败重演，保守党行动计划的核心是石油。燃油发电站的网络遍布全国，但其中最为重要的是泰晤士河口的谷岛、金斯诺斯和利特布鲁克。1972年和1974年，英国石油公司的肯特炼油厂曾试图为其中的两家工厂提供燃料，但到了1984年，这家炼油厂已经关闭了。在1972年的罢工中，肯特的矿工成功地与壳牌赫文炼油厂的工会干部合作，切断了利特布鲁克的石油供应。石油行业的工人们会在最近的这次罢工中再次向矿工们伸出援手吗？

壳牌公司和英国石油公司英国工厂中的许多工人以及公司油轮舰队的驾驶员，都支持全国矿工工会反抗撒切尔夫人政府，但不可避免的是，工人们在是否与他们的工会同志团结一致，或是否要避免与雇佣他们的公司发生冲突的问题上产生了分歧。这种忠诚性的分歧不仅存在于南威尔士等矿区，也存在于远离煤矿罢工的地区。1984年5月3日，在位于默西塞德郡的壳牌斯坦洛炼油厂的"运输和一般工人工会"分部内，人们就是否关停向炼油厂以东半英里的因斯发电站提供燃料油的管道，以声援矿工一事进行了投票。如果这项效仿法国炼油厂工人策略的提议获得通过，那么在其影响下，壳牌公司的员工也将直接支持全国矿工工会，届时，他们毫无疑问会与自己的雇主发生冲突。

但行动并未成真，在长达一年的斗争期间，巴格兰的发电站继续向英国国家电网输出电力，而兰达西的发电站则继续向彭布罗克燃油发电站供应燃料油。然而，1984年12月，壳牌赫文和科里顿炼油厂的油罐车司机采取了一些行动，阻断了对利特布鲁克、谷岛或金斯诺斯等地的发电站的供应。在位于泰晤士河口的珀弗利特的德士古仓库中，两名油罐车司机因拒绝越过矿工的警戒线而被停职。

巴格兰工人们可能没有采取行动支持矿工，但似乎有许多生活在塔尔伯特港附近的人，都向罢工者及其家人提供了睦邻援助。因为在镇上，支持罢工的运动富有力量且极具战斗性。1984年12月，这场斗争中最具影响力的事件之一在沙田的中心爆发了。"阿凡丽都海滨休闲中心"举办了一场矿工集会，工会联盟的主席诺曼·威利斯（Norman

136

Willis）在会上发表了演说。招待会的现场充满了敌意。罢工者及其家人对工会联盟和工党给予的不冷不热的支持感到愤怒，几个月来，这些煤炭社区一直生活艰苦，并且经历了一些严峻的治安问题。威利斯受到了诘问，当他讲话的时候，一根套索被慢慢地从上面的椽子上放下，悬在了他的头上。套索上挂着一张卡片，上面写着"拉姆齐·麦金诺克在哪儿？"这是对工党领袖拉姆齐·麦克唐纳的暗示，他是20世纪20年代的工党领袖和阿伯拉文的地方议员，但他却并没有全力支持1926年的大罢工。尼尔·金诺克（Neil Kinnock）是20世纪80年代工党的领袖，同时也是伊斯尔温的威尔士选区的议员，他似乎也有资格支持全国矿工工会。

归根结底，炼油厂的员工以及英国石油公司和壳牌公司员工的忠诚度对保守党政府来说是至关重要的。1973年10月，英国首相希思提出要求，他希望英国石油公司的埃里克·德雷克和壳牌公司的弗朗西斯·麦克法泽安（Francis McFadzean）能够确保英国在"石油危机"期间的原油供应，但遭到了他们的断然拒绝。两位董事实实在在地将首相交到了全国矿工工会的手中，使他任其摆布，而此时，全国矿工工会已经开始着手准备第二次煤炭罢工了。

相比之下，在1984年的新年授勋及嘉奖（New Year Honours）中，撒切尔夫人授予了英国石油公司董事长彼得·沃尔特斯以爵士称号。沃尔特斯在保守党政府需要的时候伸出了援手，并确保石油从炼油厂流向了发电站。这种支持不是偶然的。早在罢工之前的1984年初，石油公司的员工曾与中央电力局（CEGB）的约翰·伍利（John Wooley）和戴维·布里奇（David Bridger）密切讨论过供应问题。英国石油航运公司（BP Shipping）制订了一项计划，他们将通过海运的方式将核发电过程所需的二氧化碳气体输送到中央电力局的核电站中，以绕过核电站陆地入口的罢工警戒线。

到1985年3月3日，矿工们被击败了，工人们在没有获得任何让步的情况下返回了矿井。全国矿工工会的传奇力量已经被打击得支离破碎，撒切尔夫人政府的权力现在显然无懈可击。罢工结束的 5 周后，本就笼罩在沮丧气氛中的南威尔士又遭遇了一次重击。1985 年 4 月 10 日，沃尔特斯宣布将关闭已有 64 年生产史的英国石油公司兰达西炼油厂。

关闭工厂前后需要 19 年的时间，这不仅意味着在这 19 年间将有大约 2000 名工人被裁员，还意味着失业人员数量的增加。此外，工厂的关闭标志着英国石油公司将减弱对更广阔的塞文河口地区的投入。几个月后，兰达西炼油厂的进口设施——安格尔湾海洋码头——不可避免地被宣布关闭，人们普遍担心巴里和巴格兰工厂也很快就会关闭。在 3 年前的 1982 年，位于斯特劳德产油区最遥远的外围工厂被沃尔特斯关闭了。

1970 年至 1985 年，南威尔士工业工人长达 15 年的激烈政治行动在英国其他地区得到了响应。英国石油公司和壳牌公司再次被卷入其中。公司的员工遍布于海上、炼油厂和化工厂、天然气码头和油库、航运、管道和公路油罐车，以及管理这一庞大网络的无数办公室。总的来说，该行业远超煤炭行业，构成了英国最大的单一劳动力。从英国石油公司和壳牌公司的管理层以及英国政府的利益角度来说，石油和天然气行业的工人，以及汽车制造商和公路运输商等所有与之相关的部门之间都应该保持平和，避免争端。毕竟，在从苏联到伊朗的许多国家中，石油工人一直站在政治行动或革命变革的前列。

*　*　*

凭借 40 年的后见之明，伦敦大学亚非研究学院的发展学教授盖伊·斯坦丁（Guy Standing）对撒切尔夫人政府的革命性进行了总结："她最大的经济决策是将北海石油业务私有化，并将石油税收入挥霍在了所得税削减和当前支出上。这与挪威形成了鲜明对比，挪威保留了政府的股份……并将税收和股息收入投资在了国家资本基金上。"

在 1979 年保守党选举获胜后，政府开始对北海的离岸殖民地进行彻底的政策调整。在财政大臣杰弗里·豪和继任的奈杰尔·劳森以及能源大臣奈杰尔·劳森和继任的彼得·沃克的领导下，政府自 20 世纪 60 年代初起采取了一项与前九届保守党和工党政府截然不同的私有化战略。这项战略使英国脱离了挪威和丹麦等其他欧洲国家所追求的模式以及伊朗和尼日利亚等石油输出国组织国家的模式，转而投向了美国和加拿大的模式。仅在 10 年前，威尔逊还曾表达过英国能源部部长将担任石油输出国组织主席的愿景，但如今这一政策的重新定位与他彼时的言论背道而驰。国家将尽可能撤出北海的国有资产，并将其尽快出售给私营公司及其股东。被加速出售的不仅是英国持有的英国石油公司股份，还有其他的国有资产。在托尼·本任部长期间，由能源部部长埃里克·瓦利一手设计的英国国家石油公司基于《石油和海底管道法》（Petroleum and Submarine Pipe-lines Act）于 1975 年 11 月被创立，但在 6 年后的 1981 年 11 月，这家公司在劳森的领导下被部分私有化了。英国天然气公司（British Gas）于 1972 年在希思政府的领导下成立，于 1986 年 12 月在财政大臣劳森的领导下被出售。纽约的扬罗必凯公司（Young & Rubicam）的标志性广告宣传口号成为这次大规模股东要约的重要组成部分："如果你看到希德……告诉他！"在 90 亿英镑的股票发行中，约 150 万人以每股 135 便士的价格购买了股票，这样庞大的规模在当时是史无前例的。

撒切尔夫人政府执政 9 年后，英国政府出售了其在英国石油公司（持有了 74 年）的所有股份、其在英国国家石油公司的所有股份以及在英国天然气公司的全部股份。这些售卖行为加起来总共为财政部筹集了数十亿英镑的资金。与此同时，自 1970 年 10 月被发现以来，一直显示出巨大财富前景的福蒂斯油田终于得以被大规模开采，石油税收和公司税收入也随之而来。人们常说，这些钱加在一起为支撑了 20 世纪 80 年代英国经济从根本上重组的社会保障金和失业救济金提供了资金上的帮助。石油行业不仅在一定程度上孕育了撒切尔主义的模式，而且现在也正在为这场保守革命提供资金。正如乔恩·金向我们指出的那样，北海石油的繁荣有助于资助失业大军和政府人员与全国矿工工会进行斗争。

出售英国石油公司、英国国家石油公司和英国天然气公司的国有股份，意味着在这场北海的游戏中，英国不再有能够直接代表其行事的玩家。这反过来又影响到了北海的开发方式、管理条例、劳资关系实践，以及海底资源的开发速度。

尽快实施这一方案是符合开采碳氢化合物的私营公司的利益的，所谓的"向天然气冲刺"就是明证。从1965年9月首次通过"海洋珍宝号"在北海海底发现天然气起，到21年后将股份出售给"Sid"，英国天然气行业的开发工作一直都是以国有的英国天然气公司为主导的。而现在，这些资产正在由私人公司进行开发。在能源部部长彼得·沃克的监督下，英国颁布了一项鼓励快速开发北海南部和北部的天然气储量的新政策。1980年至1995年，英国的天然气产量翻了一番。

鼓励英国石油公司、壳牌公司和埃索公司等公司发展天然气供应，是出于英国对天然气同样快速增长的需求。除了国内消费和向石油化工等行业销售天然气外，天然气市场的关键是发电机。与其他行业一样，电力行业也被德礼的工党政府通过1947年的《电力法》（Electricity Act）纳入了国家的控制之下。经过多次演变，发电和输电权被交由中央电力局负责。该机构于1990年被撒切尔夫人领导的保守党政府解散。最初，中央电力局分为英国国家电网公司、核电公司（Nuclear Electric）、发电公司（PowerGen）和英国国家电力公司（National Power）。其中最后两家公司被迅速私有化了。

这些现如今已被私有化的公司开始大幅提高发电能力并通过建设燃气发电站来实现这一目标。在大半个世纪的时间里，煤炭一直是驱动为英国发电的涡轮机的关键燃料，但现在，公用事业公司开始优先考虑天然气，因为天然气更加便宜且使用更加灵活。大家都在"向天然气冲刺"。1990年，燃气轮机发电站提供了英国5%的电力。到

2002年，这一数字几乎达到了30%。

从煤炭到天然气的转变并非没有更深层次的政治动机。在20世纪70年代和1984—1985年的矿工罢工中，燃煤发电站一直是斗争的中心。在20世纪80年代的罢工中，燃油发电站是对抗矿工的关键武器。如果以天然气和石油为燃料产生的电力可以维持灯光照明，那么"煤炭之王"将进一步遭到淘汰。作为关键工业能源，煤炭需求量的急剧下降导致了矿坑的加速关闭，并对全国矿工工会造成了又一次的打击。

保守党政府所有这些极大地重塑了英国的能源经济的行动，都得到了私营公司的追随和协助。如若没有一个现成的买家愿意购买英国国家石油公司的股份，那么他们就不会有出售的动机。到1988年，英国石油公司收购了政府在英国国家石油公司的全部股权。这家公司逐步收购了国家资产。在此期间，彼得·沃尔特斯一直在监视着英国石油公司与英国政府之间的关系变化。到沃尔特斯于1990年3月退休时，撒切尔夫人仍在执政，中央电力局的解体也在按部就班地顺利进行着。

* * *

从20世纪40年代到60年代中期，英国石油公司和壳牌公司曾经承包了默西塞德、泰恩赛德、提赛德、克莱德赛德和贝尔法斯特的船厂的全部订单。自那10年以后，他们越来越多地在欧洲大陆、日本和韩国的船厂中建造油轮。这并不是因为英国船厂没有能力建造自20世纪60年代中期以来备受业界青睐的超大型油轮。斯旺·亨特、利思戈斯、哈兰德和沃尔夫等船厂都可以建造这些大家伙，但这些船厂的要价往往更高。

北海的钻机和平台的建造也带来了一些订单。例如，为福蒂斯油田而建的4个平台，分别建造于提赛德格雷索普的莱恩船厂（Laing's yard）和尼格的布朗罗特船厂（Brown & Root's）。然而，北海这个离岸殖民地的反联盟文化被反推回了祖国。最明显的例子是1984年发生于坎梅尔·莱尔德船厂（Cammell Laird）中的争端。

利物浦阿德尔菲酒店爱德华时代风格的休息室气势宏伟而壮观，其中装饰着白色石柱、粉色和奶油色的大理石镶板和巨大的枝形吊灯，显然，在这里讨论由石油钻井平台罢工带来的物质困难是不大可能的。这家酒店曾是前往纽约的富裕旅客等待乘坐冠达邮轮时的中转站。如今，这里成了追随披头士足迹的中国游客或探访足球圣地安菲尔德的挪威人经常光顾的地方。

埃迪·马内尔（Eddie Marnell）是1984年伯肯黑德附近坎梅尔·莱尔德船厂罢工期间的车间工会领袖。他留着白色的小胡子，穿着棕色靴子，身上裹着一件黑色绗缝夹克，上面有一枚红玫瑰色的工党珐琅翻领徽章。

他说明了那次罢工的大致情况。1984年5月，坎梅尔·莱尔德船厂一半的员工（800人）被告知，他们将被从默西塞德的船厂中裁掉，这引发了人们对整个企业未来的担忧。工人们占领了船厂，尽管被警告会面临可怕的后果，但四个月后仍有70人守在那里。马内尔说，数百名工人在裁员、反工会情绪以及他们的最终雇主英国造船公司（British Shipbuilders）将被私有化的传言中，采取了罢工行动是情理之中的事。

高等法院的管理层发出书面命令，要求37名被点名的罢工者赶快离开。这些人爬到了皇家海军驱逐舰"爱丁堡号"（HMS Edinburgh）和英国天然气钻机AV-1上，后者是为了在附近的莫克姆湾气田（Morecambe Bay gas field）中进行作业而建造的。罢工的工人最终被警察强行带走——令人难以置信的是，执行此次任务的人中竟然还有英国特种空军部队的成员。这些人被关押在沃尔顿监狱一个月，并失去了获得裁员补偿金的权利。

这位前船厂工人一直在用一种近乎耳语的声音讲话，但他的精神以及因捍卫自己的工作而罢工，并最终被判入狱的不满情绪依然十分

第7章 《立柱平原》：挽歌

强烈。他认为，在高度戒备的监狱中受到的严苛对待，在一定程度上是对煤矿工人的警告：

> 我认为这是为了阻止矿工罢工。当时他们正在罢工，我认为这件事是想告诉他们，"如果你继续这样下去，那么下一个被关进最森严的监狱中的人就会是你。"他们害怕矿工们会守在地下不出来。你不能用枪威胁他们，你必须得亲自下到坑底下把他们弄出来。

马内尔说，无论是矿工还是造船工人，撒切尔夫人政府决心要破坏的都是有组织劳工的权力。北海石油工业提供了一套私有化非工会环境的模板。

马内尔热衷于向我们展示他在占领期间与当时担任默西塞德部长，现在已成为勋爵的迈克尔·赫塞尔廷（Michael Heseltine）的一系列往来书信。马内尔掏出了12个发黄的信封，这些信件看似普通，但从其中的内容来看，赫塞尔廷曾极力试图避免回答与SAS究竟是否被派来为钻井平台事件善后相关的问题：

> 我问赫塞尔廷，他是否还记得那场讨论了是把我们送进监狱，还是把SAS派过来的内阁会议。他给我回信说："我不记得这些了。我想我并没有参加过那次会议。"我回信给他说："您不记日记吗？"我收到了他的回信，上面写着"我不写日记"。试问世界上有哪个议员会不写日记呢？

时至今日，坎梅尔·莱尔德船厂的工人们所遭受的对待依然使马内尔、工会和工党的政治家们感到愤怒。2017年4月，时任华莱西议员安吉拉·伊格尔（Angela Eagle）敦促政府公布与起诉决策相关的所有文件，并纠正"这一明显的误判"。

东利兹议员、2020年工党副领导人候选人理查德·伯根在同

> **石油帝国的兴衰**
> 英国的工业化与去工业化

一场议会辩论中表示："保守党政府的时代正被定义为有制度干预和国家不当行为嫌疑的时代。我们对这些名字耳熟能详：希尔斯堡（Hillsborough）、欧格里夫（Orgreave）和坎梅尔·莱尔德。如果那些干预要延伸到起诉这些工会成员，难道他们连知情权也没有吗？"

后来，我们在伦敦维多利亚街80号的玻璃大楼里见到了赫塞尔廷勋爵，他在从议会广场往下走的地方租了一间小办公室。在我们乘自动扶梯去往他所在楼层的途中，特里的手指上突然神秘地出现了一个伤口。当我们在赫塞尔廷那位友善的助手的带领下，走进他的办公室时，浸透了纸巾的血液一下子涌了出来。勋爵盯着特里滴着血的手指头，但什么都没说。

赫塞尔廷长着两条浓密的白眉毛，脚上的黑皮鞋油光锃亮。他标志性的卷发现在已经变为了银色，像一只奇异的鸟栖息在他头顶上一般，但即使这样，他的风采依然不减当年。这位政治巨人穿着一件海军套衫，上面依稀可见一些狗毛。他的蓝色西装夹克被小心地叠放在附近一把钢铁框架的皮革椅子上。他的目光透过一副结实的黑框眼镜，落在了我们身上。

他的举止既有点儿像首席执行官，又有点儿像牛津大学的老师。"您需要什么？"他似乎在以一种兼具恭敬和诧异的方式发问。他既不热情也不怀有敌意。从某种程度来说，这是一场信息或业务上的交易。

这位曾经的副首相即将迎来他的86岁生日，但他却依旧未改浮夸而坦率的作风，并且他仍然深信自己对混合经济的看法，即部分由政府干预，但主要是自由市场和私有化。小报给他起了个"泰山"（Tarzan）的绰号。在英国脱欧辩论中，"泰山"迎来了新的政治生涯，他成了一位热诚的留欧领袖。

尽管马内尔和其他人在1984年经历了痛苦的挣扎，但坎梅尔·莱尔德船厂的业务还是被成功拯救，并得以继续经营下去了。据说，它的幸存一部分要归功于赫塞尔廷，正是因为他的介入，才确保了这家船厂有机会参与英国皇家海军护卫舰的合同投标。赫塞尔廷否认了这

第 7 章 《立柱平原》：挽歌

一说法，他说：

> 我并不是为了救坎梅尔而出手干预的。我进行干预是因为护卫舰的建造贯穿了我的整体预算，我想要确保对它的竞争是公平的。这是一个非常重要的点，因为（不干涉主义者）批评家会说"你救了坎梅尔"这样的话。现在看来，那件事的确给坎梅尔提供了不小的帮助，但我只是在正当竞争受到破坏时进行了干预而已。

我们指出，他在回忆录里提到了这家船厂，但没有提及那里曾发生过一场以工人入狱而告终的大罢工这样一个事实，那是一场现在看来十分残酷的事件。"我忘了。"他说道。

我们质询说，是否当初本可以通过北海的繁荣向英国船厂提供更多的钻机和平台订单，以创造更多的就业机会。赫塞尔廷答道：

> 除非你当时在场并且掌握相关知识，否则你无法做出这些判断。我当时不在场，也具备相关知识，但你需要的是一个寻求合理政策的组织，一个国家系统。现在的你虽然不会做得完全正确，但我认为你会比我们做得正确得多。20 世纪 80 年代汽车行业的管理显然是极为糟糕的。问题是，"是管理不善导致了激进工会的发展，还是激进工会压倒了管理层？"据我自己的猜测，至少有 50% 的问题出在了管理不善上。

我们接着聊到了英国脱欧的话题，以及他是否认为脱欧投票部分是由去工业化推动的，他说：

> 在我看来，英国脱欧是移民和 2008 年经济崩溃问题的结合体。一旦你把两者混合起来，就会产生脱欧的想法。这种现象并不是英国独有的。它遍布欧洲，遍布美国。所有这一切都有一个共同的原因，那

就是人们的生活水平未能长期持续提高。人们已经养成了习惯，并且总是满怀期待和假设。然后生活水平突然停滞了 10 年，原地踏步，人们想要改变。他们四处寻找答案，而最简单的回答就是那些移民。如果你能在布鲁塞尔❶找到外国官僚和不知名的公司总部的混合体，那么做一场演讲将会再简单不过了。那将会是一场极不诚实的演讲，但却很容易做到。

我们问："那不平等问题呢？如果你把时间花在了伦敦西部，那么当你去南威尔士、泰晤士河口或默西塞德郡的时候，你就会清楚地看到财富的分布是多么不均衡。"

赫塞尔廷回答："我同意……是的。这又回到了权力下放和缺乏产业政策的问题上。"

我们问道："无论是石油公司还是钢铁制造商，大型企业终究都会选择他们能够以最低的价钱生产商品或产品的地方，这是否是一个令人沮丧但不可避免的事实？"赫塞尔廷回答：

这是当然的。这是他们的责任。他们有义务使投资他们的人获得最大的回报。这是最有效的资源分配方式，要比那些政客可靠得多，政客们总是避免做出困难的决定，并且只愿意资助具有政治吸引力的企业。我想你应该明白我的意思。

我们继续讨论气候变化问题。这位前部长热切地希望看到世界各国，尤其是美国和中国能够就这一问题采取行动。我们提出了这样一些观点，即英国过去曾从化石燃料中获得过巨大的成功，它们已然成了我们文化的一部分，因此我们更难做出改变。赫塞尔廷对此不以为

---

❶ 欧盟和北约总部所在地，有"欧洲首都"之称。——编者注

然:"不。1945年,有75万人从事煤炭工业;当我任职时,只剩下了3万人;到现在,几乎一个也没有了。试图将这些理解为某种文化残余,只不过是一种工业浪漫主义罢了。"

他开始不耐烦地摆弄起公文包,并紧皱起了眉头,我们知道,这表示我们该走了。

* * *

大众智慧将英国造船业的毁灭归咎于劳工的好战。克莱德赛德、提赛德、泰恩赛德和默西塞德的工人们在工人运动中提出的需求,削弱了英国船厂的竞争力。然而,在使英国摆脱了一个曾是激进主义源泉的行业方面,保守党政府发挥了作用。

撒切尔政府在放弃石油工业这件事情上,比放弃英国商船建造业要早20年。自20世纪60年代中期以来,英国石油公司和壳牌公司的船只都在国外船厂中建造,特别是在法国、意大利和德国这些欧洲经济共同体的核心国。就连英国政府持有68%股份的英国石油公司,也将订单下在了邻近的经济区块中。

随着英国在北海区域的开发,英国政府和欧盟委员会就资源的开采问题展开了多次较量。布鲁塞尔热切希望来自英国区域的石油应该有一部分在荷兰或德国的大陆港口卸货,但这遭到了保守党和工党政府的强烈抵制,海上油田的原油最终从苏格兰和英格兰上岸。但为这个离岸殖民地提供装备和供应却是一项艰巨的任务,这些工作大部分都流向了法国、德国、意大利和西班牙等其他国家的船厂。

欧洲经济共同体的合并和增长,给跨国公司带来的好处越来越明显。这一经济区块源自一个煤炭、铁和钢铁制造业国家联盟,但随着这些行业在西欧的重要性逐渐下降,石油成为欧洲经济共同体的支柱。这一转变也反映了南威尔上经济生活的变化,随着塞文河口石油综合体的发展,他们的重心从矿场和高炉过渡到了海运码头和石化厂。

石油帝国的兴衰
英国的工业化与去工业化

随着英国于1973年加入欧洲经济共同体,英国的油厂成为西欧石油综合体的一部分。位于巴格兰工厂周边的尼斯河出口码头被进行了升级改造,并且为了便于地角周围的乙烯沿英吉利海峡而上运输进安特卫普港,人们还建造了一艘名为"阳光女孩"(Sunny Girl)的特殊油轮。在那里,液体化学品可以被泵送上岸并接受加工处理。在将近20年的时间里,新扩建的巴格兰工厂一直都在更大的欧洲经济共同体的化学机器中作为一枚齿轮运转着。

然而,全球石油化工产品的产量正在以一定的速度进行扩张。在1973年的"石油危机"过后,波斯湾各国获得了极大的权力,并开始建造工厂,这些拥有大量的廉价原油和从印度进口的廉价劳动力的工厂,可以轻而易举地压低欧洲经济共同体生产的化学品的价格。在接下来的10年中,中国和印度开始展示其工业实力,东南亚的化学品进入了全球市场并造成了这些材料的过剩。

跨国公司协助了欧洲经济共同体内部国家经济的分裂,他们认为欧洲经济共同体和后来的欧盟(EU)可以因此形成一个强大的经济区块,其共同主权可以更好地在全球市场上展开竞争。但在许多地方,如巴格兰,情况却恰恰相反。

在当前全球化学品过剩的情况下,欧盟委员会在外国进口面前不愿捍卫欧洲经济共同体内部的生产。英国石油公司和壳牌公司等公司迅速采取行动,在欧盟内部巩固生产基地。公司没有选择在比利时和威尔士同时运营两家工厂,董事会认为关闭其中的一家最为适宜。与其他活动领域一样,英国石油公司并没有对英国表现出特别的忠诚,因此,一则声明在1994年1月被发出,巴格兰的乙烯工厂将被关闭,包括直接雇员和承包商在内的600人将被裁员。

英国石油公司的新闻声明对工人和沙田与巴格兰·摩尔斯等临近社区来说,无异于一枚炸弹,因为大家都清楚,工厂的核心一旦被关闭,那么它的末日也肯定很快就会到来。英国石油化工公司的首席执行官布赖恩·桑德森(Bryan Sanderson)说,"裁员是由于全球化学工业产能的过剩和汽车工业的衰退。"他宣布了一项耗资 300 万英镑的 5 年计划,以帮助 300 名面临裁员的直接员工创造就业机会。

尽管能源部部长托尼·本为了阻止英国工厂的关闭,坚决反对欧洲经济共同体,但 20 年后,他的继任者还是带着一种无法避免的感觉接受了巴格兰的终结。贸易和工业部长迈克尔·赫塞尔廷在下议院提出了这一关闭问题:"我看过英国石油公司公告的细节,该公司关闭产能较旧的工厂,是因为他们正在进行新的投资。据我所知,英国的国际收支不会受到不利影响,进行干预是不恰当的。"至于这些"新投资"的具体地点,英国石油公司从未提及过。

巴格兰的工人对保守党政府的政治自满表示愤慨,在赫塞尔廷于此前表示他将"在早餐、午餐和晚餐前进行干预,以帮助英国工业"时,这种愤怒情绪达到了顶峰。但值得注意的是,厂内的工会并没有对工厂的关闭采取任何反抗行动。这是一家工人们曾在 20 世纪 70 年代为争取更好的工作条件而进行罢工的工厂,这是一个通过长期艰苦的斗争,组织了例如 1972 年、1974 年和 1984—1985 年的矿工罢工,来为工人家庭提供支持的社区。但如今,却几乎没有任何人肯站出来抵制失业。跨国公司轻而易举地关闭了巴格兰等地的工厂,轻松到欧盟的超国家政府都不愿对其插手,这样的局面在很大程度上是由于工会运动在过去 10 年中实际上已经被英国政府剥夺了权力。巴格兰没有罢工,没有警戒,工会联盟没有发出抗议,其他工会和更广泛的劳工运动也没有声援。约翰·莫里斯(John Morris)——这位当地议员和隐形的司法部部长,昔日威尔逊和卡拉汉政府中的威尔士国务大臣——令人震惊地保持了沉默。

1998 年 8 月 24 日,来自南威尔士的"狂躁街道传教者"乐队发布了歌曲《如果你容忍,你的孩子将成为下一个》。这张唱片在发行的第一周就卖出了 156000 份,并登上了英国单曲排行榜的榜首。第二个月,即 1998 年 9 月 20 日,他们在沙田的"阿凡丽都海滨休闲中心"举行了演出。八周后,即 11 月 12 日,整个巴格兰的工厂都被宣布实际关停了。

***

我们沉浸在美丽的 7 月天里。阿伯丁的天空湛蓝，风儿没有一丝躁动，空气出奇地和暖。我们站在一个雕刻有 3 个铜像的柱基前，这正是"派普阿尔法平台纪念碑"。距离那个石油平台爆炸的夜晚已经过去了 30 年。在过去几周里，幸存者、罹难者家属、来自阿伯丁的政要、记者和其他像我们这样的人，都前来悼念 1988 年 7 月 6 日的 167 名罹难者。

当我们正要离开哈兹黑德公园的北海玫瑰园时，一阵有节奏的直升机轰鸣声从远处传了过来。我们可以肯定，这一声音是从北边 3 英里处位于戴斯的阿伯丁机场中传出的。那里有多架直升机往返于机场和海上平台。

1988 年的派普阿尔法平台灾难引发了离岸作业工人的强烈抵制，为了应对石油公司和离岸工业联络委员会的挑战，他们首次结成了联盟。

上白班的工人们被 7 月 6 日 21 时 55 分的第一次爆炸声惊醒，并立即发出了求救信号。气体从固定不当的凸缘处泄漏并被引燃，后续又发生了爆炸，火焰喷射向了 300 英尺的高空；226 名船员中有 165 人死亡，另外两名在一艘安全备用船上工作的男子也丧生了。

凌晨一点之前，北海最庞大平台的一部分开始坍塌。这场大火在 3 个星期后才被扑灭。司法调查对派普阿尔法平台的运营商西方石油公司提出了严正的批评，该公司因维护和安全程序不当而被判有罪，但却从未受到任何的刑事指控。

由阿尔芒·哈默（Armand Hammer）经营的曾遭坎维岛居民抵制的西方石油公司，向遇难者家庭支付了 1.8 亿美元的赔偿金，但没有受到离岸石油监管机构的罚款或其他制裁。与这起事故相比，英国石油公司在美国海湾发生的深水地平线事故造成了11人死亡，但漏油对海滩和环境造成了严重破坏。英国石油公司当时支付了超过600亿美元的罚款和债务。

第 8 章
盲人之眼

> 奥贡尼民族，我们向你致敬
> 奥贡尼人民，谦卑的民族
> 所有男人都为你的荣耀举手致敬
> 所有女人都支持并听从你的安排
> 欢迎，欢迎，欢迎
> 我们感谢上帝
> 清晨之星肯·萨罗-维瓦
> 你是盲人之眼
> 跛足者的双腿
> 奥贡尼耀眼的阳光
> 我们欢迎你
> 欢迎，迎接，欢迎
> ——奥贡尼人民生存运动（MOSOP），《清晨之星 肯·萨罗-维瓦》(Ken Saro-Wiwa the Star of Ogoni)，1996

拉扎鲁斯·塔马纳（Lazarus Tamana）正在静谧的皇家节日大厅中讲述着反抗石油公司的起义历史。在过去的半个世纪里，这些石油公司占据了他所在的尼日利亚博多镇及其周围的土地。

第 8 章 盲人之眼

肯·萨罗-维瓦（Ken Saro-Wiwa）和奥贡尼人民的其他领导者都十分开明且见多识广。他们已经被授权成为社区的领袖。他们看到了石油生产对人民的影响。他们看到了这笔钱正流进中央政府的口袋。他们看到了我们对资源没有任何的控制权，甚至连使用权也没有。这激怒了奥贡尼人民。在就业机会方面，我们仍然处于边缘地位，但维持国家运转的资金和资源却都来自我们。

在奥贡尼，石油开采，特别是那些铺设在社区中的管道所带来的影响，让人感觉就像一道伤口。大量等待出口的尼日利亚石油都囤积于伯尼，由于奥贡尼很不幸地位于那附近，因此数百英里外的管道都要从奥贡尼地区穿过。

痛苦的奥贡尼人开始通过萨罗-维瓦之口在国际上发声。萨罗-维瓦是科德雷镇上一名商人的儿子，他读过大学，在比亚法拉战争期间，他曾在伯尼港担任过尼日利亚政府官员。后来，他创作了《索扎博伊》（Sozaboy），在这本书中，他通过一名年轻的应征兵的眼睛讲述了战争的故事，但这部小说的开创性在于，全书都是用洋泾浜英语写成的。继这本畅销书之后，他又为电视情景喜剧《巴斯和公司》（Basi and Company）撰写了剧本，该剧大获成功，并受到了尼日利亚全国人民的追捧。

到了 20 世纪 80 年代末，萨罗-维瓦将目光投向了他的奥贡尼同胞的困境，并出版了《尼日利亚的种族灭绝》（Genocide in Nigeria）一书。在这本书中，他清楚地指出使奥贡尼人民遭受摧毁的罪魁祸首正是国际石油公司，尤其是壳牌公司。他清晰地阐述道：

众所周知，比起发生在数千英里之外、造成数千人死亡的地震，鼻子上的一个疖子更能让人感受到痛苦。我倾向于认为，这就是为什么对我来说，奥戈尼环境肯定比壳牌国际公司坐落在伦敦泰晤士河畔的华丽办公室更为重要的原因。但我不能让公司沾沾自喜，因为它在伦敦的舒适，意味着我们奥贡尼儿童和同胞的死亡。

  这本书及其所引发的辩论为1990年成立的"奥贡尼人民生存运动"提供了支持。正如塔马纳所说的那样："多年以来，一直被压制的奥贡尼人民的愤怒终于爆发了，大家聚在一起，组成了奥贡尼人民生存运动。我留在了英国，并且从1991年起为奥贡尼人民生存运动发起了国际运动。"

  从那时起，与国家和石油公司的冲突便几乎无法避免。令人震惊的是，在1993年1月，奥贡尼竟然有50%的人口走出来参加了抗议。除了撤走员工并搁置了其在奥贡尼地区的业务，壳牌公司没有采取任何其他行动。这在石油工业的历史上可能是前所未有的。1951年10月，伊朗政府曾有效地迫使英伊石油公司的员工撤出了其在阿巴丹及其他地区的公司资产，但那毕竟是一个主权政府，而奥贡尼只是一个叛乱地区。

* * *

  尼日利亚的军事统帅萨尼·阿巴查（Sani Abacha）将军绝不会让这种情况继续下去。他派军队和宪兵去镇压叛乱并进行了残酷的报复。村庄被夷为平地，人们在自己的家中被屠杀。在保罗·奥昆蒂莫（Paul Okuntimo）中校的指挥下，这一行动前后贯穿了1994年和1995年的大部分时间。1994年5月，奥昆蒂莫写下了这样一条备忘录："除非为顺利开展经济活动而采取无情的军事行动，否则壳牌公司仍不可能正常运营。"

  这种对油田抵抗的残酷镇压在某些方面似曾相识，比如说1966年对伊沃起义的镇压模式就与之相仿。尼日利亚政府根据这一行动计划下达了命令，而石油公司却袖手旁观，他们宣称这些叛乱和国家屠杀不是他们的责任，他们所关心的仅仅是维持生产，创造就业机会，并产生税收以造福于整个尼日利亚。这种模式已经在大英帝国内部被打磨得十分完善，在这种模式下，殖民地政府有责任执行法律和秩序，而企业则有责任开展业务。在拉各斯的英国政府行政部门协调了对尼日利亚境内所有"骚乱"的军事镇压，而皇家尼日尔公司则在有序地开采资源和创造利润。

塔马纳在他的评论中坚定不移地批评道：

这实际上向我们证实了这是一项旨在恐吓奥贡尼人民，并警示其他尼日尔河三角洲社区的计划，目的就是告诉他们，如果他们胆敢挑战政府和壳牌公司，那这就是他们的下场。以奥贡尼人为例子来杀鸡儆猴，情况基本上就是这样的。在尼日利亚是不可能谈论石油开采或开展反污染运动的。尼日利亚政府与壳牌公司相互合作，每件事都联手进行。

但奥贡尼的事件表明，20世纪90年代的情况将有所不同。萨罗-维瓦和奥贡尼人民生存运动明确地宣布了这次起义是针对壳牌公司和雪佛龙公司，而非是针对尼日利亚政府的。与比亚法拉战争不同，这次行动的目的并不是呼吁奥贡尼脱离联邦。萨罗-维瓦说："我指控石油公司在奥贡尼进行种族灭绝。"尽管生活在西方的人们可能会说，尼日利亚军队的行动是尼日利亚公民的事，但一家跨国公司行动的曝光，使许多国家的公民都认为此事与他们息息相关。与此同时，通信技术正在经历着日新月异的变化。互联网刚刚开始被广泛使用。可以拍摄"广播级连续镜头"并且更加便携的照相机突然降价，使小型制作公司得以顶住风险制作影片。

萨罗-维瓦在1994年5月23日于第4频道播出的影片《钻井场》（*The Drilling Fields*）中声称，壳牌公司绝不会将这样的石油开采和管道铺设方式用在英国身上。他说："我谴责壳牌公司在尼日利亚实行种族主义，因为他们在那里做了在本国绝不会做的事。"

慢慢地，在石油开发影响了奥贡尼40年后，全球环境运动终于开始注意到壳牌公司在尼日利亚的行为，并被肯·萨罗-维瓦极大的魅力所吸引了。布鲁塞尔的"无代表国家和人民组织"（The Unrepresented Nations and Peoples Organisation）支持将奥贡尼作为一个国家案例进行研究，他们认为，只有拥有联合国地位的尼日利亚，才会忽视这个国家的存在。在伦敦，一家公司的主管安妮塔（Anita）和戈登·罗迪克（Gordon Roddick）会见了萨罗-维瓦，接纳了萨罗的想法，并接受他的邀请前往尼日利亚奥贡尼。回国后，为了试图说服壳牌公司的董事长马克·穆迪-斯图尔特（Mark Moody Stuart），他们也去了一次三角洲，特地前往他位于南岸区的办公室，但后者拒绝了。

萨罗-维瓦和8名主要的奥贡尼活动家同伴最终被捕并遭到诬告，他们所面临的绞刑威胁在国际社会上激起了波澜。身在伦敦的威廉·博伊德（William Boyd）等友方作家与国际笔会（International PEN）通力合作，呼吁将他们释放。绿色和平组织也加入了这场运动。其他像奥贡尼自由运动（Ogoni Freedom Campaign）、三角洲和平台（Delta and Platform）这样的公司和组织也参与了进来。首相约翰·梅杰（John Major）和外交部长马尔科姆·里夫金德（Malcolm Rifkind）受到了大力游说。在壳牌公司总部办公室外于伦敦举行的公司年度股东大会上，以及英国各地的加油站中都发生了示威游行。在白厅附近的尼日利亚高级专员公署外，一直有人在持续守夜。

1995年10月，军事法庭作出判决，所有被告都被判处死刑。人们疯狂地尝试说服尼日利亚国家军事元首阿巴查将军予以减刑。在新西兰举行的英联邦国家元首峰会上，受到萨罗-维瓦的儿子肯·朱尼尔（Ken Junior）游说的约翰·梅杰（John Major）首相很明显地向阿巴查施加了压力。与此同时，壳牌公司也被要求采取行动拯救萨罗-维瓦的生命。但穆迪-斯图尔特多次宣称壳牌无权采取行动，也无法拯救一个被判有罪的人，并辩称跨国公司不应该干涉东道国的内政。

1995年11月10日，萨罗-维瓦和其他8人在哈科特港监狱中被

第 8 章 盲人之眼

绞死。塔马纳回忆起那一天:"我们都很震惊。我们从没想过尼日利亚竟然会以这种方式杀害这些人。我们本来认为,在全世界领导人的干预下,他们会表现出仁慈或宽大,但他们并没有。"

此事造成了惊人的国际影响。与此相关的报道登上了许多报纸的头版头条。电视台也对此事进行了广泛的播报。梅杰首相将这场绞刑描述为司法谋杀,并呼吁中止尼日利亚的英联邦身份。这真是再恰当不过了。阿巴查是个贱民,壳牌也是。

西方石油公司内部的震惊程度不亚于各大媒体。公司应该与国家行为保持距离的公认准则已经瓦解。全球舆论认为,壳牌公司至少应该对萨罗-维瓦的死亡负有部分责任。尽管此次绞刑对壳牌公司乃至其竞争对手的利润没有明显影响,但英国石油公司的穆迪-斯图尔特和约翰·布朗认识到,一些根本性的东西已经发生了改变。

* * *

在奥贡尼的活动家被处决,与此同时,壳牌公司在一项意图将旧的布兰特史帕尔钻井平台沉入北海海底的争议性计划上败给了绿色和平组织,在这两个因素的综合影响之下,该公司有必要进行一些深入反思。壳牌公司一向以沉着冷静、庄重自持而自豪,并在其富有传奇色彩的情景团队的帮助下,向来以对即将来临的风暴富有预见性而闻名,而这样的一家公司究竟为何会在评估一项将导致公众舆论发生根本性变化的问题时,发生如此惨烈的失误呢?

壳牌公司的经济实力之强大是毋庸置疑的。该公司的生存能力,或其更广泛投资战略的财务稳健性是毫无疑问的。它的处境与英国石油公司形成了鲜明对比,英国石油公司仍在努力克服其 1991—2002 年的金融危机,当时负债累累的投资者向董事会施压,迫使首席执行官罗伯特·霍顿(Robert Horton)辞职。当时,人们严重怀疑英国石油公司将被壳牌公司接管。

尽管萨罗-维瓦的死亡引起了轩然大波，但无论每周在壳牌公司中心外示威的人有多强烈要求壳牌公司高管辞职，穆迪-斯图尔特或科尔·赫克斯特罗特（Cor Herkströter）都无疑是不会被董事会强制辞职的。塔马纳对这一事件进行了描述：

我一直都在。你看到滑铁卢桥了吗？安妮塔、罗迪克和我经常在那里参加运动。在那些日子里，我们会去追击壳牌公司，我们会来到滑铁卢桥，我们会进行游行示威。11月10日，我们像往常一样抬着棺材，一共有9副，有时我们会把它们抬到尼日利亚高级专员公署中，有时我们只是将它们带到我们进行日常活动的教堂里。我一直都在。

然而，1995年的事件已经证明了公众舆论会对公司造成何种程度的不利，以及会如何影响公司的运作。在英国、荷兰和德国，人们普遍呼吁司机抵制壳牌加油站。在这些国家中，员工对公司本身及其处理公愤能力的不满，可能会阻碍壳牌公司的运作。

例如壳牌位于默西塞德郡的斯坦洛炼油厂中的工人们，就对萨罗-维瓦的困境深感担忧，尤其当尼日利亚重蹈了20世纪80年代南非的种族隔离政策的覆辙时，壳牌公司的员工对这家公司与该国政权的勾结发出了强烈的质疑。对总部来说，这显然是一种公开的窘境。

壳牌公司的管理层意识到，在其与英国政府和威斯敏斯特的日常交往中，无论是在英国国内事务方面，还是在英国对壳牌公司全球活动的支持方面，这种意见氛围都可能会对公司不利。

在企业追求利润的同时，国家要确保人民对社会秩序保持顺从的想法进一步受到质疑。在奥贡尼，尼日利亚政府无法确保公民们保持顺从的态度，壳牌公司不得不放弃他们的生产基地。更糟糕的是，尼日利亚政府根本无法在全球舆论中捍卫壳牌公司的声誉。

壳牌公司下定决心，开始着手从根本上强化其公众拉拢策略。如果国家不能在英国社会中为其提供公共支持，那么该公司将着手亲自在英国建立这种支持，它将建立自己的"社会经营许可证"。这个看上去首次现身于壳牌公司字典中的术语，是由博恩篱笆设计公司提出的，这是壳牌公司于1998年聘用的公关公司。

这一概念的原则是，在指定位置营业的所有公司不仅需要法律许可证，还需要社会许可证，也就是来自当地社区的支持。显然，开在奥贡尼的壳牌公司，虽然拥有尼日利亚政府授予的从区块内开采石油的法律许可证，但却没有获得奥贡尼社会的许可证。事实上，尽管实施了大规模镇压，但该公司还是被迫离开了奥贡尼，而尼日利亚政府也未能达成其强行授予壳牌公司法律许可证的意愿。尼日利亚军队试图实施的暴行，只会使壳牌公司更难以获得德国、荷兰和英国的社会许可。因此，壳牌公司开始着手在这些"母国"中改善社会许可情况，而这需要的将不仅仅是广告那么简单。

壳牌运输公司（Shell Transport）董事长约翰·詹宁斯（John Jennings）总结了转变所需做的事情："现在，我们这个世界的生活诉求已不再是'请相信我'，而是'请让我知情'。"壳牌公司决心向英国以及欧洲和美国其他地方的公众表明它对环境和人权的关心。

* * *

壳牌公司的反应并非完全出乎意料，因为这符合公司与社会互动方式正在发生变化的更深层趋势。将"开放策略"与尝试建立"支持企业的舆论声势"相结合，是建立社会经营许可、努力消除负面观点，并使社会大众支持或至少不妨碍公司运作的两大战略组成部分。这促使公司不再只是从事一些简单的慈善事业，而是担负起了强有力的企业社会责任。约翰·布朗是这一新战略的掌门人。

1995年6月，布朗被任命为英国石油公司的首席执行官。这种对企业社会角色的理解，是他15年前在加利福尼亚州的斯坦福大学学到的。在那里，管理人员课程的参与者对例如20世纪70年代发生于纽约州洛夫运河的污染灾难等企业环境和社会管理的标志性失败案例进行了研究。布朗就是在壳牌公司的穆迪-斯图尔特应对布兰特史帕尔钻井平台危机失败，以及发生萨罗-维瓦和奥贡尼 8 人的监禁问题之际临危受命，成为英国石油公司负责人的。

在成为首席执行官后仅 16 个月，布朗就面临了自己潜在的噩梦。1987 年，英国石油公司开始在哥伦比亚境内位于亚马孙河源头的安第斯山脉东侧的农田和森林中勘探石油。彼时的哥伦比亚正处于国家与左翼哥伦比亚革命武装力量（FARC）游击队间的激烈内战中。

在雇佣警卫对管道进行保护后，英国石油公司也被卷入这场冲突中，他们的行动引发了该公司涉嫌侵犯人权的指控。当时有媒体猜测，哥伦比亚很有可能会成为英国石油公司的奥贡尼。但由于缺乏证据和媒体关注，政府对这些指控的调查最终被撤销，公众的担忧也随之消散。英国石油公司在英国的社会许可没有受到严重损害，而其从哥伦比亚开采和出口石油的业务，也在畅通无阻地继续进行着。

14 年后，布朗在自传中写道：

肯·萨罗-维瓦事件引发了关于商业和人权的广泛国际辩论。在内部，此事以及对英国石油公司的种种指控，是进行一场大规模重新评估的催化剂。作为一家跨国公司，我们究竟是否有权进行超越国家法律的跨国人权问责？《联合国世界人权宣言》是为成员国协议编写的。而作为一家公司，我们也有权申请吗？

布朗很快就会将新的企业社会责任战略应用于英国石油公司最大的挑战：气候变化。

* * *

气候变化的政治因素有可能会威胁到化石燃料公司，因为这显然很有可能会影响其核心业务。壳牌公司于1981年委托编写了一份关于"温室效应"的报告，并于1986年成立了一个温室效应工作组（Greenhouse Effect Working Group）。根据该小组在1988年发表的一份报告的评估，全球二氧化碳排放量的44%来自石油，38%来自煤炭，17%来自天然气。该报告指出："由于化石燃料燃烧是大气中二氧化碳的主要来源，能源行业显然需要采取前瞻性的方法并寻求合适的方式，与政府和其他方面一起制定适当措施来解决这一问题，但应该有一个合适的时间范围来进行可能的改变，因此不需要立即采取补救行动"。

眼前这辆老旧的红色尼桑轿车的车顶和引擎盖上都发了霉，房子门廊旁的窗户也被窗帘遮住了。我们小心翼翼地敲了敲门。打算拜访英国最杰出科学家之一的我们，怀疑自己是否是在斯旺西郊区找错了地方。但前门突然打开了。"约翰正在等你们。"一位年轻的女子微笑着说道，后来我们才知道，她原来是一位名为克莱尔的清洁工。

现年87岁的约翰·卡多根（John Cadogan）爵士带我们走进他的起居室，关上了门。我们坐在了舒适的椅子上。墙壁上挂满了传统油画和摆放在架子上的瓷瓶。房间内有一股轻微的霉味，百叶窗半开，但卡多根本人却像迪斯科球一样散发着鲜明的光亮。"如果你们想写石油工业的历史，那么你们不能从这里开始，"他用明亮的蓝眼睛盯着我们说道，"达西（D'Arcy）在兰达西建造第一座炼油厂，是为了给海军提供服务。我看过丘吉尔的手写便条。出于安全考虑，他想把工厂隐藏在远离岸边的山后。从伊朗到布里斯托尔海峡比绕海岸到泰晤士河更近。米尔福德港当时没有铁路线连接，因此被认为不是一个合适的地方。"

从1979年到1992年担任英国石油公司首席科学家的卡多根话语间带有柔和的威尔士口音。他回到了自己出生的城市，兰达西炼油厂的所在地，这里同时也是迪伦·托马斯（Dylan Thomas）和迈克尔·赫塞尔廷的老家。这位化学家是通过偶然的机会进入石油行业的，他说：

石油帝国的兴衰
英国的工业化与去工业化

20世纪50年代末,我是伦敦国王学院的有机化学讲师。英国石油公司找到了我,想让我去为他们工作,但我不想,所以他们将我聘为了顾问。我为他们做了20年的顾问。但在1979年,他们又回过头来问,我是否会考虑全职工作。那时我已经是苏格兰圣安德鲁斯和爱丁堡的教授了,我认为这是一个彻底改变自己生活的机会。因此,我成为泰晤士河森伯里研究中心(Research Centre in Sunbury)的首席科学家。到1992年退休时,我在全球拥有4500名员工,每年的支出高达4亿英镑。

这其中包括了一项耗资5000万美元,专注于解决提升英国石油公司巨大的能源使用率等绿色环保问题的计划。他同时也是英国石油公司太阳能国际公司(BP Solar International)的董事长。

卡多根受英国石油公司主管彼得·沃尔特斯之托研究气候变化。他在英国石油公司的森伯里办事处成立了一个工作组,并适时向董事会提交了一份报告。虽然目前尚不清楚该报告的内容,但我们认为它很可能就被保存在华威大学主校区内的英国石油公司档案馆中。虽然我们想尽办法去查阅这些档案,但都被英国石油公司以过去40年的一切都是商业机密为由阻止了。这份报告和其他的英国石油公司对可再生能源的早期研究工作仍处于未公开状态。

卡多根向我们解释说,虽然他最终离开公司是因为英国石油公司的正常退休年龄是60岁,而他还有其他想做的事情,但他也意识到了他的部门头上正悬着一把斧头。"已经出现不太好的兆头。布朗虽然是一位金融天才,但他争辩道:'为什么我需要做这些研发工作呢?'他相信外包就可完成这些工作。但在外包过程中,一旦出错,这些人以及他们的忠诚度是无法控制的。留给你的只有指责罢了。"

回顾20世纪90年代初卡多根的命运,我们可以看到一些明显的讽刺。沃尔特斯曾是这位首席科学家的支持者,并批准了英国石油公司对温室效应的首项研究。但从英国石油公司退休后,他却成了一名活跃的气候怀疑论者。他成了右翼自由市场智囊团"经济事务研究所"（IEA）的受托人。20世纪90年代初，在沃尔特斯担任受托人期间，通过朱利安·莫里斯（Julian Morris）和罗杰·贝特（Roger Bate）于1994年出版的小册子《全球变暖：灾难还是热气？》（Global Warming: Apocalypse or Hot Air?）等手段，该研究所对气候科学发起了正面攻击。

1997年5月19日，沃尔特斯的门徒约翰·布朗发表了一项可能会让沃尔特斯感到震惊的历史性声明。这份声明的发布时间，被非常谨慎地选在了布莱尔在同样具有历史意义的新工党大选中获胜的几周后，以及在日本京都举行的《联合国气候变化框架公约》缔约方大会——"京都气候会议"召开的七个月前。他进行演讲的地点也是经过了精心挑选的。布朗在加州斯坦福大学向受邀听众发表了演说，这里是17年前他首次开始探索企业社会责任理念的母校。它也是硅谷的中心，是未来的象征，也是英国石油公司和主要竞争对手埃克森美孚公司的战场。

布朗后来回忆起了那一天："你以为5月中旬加利福尼亚州北部的气温将在20℃左右，但那天的气温一定达到了30℃。我担任英国石油公司首席执行官仅两年，但我现在即将发表一篇关于气候变化和替代能源的开创性演讲。我感到天气酷热难耐，就好像太阳想要展示它无穷的力量一般。"他在演讲中宣布，由于人为碳排放与全球变暖之间的联系不容忽视，英国石油公司决定是时候"超越分析，寻求解决方案并采取行动"。他解释说，他认为"企业可以在探寻和提供实现环境稳定和经济繁荣的新途径方面发挥关键作用。这两者一定是密不可分的"。他还承诺说，"为了让我们踏上这条道路，英国石油公司将采取五项具体行动：第一，减少我们自己的碳排放；第二，为研究和开发提供资金，以增进对这些问题的理解；第三，在发展中国家积极开展联合活动，以减少这些国家的碳排放；第四，出于对未来的考虑，开发替代燃料和能源；最后，为公共政策辩论做出贡献，从而寻求更广泛的全球解决方案。"

一些人对布朗的大胆表示赞许，另一些人则认为他是在"洗绿"（greenwash）。但为了使他的观点落地，布朗在三天后宣布："如果我们都要为地球的未来负责，那么我们现在就应该开始采取预防措施了。"

埃克森美孚公司的总裁李·雷蒙德（Lee Raymond）直言不讳地对气候政策持怀疑态度，他的公司资助了一批攻击此科学的智囊团。他是全球气候联盟（Global Climate Coalition）的中流砥柱，这是一个一直竭力阻止华盛顿就此问题采取行动，以及实施任何限制化石燃料行业措施的石油行业游说团体。英国石油公司在去年10月悄悄退出了该团体。通过这次演讲——无论在时间上还是在地点上——布朗都毫不遮掩地试图让英国石油公司与其石油行业的同行划清界限，从而为公司打造一个与众不同的形象。他的目标是确保对气候的关注成为英国石油公司未来品牌发展的一部分，并且使民众，尤其美国的民众也这样认为，因为那里是他们绝大部分资产的所在地。

媒体对此事进行了广泛报道，政治家和非政府组织也立即表示了支持。在当时处于第二任期的克林顿政府和全力推动京都气候会议的副总统戈尔的支持下，这次的行动取得了不错的成效。

彼得·沃尔特斯则对此不那么信服。他在几年后的一次采访中解释道："如果你是一家大公司的首席执行官，就必须与政府合作。我不会站起来批评他们，因为我有别的想要的东西。我不必太违背良心，就可以说出他们想听到的话。"当被问及布朗在斯坦福的演讲中是否使用了花言巧语来为英国石油公司"洗绿"时，沃尔特斯回答说："在我当兵时，我们部队里流传着这样一句话——'驴粪蛋子表面光'（Bullshit baffles brains）。在总司令前来视察之前，我们要把一切都粉饰一遍并打扫得干干净净。我认为这位将军对部队的训练标准、战备状态以及其他的任何事都一无所知。"他一边回忆，一边模仿着那位英国将军的样子叫喊道："你说什么！你说什么！你说什么！"

布朗和他身边的团队都希望表明，英国石油公司的新方向不是石油行业内外众多批评人士所认为的那样,都是些花言巧语。他希望提高效率,并降低公司日常生产过程中纯属浪费的二氧化碳排放量。具体来说,这意味着要对巴格兰等地的工厂或福蒂斯石油钻井平台等资产予以关注。这些举措将在世界范围内有英国石油公司运营的众多国家中实施。当然,这一计划并没有违背公司创造利润的核心意图,因为投入这些措施的资金不仅减少了二氧化碳排放量,还降低了工厂的运营成本。

与此同时,英国石油公司决心在可再生能源领域进行投资,并抓住商业媒体的头条新闻。自20世纪70年代初的"石油危机"以来,英国石油公司和壳牌公司都曾涉足过太阳能和风能技术。英国石油公司首席科学家卡多根向我们说明了他是如何为可再生能源的重大投资制定蓝图的,但就像那份温室效应的报告一样,这份蓝图被认真考虑过,然后便被搁置了,也许它也被深深地埋藏在英国石油公司位于华威大学的档案中了。如今,距离卡多根离开不到5年,英国石油公司开始大力投资可再生能源。

该公司收购了加利福尼亚州和马里兰州制造太阳能光伏板的工厂,并于1998年启动了"巴格兰能源园"(Baglan Energy Park)计划。在这些工厂旁边是引人注目的太阳能装置。1997年9月,布朗又发表了一次重要的气候演讲,这一次他将地点选在了德国。同一天,他在柏林启动了英国石油公司的首个"太阳能加油站",并承诺,如果这个概念被证明可行,那么后续还将建立许多座这样的加油站。

该公司虽然当时在德国几乎没有资产,但却热衷于扩大其市场份额。为了做到这一点,它需要政府批准其收购德国石油公司亚拉(Aral)的计划。这是后来著名的"能源转型"(Energiewende)计划的雏形,在这一计划中,德国对其向风能和太阳能转型的长期过渡做出了规划。布朗使英国石油公司成了德国未来的一部分,并帮助达成了一项使其能够向德国客户销售更多低碳产品的短期商业协议。

这些投资在一定程度上遵循了开放战略。与应对哥伦比亚危机时的反应一样，英国石油公司在应对气候变化方面，也寻求与社会，特别是非政府组织进行合作。与在德国一样，他们在英国也找到了愿意与他们合作的人。

1997年5月，绿色和平组织采取了直接行动，阻止英国石油公司在谢特兰群岛以西的海底钻探石油。同时，总部位于阿姆斯特丹的绿色和平组织也发起一场运动，将气候变化与英国石油公司在阿拉斯加、澳大利亚和大西洋等石油世界前沿的勘探活动联系了起来。然而，与此同时，由马修·斯宾塞（Matthew Spencer）领导的英国绿色和平组织太阳能电力运动（Solar Electric Campaign），却正在企图与英国石油太阳能公司设在森伯里的业务部门取得联系。

英国石油公司这一对气候战略的承诺，在接下来的三年中被稳步建立，并在2000年7月公司更名之际达到顶峰。因为在进行变革的同时，布朗也尝试了一系列大胆的商业交易。英国石油公司与美国美孚公司的资产互换，是这一过程的早期大胆尝试。通过这项计划，英国石油公司获得了位于欧洲的炼油厂和润滑油厂，如泰晤士河口的科里顿炼油厂和默西塞德郡的伯肯黑德发动机油厂等。布朗急于与美孚公司进行更大规模的全面合并，并进行了详细的谈判，但最终一切都不了了之了。

然而，1998年8月12日，英国石油公司宣布与美国大型竞争对手阿莫科公司进行大规模合并。交易在5个月内完成，新公司"英国石油阿莫科"（BP Amoco）横空出世。尽管从名义上来讲，这是一次合并，但英国石油公司迄今仍是主导者，公司内部流传着一个笑话："'英国石油阿莫科'这个名字怎么读？要读作'英国石油'——'阿莫科'不发音。"在这项价值300亿英镑的收购之后，英国石油公司又于1999年4月2日宣布收购另一家重要的美国石油公司阿尔科（Arco），并于2000年3月收购完成。随后是对司费巴公司（VEBA）的收购。最终，他们于2000年7月24日完成了对嘉实多公司（Burmah Castrol）的收购，这是一家总部位于斯温顿的拥有百年历史的英国公司并掌控着英国润滑油和发动机油市场的命脉。就在那一天，布朗宣布了英国石油公司的更名决定。

所有这些交易加在一起，极大地增加了英国石油公司的规模和碳排放量。这些因素继而对英国的经济和政治也产生了影响，随着市值的不断增长，身为英国最大公司之一的英国石油公司愈发朝着美国化的方向发展，除了名字里带有"英国"二字外，丝毫看不出他们还有哪里跟英国挂钩。英国石油公司从主要石油公司的第二梯队，一跃进入了与壳牌公司和埃克森公司比肩的第一梯队。这种规模的快速增长，使英国石油公司内部在试图整合新员工队伍时，产生了巨大的人际关系挑战。公司需要将那些供职于阿莫科、阿尔科、嘉实多或美孚的人们汇聚在一起，创建一个大胆的新品牌，以激发新员工及其客户在行业、政府、媒体和加油站中的忠诚度。

7月24日，布朗为英国石油公司的重新启动揭幕，并推出了太阳神向日葵设计（Helios sunflower design）的新标识。英国石油公司昔日的盾牌已经不复存在，这个标识本来暗指保卫大不列颠及其帝国，取而代之的亮黄色和绿色的阳光则代表着积极性和开放性。公司的官方名称从British Petroleum改为BP，正如托尼·本于25年前首次预料到的，这与该公司正缓慢地脱离英国有着巨大关系。然而，这次极为大胆、引起巨大轰动的举动，只是斯坦福演讲中的元素之一——该公司的"超越石油"新战略。

该公司耗资700万美元打造的新身份，已经开始在公司范围内推广，他们承诺将在未来几年投入大量资金用于进一步的公关工作。对公司重生目标的赞美之词，被印刷在以最高设计规格制作的高光泽纸多页宣传册上，分发到了从澳大利亚到奥地利多个英国石油公司子公司和资产中。一则解释了公司的品牌重塑和新价值观的短片，将这场旨在创造内部信息的活动带向了高潮。在英国石油公司媒体团队的严格指挥下，公司内所有员工在同一天，通过分发到世界各地办公室的录像带共同观看了这部影片，在片中，一群人对着镜头讲述了公司是如何一边塑造未来，一边应对由气候变化带来的挑战的。其中，英国地球之友组织负责人托尼·朱尼珀（Tony Juniper）也在一段内部沟通影像中，就他对布朗发布的信息的积极态度与英国石油公司员工进行了交谈。

后来的事情让朱尼珀大失所望，他说：

我记得当时我与时任首席执行官的布朗勋爵站在英国石油公司办公室的顶层，俯瞰整个伦敦城。他看到了光，是绿色的光。他告诉我说："我相信，我们将为英国石油公司带来一个全新的时代，我们将会是一个可持续发展的企业。"我当时很兴奋，但这种兴奋并没有持续多久。品牌重塑看起来很有说服力，但事实上，被重塑的真的只有品牌而已。

* * *

如果说英国石油公司的气候战略有助于其在非政府组织内部建立合法性和社会许可，那么它在威斯敏斯特和白厅内部也同样奏效。尽管撒切尔夫人已经在1990年5月就全球变暖威胁的严重性发表了声明，但在撒切尔夫人及其继任者约翰·梅杰领导下的大部分保守党议员，对这一问题仍然保持着不温不火的态度。梅杰的环境事务大臣约翰·古默（John Gummer）是一个明显的例外。新工党决心在环境问题上，特别是在气候问题上采取截然不同的态度。

由布兰特史帕尔钻井平台的失败以及萨罗和他的战友被司法谋杀所引发的震惊，使壳牌公司受到了接二连三的打击，这为英国石油公司打开了一片新天地。沃尔特斯显然是撒切尔夫人的热情盟友，成为她最喜欢的智囊团——经济事务研究所的受托人，即使在她下台后，他也表现出了对她的忠诚。继任的首席执行官大卫·西蒙和约翰·布朗选择了一条不同的道路。随着英国主要政府在欧盟问题上的内讧中垮台，布莱尔将工党引向右翼，英国石油公司也转而投靠了工党。

二者之间的亲密关系，在西蒙担任首席执行官和布朗担任英国石油公司勘探和生产主管期间就开始萌生了。布朗在1994年首次与布莱尔会面时写道：

绩效合约取得成功的消息，传到了年轻政治家布莱尔的耳朵里。他本人热衷于从商业中汲取知识，因此在他还是反对党领袖时，我们就已经开始交流了。尤其当时他正在寻找一种能够确保履行政治承诺的方法。我们的谈话内容主要是关于如何让个人和团队达成目标。我对我们手头正在做的事情进行了说明。在英国石油公司，绩效合约只是一种商定你将要做什么的方式。因为这些目标都是被书面记录下来，并且因人而异的，所以人们会产生一种坚定的责任感。我们使合同尽可能保持简短，并且只记录少数几个有意义的目标。我喜欢一次设立四个目标，而布莱尔似乎更喜欢五个。"就目标而言，如果你愿意的话，你可以设立五个，但十个太多了。"我告诉他说。

将英国石油公司和布莱尔的影子团队联系起来的关键人物是尼克·巴特勒。在苏豪区一家服务周到的俱乐部中，我们见到了那个男人，他被小报戏称为"布莱尔石油公司"（Blair Petroleum）公仆的事情，让英国石油公司极为恼火。巴特勒在20世纪70年代中期开始参与工党政治，当时他正在剑桥大学攻读经济学学位。"我记得当托尼·本和丹尼斯·希利来演讲时，我见到了他们。本是个很有人格魅力的人。"这位能源部部长当时正处于与英国石油公司首席执行官戴维·斯蒂尔的长期斗争中，"他（本）和弗朗西斯·莫雷尔（Frances Morrell）以及弗朗西斯·克里普斯（Francis Cripps）认为，北海的石油应该归政府所有。"但巴特勒的政治立场与本的相反，因为他加入了更为中立的费边社（Fabian Society），并于1982年成为该社的财务主管。

1989年，刚刚从美国回来的约翰·布朗被任命为英国石油公司索亥俄业务的首席执行官，时年41岁。他周围聚集了一群聪明的年轻人，其中包括了唐熙华（Tony Hayward）、约翰·曼佐尼和尼克·巴特勒。两年前，巴特勒作为工党候选人参加林肯地区选举；虽然他未能当选，但这也再次证明了他的政治立场。"我支持工党。我一直想成为一名议员。英国石油公司对此很在行。有人告诉我说，我是公司里的第一个工党候选人。我被看作是个怪人。布朗对此很感兴趣，他说：'我希望能做你的经纪人。'"

巴特勒成了布朗的得力助手，布朗在自传中将他描述为"我在英国石油公司的17年中，最值得信赖的政治和战略顾问。"

1994年7月，布莱尔当选为工党领袖。从这一点上看，巴特勒长期参与工党政治的历史对英国石油公司起到了至关重要的作用。在接下来的三年中，尤其是在布莱尔对其政党的控制日益加强的情况下，他促使英国石油公司和布莱尔之间产生了更为紧密的联结。1995年3月，布莱尔成功修改了《工党章程》第四条，并取消了其中的国有化声明。对英国石油公司来说，上一届工党政府的幽灵终于被驱散了。当时的本曾竭力想让国家接管该公司，但他的努力最终烟消云散了。

两年后，新工党以压倒性的优势赢得了1997年5月的大选，并在皇家节日大厅中举行了庆祝胜利的派对之夜。英国石油公司与政府之间的密切关系，很快就变得明朗了。西蒙辞去英国石油公司董事长一职，并被任命为贸易、工业和财政部的欧洲竞争力部长顾问。英国石油化工公司的负责人布莱恩·桑德森（Bryan Sanderson）成为工党工业竞争政策咨询小组成员、学习和技能委员会主席，以及由贸易和工业大臣玛格丽特·贝克特（Margaret Beckett）领导的亚洲工作组（Asia Task Force）的联合主席。布朗于两周后在斯坦福大学的演讲，只是将这个英国石油公司和新工党政府携手并进的新时代的诞生突出强调了一下而已。

第 8 章 盲人之眼

那年 6 月，在布莱尔的 "酷不列颠"（Cool Britannia）的愉快时光里，我们遇到了布朗的一位密友。两人曾于 20 世纪 60 年代末同在剑桥大学学习，并一直保持着联系。他解释说，"约翰尼（Johnny）是个新手"。他倚靠在餐桌边上说道："布朗向布莱尔提出了他'与英国人民订立契约'的理论。"这只是一句简短的无心之言，但事后看来，这似乎说明了英国石油公司的企业社会责任战略是如何帮助布莱尔取得胜利，并进而使他毅然决然地踏入了英国的政治领域。

* * *

布朗在斯坦福大学的演讲中承诺，英国石油公司将在内部建立一个排放交易系统，以帮助提高公司的能源效率。在这位首席行政长官的指挥下，一项试点计划很快便开始实施了。约翰·莫格福德（John Mogford）从 20 岁起，就一直是英国石油公司的一名钻井工人，并在公司内稳步上升为钻井主管，向勘探与生产主管布朗汇报。后来，他追随后者的脚步，晋升为阿伯丁福蒂斯油田的经理。接下来，他成为英国石油公司在伦敦的技术主管，并监督完成了英国石油公司内部排放交易计划的构建。

这项计划旨在通过将市场方法应用于全球气候变化灾难问题，来减少二氧化碳的排放量。英国石油公司的每个业务部门都获得了一定数量的"碳信用"，这赋予了他们一定的污染权，他们可以在市场上与其他业务单位进行交易，以帮助公司从整体上减少二氧化碳的排放，但交易的金额必须是所需范围内的最低标准。英国石油公司格兰杰默斯炼油厂由此认识到，投资于效率措施可以使他们每年减少许多吨的排放量。于是，格兰杰默斯的管理者们将他们的碳排放额度"出售"给了福蒂斯，使后者能够一如既往地继续制造污染，随后，格兰杰默斯拿到福蒂斯产生的资金，再投资于其所谓的各种措施中。因此，英国石油公司使用最低的成本减少了公司的整体排放量，而这项计划也激发了员工之间关于减少二氧化碳的必要性和实现这一目标的最佳方法的探讨。

莫格福德和已经结婚25年的妻子玛格丽特住在西伦敦的巴恩斯，这里离他在森伯里的办公室只有9英里。玛格丽特曾就职于英国天然气公司，后来加入了由国务大臣彼得·曼德尔森（Peter Mandelson）领导的工业部。该部正在就制订英国排放交易计划（ETS）的想法展开探讨，同时他们还计划扩大其实施范围，在欧盟内部推广这一概念，使其成为全欧洲范围内减少碳排放的一种手段。工业部、环境部和欧洲事务大臣，十分热忱地接纳了英国石油公司的设计。

在新工党领导下的白厅十分渴望对欧盟做出一些建设性的承诺，并在被布莱尔和克林顿总统称为"第三条道路"（Third Way）的布莱尔主义（Blairism）永恒精神下履行这些承诺。这是一项借资本主义市场经济之手，来巩固一个更加公正和具有环境意识的社会的战略。这将创造一种"社会新自由主义"，它将取代自20世纪70年代末政府一直坚定实施的更加强硬的战略思维。英国排放交易计划完全符合要求，英国开始在布鲁塞尔进行大力游说。欧盟最终采用了这项政策，并于2005年1月启动了"欧洲排放交易计划"（European ETS）。

几年后，布朗告诉我们，他对欧洲排放交易计划感到模棱两可："它有点用，但也有点没用。"英国石油公司在芝加哥开发了原型系统。"因为我们在芝加哥的规模非常大，而且芝加哥的交易将采用这一变革。"他最后说："我相信这对每个人都有好处，因为它将进一步提高效率。"

至此，在其成立的头10年中一直备受赞誉的欧洲排放交易计划现在却变得令人大失所望。它降低二氧化碳排放量的能力远低于预期，部分原因是一连串的制造工厂采取了游说、赢得豁免、获取免费信用的手段，对欧洲排放交易计划造成了破坏。正如布朗所观察到的，它引发了围绕气候变化、二氧化碳和能源效率的大量辩论，但对欧盟工业的实践几乎没有产生任何实质影响。许多人认为，它的影响是负面的，因为它转移了欧盟和欧洲各国政府的大量劳动力、资本和时间，而这些要素本应该被用于解决根本问题。

实际上，欧洲排放交易计划兴衰的故事与布莱尔/克林顿第三条道路的整个时代的故事是相呼应的。能源效率与"市场合作"的方式，已经为减少石油和天然气开采对地球大气层的影响做出了巨大贡献。但这一活动背后的结构性问题依然存在——英国石油公司、壳牌公司和其他公司，仍在以不断增长的速度从地球上提取碳，全球的碳需求正处于持续增长状态。这些随后被在市场中出售的化石燃料，不可避免地导致了全球二氧化碳排放量的上升。与此同时，新工党项目通过投资于"稳妥起步计划"（Sure Start schemes），对学校、住房和医疗保健体系进行了翻新和整顿，为改善英国社会最贫困者的生活付出了极大的努力，但是，英国社会结构性不平等的根本问题依然存在，而且在布莱尔执政期间，这种不平等正在以一种惊人的速度飙升。与此同时，南威尔士、默西塞德和泰晤士河口等去工业化地区，几乎没有采取措施创造新的就业机会。

*＊＊

我们选在皇家节日大厅与拉扎鲁斯会面是再合适不过的了，因为这里是英国石油公司和新工党的布朗和布莱尔权力鼎盛时期一系列事件的发生地。我们向拉扎鲁斯描述了这一幕。那是2002年4月下旬一个阳光明媚的日子。那时，这个公共大厅，这座"人民的宫殿"，已经不对公众开放了。它被租给了英国石油公司供其私人使用。在布朗的领导下，这家公司经历了七年的快速增长期，并刚刚实现了其成为伦敦证券交易所市值最大的公司的目标。

节日大厅连续两年被用作英国石油公司年度股东大会的会场。此地有着完美的象征意义。它正好位于英国石油公司的主要竞争对手壳牌公司的总部内。会场本身看起来向泰晤士河、伦敦和英国全国都敞开了双臂，而英国石油公司也选择了同样的做法。一家开放的公司不仅向首都的金融中心，而且向社会的公众展示着他们的成就。

此时的布朗正处于名誉的顶峰。就在四个月前，《今日管理》（Management Today）杂志连续第二年将"最受尊敬的商人"称号授予了他。该奖项是由他的同行投票选出的，以表示金融和商业界对他的高度尊重。他确实扭转了英国石油公司的局面。英国《金融时报》请求对他进行一次广泛报道。巴特勒强烈劝告他的老板不要接受这个提议，但布朗本人却同意了。最终的作品俨然是一部记录圣徒言行的传记，布朗在片中被称为"太阳王"（Sun King）。这些美好的日子同时也是布莱尔权力的巅峰期。2001年6月，他实现了他的长期目标，赢得了两次大选。保守党处于一片混乱中，工党在下议院的多数席位只比1997年的最高点下降了一点点，新工党似乎无懈可击。在2001年9月11日世贸中心双子塔遭到袭击后，布莱尔在美国需要的时刻，对布什总统伸出了援手，并宣称英国是重要的全球大国、美国最坚定的盟友。这时的布莱尔在世界舞台上的声誉尚未因伊拉克战争的失败而受到玷污。

当布朗到达节日大厅时，安保人员在举着标语牌的人群中分出了一条路，我们看到摄像机不仅拍到了"太阳王"本人，还拍到了他身边的女人——他的新私人助理安吉·亨特（Anji Hunter）。她高个子，金发碧眼，在媒体面前有点害羞的亨特此时已经成了一位偶像。她是布莱尔学生时代的朋友，在他成为工党领袖和首相过程中，她一直都在支持着他。她是布莱尔的守门人，据说也是十大最有影响力的非选举人。

2001年，亨特被布朗看中，布朗给她开出了20万英镑的年薪。布莱尔对可能失去心腹而感到痛苦，并恳求她至少在至关重要的第二次大选之前留下来。他将她的薪水翻了一番，并设法说服她不要离开。但到了2001年11月，她还是站到了布朗的身边。这位私人助理和首席执行官一起进入了皇家节日大厅，作为品牌重塑的象征，大厅内装点着"超越石油"的条幅和太阳神赫利俄斯（Helios）的标志。

＊＊

皇家节日大厅和河对岸的上流住宅区梅费尔仅有两英里半之隔，于2007年离开英国石油公司的布朗，此时正舒适地定居在那儿，他现在是一家在卢森堡正式注册的名为L1能源公司（L1 Energy）的董事长。对于这个20年前许下承诺要带领英国石油公司"超越石油"的人来说，发现L1能源这家主要经营石油和天然气业务的公司，最终是由俄罗斯石油大亨米哈伊尔·弗里德曼（Mikhail Fridman）所有，也许是一件令人吃惊的事情。这两人在20世纪90年代相遇，之后布朗又策划了另一起规模惊人的大合并，其中一起涉及英国石油公司的俄罗斯子公司与总部位于莫斯科的秋明石油公司（TNK），其中后者一部分为弗里德曼所有。

L1能源公司只是布朗任董事长的公司之一。他的另一家公司是华为的英国子公司，该公司正在受到美国的制裁，并处于英国安全纠纷的核心。布朗也是各种文化和科学机构的受托人，除了著书和收集前哥伦比亚时期的艺术品外，他还喜欢在威尼斯观看歌剧，并在那里购买了一套公寓。

年轻的接待员把我们带到一间铺有米色地砖的门厅中，让我们坐在舒适的椅子上，喝杯茶消磨时间。这里有盆栽植物和一台播放着《天空新闻》（*Sky News*）但却没有声音的大型平板电视，玻璃桌上还放着几份《金融时报》和《经济学人》杂志。空调轻柔的嗡嗡声和空气清新剂的味道萦绕在我们身边。墙上的照片有一张是布朗在卢西恩·弗洛伊德（Lucien Freud）工作时拍的，他手拿刷子，赤裸着上身。

我们十分渴望能见到他本人。在我们看来，这位看似年轻的70岁老人是过去半个世纪从石油和天然气界走出来的最有趣的人物。尽管会议缠身，但我们收到一条消息说，布朗终于同意在繁忙的日程中抽空与我们进行一次简短的谈话：他将在5点15分去剧院。他就在那里，那是一位身材矮小、优雅整洁的男人，打着米色领带，穿着浅蓝色的衬衫和闪亮的黑色皮鞋。他伸出手，露出了灿烂的微笑。布朗向来以其在社交场合的魅力和在商业交易中的冷酷无情而闻名。

我们一直在关注他过去30年的职业生涯。他很聪明，是剑桥大学物理学的优等生，很有魅力且善于沟通。批评家称他是一位相信自己无所不能的名流首席执行官，而他本人也理所当然地十分注重自己的公众形象。一名助手被一同叫到了他的办公室中，布朗让他录制会议以留作记录，尽管我们此时正在做同样的事情。

我们问：“我们致力于去工业化，英国石油和壳牌等石油公司大幅裁员，几乎将英国抛在了后面，这是否令人遗憾呢？”布朗说：“哀悼是没有意义的，我认为这是不可避免的。如果你从事资源业务，那你就只能去资源的所在地。”“那么在泰晤士河、默西塞德河和南威尔士的'遗留'社区，就必须这样生活吗？”我们问。"不，这一结果可能会受到许多决定的影响，这些决定与政府收入的使用、建立的商业环境以及对教育的承诺有关。我认为这非常复杂，这绝对不只是一件事那么简单。"布朗说。

在关于政府的问题上，我们向他问到，他被任命为政府的首席非执行主管以提高白厅各部门的效率一事是否成功？"就像政府中的一切事情一样——一部分还不错。在我看来，能在政府中做到五成好，就已经相当不错了。你可以四处打听打听，它在一些部门中十分奏效，而在其他部门则不太好。"

"石油对英国最大的贡献是什么？20世纪80年代有这样一个惊人的全新行业。它将在第二次世界大战期间从仅有的陆上开采出的石油，变成了几乎是石油货币的东西。北海太大了，它带来了巨大的变化，在20世纪70年代、80年代和90年代初产生了大量的税收。那么我们是否本应该像挪威那样，为子孙后代设立一个主权财富基金呢？"

我们问。"这是个问题。"布朗说。

布朗必须得走了，但他同意参加第二次的会面，我们在会上回顾了他早期的职业生涯，他在斯坦福大学获得硕士学位，随后在阿拉斯加、纽约和旧金山为英国石油公司工作。"我受到了很大的影响。我真的认为英国的商业实践在石器时代就已经消失了，而美国则在管理科学领域遥遥领先。他们知道如何为公司融资、如何从人身上获得最佳利益，甚至如何将商业与社会相融合。"布朗说。

"北海的开发是美国商业实践的测试实验吗？"我们问。"当然了。北海实际上是美国人建造的。最初的建筑是美国式的，想法是美国式的，因为英国石油公司和壳牌公司的原因，最终的执行是英国式的。但壳牌公司与埃索石油公司，也就是后来的埃克森美孚公司进行了合作。"布朗说。

"工会即使没有被叫停，事实上也会遭到阻拦吗？"我们问。"这个嘛，海上并没有工会的工人，每个人都对北海感到无比自豪。这真是出人意料。它是新英国的一块瑰宝。女王不停地举办着各种揭幕仪式。不过我们与安东尼·韦奇伍德·本（Anthony Wedgwood Benn）和英国国家石油公司打交道时遇到了一些困难。如果你还记得的话，你应该知道本想将英国石油公司国有化，但却遭到了抵制。英国国家石油公司成了私有化的'英国石油'（Britoil），并最终被英国石油公司收购。"布朗说。

"那么，英国石油公司在多大程度上陷入了撒切尔主义的新自由主义政治呢？"我们问。"这个很难说。你无法将这些系统划分为马克思主义、资本主义、次资本主义（sub-capitalist）、美国或是西北欧。它不是这样运作的，所以我认为英国石油公司是一个混合体。"布朗说。

我们追溯了英国石油公司出售其在泰晤士河上的科里顿和苏格兰的格兰杰默斯等"下游"炼油厂一事。布朗表示，英国石油公司内部的其他高管已经研究了炼油厂的生意是否良好，以及是否可以从鹿特丹或其他地方获得同样的产品。"我们考察了自己的炼油厂，并觉得它们运作得不太好，就产品组合和成本基础而言，他们确实没有那么好。于是我们开始出售这些工厂。"布朗说。

"但为什么要把科里顿卖给一家像佩特罗普洛斯（Petroplus）这样很快就破产了的公司呢？"我们问。"因为没有人想买。我认为佩特罗普洛斯当时表现得很好，你知道的，我不认为我们是在不负责任地出售东西，因为我相信这会给我们惹麻烦的。格兰杰默斯的拍卖结果不错。英力士（INEOS）是一家相当不错的公司。"布朗说。尽管布朗承认了当他第一次听到这家公司的名字时甚至不知道他们是谁。

"所以最后没有留有遗憾吗？"我们问。"现实最终是无法逃避的。固定资产必须被改进，所以我总是在考虑改进的成本和由此带来的收益，然后对自己说'我可以把它卖给其他人，可以由他们来改进'。而在那个时间点上，他们可能恰好也有些资金不足。"布朗说。

最后，我们向这个曾试图让英国石油公司超越石油领域但实际上失败了的人问道，他目前仍然从事的石油和天然气行业在气候问题上扮演了什么样的角色？他早些时候向我们指出，L1能源公司有70%的投资被用在了天然气而非石油领域是什么意思？他说：

我坚信，经妥善处理的天然气对气候稳定来说是非常重要的。恐怕我们实在不能挥一挥魔杖，就让所有的碳氢化合物都消失。如果能这样就再好不过了，但实际上它们不会消失。能源是最大的平台，我们需要将它变成清洁、可靠、完全、低成本且人人可用的东西。世界上大约有10亿人没有拥有任何能源，所以我们需要将能源交给他们。我们需要在可再生能源、天然气、用于重型运输的石油，以及其他方面尽一切努力优化边际：核裂变、煤炭，以及用于非运输目的的石油。

"那么，世界会实现《巴黎协定》的目标吗？"我们问。"我们不打算用花言巧语来实现。"他尖锐地说道，"我们没有足够的激励措施来推动这一变化，必须对碳收取一些费用才行。我过去认为碳交易是一个好主意，但作弊手段层出不穷，所以，也许税收才是出路。"

一名女职员推开了布朗办公室的门，说他该离开了。他带着标志性的微笑，迅速而坚决地将我们带了出去。

第 9 章
本地英雄

《回家》（Going Home）——"恐怖海峡"乐队（Dire Straits）
电影《本地英雄》（Local Hero）乐器演奏原声配乐，1983 年

年轻的麦克（Mac）是得克萨斯州诺克斯石油公司（Knox Oil）的一名高管，他正与来自阿伯丁的天真的公司代表奥尔森（Oldsen）一同走在海滩上。这位前辈正在向后者传授其从遥远的石油之都休斯敦的生活中获得的世俗智慧：

麦克："你能想象一个没有石油的世界吗？没有汽车，没有暖气，没有抛光剂，没有墨水，没有尼龙，没有洗涤剂、有机玻璃，没有聚乙烯、干洗液、防水材料。"

奥尔森："他们用石油做干洗液吗？"

麦克："你不知道吗？不，我本来也不知道。"

说出这段涵盖了该行业所有利益点的台词时，这两个人正私下为海湾和弗内斯社区的命运感到担忧，因为一座石油码头的建造，可能会彻底改变这个社区的命运。

刻画出这一场景的《本地英雄》是为数不多的几部涉及北海石油故事的电影之一，它概括出了该行业最核心的矛盾——巨大的财富，

却会产生不可逆转的变化。比尔·弗塞斯（Bill Forsyth）的这部影片与彼得·皮克林于 30 年前在谷物岛拍摄的纪录片《岛》相呼应。然而，在皮克林的影片中，炼油厂的建造是一种馈赠，但在弗塞斯的电影中，码头却不是。

拍摄于西部高地阿里赛格和东北海岸佩南的《本地英雄》是由格拉斯哥热门电影《格雷戈里的女孩》（Gregory's Girl）的导演担任编剧，主要由苏格兰的演员出演的，影片不仅是对石油，还对苏格兰进行了描述。这表明苏格兰文化正在英国复兴。弗塞斯对石油很感兴趣。从事石油行业的人大多性格古怪，充满矛盾。诺克斯石油公司的首席执行官哈珀（Happer）最终参观了海湾，他被海湾的美景迷住了，决定不应该在这里建造码头，而应该把弗内斯打造成一所海洋生态研究中心——这个想法最初是由片中的美人鱼玛丽娜（Marina）提出的。

于 1983 年 2 月上映的《本地英雄》票房大热。片中由"恐怖海峡"乐队的马克·克诺普勒（Mark Knopfler）创作的主打曲目《回家》，日后成了这个乐队的代表作之一，并在未来十年间频频在体育场演唱会中被演唱。这部电影的成功以及其对苏格兰强烈浪漫形象的塑造，与英国最新的海上殖民地北海石油的崛起方式相呼应，并与苏格兰的命运相交织。

* * *

苏格兰民族党（SNP）成立于 1934 年，尽管其第一任主席是社会党人罗伯特·坎宁安·格雷厄姆（Robert Cunninghame Graham），但长期以来它一直被视为保守势力。工党的反对者称苏格兰民族党为"苏格兰格尼托利党"（Tartan Tories），但到了 20 世纪 60 年代，以苏格兰工业中心地带的胜利为重要标志，苏格兰民族党又转而投向了左翼。1967 年 11 月，温妮·尤因（Winnie Ewing）在北拉纳克郡的汉密尔顿赢得了安全工党席位，这成了苏格兰民族党的一次突破。

在汉密尔顿补选的三年后，英国石油公司在北海有了重大进展，他们开始在福蒂斯油田开采石油。霎时间，竞赛的手段改变了。现在，苏格兰民族党的口号变成了："这是苏格兰的石油！"因为这个国家的经济前景已经发生了根本性变化。作为一个庞大的新石油殖民地的服务基地，自20世纪20年代以来一直处于萧条状态的阿伯丁和东北部地区，瞬间拥有了黄金璀璨的未来。150年来受被迫搬迁和经济移民影响，人口持续减少的苏格兰高地突然被宣布为钻井平台的建造场地。《本地英雄》就是以这种现象为背景进行拍摄的。

长期以来，苏格兰重新独立成为主权国家的呼声，一直都因该国家能否在全球工业经济中生存这一问题而落空。而现在，这些人不仅在"北海苏格兰区域"的石油中找到了一个可行的未来经济，还看到了一笔与科威特规模相当的财富。石油成了苏格兰民族党计划和苏格兰愿景的核心纲领。在更广泛的文化中也是如此，7:84公司（7:84 Company）的巡回音乐戏剧作品《雪福特羊、雄鹿和黝黑黝黑的石油》（*The Cheviot, the Stag and the Black, Black Oil*）就是个例子。

1973年3月，该剧开始在苏格兰巡演，演员合唱团在每次演出结束时都会向观众宣传说：

我们从这台戏剧中学到了什么吗？

当雪福特羊到来时，只有地主受益。

当雄鹿到来时，只有上流社会的运动员受益。

现在，黝黑的石油正在赶来，而且终将到来。它可以使所有人受益，但如果以资本主义的方式发展，只有跨国公司和本地投机者会受益。

我们必须组织起来，在城镇工人阶级的帮助下，为一个肯为所有人的利益而控制石油开发的政府而斗争。

在1974年10月的大选中，苏格兰民族党获得了苏格兰近三分之一的选票，并选出了 11 名议员。甚至在选举之前，伦敦的工党政府就对苏格兰民族党的发展感到了不安。为了将这股潮流阻断，首相哈罗德·威尔逊决定重振一项几乎被遗忘了的权力下放承诺，即苏格兰将继续留在英国，但苏格兰立法议会将被授予一定的权力。

1974 年 8 月，议会在格拉斯哥举行了一次特别会议，目的是试图说服不情愿的苏格兰工党支持关于权力下放的全民公决。18 个月后，威尔逊辞职了，这块烫手的山芋被放到了卡拉汉的手中，后者致力于解决这一问题，并于 1978 年通过了《苏格兰法案》(*Scotland Act*)。似乎每当在北海发现新的石油，苏格兰通往独立的道路都会变得更宽阔一些。

然而，当 1979 年 3 月最终举行全民投票时，尽管有 51.06% 的选民支持将权力下放给议会，但还是因为 33% 的投票率过低，与法案的规定不符而作罢，工党政府只得维持现状。两个月后，卡拉汉输给了撒切尔夫人的保守党，权力下放的事业似乎碰了壁，并被强烈支持工会的保守党搁置了。

独立的梦想没有破灭。事实上，除了社会主义传统外的其他所有苏格兰社会传统，都会被撒切尔夫人明显地无视掉，这一偏见在她的政府将苏格兰作为惹人厌恶的人头税试验场时尤为突出。在整个 20 世纪 80 年代和 90 年代，诸如《本地英雄》和《勇敢的心》(*Brave heart*)等电影，以及像"宣言者乐队"(The Proclaimers) 和他们的代表作《我想走上五百里》(*I'm Gonna Be 500 Miles*) 这样的作品，都极大地鼓舞了苏格兰民众建立独立国家的精神。继承了约翰·史密斯的部分意志并有可能在未来执政的布莱尔政府承诺如果工党重新掌权，将举行新的公投。1997 年 9 月的投票率为 60%，其中 74.29% 选民支持权力下放。1999 年 5 月 12 日，新议会首次在爱丁堡举行了会议。作为最年长的苏格兰议会成员温尼·尤因，在会议开始前宣布："于 1707 年 3 月 25 日休会的苏格兰议会在此重新召开！"

***

议会启动后的一段时间，我们在位于爱丁堡以西的福斯湾的金内尔稳定码头见到了汤姆·斯图尔特（Tom Stewart）。斯图尔特是英国石油公司福蒂斯管道系统的吞吐量分析师。他的办公室位于格兰杰默斯的一座庞大炼油厂和化工厂边缘，他的工作内容是预测下一天、下一周以及下一年将有多少原油流入福蒂斯系统。他是一位未来学家。

当时，布兰特原油的交易价格为每桶 40 美元，福蒂斯系统承担了英国大约 40% 的产量。每 24 小时就会有价值超过 1 亿美元的碳氢化合物流经金内尔，而斯图尔特要研究的正是这一过程的时间记录。

见到斯图尔特后，我们重新审视了这台记录时间流逝的机器。古新世砂岩的形成需要 5700 万年，而石油和天然气被从古新世砂岩抽到福蒂斯油田平台的钻井平台需要 37 分钟。在接下来的 48 小时内，石油和天然气通过管道流向金内尔。几小时后，气体被从石油中分离出来，而后者将被泵送至霍德角的装货码头。

在福斯湾，大约需要 17 个小时，才能将原油装满 30 万吨的油轮。这艘轮船前往泰晤士河口的科里顿炼油厂的航程用时将因风和潮汐而异。

原油被精炼成了包括航空燃料在内的许多产品。这些优质液体被泵送至赫梅尔·亨普斯特德附近的邦斯菲尔德仓库，然后通过西伦敦管线被输送到希思罗机场。

72 吨的燃料充满了一架来自维珍航空（Virgin Atlantic）的波音 747 飞机的油箱。飞机以 555 英里的时速，在爱尔兰海上空 31000 英尺处向纽约飞去，航程中燃料被燃烧殆尽。

斯图尔特观察到，在顺其自然的情况下，这个时钟最有可能的运行时间是大约不到 10 天，石油从海平面以下 8000 英尺处移动到海平面以上 31000 英尺处，需要 10 天，液态岩石被焚烧成气体需要 10 天。这个每分钟、每小时、一年 365 天不停运转着的时钟，是将碳从岩石圈转移到大气圈的系统的一部分。

在 17 年后的现在，我们试图造访这个福蒂斯油田的主平台。此前，特里曾乘坐直升机从戴斯飞往过福蒂斯油田，这座当时还隶属于英国石油公司的油田，后来被出售给了阿帕奇公司（Apache）。我们由此开始了漫长而曲折的过程，我们试图说服阿帕奇的公关人员，允许我们乘坐直升机前往平台。在被告知必须先接受安全培训课程后，我们欣然同意。我们本来以为大有希望，但最终得到的却是一句冷淡的"不行"，除了公司显而易见地希望控制参观过程中可能出现的任何故事外，我们没有听到任何其他理由。

不停打来的电话提醒我们说尽管从技术角度来讲，福蒂斯平台所在的阿伯丁以东 110 英里海域是英国的领土，但实际上那里是另外一个国家。自 1964 年开发初期以来，包括南部和北部在内的英国北海都一直被威斯敏斯特和白厅视为一个新的殖民地。这片处于东海岸公民视野之外的外国土地，被施加了一套完全不同的规则。

* * *

到 20 世纪 80 年代中期，经历了 15 年转型期的阿伯丁已经成为一座石油城市。英国的石油产量高达每天 250 多万桶。在冷峻的灰色海平线之外，有一众平台正在大量的油田中进行作业。英国石油公司和壳牌公司是这一海上殖民地的最大股东，后者的股份与其长期的北海合作伙伴埃索石油公司（Esso）共同持有，这是当时的埃克森，也就是日后的埃克森美孚石油公司的子公司。财富流入了阿伯丁，并使当地的房价飙升，这座城市和苏格兰东北部日益繁荣。而默西塞德郡和南威尔士等英国其他地区，则进入了漫长的衰退期。联合街上的店铺中人满为患，贝尔蒙特街上的酒吧座无虚席，在用当地著名的花岗岩最新建造的郊区住宅中，电视里不停播放着电视剧《达拉斯》（*Dallas*）。

英国的海上工业是利用从美国进口的专业技术建造而成的，但随着技术的进步，渐渐地，这些为应对北海的严峻工作而取得的技术进步，竟然创造出了一个英国重要的出口行业。政府的税收收入是巨大的：仅1984—1985年就高达120亿美元，次年为110亿英镑，2008—2009年仍为120亿英镑。到2019—2020年，这一主要由公司税构成的数字下降到了不足10亿英镑。

1989年秋，担任英国石油公司勘探和生产负责人仅几个月的约翰·布朗与首相撒切尔夫人进行了会面，在谈话过程中，撒切尔鼓励他在苏联投资。撒切尔夫人不久前刚刚会见了苏联总统戈尔巴乔夫，并总结说他是"一位我们可以与之做生意的人"。凭借这一点，她极力地怂恿这位正在崛起的英国商人。布朗上钩了，他派出了一支由汤姆·汉密尔顿领导的团队，起初试图在哈萨克斯坦苏维埃社会主义共和国境内签署协议。

这项计划失败了，所以布朗尝试了另外两种方法。首先，英国石油公司组织了一批来自苏联石油部的高管访问英国，其中包括了能源部副部长瓦吉特·阿列克佩罗夫（Vagit Alekperov）。他们在1990年苏联解体的几个月前被带到了阿伯丁，并乘坐飞机去参观这些海上的技术奇迹。当英国石油公司的执行官隆多·费尔伯格（Rondo Fehlberg）带他们去到其中的一座油田时，这些来自莫斯科的游客提出了质疑，因为按照苏联的标准来说，油田是不可能做到整洁又安静的。"他们最初不相信那里正在生产石油。"费尔伯格说道，"他们认为这是西方的宣传活动。我们让他们把手放在管道上，这样他们就能感觉到石油的流动了。"

其次，英国石油公司派遣团队前往了阿塞拜疆苏维埃社会主义共和国的首都巴库，那里也是苏联的一部分。抵达后，他们发现自己被来自阿伯丁的小型私人石油公司拉姆科（Ramco）的首席执行官史蒂夫·雷姆（Steve Remp）击败了。雷姆已经在与阿塞拜疆当局谈判，试图获取里海的海上石油勘探许可证。六个月后的1990年12月，雷姆同意了让拉姆科加入英国石油公司的团队中，挪威国家石油公司（Norway's Statoil）也在其中。

英国石油公司及时地成了阿塞拜疆最大的外国投资者，在20世纪90年代和21世纪初石油和天然气行业的快速扩张中，阿伯丁发挥了关键作用。第一批从西欧到阿塞拜疆的直飞航班不是从伦敦或巴黎出发，而是从阿伯丁的戴斯机场起飞的。这条航线的飞机上，挤满了来自钻井平台的石油工人，他们在各地来回穿梭——在里海上离岸作业两周，在巴库新成立的纳尔逊勋爵酒吧中过个夜，然后回到英国的家中待两周。在阿塞拜疆炎热的天气里，这是一项非常艰苦的工作，但薪资喜人。正如英国北海的第一批钻井平台是受路易斯安那州石油文化的影响那样，英国石油公司在里海平台的工作实践，是直接从苏格兰转接过来的。

来自英国各地的人们纷纷涌向了阿伯丁这座气派的英国门户城市。他们中的一些人，是因为在其他地方的石油行业中丢了工作，才来到这里寻找海上工作机会的。1994年，巴格兰的工厂经历了又一轮关闭，员工们接受了再就业培训，并在阿伯丁以外的钻井平台上找到了工作。在埃塞克斯，当壳牌赫文炼油厂和随后的科里顿炼油厂被关闭后，人们发现他们可以运用自己的技能在北海找到工作。一些人居家搬到了苏格兰，其他人则选择了在两地奔波，上两周，歇两周。在从阿伯丁向南行驶的城际列车上经常会看见大批钻井平台工人的身影。这些男人常常在车上用六罐"替牌"啤酒或特调精酿来交换彼此的奇闻轶事。

英国在勘探方面的专业知识通过阿伯丁进行了输出，而这种输出的程度之深，通常会被伦敦的国家媒体和政界人士所忽略。如同北海地区的隐秘海外殖民地般的阿伯丁，成为几乎与英国的经济和文化脱节的存在。然而，这些来自苏格兰东北部的劳动力已经分散到了世界各地，不仅去到了像里海这样的"新边疆"，还到达了波斯湾、阿拉斯加北坡，或尼日尔河三角洲等更加成熟的地区。这种出口市场的地理范围不可避免地受到了西方各大石油公司政治影响范围的限制。就像英国石油公司和其他公司在苏联所做的那样，世界上的一部分地区可能会被迫敞开大门，但有些地区的大门，却是勉强半敞半掩的——比如沙特阿拉伯、伊拉克和伊朗。

* * *

苏联集团突然向西方资本和公司开放，对于许多英国和美国的政治家来说，这是一个出乎意料的礼物。它支撑了撒切尔夫人和乔治·布什的冷战胜利主义，并使布莱尔和克林顿的第三条道路成为可能。国家和公司的利益达成了一致。壳牌和英国石油公司将苏联视为解决石油储备减少问题的奇迹，而英国政府则将公司视为制定英国外交政策的工具。

1993年，在外交大臣道格拉斯·赫德（Douglas Hurd）与英国石油公司首席执行官大卫·西蒙和董事长阿什伯顿勋爵（Lord Ashburton）共同出席的一次会议上，公务员记录简洁明了地总结了英国石油公司与白厅之间的关系："（赫德）强调说，在世界的某些地区，如阿塞拜疆和哥伦比亚，英国最重要的利益是英国石油公司的业务。他渴望在这些国家中，确保我们的努力能够和英国石油公司的努力有效地紧密联结在一起。"

阿塞拜疆的英国驻巴库大使馆极好地阐释了这种紧密联结。英国石油公司需要英国在其争取里海近海勘探许可证的斗争中给予更多的支持。1992年7月，在与赫德会面的18个月前，大卫·西蒙曾请求首相约翰·梅杰对公司给予协助。随后，英国政府决定将不再通过驻莫斯科的大使馆与阿塞拜疆政府沟通，而是会在巴库设立新的领事馆。英国石油公司同意为政府提供办公室空间，由此，英国外交部的英国国旗便永久地飘扬在了这家石油公司地方总部的上空。正如布朗在其自传中所写的那样，尽管英国石油公司当时是一家完全私有、没有国家持股的公司，但"我们（英国石油公司）必须与英国政府紧密合作，因为那些处于后苏联时代的国家,仍然更容易理解和接受政府与政府之间的交易"。

这种英国外交政策与英国石油公司和壳牌公司需求的一致性,在很大程度上仍然不为公众所知晓,国家媒体也几乎没有对此进行过任何报道。然而,在2002年年底,它却在伊拉克战争的战前准备中成为焦点。

华盛顿的国务院和身处同一城市的行业游说团体认为,对美国来说,最宝贵的莫过于能够在沙特阿拉伯、伊朗或伊拉克的油田中进行钻探。2002年,随着乔治·布什总统和萨达姆总统之间的敌意日益加深,这种可能性成为现实。

很多报纸杂志都对伊拉克战争究竟是否是一场"石油战争"的问题展开了讨论。在2003年2月的冲突准备阶段,布莱尔在一次电视采访中说:"老实说,当你对石油阴谋论展开分析时,它就变得更加荒谬了。"然而,自巴格达遭受袭击以来,长达15年的研究慢慢揭示了与其他西方石油巨头比起来,英国石油公司和壳牌石油公司对开放伊拉克储备的前景是多么津津乐道。正如2002年11月6日一次外交部会议的会议记录所述:"伊拉克拥有巨大的石油前景,英国石油公司不顾一切地想进入其中。"

如果到2005年,英国石油公司和壳牌公司在"改变游戏规则"的层面上,获得伊拉克石油储备的希望被挫败,那么在英国,伊拉克战争将无疑会转变为一场政治游戏。2003年2月,在战争前夕,英国国内爆发了有史以来最大规模的示威活动。大约有100万人在伦敦街头游行,其中许多人的手中都举着写着"不要为了石油而战"(No War for Oil)的标语牌。这次的游行虽未能阻止布莱尔和布什的计划,但却带来了长期的变化。首先,它遏制了首相和总统们在无视议会和公众舆论的情况下发动大规模地面战争的能力。其次,它加深了大众对"不为石油流血"这句话的印象,并使人们普遍了解了英国外交政策与石油公司利益之间的联系。

＊＊＊

到 2005 年，占领伊拉克是一种暴行，以及美国及其盟友无法建立一个稳定的伊拉克国家已经成为许多人的共识。动荡和不断上升的死亡人数似乎永远看不见尽头。这给石油公司带来了巨大的挑战，同时也打消了他们长期以来认为伊拉克将成为另一个阿塞拜疆的想法。在这一模式下，这里将成为一个不大可能民主，但却有着听话的政府的国家。这个国家将能够签订并持有长期商业合同，并可以确保一定程度的社会秩序和合规性，使外国公司能够轻松建造油井、管线和出口码头。

伊拉克境内尚未建立起一个稳定的政权，但萨达姆将被暴力推翻，以及他将遭遇的残酷结局已经显而易见。正如美国一方所期待的那样，这对地缘政治产生了影响。卡扎菲注意到了这一点，这可能是他突然决定与西方打开外交渠道的原因之一。

卡扎菲于 1969 年通过军事政变上台，紧接着，新政府就将在利比亚境内运作的所有外国公司的资产都收归了国有。尽管做出了新的安排，西方公司也回来了，但在整个 20 世纪 70 至 90 年代，利比亚仍深陷在与美国、英国和法国的争端中。这场外交战争偶尔会引发出直接的冲突。比如 1988 年，一架民用波音 747 飞机在苏格兰洛克比（Lockerbie）上空坠毁，此事被归咎于卡扎菲；随后，美国在里根总统的指挥下轰炸了黎波里；1984 年，在利比亚驻伦敦大使馆外，女警察伊冯·弗莱彻（Yvonne Fletcher）被枪杀。洛克比空难造成了 270 名乘客死亡，并使布莱尔政府与卡扎菲之间产生了最大一道裂痕。因此，当后者于 2003 年宣布利比亚将向外国武器核查人员开放时，人们都震惊了。

英国石油公司迅速抓住了这个获得，或者说重获利比亚油田的机会。2005 年 6 月 19 日，首席执行官约翰·布朗在军情五处前负责人马克·艾伦（Mark Allen）和另一名助手的陪同下，在卡扎菲的沙漠帐篷里与他会面。两年后将成为英国石油公司首席执行官的唐熙华也随托尼·布莱尔和马克·艾伦一起出席了这次会见。2007年5月29日，一项协议在一间帐篷中被签署完成，该协议授予了英国石油公司对海上的苏尔特湾盆地和陆地上的古达米斯盆地的勘探权。布朗后来写道："重建与卡扎菲的关系是现代社会中由政治外交打开商业贸易的一个罕见例子。如果没有布莱尔的干预，我十分怀疑英国石油公司是否还会成为利比亚石油和天然气行业重新开放过程中的一个重要参与者。"

壳牌在重新进入利比亚方面确实领先于英国石油公司。2004年3月24日，该公司获得了在苏尔特湾近海处钻探天然气的权利，并承诺将会翻新一个液体天然气出口工厂。然而，壳牌公司进军这一新领域也得到了包括外交大臣杰克·斯特劳（Jack Straw）和戴维·米利班德（David Miliband）、外交部长邓肯·亚历山大（Duncan Alexander）和西蒙斯男爵夫人（Baroness Symons），以及前工党领袖金诺克勋爵（Lord Kinnock）在内的一众工党政治家的帮助。有关英国政府援助壳牌公司的消息，进一步证实了人们的怀疑，即洛克比爆炸案制造者阿卜杜勒巴塞特·迈格拉希（Abdelbaset al-Megrahi）从苏格兰监狱获释并在利比亚受到英雄般欢迎一事，完全是出于商业考虑。

长期以来，卡扎菲在政治上一直都表现得变化无常。从一开始，英国石油公司和壳牌公司就十分担心他们目前的好运可能会迅速发生逆转，他们将会瞬间失去所获得的一切，而且几乎没有机会追索。因此，他们都做出了战略决定，不以类似对待阿塞拜疆的方式去面对利比亚，而是以类似接近伊拉克的方式去接近他们。

在阿塞拜疆，英国石油公司从根本上致力于融入这个新国家不断发展的政治、经济和社会，他们想在里海建造一个阿伯丁一样的石油城。这家公司在巴库设立了大量的办事处，为本公司员工在城市边缘建立了住房设施，长期试图参与阿塞拜疆的政治，并通过赞助、资金、合资企业等方式，努力促进了阿塞拜疆民间社会的发展。在伊拉克和利比亚，英国石油公司和壳牌公司二者谁都没有试图这样做过。

* * *

在1989年柏林墙倒塌前后，新自由主义进入了必胜阶段，这具体表现在弗朗西斯·福山（Francis Fukuyama）的著作《历史的终结与最后的人》（The End of History and the Last Man）和撒切尔夫人的那句"除自由市场资本主义之外，别无选择"之中。这些年间，随着苏联集团的资源和市场的开放以及不久之后中国的开放，企业界的地理格局也发生了彻底改变。与这些重大变化同样重要的是，随着1989年万维网的诞生，信息技术和互联网开始蓬勃发展。

石油工业长期以来一直热衷于采用计算机和信息技术。壳牌公司和英国石油公司从20世纪50年代末就开始利用CEIR（英国）、费朗蒂（Ferranti）和国际商业机器公司（IBM）等外部公司的专业知识，发展出了众多的计算机部门。到20世纪60年代末，计算机建模已经在这两家石油公司中占据了过于重要的位置，因此遭到了众人的强烈抵制。那个难缠的澳大利亚人鲍勃·迪姆（Bob Deam）一直在敦促英国石油公司扩大其电子计算机化的规模，但英国石油公司的供应和开发部总经理彼得·沃尔特斯拒绝了。

20世纪70年代，随着硅谷的崛起，计算机化成了使英国石油公司和壳牌公司稳步美国化的重要因素。到20世纪70年代中期，布朗为英国石油公司租用了控制数据公司（Control Data Corporation）位于加利福尼亚州帕洛阿尔托的大型计算机CDC 6600的容量，并用它来模拟阿拉斯加的石油项目。这一选择与于1979年在硅谷中心的斯坦福大学攻读商学院硕士学位的布朗的思维方式完全相符。这与他的前任英国石油公司首席执行官戴维·西蒙形成了鲜明对比，后者曾就读于巴黎郊外枫丹白露的欧洲工商管理学院。

计算机化不仅改变了数据分析的速度和规模，还改变了公司的日常工作。20世纪60年代末处于莫里斯·布里奇曼领导下的伦敦塔是一座等级森严的大厦，男性主管们立于顶层，下面则是一群由女性组成的打字小组。英国石油公司董事长罗伯特·霍顿（Robert Horton）的"1990项目"（Project 1990）于其被命名的同一年启动，该项目旨在实现组织架构的"扁平化"，最重要的是要削减总部的人员编制。这一方面是出于美国商业理论对"现代公司"运作的影响，另一方面则反映出了由IT行业打开的新局面。例如，公司各级员工都开始在台式电脑上打字，打字小组很快就会面临解散。几十年来，邮政室的工作人员一直都是将装满文件的手推车从一个办公室推到另一个办公室，将信息从一个部门转送到另一部门。但随着公司内部网络的引入和电子邮件的到来，这些员工的工作也遭到了严重的打击。

计算机的使用不仅彻底改变了壳牌中心或壳牌赫文等公司分部间的通信方式，还改变了公司不同部门之间的交流手段。1986年3月，巴格兰的工厂安装上了IBM 38系统（IBM System/38），以实施英国石油公司范围内的商业系统项目。这台新机器不仅与巴格兰的终端网络相连，还直接连接了英国石油公司在米尔顿·凯恩斯（Milton Keynes）的子公司西康（Scicon）的项目中心。

计算机化同样改变了石油公司和其他公司之间的关系。直到20世纪80年代中期，英国石油公司和壳牌公司都还是基本密闭的实体。壳牌中心和伦敦塔内已经囊括了大多数像广告部和会计部这样对每个公司的运作都至关重要的部门。这些部门的所有员工都直接计入公司的工资、福利和养老金计划。

十年之后，世界改变了。在英国石油公司，账目由安永会计师事务所（Ernst & Young）负责，广告则被外包给了WPP的子公司奥美（Ogilvy & Mather）。壳牌公司的广告被交由J.沃尔特·汤普森公司（J.Walter Thompson）进行打理。这一新模式逐渐扩展到了企业活动的各个角落——例如在20世纪90年代末，英国石油公司在福蒂斯油田等英国北海平台上的员工的人力资源相关问题，都被外包给了一家位于北加利福尼亚州的公司负责。

这也许提升了效率,但也大大降低了英国石油公司和壳牌公司的工资水平、管理费用和企业责任。这是彼得·沃尔特斯努力将"市场"引入英国石油公司的体现,彼得·巴森德尔(Peter Baxendell)爵士(时任壳牌运输公司董事长,后任荷兰皇家壳牌公司和壳牌集团董事长)对此表示了赞同,并在壳牌公司采用了相同的战略。它还通过英国的社会团体,将石油企业活动的责任更加广泛地分散到了各处,形成了所谓的"碳网"。这是一张由公司、银行、政府部门、文化机构、律师事务所等不同部分组成的网络,它们共同构成了英国石油公司和壳牌公司的根基,从而使二者能够履行其核心职能,并从石油和天然气的开采和销售中获取利润。

这张"碳网"是通过信息技术和互联网实现的,并且依赖于它们。如若没有这些技术,这种商业模式就无法发挥作用。不过,尽管这一模式将知识和一定程度的决策权传播到了英国石油公司和壳牌公司之外,但是它也有助于从地理上集中石油公司的权力,并改变英国的经济和政治结构。

虽然巴格兰在1986年通过计算机与米尔顿·凯恩斯建立了联系,但是在仅仅十年的时间里,随着巴格兰工厂的关闭,来自南威尔士的生产线也消失了,兰达西、巴里和安格尔湾的工厂也随之关闭。与此同时,壳牌公司和英国石油公司在20世纪90年代末为重塑自身品牌而进行的斗争,使他们与WPP和J.沃尔特·汤普森等机构的联系变得更为紧密。他们之间的数据流动越来越多,到2006年,英国石油公司每年付给WPP的服务费达到了3亿美元,而后者正是"超越石油"运动的缔造者。位于皮卡迪利大街的英国石油公司和位于5英里外伦敦金丝雀码头的WPP公司之间的联系愈加紧密,但皮卡迪利大街和南威尔士之间的联结却消失了。相同的一幕也正在壳牌公司内上演,因为技术和商业模式已经改变了英国政治体的发展。

布朗在自传中特别提到,他能在1989年成为英国石油公司勘探和生产负责人是十分幸运的,这不仅因为彼时恰逢地缘政治地震,还因为互联网也在那个时间点到来。事实上,勘探部门很可能是石油公司中受计算机化和大数据影响最为深远的一个部门。

第 10 章
斯坦洛

这片原野

永恒存在

斯坦洛

所有心灵，所有头脑，一切思考

任何季节都无法将其抹去

我们将你建成

为了我们自己

斯坦洛

一个迅速消逝的意象

千万颗等待温暖的心灵

如此克制地

她转身而去

斯坦洛

——歌词节选自"夜行者乐团"乐队（Orchestral Manoeuvres in the Dark）的《斯坦洛》(*Stanlow*)，1980 年

斯坦洛是默西河岸上一家炼油厂的名字，它背靠切斯特，面朝利物浦和威勒尔。上文中的这首歌也是唯一一首有关于石油设施的英国流行歌曲。

第 10 章 斯坦洛

为了追寻这首《斯坦洛》背后的故事，我们来到了位于伦敦哈默史密斯的凯西酒店。酒店的外壁都是由钢和玻璃建成的，走进室内，可以看见不少颜色艳丽的天鹅绒垫子和摇滚明星的肖像。吧台里的一瓶"添加利"牌金酒可以卖到 120 英镑，而最基本的炸鱼薯条则要价 16 英镑。在位于灯光昏暗的走廊上的 22 号房间旁，偶遇明星并不是什么难事。

一个穿着黑色 T 恤和牛仔裤的矮胖身影摇摇晃晃地打开了门，然后扑通一声坐在了汉堡包和薯条前。"你不介意我继续吃吧？"他一边问，一边把盘子夹在了平板电脑和他自己宽大的胸膛之间。安迪·麦克劳斯基（Andy McCluskey）是"夜行者乐团"，即粉丝们所熟知的"OMD"乐队的幕后作词人，并为《伊诺拉盖伊号》（*Enola Gay*）和《电力》（*Electricity*）等热门单曲创作了歌词。但为什么要给一座炼油厂写下一首歌词中带有"我们将你建成，为了我们自己，斯坦洛"的情歌呢？

这跟我的家庭关系有关……我也曾有一些战后梦想，我希望科学能解决我们的大部分问题。我的父亲在斯坦洛工作，确切来说是在隔壁的桑顿研究中心。我妹妹在桑顿工作。一开始她负责泡茶，后来她成了测试部门的摄影主管，再后来他们就开始裁员了。我一直对人类和科技着迷。从纯粹的美学角度来看，坐落于威勒尔半岛的斯坦洛炼油厂耸立于被绵羊和田野围绕的沼泽地之上。这是一个由管道、火焰、灯光和龙门架组成的集合体，整日里叮当作响，它看起来就像是一艘巨大的星际宇宙飞船，降落在斯坦洛修道院这样一个曾经是宗教中心的地方。

当我们（夜行者乐团）从伦敦、曼彻斯特和利兹的演唱会上开车回来，在上高速公路之前，我们必须沿着辅路前行，途中恰好经过斯坦洛。所以在凌晨 1 点、2 点和 3 点的时候，我们就知道离家还有 20 分钟的路程了。

麦克劳斯基是在20世纪60至70年代斯坦洛的光环下长大成人的。这家工厂当时正处于全盛时期，他的父亲会定期将壳牌公司提供的正在进行变体润滑油道路测试的新车开回家。在一段时间里，他们家的汽车是一辆安装了路特斯（Lotus）赛车引擎的福特 Mark 1 Cortina 车。"别提有多刺激了。我记得有一次，我母亲开了一辆捷豹 E–Type 在高速公路上以每小时 110 英里的速度行驶。"这使那个男孩陷入对技术和速度的痴狂中。

《斯坦洛》是在这座炼油厂仍处于全面生产时期写成的，它使用了工厂柴油泵的现场录音作为其开启节奏，那声音听起来有趣而忧郁，且使人有一丝不祥的预感。

一个迅速消逝的意象
千万颗等待温暖的心灵
如此克制地
她转身而去
斯坦洛

1980年10月，当这首歌在专辑《组织》（*Organisation*）中发行时，沿威勒尔和曼彻斯特运河而建的斯坦洛和桑顿，还是大型石油化工综合企业的一部分。沿着默西河的分水岭遍布40英里的众多工厂，构成了一张巨大的网络。虽说并非所有这些工厂都隶属于壳牌公司或英国石油公司，但这两家公司却为这台巨型机器提供了至关重要的引擎。

* * *

2011年5月26日，桑顿研发中心的500名壳牌公司员工聚集在中心的停车场内，他们被告知该单位将关闭，他们有可能会被裁员。公司的公关经理埃德·布雷迪（Ed Brady）后来向当地的《切斯特纪事报》（Chester Chronicle）解释说，他们已经进行了一次内部审查，发现桑顿和汉堡都存在大量重复和未充分利用的资产，可以进行合并……我们的建议是将工作转移到汉堡，这是出于多种因素考虑的，比如那里更靠近主要的汽车客户群体。

这令工作人员感到无比愤慨。桑顿对壳牌公司和英国来说都非常重要。除此之外，它还为法拉利一级方程式赛车生产燃料和润滑油。届时赛车手迈克尔·舒马赫（Michael Schumacher）和费尔南多·阿隆索（Fernando Alonso）都将参赛。这是一项顶级高端技术，而英国却正在失去它。

当地工党议员安德鲁·米勒（Andrew Miller）当时正在担任公共科学和技术特别委员会的主席。在成为一名政治家之前，他曾是一名实验室技术员以及制造、科学和金融联盟的官员。令人惊讶的是，米勒并没有对那些壳牌公司的直接雇员和150名承包商员工的失业问题感到大惊小怪。与桑顿临近的塔顿选区的保守党财政大臣乔治·奥斯本（George Osborne）也没有在议会中提到这一问题。

2012年1月，特里为《卫报》写了一篇标题为《壳牌将关闭其在英国的主要研究基地，并将其工作转移到海外》的报道。文中写道："数百名在柴郡桑顿中心工作的资深科学家将被分散到其他办公室中，这是在出售附近斯坦洛炼油厂之后的一项举措，在一些人看来，这代表了壳牌公司将进一步从英国撤出。"媒体和威斯敏斯特的政客似乎都对这种产业空心化没有多大兴趣。

在试图与一些下岗员工取得联系的过程中，我们找到了肯尼·坎宁安（Kenny Cunningham）。他将我们邀请到了他的家中，他住在位于切斯特高速改造区的一幢维多利亚式连排别墅中，房体用红砖砌成，看上去干净而整洁。由于他粗犷的格拉斯哥口音和先前我们在电话中聊到了默西塞德郡工会主义混战一事，我们已经在脑海中将坎宁安想象成一名壮汉。

石油帝国的兴衰
英国的工业化与去工业化

但前来开门的却是一位瘦得皮包骨的伙计,他戴着厚厚的黑框眼镜,脸颊瘦削而苍白,银发齐肩。我们在他的客厅中坐了下来,房间内铺着松木地板,上面有一张波斯风格的地毯,还有一个烧木柴的火炉。我们注意到壁炉台上有一只粉红色的玻璃火烈鸟,房间角落的电视机上,摆放着一只正冲我们眨眼的复活节兔子,这和房间的整体风格比起来多少有些不协调。坎宁安的笑容十分灿烂,送茶时也让人感觉热情而真诚。刚开了个头,我们的话匣子就顺利打开了。他像个钉子般犀利,讲话尖酸刻薄,非常有趣。若在谈判桌上与他对峙,那肯定会是一个地狱。

坎宁安滔滔不绝地讲述了一大堆充满谩骂的故事,比如其中一个讲述了他在壳牌公司的早期经历,当时该公司正因仍活跃于南非而受到了反种族主义活动家的抨击。"当我入职壳牌公司时,我的政治观点已经有些定型了,所以我觉得自己是乘降落伞跳进了野兽的心脏。壳牌公司、石油工业,那里可是资本主义的核心啊,我就身处在这只野兽的皮肉之下……我支持绿色和平组织,并开始在工作中参加反种族隔离会议。"他大笑着说道。

坎宁安在柴郡生活和工作,但他的出生地是格拉斯哥的佩斯利。他上学时偏爱理科并对实验作业感兴趣,对他来说,那听起来是"一个完美的工作,使人陶醉其中"。但陆续在钢铁厂和造纸厂中工作过之后,他下定决心去斯特林大学攻读化学学位。他还搬到了爱丁堡的利斯,并开始在那里找工作,"差不多是在埃文·威尔什(Irvine Welsh)写出《猜火车》(*Trainspotting*)的前后,那是一部伟大的作品。"

事实上,坎宁安认为打开了他的壳牌之旅的正是文学,他说:

在参加第一场面试时,对方问我正在读什么书,我说是《战争与和平》。那个壳牌的家伙让我讲述一下这本书有关火车上的场景,我是知道的,所有的细节我都能对答如流。之后他就一直在我耳边喋喋不休,因为我刚刚读过,而他已经读过 40 来年了。一切都很顺利。接下来我进入了第二轮面试,又见到了另一个老古板。他继续跟我聊文学,"你最近读了什么书?"我在心里暗想,等等,这是一个陷阱(事实确实如此)。所以他刚一提问,我就将答案脱口而出,他接着说:"这个小伙子人不错,让他入职吧。"

他笑道:"他们从那一刻起就后悔了。"

这位实验室工作者很高兴能在壳牌公司找到一份工作,并且很高兴能在被解雇前在那里工作30年,他甚至对现任的荷兰首席执行官、前化学品主管本·范·伯登(Ben van Beurden)表示了赞许。坎宁安是在英国担任部门员工代表以及作为公司更广泛的欧洲论坛的一员时遇到他的。"我喜欢他(范·伯登),他这个人风度翩翩、尊重他人、很有人情味,并且谈吐风趣幽默,显然是个聪明人。"

但坎宁安对荷兰商业风气的喜爱程度,总体上超过了他的祖国。"荷兰人给公司带来了非常文明的影响。管理人力资源部门的正是荷兰人,其他一切也都是如此。还有工程师,他们喜欢他们的工程师,他们真的很难接受英国的管理方式。他们对从我们这儿听到的一些消息感到震惊。"

当公司的"储备丑闻"爆发并迫使首席执行官菲利普·瓦茨(Philip Watts)爵士因颜面尽失而离职时,作为一名员工代表的坎宁安表现得极为活跃,他说:

"我记得那是在欧洲论坛上。这个问题给我们造成的冲击有点大。这件事让来自德国和比利时的同事们感到非常愤怒。壳牌这样的行为让他们觉得失望透顶。但这对我们英国人来说并不是什么大事,因为我们对公司有着不同的态度。"

"所以你受到了优待,但这是否阻止了抛售和裁员呢?"我们问道。"没有。""你认为他们是全球化的缔造者还是受害者?""不,他们不是受害者,从这个意义上说,壳牌不可能是受害者。几乎没有哪种权力关系能让壳牌成为受害者。好吧,埃克森公司可以对付他们,但也仅此而已。所以他们不是受害者。他们正在紧跟潮流。他们很清楚自己在做什么。"

"那这是从什么时候开始的呢？"

"这样来说吧，也许你将全球化视为新自由主义实验的一部分，但在我看来，这只是后者的一种外在表现罢了。它正在迈向世界经济，而这正是壳牌所做的。他们做得非常仔细。他们在格拉斯哥开设了第一个外包中心并试图保密。当他们开始关闭卡林顿时，一些员工被调到了桑顿。然后锡廷伯恩（一个研究中心）没了。再后来，桑顿输给了德国。"

尽管坎宁安在试图于桑顿内部组织工会活动的过程中不断与英国的经理们产生摩擦，但在他看来，公司内还是有一种最基本的人性在的。"壳牌公司一直对裁员和解雇这种事持谨慎态度。他们的总体策略是付给员工赔偿金或者将他们调走，但最终他们实在没有地方可调了。"

* * *

1994年1月12日，英国石油公司宣布将关闭位于巴格兰中心的乙烯工厂。在经历30载之后，核电站自此开始走向终结。在接下来的10年中，大约有2000名男女工人失去工作。由于英国石油公司安格尔湾海洋码头于1985年关闭，英国石油公司兰达西炼油厂于1998年关闭，英国石油公司巴里石油化工长被出售给了英力士公司，以及所有连接石油管道的基础设施被停用，在20世纪90年代被解雇的英国石油公司员工达到了2000名左右，此外有2000名承包商员工也失去了生计。巴格兰高薪工作岗位的流失和南威尔士州的一系列工厂倒闭，对沙田等社区造成了巨大的影响。

南威尔士的石油时代是在煤炭时代没落的背景下成长起来的。到20世纪60年代，石油开始看起来象征着未来，而对许多人来说，煤炭则象征着过去。30年后，在伦敦塔的董事会会议室里做出的一些决定，使塔尔伯特港的石油加工走向了终点。巴格兰产量的赢利能力，尤其是作为许多工业产品的原材料的乙烯的赢利能力，正受到以中国为代表的亚洲化工产量飙升的挑战。英国石油公司也开始从中受益。1994年1月，英国石油公司首席执行官戴维·西蒙、首席财务官拜伦·格罗特（Byron Grote）和布莱恩·桑德森（Bryan Sanderson）关闭了乙烯厂，这给巴格兰的命脉带来了致命的打击。1995年12月，英国石油公司与中国石化成立了一家合资企业，并于3年后在重庆与川维化工公司合作建立了一家年产20万吨的工厂。资本投资支出被重新部署到了中国，南威尔士则被远远抛在了身后。

这种转变并不像听起来那么残酷。英国石油公司站在了"超越石油"倡议的前列。布朗团队中的一些人极为相信这可能会成为公司未来的一部分。如果是这样的话，它肯定会像这座多余的化工厂一样成为未来资产的一部分。日渐缩减的巴格兰员工队伍显然也有这种感觉，因为他们提出的"巴格兰——超越生产"倡议赢得了公司的"突破奖"。这项倡议对巴格兰能源公园的发展计划进行了描述，他们设想"将由公司负责的1000英亩的棕地变成了世界上第一座能源公园……与通用电气达成的协议为英国石油公司和一处面临关闭的工厂所在的社区创造了新的价值。"那座楼体造型凸起的太阳能建筑，成为工厂大门处的新游客中心。这是一个由高碳工厂向低碳工厂转型的战略。虽然大部分资金都来自公款，但是这次过渡却在很大程度上是在私人公司的范围内进行的。

大约是在2000年的某一天，我们沿着M4公路向西，从迪纳斯山和埃姆里奇山的山脚下驶过。位于我们左侧，处在高速公路和明镜般的斯旺西湾之间的是塔尔伯特港钢铁厂的烟囱和仓库。更远处的大片荒地是巴格兰化工厂的旧址。在旧址的边缘靠近公路的地方，有一颗奇珍异宝从周遭灰突突的环境中脱颖而出。那是一座小型建筑，正面装有凸起的光伏板，在阳光的照耀下闪烁着蓝色的光。我们曾在1998

年的伯明翰八国集团峰会上看到过它的展示品，当时它被用来宣传英国石油公司是一家"超越石油"的"能源公司"。而此时此刻，它就坐落在这个被牺牲了的石化区内，仿佛是公司派出的一艘飞船般，试图将沙田拖进一个太阳能的未来。

* * *

巴格兰等英国的工业中心地带，正逐渐被英国石油公司和壳牌等公司抛诸脑后，英国的政治家、公务员、记者和非政府组织等"特殊公众"的注意力，可能已经被"超越石油"品牌运动等战略分散了。2005年7月，在苏格兰格伦伊格尔斯的七国集团峰会（G7 Summit）举办期间，约翰·布朗在附近的彼得黑德启动了由其公司首创的"碳捕获和存储"（CCS）计划。与此同时，政府承诺在未来10年间，他们将在风能、太阳能、氢气和燃气发电站上投资45亿英镑。

碳捕获和存储计划是石油公司对气候变化威胁以及化石燃料的"清洁"问题所做出的工程的响应。有50年的北海钻探经验将被彻底颠覆。与从平台下方的岩石中提取石油和天然气并将其泵送到陆地上的方式不同，二氧化碳将被彼得黑德的一个旧燃煤和燃油发电站烟囱所捕获，并通过管道被输送到海里，然后被永久密封在海床下空无一物的岩石洞穴中。这样一来，这些公司将通过碳氢化合物开采这种有利可图的方式为气候变化问题提供解决方案，而且由于政府的补贴，他们仍然会获得可观的回报。

布朗在格伦伊格尔斯的七国峰会上亲自向各国元首介绍了彼得黑德的碳捕获和存储计划。站在他身侧的托尼·布莱尔借用这次活动，对英国是全球应对气候变化的先锋一事进行了宣传。"英国石油公司"这一品牌为英国的公司镀了一层金。

事关布朗这一战略的核心人物是英国石油公司天然气、电力和可再生能源首席执行官维维恩·考克斯（Vivienne Cox），她无疑是全球石油行业最资深的女性之一。我们很荣幸能够有机会在西伦敦的梅费尔区与她见面。

罗斯文纳街上的联排别墅大多是有多户人家居住的,他们的门前挂着的黄铜牌上谨慎地打着资产管理或对冲基金公司的广告。马路对面是一个出售豪华游艇的陈列室。这里正是"第三金融部门"的所在地。在英国石油工业的早期阶段,这里一直是银行业的中心地带,金丝雀码头从20世纪90年代中期开始成为二级枢纽,而最近又出现了另一个金融基地:汇聚了大量私人股本公司的梅费尔区。蓟花能源(Thistle Energy)、新月石油(Crescent Petroleum)和L1能源(L1 Energy)等一系列由俄罗斯石油寡头米哈伊尔·弗里德曼所有、由约翰·布朗掌舵的私人石油公司也位列其中。

我们在罗斯文纳街20号的入口处,这幢大楼目前的使用者是毕马威会计师事务所(KPMG)。毕马威会计师事务所是审计其他跨国公司账簿的"四大"会计公司之一。这里是毕马威会计师事务所客户的私人会员俱乐部,被称为"用于加强对话和加深业务关系的五层楼"。由于考克斯是数家此类公司的非执行董事,因此她受邀可以使用这里的场地举行会议。

我们乘坐电梯进入了一个布置精美的房间,里面有舒适的椅子、柔和的灯光和服务人员。考克斯正在等待。她穿着一件深红色上衣、黑色裤子和闪亮的漆皮靴子,看上去活力四射。她热情地欢迎了我们,似乎很想和我们聊一聊。

考克斯在英国石油的发展中起到了催化作用。她自毕业起就在英国石油公司工作,22岁加入该公司,曾在沃尔特斯、西蒙和布朗等一系列首席执行官手下任职。从1987年英国石油公司最终私有化期间担任初级助理,到建立综合供应和贸易部门,再到担任天然气、电力和可再生能源部门——即后来的英国石油替代能源公司(BP Alternative Energy)的首席执行官,她在这段辉煌的职业生涯中见证了许多公司发展的关键时刻。同样地,她也在公司"超越石油"的倡议中起到了至关重要的作用。

她于 2009 年离开公司，就在同一年，替代能源部门的预算被削减，其独立总部也被集团的首席执行官唐熙华关闭了。考克斯是第一位成为英国石油公司执行委员会成员的女性，她是 2008 年接替布朗担任首席执行官的 5 位候选人之一。过去 80 年以来，能在英国石油公司中担任如此高级职位的女性高管人数屈指可数。考克斯于 2006 年被评为"凯歌香槟年度女性"，并于 2016 年因其对英国经济和可持续发展做出的贡献，而成为英帝国高级勋位获得者（CBE）。

离开公司 10 年后，她仍然对英国石油公司替代能源部门的关闭感到沮丧："我对英国石油公司感到失望，因为他们并不准备给予可再生能源业务以同等力度的支持，但那些已经离开公司、现在正在经营自己企业的人们才是我所留下的宝贵财富。"她很清楚，英国石油公司进军可再生能源是一个好主意。但这关乎内容和时机。"我们行动得有些太早了。在我看来，这始终是一个需要时间的深度战略举措，关乎为英国石油公司的业务建立另一个支柱，因为化石燃料的压力将会不可避免地到来——就跟现在一样。"

她认为她的部门对英国石油公司来说是一个挑战，原因有很多，她说：

可再生能源有着与之完全不同的文化。对于一家石油公司来说，这是经营替代能源时将会面临的难题之一。不仅有资本分配问题，还有文化问题。可再生能源吸引着不同的人。许多人这样做是因为他们想有所作为。他们认为自己正在着手解决一个需要被解决的问题。

离开英国石油公司后，考克斯被任命为受私人股本支持的"气候变化资本集团"（Climate Change Capital）的董事长，并且仍然对全球变暖深感担忧。"我认为这是一个极其紧迫的问题。"但和海伦·汤普森（Helen Thompson）一样，她对英国石油公司等大品牌的指责感到不满，并认为如果他们放弃碳氢化合物，那么一切都会好起来。"我认为正确的做法不应该是去公开指责石油公司。其中一些集团正在鼓励撤回对石油公司的投资，并提出了针对石油公司的法律索赔，在我看来，这是一条相当危险的路线。"她强调了自己的观点："让石油公司揽下一切罪过意味着人们不想去解决真正的问题，也就是到底该如何减少化石燃料的消耗，并找到其他能替代化石燃料的能源，这是一个十分迫切的问题。指责石油公司是在打一场错误的仗。"

离开英国石油公司不到一年，考克斯就成了英国政府国际发展部的首席独立董事，并且同时兼任英国交通部机场委员会专员。聊到她在英国石油公司的老同事们的现状时，考克斯表现得很热情："你知道的，和我同期工作的同事还有之前的一批员工，如今遍布了英国的商业生活和其他领域的各个角落——罗莎琳德·富兰克林研究所（Rosalind Franklin Research Institute）、政府部门的约翰·曼佐尼、法拉第研究所（Faraday Institute）的尼尔·莫里斯（Neil Morris）。"考克斯本人是一系列令人眼花缭乱的企业和组织的非执行董事或高级顾问，其中包括了培生集团（Pearson PLC）、葛兰素史克（GSK）、Stena AB、法国瓦卢勒克公司（Vallourec SA）、牛津大学赛德商学院（Saïd Business School, University of Oxford）和非洲领导力研究所（African Leadership Institute）。考克斯还是医学研究中心罗莎琳德·富兰克林研究所理事会主席和能源学会（Energy Institute）的副总裁。她之前还曾在英国天然气股份公司（BGplc）、力拓公司（Rio Tinto）、欧洲隧道公司（Eurotunnel）和欧洲工商管理学院（INSEAD business school）的董事会中担任职务。

我们尽量用柔和的态度问道："一位在如此多家石油企业中担任高管的人，在英国的政治、经济和文化等关键机构中任职是否妥当？这说明了这个行业对英国的组织架构的重要性，但一家公司拥有这样庞大的校友网络不会产生问题吗？"

考克斯笑了笑，说："有趣的是，究竟有几位英国石油公司的高管还在继续干大事呢？"她开始详细说明："我的意思是，我认为眼下有两件事，一件是积极的，另一件则相反。积极的是，我们所受到的培训是极为卓越的，那真的可以说十分的非比寻常。"当说起自己在英国石油公司接受培训的经历时，她的眼中泛起了光亮，说道：

在我这一代和我们上一代的那个时期，有一种广泛的教育理念是，你可以在国家之间流动，可以在公司的各个分支间流动……你会得到十分广泛的在职培训，但除此之外，正式的发展培训是非比寻常的。他们曾经使用一种称为阶段1、2和3的东西，那是一张筛选具有高潜力人才的网。因此，有不少人历经了第一阶段，此后他的职业生涯开始加速发展。然后是第二阶段。第三阶段基本上是最高层了，从100人缩减到50人，高管将从这些人中诞生。

她满心欢喜地回忆起20多年前的那几天，当时她跨过最后一道障碍，成为布朗管理团队的一员。"第三阶段的一个重要环节是，在湖区进行一周的活动，在那期间，你要展示你在管理团队、影响团队等方面的能力。"她说，最后一次的练习简直像是一部惊悚电影：

我们以为练习已经结束了。我们去吃晚饭。有人走进房间，扔了几把车钥匙在桌子上。有几个人把这些钥匙捡了起来。这些车钥匙恰好可以启动几辆停放在停车场中的汽车。车后面有一张写着参考坐标的地图，我们就此出发了。整个晚上都在做这个练习。你不知道你要试图解决的问题是什么，也不知道该如何解决。这就是他们所谓的"第四箱问题"（Box 4 Problem）。有人整夜都在透过单向可视玻璃观察我们的举动，看我们如何自我组织，都做了些什么，做何反应，以及我们之间有什么互动。我的意思是，我们之间有着非同寻常的互动。你知道，虽然已经过去了几十年，但我所接受的这项培训至今仍然是世界一流的。

她回到了我们的问题上。"所以我们都受到了非常良好的训练,我们中的很多人现在都成了各自领域中的精英,这可能就是原因所在。"她有些尴尬地笑了笑,继续说道:"当然你也能猜到,不太积极的是,我们都认识彼此,你会倾向于称之为……一个非常亲密的群体。这一切都建立在相互尊重和密切合作的经历之上。我和一群人保持着密切的联系,那是因为,"她又一次露出了同样的笑容,"因为他们都是我的朋友。这些关系网覆盖了很多不同的领域。你知道的,我曾无数次接到过猎头公司打来的电话,而我脑海中浮现出的第一个名字,往往是英国石油公司的老同事。我毫无保留地举荐他们,因为我知道他们都是非常优秀的人才。"

这个故事有一个有趣的转折。正如她所观察到的,英国石油公司深入英国政府的一部分原因,是这家公司"来自英国政府",但到了20世纪90年代,该公司的立场变得有所不同了。她解释说,"我们不是British Petroleum,而是BP。内部的对话是这样的:'我们是一家全球性的公司。英国只是我们范围的一小部分。是的,我们与英国的政府部长有关系,但这种关系与我们和美国人、俄罗斯人或其他任何人的关系并无分别。我们必须格外小心的原因是,我们的总部在这儿,但我们绝对是一家全球性的公司。"我们提到了首相特雷莎·梅于2016年秋天发表的关于"无名公民"(citizens of nowhere)的轻蔑言论,并怀疑英国石油公司是否也沦为了无名公民。考克斯回答说,"也许吧,但我们是所有国家的公民,因为我们都经常搬家。"

谈话结束后,我们在街上散步。时值春天。在和暖天气的召唤下,我们决定去郊外走走。我们穿过蜿蜒的戴维斯街,从伯克利广场上走过,途经布朗担任董事长的L1能源公司办公室,然后穿过皮卡迪利大街,最终进入了格林公园中。

我们都很高兴能够与考克斯会面。她很有见地,深思熟虑,非常坦率。她所说的一切都让人深感信服——与她这个级别的其他人截然不同,那些人虽然热情,但十分谨慎,他们满脑子都是那些已签署的保密协议以及是谁掏腰包付给他们未来的养老金。考克斯的一番关于英国石油公司其他高管在政府中的职位的言论，让我们印象尤为深刻。我们谈到了英国石油精炼公司的前负责人约翰·曼佐尼，他是考克斯的好友，曾在2020年2月之前担任公务员行政长官和内阁办公室常务秘书，这是白厅中最重要的职位之一。他跟随布朗勋爵等更高级的英国石油公司高管的脚步，加入了公务员的队伍。除考克斯所说的话外，壳牌公司也有一个长久以来的传统，那就是高管在从企业退休后将进入政府部门。

20世纪40年代，英国石油公司和壳牌公司一跃成为全国冠军企业，这是历史性的妥协，而如今石油公司和政府之间的很多交叉，都是由这种妥协带来的必然结果。其他如煤炭或铁路等主要行业都被国有化了，他们的员工成了国家的直接雇员。尽管这些石油公司在某种程度上仍留有来自私人资本的顾虑，但他们还是接受了公务员和武装部队的文化。布朗在自传中写道：

（1969年9月）我在萨里的大福斯特酒店参加了一个短期课程，学习了石油勘探知识……然后我收到了"派驻命令"。英国石油公司当时是英国政府的一部分，被许多人视为英国外交部的一个分支机构，那时的公司仍然是高度官僚化的，经常以那样的方式发布命令。我们在这件事上没有任何发言权。

尽管自20世纪70年代以来，英国石油公司一直在努力将自己从英国政府中分离出来，并效仿壳牌公司的模式，但这两家公司与英国政府之间的联系仍然异常紧密。这家公司决定双管齐下。1995—1997年，金洛克哈德郡的约翰·克尔勋爵（Lord John Kerr）担任英国驻美国大使，当时，壳牌公司在尼日利亚的地位正受到暴风般的冲击。1997年工党当选后，克尔从美国回国，开始担任外交部部长及外交和联邦事务部（FCO）常务副国大臣，这是外交和联邦事务部中最高级的公务员职位了。2002 年，已经 60 岁的克尔在退休后成为壳牌公司运输和贸易部的非执行董事。他这一非执行董事的职位绝不仅仅是象征性的。例如，科尔在 2004 年率领团队对荷兰皇家/壳牌公司（Royal Dutch/Shell）的公司重组进行了协调处理。"我们的非执行董事可能在共同行动一事上花了些时间，我们本想决定接下来的走向，"他对英国《金融时报》表示说，"但去年夏天我放弃了，我们的目的不是解决公关问题。我的意思是，拜托，我们不是为了获得积极的公共关系才这么大费周章的。"

克尔的工作变动很好地诠释了什么是所谓的"中转站"，许多公务员从白厅退休后，都通过这个中转站的大门进入了大公司的董事会中。在克尔之前，另一位于 1982 年至 1985 年在外交部担任常任副秘书长的人是安东尼·阿克兰（Antony Acland）爵士。继这一职务后，他也成为英国驻美国大使，任期五年。退休后，阿克兰于 1991 年至 1996 年被任命为壳牌公司的非执行董事。

有些人则朝着另一个方向前进，他们离开石油公司，逐渐滑向了政治领域。在电视节目《舞动奇迹》（Strictly Come Dancing）中，文斯·凯布尔（Vince Cable）议员作为一名选手参加了比赛，而他作为自由民主党领袖的身份，使他跻身于毋庸置疑的"道德"公众人物之列。但在职业生涯早期，凯布尔曾在壳牌担任了 7 年的首席经济学家，并经历了 1995 年夏秋对肯·萨罗·维瓦的司法处决。离开壳牌大约 10 年后，凯布尔分别担任了商务、创新和技能大臣以及贸易委员会主席。他承认，壳牌的烙印确实给他带来了一些问题，并在自传中提到了这一点。他写道，英国广播公司节目《新闻之夜》（Newsnight）要求他谴责前雇主，因为该公司的储备丑闻，致使当时的老板菲利普·瓦茨（Philip Watts）爵士离职了，但"我拒绝了，并说我为曾在壳牌工作感到自豪"。

像凯布尔这样的人还有很多，他们活跃于英国石油公司、壳牌公司或其他行业，在此之后，便开始在议会参众两院任职。这些人中包括了国会议员大卫·利丁顿（David Lidington），在彼得·沃尔特斯担任首席执行官期间，他曾效力于英国石油公司，后来他成了保守党内阁部长和特雷莎·梅的副首相。利兹·特拉斯议员在马克·穆迪·斯图尔特和菲利普·瓦茨爵士的时代担任壳牌公司的商业经理，后来成为国际贸易大臣。艾伦·邓肯（Alan Duncan）是另一位壳牌公司的雇员，他担任了欧洲国务部长，而北爱尔兰和武装部队国务部长安德鲁·罗巴坦勋爵（Lord Andrew Robathan）也曾为英国石油公司工作过。

离开格林公园后，我们穿过圣詹姆斯街，在国王街上漫步。阳光透过圣詹姆斯广场中心的梧桐叶片间隙，斑驳地洒落在地面上。我们经过了查塔姆研究所，这里是著名的英国外交政策辩论厅，同时也是许多智囊团所在地，他们在查塔姆宫守则的约束下对各种全球性议题展开讨论。这里距离英国石油公司总部仅几步之遥，就像是公司的外部会议室一样。这家研究机构受到了一众公司的赞助，其中包括了壳牌公司和英国石油公司。这两家公司的高管会定期应邀参加由英国皇家国际事务研究所，简称查塔姆研究所主办的小组讨论会。

查塔姆研究所成立于1920年，一直是地缘政治思想的中心。一系列关于如何维系大英帝国以及后来如何对其进行管理并进行改变的想法，都是从这里诞生的。与白厅的其他机构，如皇家联合服务研究院一样，它是冷战期间战略思维和王国持续防御的核心。由于英国的帝国扩张通常是通过工业企业进行的，因此它们是维系帝国以及在帝国结束后维持国家运转的关键。这些企业主要有英国石油公司、壳牌公司和力拓公司。查塔姆研究所的房间内正在上演头脑风暴，这有助于为英国出现在中东和非洲以及苏联解体后的俄罗斯和高加索找到合适的理由。外交政策思维、外交部行动以及私人资本的需求，决定了英国与尼日利亚、阿塞拜疆、格鲁吉亚、伊朗、伊拉克、科威特、阿拉伯联合酋长国、阿曼、利比亚甚至俄罗斯等国的关系。我们注意到，查塔姆研究所有一个由前总理约翰·梅杰担任主席的高级顾问小组，但其中也包括一些与石油有密切联系的有影响力人士，如布朗勋爵（前英国石油公司首席执行官）、艾曼·阿斯法里（石油服务公司派特法首席执行官）、伊恩·戴维斯（英国石油公司非执行董事）、约翰·索沃斯爵士（英国石油公司非执行董事）和罗伯逊勋爵（英国石油公司特别顾问）。

在这座格鲁吉亚联排别墅外，我们讨论了当英国公民的需求与这些公司的需求相悖时会发生什么。这是一种描述伊拉克战争失败的方式吗？伊拉克战争遭到了全国许多人的强烈反对？像查塔姆研究所这样的机构，是如何影响英国应对气候变化的策略的？壳牌公司计划到2050年将二氧化碳排放量减少70%，到2070年实现零碳排放。然而，他们的雄心壮志远不如英国政府和政府自己的气候变化委员会，他们呼吁到2050年实现零碳排放。壳牌公司可以通过查塔姆研究所等机构宣传自己的观点，并根据公司丰富的经验，给自己的目标打上"明智"的标签。这起不到什么帮助作用，却可以让外交部和其他政府部门认清现状。这反而有助于决定英国在全球气候外交中的行动。正如《新科学家》(*New Scientist*) 周刊的首席记者亚当·沃恩（Adam Vaughan）在我们与他会面时，直言不讳地告诉我们的那样："每个英国部长都在口头上支持《巴黎协定》的气候目标，但几乎没有人真的相信我们会实现这些目标。"

石油行业作家和评论员格雷格·穆蒂特（Greg Muttitt）告诉我们，他持有另一种观点：

我认为壳牌公司的计划在很大程度上是被用来定义未来的界限的。我认为所有采取行动的公司都是为了说，"好吧，我们可能会更多地使用化石燃料，也可能会减少使用。你的未来不外乎这两种情况。就让我们基于这两种情况来聊吧。"通过这种给想象力设定界限的方式，人们可以确定哪些事情是有可能发生的以及未来会是什么样子。这当然符合这些公司的利益。这符合那些与他们有联系并从中受益的人的利益。列出未来的可能性，这种做法符合那些持有特定世界观的人的利益。

我们穿过圣詹姆斯广场,在英国石油公司总部外停下了脚步,并开始思索考克斯对我们说过的话。这一切真的重要吗?这家公司的员工每个人都训练有素且技术精湛,他们将自己所拥有的丰富的全球经验应用到了新的公务员职位中,难道不是这样吗?让这些训练有素的高管充当公共领域的公仆,难道英国政府就没有从中受益吗?要知道,这些人几乎不需要花费公款接受辅导。

我想起了民族学家玛丽莲·史翠珊(Marilyn Strathern)的话:"在思考其他看法时,我们自己持有何种看法,这至关重要。"考克斯非常清楚英国石油公司是如何以一种特殊的方式帮助她训练自己的思维的。布朗在与我们交谈时展示了这一点,但这种训练也不可避免地限制了他们的思维。从本质上讲,他们的想象力被工程和资本俘获了。在工程中,只要有足够的时间和精力,就没有什么问题是无法克服的,但这样一来,留给情绪的空间就变得很小,尤其是悲伤和绝望。而资本则要求有一件事必须凌驾于其他一切事情之上,那就是获得回报、创造利润的必要性。

这些思维方式决定了英国石油公司将会像壳牌公司和其他石油公司一样,找到解决应对气候变化问题的方法。这是一个可以通过技术、风能或太阳能、生物量或碳捕获及储存来解决的问题。这是一个只有在能赚钱且能获得资本回报的情况下,才可以解决的问题。当壳牌公司和英国石油公司在生产太阳能电池板方面无法产生足够的利润时,他们就将这些工厂卖掉了。当彼得黑德的碳捕获和存储计划无法再通过英国政府的补贴赚钱时,这个项目就被叫停了。

让这种思维指导私人公司的行为是一回事,但让那些在这种思维中最训练有素的人成为公务员就是另一回事了,他们的思维方式肯定有助于决定国家的想象力。当企业思维和大众思维一致时,比如在第二次世界大战中保卫国家时,这不一定是一个问题。但是,当企业和

第 10 章 斯坦洛

受企业思维约束的国家开始以同样的方式行事,并且在气候变化等问题上,与人民的愿望直接背道而驰时,这就成了一个问题了。在思考其他看法时,我们自己持有何种看法,这至关重要。

＊＊

布朗在格伦伊格尔斯七国集团峰会上成功宣布彼得黑德碳捕获和存储计划之后的一年中,英国石油公司并未像过去那样快速增长。布朗20年来一直孜孜不倦地追求的机构投资者内部出现了一些骚动。那些对这位首席执行官的能力产生怀疑的人,将宝押在了英国石油公司总裁彼得·萨瑟兰(Peter Sutherland)的身上。2006年秋,围绕布朗的退休问题,布朗和萨瑟兰之间展开了一场斗争。首席执行官的派系希望布朗至少留任到2009年公司成立100周年。而董事长的派系则希望布朗在2008年达到60岁之际退休,这是自1990年彼得·沃尔特斯退休以来的惯例。和首相撒切尔夫人以及布莱尔一样,布朗的身边也有很多人认为他们的领导人已经超期在任太久了。

2005年,美国接二连三发生了许多祸事。英国石油公司得克萨斯城炼油厂发生爆炸,造成15人死亡,180人受伤。阿拉斯加的一条公司管道破裂,导致21.2万加仑原油泄漏到了冻土带。两名英国石油公司在中西部丙烷市场的交易员被判犯有欺诈罪。所有这些事件,都导致人们将矛头对准英国石油公司,他们被指责偷工减料,不遵守安全标准或联邦法规。该公司在其最重要的市场上的声誉受损,其股价相较于其他同行有所下跌,股东们不禁为之惊恐。

结局到来得很突然。2007年5月1日17时,英国石油公司首席执行官布朗勋爵从位于皮卡迪利大街圣詹姆斯广场的公司总部正门走出来,穿过人行道,来到了等候着的豪华轿车前。公司内部有人向媒体通风报信。当一名保安挡住围观的人群时,摄像机纷纷响起了嗡嗡声和咔嗒声。担任了12年首席执行官的布朗就这样被解雇了。

215

这位"太阳王"的陨落和他的崛起一样富有戏剧性。2007年1月5日,布朗正在加勒比海的朋友、银行家和捐助者约翰·斯图津斯基(John Studzinsky)的家中度假。他接到了英国石油公司新闻和媒体主管罗迪·肯尼迪(Roddy Kennedy)打来的紧急电话。《星期日邮报》(The Mail on Sunday)即将发表一篇关于布朗私生活的长篇报道。他昔日的一位老情人杰夫·契瓦利埃(Jeff Chevalier)显然得到了报社的丰厚报酬,此刻正迫不及待地要对这位布莱尔精英团队的重要成员展开攻击。契瓦利埃在证词中描述了布朗在切尔西港的豪华公寓、他与新工党建筑师彼得·曼德尔森(Peter Mandelson)的晚餐,以及她参观布朗在威尼斯的公寓的经历。

这位英国石油公司首席执行官将《星期日邮报》告上了法庭,并最终败诉;不仅如此,他还为自己作了伪证。他声称自己是在巴特西公园里偶然认识了契瓦利埃,但证据显示,他们是通过一个名为"西装革履"的约会网站结识的。很明显,作为泰特(Tate)的受托人、大英博物馆的前受托人、高盛集团的非执行董事、首相的知己的布朗勋爵,向法官撒了谎。从那一刻起,他的公众地位似乎就从根本上被削弱了,《星期日邮报》和其他媒体都急不可耐地想要冲上去对他进行打压。

英国石油公司一直否认这些问题之间有所关联,但批评家们却对美国的问题展开了抨击,他们认为这些事件暴露了布朗20世纪70年代在美国的经历与在斯坦福大学商学院学习的商业模式的缺陷。该模式的核心是:不断努力提高公司的资本化和全球扩张水平;通过兼并和收购的手段扩大公司;通过剥削劳动力和降低感知效率的方式,使新资产的资本价值最大化;出售或关闭不产生预期回报的资产;尽可能将公司职能外包;始终专注于满足可以引导机构投资者的股票分析师的需求。

2019年,当我们在他位于梅费尔区的办公室内交谈时,他并没有为自己"只有坚持艰难的商业决策才能创造就业和成功"的观点而道歉。无论你追求的是可再生能源项目还是石油计划,归根结底,它都是在以一种最有效的方式花着你的钱。

"固定资产必须被不断改进，所以人们总是在考虑改进的成本和由此带来的收益，并对自己说：'我可以把它卖给别人，然后由他们来改进也行。'"而且，"我认为在商业中，你会意识到，当事情一旦涉及资产，往往就没有太大空间留给情感。当涉及人时情况会有所不同。你知道的，资产就是资产。要是没有空间的话，你就守不住它们。"在去工业化过程中，他思考道：

我认为这是一个自然的循环，它会根据每个国家的相对优势而变化……没有哪家公司大到可以做任何事情，所以它把下一美元花在哪儿，把员工放在哪儿？它如何为自己赢得竞争优势？……由于边际收益，大家不得不将业务转移到不同的地方。

在美国发生的一系列事件，引起了人们对美国模式缺陷的关注，但其中一些策略英国也同样采用了。科里顿的故事就是一个完美的例子。这座炼油厂于1996年被并入英国石油公司，当时布朗正在策划的是一次更大规模的合并，他使英国石油公司和美孚公司合并了各自在欧洲的资产，而炼油厂的加入只是这次大规模合并的一部分。2007年，科里顿被卖给了佩特罗普洛斯公司。但像英国石油公司这样的公司，当时正在东南亚以更廉价的成本加工精炼产品，比如该公司在西孟加拉邦的哈尔迪亚共同出资建立的炼油厂就是其中之一。这些产品的进口很快就压低了科里顿石油产品的价格，因此科里顿的工厂不到五年便倒闭了。

英国石油公司和其他公司希望通过哈尔迪亚等地的炼油厂和对欧盟关税壁垒的破坏，来获得更高的资本回报率，因此，埃塞克斯南部的工人们成了牺牲品。在工厂关闭之际，这种模式总是在重复上演，例如1996年从美孚公司收购并于2001年关闭的伯肯黑德润滑油厂就是个例子。在巴格兰，英国石油公司曾试图通过某种形式的过渡来帮助社区，但在伯肯黑德，他们未曾采取此类行动。在科里顿的案例中，英国石油公司实际上将全部责任都推卸给了公司之前所在的社区，这些人任由佩特罗普洛斯公司摆布，而后者则对除资本回报以外的任何事物都漠不关心。

* * *

英国石油公司和壳牌公司 10 年来关闭了全国各地数家工厂，科里顿和巴格兰也只不过是其中的两家而已。此举大大减少了这两家公司在英国的就业人数。南威尔士、泰晤士河口和其他地方的社区受到了严重影响，虽然一些人决定继续效忠于他们的前雇主，但另一些人却认为自己将工作生涯全都奉献给了这个行业，如今却遭到了背叛。

这些公司声称自己是全球化这场无情的轮盘赌的受害者，身处其中，就不能停滞不前，不能被成本更低的外国竞争对手打败。然而，也是在同一个十年中，这两家公司继续将自己描绘成"国家冠军"，并且是为了"英国的利益"而运作。他们之所以能这样做，很大程度上是由于他们维持住了"特殊公众"的忠诚，这些人中有政治家、公务员、记者，甚至还有一些环保人士，而这只是考克斯向我们提到的关系网络的冰山一角。这是一个越来越伦敦化的社区。

"地球之友"自在英国成立以来，一直对石油行业持怀疑或批评态度。20 世纪 90 年代中期，壳牌公司试图将布兰特史帕尔平台沉入北海以及该公司参与谋杀肯·萨罗·维瓦及其同伴的事情激起了民愤，"地球之友"也加入了进去。

与此同时，曾担任"地球之友"负责人的乔纳森·波里特（Jonathon Porritt）现在成为媒体眼中的英国绿色运动"领袖"，他与他人共同创立了未来论坛（Forum for the Future）。该组织的明确职责是与企业，特别是英国最大的几家公司进行合作，以实现共同的环境目标。

几年来，这些联盟一直是霍华德·蔡斯（Howard Chase）领导的英国石油公司社会责任团队的宝贵资产。这些关系网络在名义上支持壳牌公司的竞争对手，但非政府组织和特定公司之间的合作氛围，实则有利于树立整个行业的政治立场。在这场发生在大都市的信息互换中，公司保住了其作为英国社会伟大贡献者的地位，但与此同时，工厂的关闭也对全国各地的社区产生了影响。居住于这些前工业地带的人口日益增加，而现在发生的一切却意味着国家政治阶层的某些人，已经悄无声息地将注意力从这些人身上移开了，情况似乎有些微妙。

"地球之友"和"未来论坛"的使命与英国石油公司的做法之间存在矛盾，这意味着这些联盟是无法长久的。在向公司员工宣传英国石油公司品牌重塑仅仅两年后，托尼·朱尼珀就开始为反对该公司的巴库–第比利斯–杰伊汉输油管道而奔走。自 1992 年以来，英国石油公司一直在计划修建这条 1768 千米长的输油管道，该管道将从阿塞拜疆里海地区的近海油田出发，途经格鲁吉亚山脉，最终通向土耳其的地中海港口杰伊汉。它不仅对沿途的生态构成威胁，而且对全球气候也构成威胁，因为它对里海下方岩石中原油的碳负荷进入大气层起到了促进作用。"地球之友"在一个非政府组织的国际联盟中发挥了关键作用，与之并肩作战的还有像角屋（Corner House）、平台（Platform）等众多反对该管道的组织团体。一切关于"地球之友"会无条件支持更名后的英国石油公司及其"超越石油"计划的幻想都被打消了。然而，这些非政府组织的注意力已经从受石油公司影响的英国社区，转移到了其他遥远的地区，如高加索地区。

* * *

壳牌公司或英国石油公司的油轮将驶入默西河，途经利物浦市，驶向港口和位于伯肯黑德右舷的坎梅尔·莱尔德船厂，然后向右转舵。位于威勒尔底部狭窄航运通道上的，就是斯坦洛。在这里，他们的货物在布罗姆伯勒被泵上岸，并在炼油厂进行加工处理。隔壁桑顿研究中心的科学家们也没闲着,他们正在想方设法不断提高工厂产品的等级。

汽油和航空燃料是斯坦洛的核心产品,这些燃料被分别装载到穿越西北部的公路油罐车和曼彻斯特运河上的燃料驳船上。在这条水道的中途,船只经过了英国石油公司的帕廷顿码头。他们偶尔会在那里卸货,但通常情况下,一条来自斯坦洛的地下管道会直接负责这个码头的供应。而帕廷顿本身则通过公路罐车、管道,以及隔壁巨大的卡林顿石油化工厂为曼彻斯特机场提供电力。

由壳牌公司所有的卡林顿是英国最大的化工厂之一,是塑料开发和生产的先驱。它自己的研发中心成立于 1961 年,是英国石油公司巴格兰工厂的竞争对手。

但与塞文河口的英国石油公司一样,壳牌公司也从默西塞德郡稳步撤退了。首先,是这家石油公司在 20 世纪 60—80 年代开始停止向坎梅尔·莱尔德的船坞订购油轮和海上钻井平台。但第一家工厂的关闭是在 2001 年,在约翰·布朗和英国石油公司董事会的要求下,一家位于伯肯黑德的工厂被关停,该工厂曾向欧洲各地的市场供应润滑油。生产任务被转移到了中国的一家新工厂。

随后衰落的是卡林顿化工厂。首先是在 2006 年,多元醇车间被关闭,其生产转移到了鹿特丹,乙氧基化物车间也被转移到了提赛德的威尔顿,这一切都是"基于提高业务成本效益的计划"。2007 年夏天,壳牌公司关闭了卡林顿的所有工厂,只留下一个由利昂德巴塞尔运营的车间。2011 年 3 月 29 日,壳牌公司宣布将斯坦洛炼油厂出售给印度公司埃萨(Essar)。英国石油公司从中获利,并将资本分配到其他各处,他们对这台已经在默西塞德郡中心地带运行了 87 年的机器不管不顾。两个月后,桑顿研究中心关闭了。

我们穿过卡林顿的大门,驱车驶过一个巨大的混凝土平台,这里让人不禁联想起科里顿和巴格兰。我们向仅存的几栋建筑中的一栋驶去。在接待处的办公室里,有几个体格健壮的人正在喝茶休息。他们是消防队的人，此刻正在帮忙拆除最后一座工厂。科林·麦克马伦（Colin McMullen）解释说，当他刚刚开始在卡林顿从事餐饮业时，壳牌公司的直接雇员达到了3500名，他们分别在工厂的七个独立车间工作。而后，随着生产逐渐转移到加拿大、法国和其他地方，这些工厂也慢慢被关闭了。现在只剩下200人在最后一个即将被关闭的车间里工作了。

另一位前工人告诉我们：

我和其他在那里工作的人，真的都不相信它会有关门的一天，我们以为它会永远开下去……因为对它来说，没有比这儿更好的地方了……你想一想，我们这儿有来自斯坦洛的管道，有曼彻斯特运河，有我们需要的一切……从这里的码头出发，司机们哪儿都能去。我的意思是，这么好的工厂到底为什么非要关闭不可呢？

麦克马伦说，他并不责怪壳牌公司关闭了工厂：

不仅仅是这个行业，所有行业都一样。我是说，我以前在商船队里工作过，他们的做法也是如出一辙。他们认为在船上悬挂外国国旗会更便宜，然后就真的这么干了。而且，自打我来到这里，这里就一直在改变，你必须随着变化前进才行，如果你总是停滞不前，那么最终就算不被解雇，也会遇到其他什么事情。

我们驱车离开时，感觉麦克马伦好像已经接受了新自由主义潮流变化的必然性。他的言论似乎呼应了布朗对我们说的话。不过，麦克马伦、布朗和考克斯对后石油时代的看法看上去与民意相去甚远。有些人是有能力自保的，其他人却不行。

* * *

我们驱车 15 英里来到桑顿研发中心，7 年前，这里有 500 名壳牌公司的员工被告知自己将被解雇。远处横亘着几条用特制砖块砌成的线条，这是由弗雷德里克·吉伯德爵士设计的，这位现代主义建筑师还建造出了壳牌的伍德斯托克研发机构，专门用于农药研究。这两个地方都散发着一股社会民主的乐观情绪。大门处的标志牌上写着"切斯特大学，桑顿科技园"，此外，尽管我们已经努力寻找，但还是没找到任何能够表明壳牌在此处已有 75 年历史的东西。曾经就是在这里，在斯坦洛烟囱的背后，那些身穿白色实验室服和粗花尼夹克的工作人员，努力开发着新的原油制品，为了公司的利润创造新的机遇。肯尼·坎宁安和安迪·麦克劳斯基的父亲和妹妹都曾在这里工作。

我们想起了在海牙与壳牌公司首席执行官本·范·伯登的一次谈话，当时他承认，由于无休止的工厂关闭，壳牌公司在英国的工业足迹，相较过去已经是大相径庭了。他回答："是啊……这是真的……我认为这已经发生了，这种局面我也没有办法改变。"

* * *

到 20 世纪最初十年，英国石油公司和壳牌公司从英国撤资的漫长过程达到高潮。

比较英国石油公司和壳牌公司在 1940 年和 1980 年拥有和经营的资产范围，以及 2020 年仍持有的资产范围，可以看出这种转变的规模。

这一转变的记录并不包括英国石油公司和壳牌的海上资产——钻井平台、石油和天然气生产平台，以及北海的海底管道。然而，自 20 世纪 60 年代中期以来，英国的离岸地区一直都是另一个国家，遵守着与陆地上完全不同的规范。

第 10 章 斯坦洛

记录涵盖了英国的船厂，因为 20 世纪 40 到 60 年代间，这些船厂曾有两个主要的客户：石油公司和皇家海军。这些位于克莱德赛德、默西塞德和其他地方的船厂，成了英国石油公司和壳牌公司实际意义上的分支。当这两家公司开始选择从欧洲大陆和远东的船厂订购油轮时，英国造船业的生存能力便遭到了根本性的破坏。

表 1 是示意性的，其内容并不全面。它不包括英国石油公司和壳牌公司在英国的其他广泛资产，如加油站、航空补给站、油轮车队、液化石油气仓库和行政办公室等。此外，这两家公司绝不是英国石油和天然气行业的全部。尽管如此，他们自 1940 年以来就一直是主导者，而表 1 则显示了这两家公司以及其更广泛部门的发展方向——离开英国。

这种消失行为几乎瞒过了所有公众的视线。当然，巴格兰或桑顿的下岗员工知道英国石油公司和壳牌公司已经撤出了他们的社区。可以肯定的是，这些前员工中的大多数人对卡林顿或巴里等相关工厂的员工已经遭到裁员一事是知情的。公司会一再解释，某一家工厂的关闭只是为了集中生产和保障另一家工厂的就业机会，但另一家工厂随后也被关闭了。当然，当地媒体对工厂的关闭进行了全方位的报道，并在全国性报纸上发表了专栏文章，但却很少有人能发觉到裁员浪潮正在席卷全国。能直接参与到英国石油和天然气行业的某些领域的工人人数正在大幅减少。

对于大多数的英国消费者而言，壳牌和英国石油公司在英国人的日常生活中，仍然占据着强势地位。他们的加油站分布在高速公路上，并占据了城镇中心的重要位置，两家公司的标识经常出现在各种文化活动中，他们的业绩不断被商业媒体报道，偶尔还会登上主流报纸的头版。

然而，英国石油公司和壳牌已经从英国社会进行了一次大规模的，甚至是秘密的撤退，在与我们见面时，范·伯登也同意了这一点。与此同时，这两家公司已经迁入了城市的堡垒。与之形成鲜明对比的是，

表 1　不列颠石油和天然气工业的开始与终结

岸上石油产品	1940	1980	2020
壳牌公司			
英国石油公司 普勒港的威奇法姆油田		▲	○
精炼厂			
壳牌公司 壳牌赫文 斯坦洛 提兹港的提赛德	▲	▲ ▲ ▲	⊗ ○ ⊗
英国石油公司 科里顿 格兰杰默斯 兰达西	▲	▲ ▲ ▲	⊗ ○ ⊗
原油码头 / 仓库			
英国石油公司 克鲁登湾 萨洛姆湾 霍德角 金内尔稳定码头 达梅尼		▲ ▲ ▲ ▲ ▲	○ ○ ○ ○ ○
天然气码头（英国石油公司和壳牌公司有使用权，但不一定为其所有）			
林肯郡的塞德尔索普天然气码头 圣弗格斯码头 巴克顿 诺福克 东约克郡的伊辛顿 & 达令敦 米德尔斯堡的 CATS 天然气码头		○ ○ ○ ▲ ▲	○ ○ ○ ○ ○

精炼产品码头 / 仓库	1940	1980	2020
壳牌公司 伯明翰的金斯伯里		▲	○
英国石油公司 赫默尔·亨普斯特德的邦斯菲尔德 南安普顿的汉布尔 普利茅斯的卡特当 马恩岛		▲ ▲ ▲	▲ ▲ ○ ▲
液化天然气接收站			
壳牌公司 莫斯莫兰		▲	▲
英国石油公司 马恩岛			▲
原油管线			
壳牌公司 阿姆卢赫		▲	⊗
英国石油公司 福蒂斯管道系统		▲	○
产品管线			
壳牌公司 斯坦洛–壳牌赫文 斯坦洛–卡林顿 斯坦洛–曼彻斯特机场		▲ ▲ ▲	○ ○ ○
英国石油公司 科里顿–邦斯菲尔德 邦斯菲尔德–希思罗 科里顿–斯坦斯特德 科里顿–盖特威克 格兰杰默斯–威尔顿 – 斯坦斯特德，赫尔		▲ ▲ ▲ ▲ ▲	○ ○ ○ ○ ○

备注：
- ▲ 目前由英国石油公司、壳牌公司或与其他公司合资运营。
- ○ 目前仍在运营，但由英国石油公司或壳牌公司售往第三方公司。
- ⊗ 已关闭。

第 10 章　斯坦洛

续表

	1940	1980	2020
产品管线			
英国石油公司 & 壳牌公司合资			
埃文茅斯–壳牌赫文 A/T		▲	○
埃文茅斯–布朗巴勒 N/S		▲	○
老柯克帕特里克、格拉斯哥–格兰杰默斯		▲	✖
马恩岛–沃尔顿		▲	○
泰晤士港–东安格利亚		▲	○
化学 & 塑料工厂			
壳牌公司			
卡林顿		▲	✖
提赛德的威尔顿		▲	✖
默斯莫兰		▲	▲
英国石油公司			
提赛德的威尔顿		▲	✖
巴里		▲	✖
巴格兰		▲	✖
格兰杰默斯		▲	○
赫尔的索尔特德		▲	○
斯特劳德		▲	✖
卡苏顿		▲	✖
海斯		▲	✖
润滑油工厂			
壳牌公司			
英国石油公司			
伯肯黑德		○	✖
研发机构			
壳牌公司			
桑顿		▲	✖
萨里郡的艾格镇		▲	✖
锡廷伯恩		▲	✖
卡林顿		▲	✖
英国石油公司			
森伯里	▲	▲	▲

	1940	1980	2020
船厂 & 钻机装配建造厂（主体客户为壳牌和英国石油公司的供应商）			
伯肯黑德的坎梅尔·莱尔德船厂	▲		
米德尔斯堡的史密斯码头	▲		✖
桑德兰的 J.L. 汤普森船厂	▲		✖
桑德兰的 J·莱恩先生船厂	▲		✖
桑德兰的约翰·克朗	▲	✖	
桑德兰的巴特拉姆	▲	✖	
桑德兰的威廉姆·道克斯福德	▲		✖
沃尔森德的斯旺·亨特船厂	▲		✖
赫伯恩镇的 R&W 霍索恩	▲		✖
提赛德的弗内斯船厂	▲	✖	
巴罗的维克斯·阿姆斯特朗船厂	▲		✖
格兰杰默斯的格兰杰默斯船厂	▲	✖	
克莱德班克的约翰·布朗	▲	✖	
格里诺克的斯科特船厂	▲		✖
格拉斯哥的 A·史蒂芬	▲	✖	
格拉斯哥的费尔菲尔德	▲	✖	
格拉斯哥港的利思戈			
格拉斯哥的布莱斯伍德	▲	▲	✖
格拉斯哥的 A&J 英格利斯公司	▲	✖	
格拉斯哥的哈兰德和沃尔夫船厂	▲	✖	
贝尔法斯特的哈兰德和沃尔夫船厂	▲	▲	

225

二者的资产以及其作为英国雇主的角色正在迅速缩水，英国石油公司和壳牌在英国资本市场上继续占据着主导地位，而且在这30年间确实有所增长。

在过去30年中，金融在英国石油公司内部的主导地位一直在稳步上升。能阐明这一转变的关键时刻有很多，包括戴维·斯蒂尔开始进行公司的"私有化"斗争；彼得·沃尔特发表声明称"没有什么是不容置疑的"；约翰·布朗实施战略，通过亲自展示英国石油公司的季度业绩来吸引资产经理。英国石油公司不再是一家石油生产商和供应商，而已经演变为一台纯粹的金融机器。壳牌也是如此。

正如约翰·布朗所指出的那样："我曾经计算出，英国石油公司在英国养老基金每6英镑的股息中占了大约1英镑。这些股息在1995年至2007年增加了2倍。"英国石油公司和壳牌公司在伦敦证券交易所的规模，以及在英国养老基金、保险公司和单位信托投资组合中的持股规模不断扩大。

当英国石油公司和壳牌解雇员工或出售工厂时，他们通常会提供慷慨的裁员福利，当然，他们也没有抛弃退休人员。在这两家公司中，每个月领取养老金的人数超过了该公司的在职员工总数。随着直接就业人员的数量下降，英国公民寿命的增长，公司周围更广泛社区中的人口结构正在发生转变。出席两家公司年度股东大会的人群清楚地说明了这一点。那里人山人海，各个头发花白。许多人都对他们曾为之效忠的公司充满了美好的回忆。这个行业正慢慢成为一个怀旧之地，一座历史的宝库，而不是未来的缔造者。

第三部分
2008—2020

第 11 章
这苦涩的大地

2008 年 9 月 15 日

纽约雷曼兄弟公司（Lehman Brothers of New York）破产的消息给伦敦金融业带来了沉重的打击。按市值计算，它是美国第四大投资银行。电视屏幕显示，公司的员工们正捧着装有个人物品的纸箱从位于曼哈顿下城区水街上的总部中离开。位于伦敦港区金丝雀码头的分公司是雷曼兄弟在美国以外最大的分支，而这里也立刻关门大吉了。5500 名员工的未来悬而未决。电视新闻显示，工人们正在从银行街 25 号离开，他们的怀中也紧紧地抱着纸箱。

不仅是在伦敦城，威斯敏斯特和白厅也都出现了恐慌的局面。其他美国或英国银行会倒闭吗？整个国际金融体系会崩溃吗？苏格兰皇家银行（The Royal Bank of Scotland）和劳埃德银行（Lloyds Bank）看起来都岌岌可危。戈登·布朗（Gordon Brown）的工党政府在此时介入了。实际上，这两家机构以 370 亿英镑的价格被收归国有了。30 年来，这些私人资本公司一直在批评国家对他们的干预，现如今，它们却需要依靠公共基金来纾困了，因为部长们宣称这些公司"因规模太大而不能倒闭"，必须为了国家利益对其进行救助。

工党政府使用公共资金来支持私人银行，从而挽救银行家的工作，而银行家往往拿着高于常人的工资和奖金，这样一番景象激起了公众舆论的愤怒。国家的干预也未能阻止巴格兰工厂的关闭，而那里的工人所得到的待遇，对于这些宇宙的主宰者们并不适用。媒体开始狂啸，诞生于纽约街头的"占领"（Occupy）抗议运动在伦敦圣保罗教堂的台阶上兴起。英国《金融时报》发行了一份标题为《资本主义的未来》（The Future of Capitalism）的特刊，商界和政界普遍认为，资本主义的金融化模式正深陷困境——"别无选择"的时代即将落下帷幕。

在雷曼兄弟倒台之前，新自由主义模式已经形成了一种不可避免且不可抗拒的增长态势。15 年来，全球经济一直在快速扩张——尤其在中国的支持下——随之而来的是一些人的生活水平提高。

在经历了 20 世纪 80 年代相对较低的油价之后，从 1994 年 2 月到 2008 年 6 月，全球的原油价格开始稳步上升。虽说这一局面被 20 世纪 90 年代末的油价暴跌所打破，但在 14 年的时间里，这一趋势总体上是呈上升状态的。这在一定程度上反映了全球石油消费水平的迅速增长，而石油消费本身也反映了国际贸易的巨大增长。通过轮船、飞机和卡车在世界各地运输的实体商品数量急剧增加，举例来说，中国制造的消费品很多都会被运往伦敦、阿伯丁或利物浦的超市。全球化在石油的浪潮中席卷了世界各国，而石油领域也在全球化的背景下蓬勃发展。这是一种完美的共生关系。英国石油公司和壳牌公司在很久以前就扮演了英国"国家冠军"的角色，现在，他们成了全球化的"助产士"和"冠军"。

由于放款人认为这种增长将确保借款人有能力偿还贷款，因此廉价信贷开始流入。其中最具代表性的是美国各地的房屋抵押贷款，那些无力继续偿还贷款的家庭被诱使去购买这些抵押贷款。在华尔街，这些贷款被售出，这从理论上来说是为了分散风险，但关键是为了从次级抵押贷款市场的债务中获取利益。

当这一信贷体系崩溃时，这一流程也被彻底颠覆了。由于无法继续还款，数百万人拖欠抵押贷款，他们的房屋也随之被收回。随着经济衰退，他们失去了工作。接下来，中美洲的公民再也负担不起他们的四驱车，甚至连卖都卖不出去，于是汽油的需求开始下降，全球油价也随之下跌。2008年6月，原油价格创下每桶165.48美元的历史新高，7个月后，这个价格跌到了51.06美元。在英国，经济低迷给壳牌公司威尔顿工厂的工人们带来了影响，该工厂因塑料原材料需求的下滑而倒闭了。科里顿炼油厂的员工对汽油和柴油销量的下降感到担忧。油价在半年内下跌了100美元，英国石油公司、壳牌公司和其他大多数石油和天然气公司的利润也随之下降了。英国经济的两大支柱开始动摇。

随着油价下跌，英国石油公司和壳牌公司不得不频繁地修改他们的计划。本来计划延续到21世纪30年代的勘探和开发项目，在6个月前还看似可行，但如今很快就被冻结了，项目的员工遭到了解雇。在过去10年中，由于卡林顿和伯肯黑德等工厂的关闭，工作岗位被大幅削减。现在，各大总部和区域办事处正在审查裁员情况——英国石油公司和壳牌公司在伦敦和阿伯丁的情况就是如此。从表面上看，金融危机给石油公司带来了冲击，而石油公司对更广泛的英国经济产生了影响，但或许两者之间还存在着更为复杂的关系？

我们拜访了剑桥大学政治经济学教授、《石油与西方经济危机》(*Oil and the Western Economic Crisis*)等书的作者、资深媒体评论员海伦·汤普森（Helen Thompson）。最近，她正在重点研究2008年国际金融危机的起源。在校园大楼的咖啡馆内，她向我们解释道：

我曾打算写一本新书，内容是通过一系列不同的事物，来谈一谈由金融危机和欧元区危机带来的后果，其中一个事物就是能源。当时，我正试图将石油引入我已知的事物中去。但随着思考的深入，我越发觉得不应该把石油融入其他故事中，石油本身就是故事。

她翻阅过美联储、英格兰银行和欧洲央行的会议记录。"那时我瞠目结舌。一页又一页，每一页上都写满了石油。在每一次的关键会议上，他们都在讨论油价问题。"她开始意识到，2008年金融危机之前的经济衰退与这种商品有着密不可分的联系，随后，那场经济衰退因雷曼兄弟公司的破产等信贷事件而进一步加剧。

不过令她感到困惑的是，尽管这些年来，商业媒体对中央银行的政策进行了全方位报道，但与石油相关的讨论，却几乎连一条也没有：

我认为石油对人们来说是难以想象的。它几乎就像一个平行世界般庞大。它渗透了一切。虽然大多数人没有意识到，但我们的日常生活已经离不开石油了，这就意味着，在许多由石油引发的糟糕事件中，我们都成了同谋。

她解释道，她指的不仅是气候变化问题，还包括许多英国外交政策的决策。"我的一部分结论是，每当你试图呼吁人们关注这一现实时，它就会被推得远远的，因为一旦哪天人们真的理解了这个问题，并让它成为我们政治的一部分，我们的政治就会变得更加艰难。"

她说，当她看到沙特阿拉伯国王去世后，西敏寺大教堂竟然降下国旗致哀时，她深感震惊。但她随后意识到，这充其量只是说明了英国对沙特石油及其财富的依赖程度之深。

参与气候辩论的人要求立即停止一切碳氢化合物的制造，汤普森显然对这些人失望透顶。她担心这样做只会将权力移交给委内瑞拉或俄罗斯等国的国有石油集团："我说的是那些根本不想参与解决石油替代能源的难题的人……如果你看看2008年以来的世界经济就会发现，年复一年，全世界每一天都会消耗100万桶石油。我们是不会放弃以石油为基础的经济的。在世界层面，我们正在朝着相反的方向前进，这是唯一与气候变化相关的事情。"

"我真的看不到任何能够最终解决气候变化的方法，因为世界消耗的能源一点也没有减少的趋势。我知道那些到处飞来飞去的中产阶级富人是听不进去的。"我们询问她怎么看待自己搭乘飞机一事。长期以来，对于像学术研究这类通常需要较长时间和相对较低薪酬的工作来说，出国旅行一直被视为工作中的一项额外福利。

"我一年只搭乘飞机出去一次。这意味着我拒绝了这项福利。无论是工作还是游玩，我都肯定是要出去一趟的。那是一趟往返的旅程。"

她已经有25年没开过车了，并且从20岁起就没吃过肉。"很多人认为我们如今这样的生活能够继续下去，认为可再生能源将永远为我们服务，而不需要我们做出任何牺牲，在我看来这是不可能的，是一种妄想。"

部分由石油价格造成的全球金融危机对系统造成了冲击，导致了石油价格的崩溃。这继而影响了石油公司，也影响了英国的经济。

更重要的是，金融危机将政府引向了一条更加保守的道路，其紧缩政策改变了整个国家的方向。但这种政治节奏的变化可能为气候变化问题带来一些机会。

我们讨论了个人牺牲背后的政治：

10年前，在金融危机之前，人们很难想象自己会在政治上做出任何牺牲。但现在的感觉是，不仅仅在气候变化方面，这样的情况显然在很多方面都不可能再持续下去了。事实上，现在人类已经造成了很多破坏，人们对自身的存在产生了某种恐惧，并以不同的形式表现了出来。自金融危机以来，人们有了比以往更良好的政治空间，来思考气候变化和石油等更棘手的问题。

但是，她总结道："这并不意味着一切都会很容易。石油是一种人们完全不想考虑的东西。"

2010年4月21日

早餐时间的电视频道被同一条新闻占满了，英国挨家挨户和

第 11 章 这苦涩的大地

所有办公室都在关注着同一条消息——前一晚,"深水地平线号"(Deepwater Horizon)钻井平台在距离路易斯安那州海岸 41 英里的墨西哥湾发生了爆炸。钻井平台在黑暗中像火球一样燃烧的图像,在全世界传开了。最初的遇难人数十分清晰:11 人在英国石油公司的灾难中丧生。这一系列的事件消息,在北海离岸石油工人群体中炸开了,人们重新回想起了 22 年前那起派普阿尔法(Piper Alpha)灾难。

起初,"深水地平线号"的事情还属于是一场工业事故,但没过几天,罹难者的信息就被由环境危机引发的恐慌所掩盖了。这座平台一直在钻的油井正在向海洋喷射数百万吨原油,岩石的地质压力将石油推上了海面。电视画面显示,一大片棕色的泄漏原油正在墨西哥湾蔓延,并流向佛罗里达州和路易斯安那州的海滩和城镇。墨西哥湾沿岸的社区对渔业和旅游业的生计深感忧虑。整起事件让社交媒体和主流媒体胃口大开,他们在贪婪的欲望的驱使下,这条新闻在美国各地传播开来。

与石油行业的其他同行一样,英国石油公司长期以来一直习惯于对媒体报道施加高度控制。比如说,英国北海钻井平台的电视画面几乎完全是根据公司的要求拍摄的。尽管英国石油公司明显试图限制记者的访问,但租用轻型飞机的摄像人员还是可以看到墨西哥湾的浮油扩散情况,而脸书(Facebook)[1]等社交软件则成了所有决心促使国家保护公民生命、使人们免受这场企业灾难影响的人手中的武器。英国石油公司加剧了这场危机。他们的首席执行官唐熙华对着电视摄像机发表了讲话,但事实证明他非常无能。他操着满口清脆的英国口音,吐出的全都是与"偌大的海洋"相比,"这可以说是相当小的",以及"你知道的,我希望自己的生活能够回到正轨"之类的话。

媒体将英国石油公司的危机转移到了华盛顿。在民愤和新闻频道

---

[1] 已更名为元宇宙。——编者注

的推动下，奥巴马政府对英国石油公司采取了越来越强硬的立场，宣布"我们将让英国石油公司赔偿由他们公司造成的损失"。他不断地强调这是一家外来公司。尽管十年来，这家公司的正式名称一直都是BP PLC，尽管事实上该公司的大多数股份是由美国而非英国机构持有的，但到头来，威胁美国人生命的还是"英国石油"。按理说，与英国相比，这家公司更加具有美国特色。尽管如此，内政大臣肯·萨拉扎（Ken Salazar）还是说："我们总体上的工作是尽量让英国石油公司不受影响。"

危机随后转移到了华尔街。海湾石油泄漏事故发生后的数天内，英国石油公司的股价暴跌，价格一直在持续走低。人们越来越担心这家公司可能会支撑不住，他们不仅要为油井封顶付出天价的成本，还需要支付大量的清理和赔偿款项，这将严重损害英国石油公司的资产负债表。华尔街的焦虑情绪蔓延到了伦敦。英国石油公司股价暴跌意味着英国大多数机构投资者，尤其是养老基金的价值暴跌。

危机进而转移到了威斯敏斯特。有人抗议说，奥巴马政府对英国金融业的支柱部门采取了不必要的严厉措施，并对英国养老金的领取者构成了威胁。第一位发言的政治家是当时的伦敦市长鲍里斯·约翰逊（Boris Johnson），他一直在试图击败自己最大的对手——首相卡梅伦。诸如诺曼·特比特（Norman Tebbit）勋爵等其他人也为英国石油公司辩护。不久，卡梅伦就与奥巴马进行了一次受到广受关注的通话。但事实上，英国政府对华盛顿几乎没有产生任何影响。

截至6月15日，英国石油公司的股价在短短8周内下跌了40%，信用评级机构惠誉（Fitch）和穆迪（Moody's）下调了该公司的信用等级。多年来，媒体一直在向公众灌输在希腊等国信用评级的重要性，而此次降级似乎预示着英国石油公司即将破产。有消息透露，由于这家英国最大公司的信誉开始受到质疑，承包商已经开始要求他们以现金的形式预付服务费。海伍德和一组高级管理人员时不时会去白宫毕恭毕敬地请求和解。英国石油公司同意设立一项价值200亿美元的漏油基金，并暂停向股东支付股息。作为回应，奥巴马开始采取行动使该公司免于倒闭，他宣称英国石油公司是"一家强大而有活力的公司，让这家公司继续保持这样的状态符合我们所有人的利益"。

公司的股价很快开始回升，英国石油公司似乎幸存了下来。但2010年春季的这起事件带来了长期影响。近一个世纪以来，用伦敦城的术语来说，英国石油公司的股票一直都是"蓝筹股"，这意味着它是绝对可靠的，是一种可以为养老基金等机构提供坚实基础的金融工具。而现在，公司暂停派息一事凸显了英国石油公司股票价值的脆弱性，这使人们对投资于该公司的可靠性产生了深深的怀疑。如果一家公司竟是如此脆弱，那是不是代表着壳牌和其他石油巨头也是如此呢？投资者群体中不断蔓延的疑虑，开始影响到英国金融部门和石油行业之间的关系，继而又迫使这些公司做出改变。

有些人批评卡梅伦和其他政客，竟然替一家私人公司说话，而英国石油公司内部则对英国的辩护行动如此软弱感到愤怒。这两种批评或许都不是空穴来风。他们解释说，与布莱尔等前几届政府相比，如今的英国政府在支持英国石油公司一事上表现得更加心不在焉。他们还说，现在伦敦对于华盛顿的影响力远不如二者被吹嘘成有着"特殊关系"的那几十年。如果说在处理与石油巨头的关系方面，威斯敏斯特已经变得不温不火，那么反之亦然。"深水地平线号"的危机证明，英国作为这家公司的地缘政治支持的来源，如今已经变得越来越无关紧要。

2010年6月28日

泰特英国美术馆（Tate British）举办了一场晚宴，以感激英国石油公司20年来对美术馆的赞助支持。数百名来自艺术、政治、媒体和政府工作领域的嘉宾出席了此次活动。人们在杜维恩画廊（Duveen Galleries）中漫步，并在菲奥纳·班纳的现代雕塑的阴影处享用着饮品，那是一个名为"鹞和美洲虎"（Harrier and Jaguar）的作品，内容是一架尾部离地面几英尺高的海鹞喷气式战斗机。几吨重的现代武器像一头被捕获的野兽的尸体般被悬挂在艺术博物馆的上方。人群中有泰特美术馆的员工和泰特的受托人，其中也包括了馆长尼古拉斯·塞罗塔（Nicholas Serota）爵士和英国石油公司的高级职员。

自 1990 年以来，英国石油公司一直在利用对重要文化机构的赞助来巩固其在"特殊公众"中的地位，而现在，这些公众可以派上用场了。2010 年 4 月 21 日，在泰特酒会举行前十周，"深水地平线号"的灾难严重打击了墨西哥湾和英国石油公司在英国的形象。

英国媒体普遍对大规模漏油事件以及该公司的处理不当感到愤怒。有人呼吁那些由英国石油公司赞助的机构发表意见或撤销合作合同。

金融界似乎正逐渐背弃英国石油公司，但文化精英们却立场坚定。当被问及泰特是否会断绝与该公司的长期关系时，塞罗塔爵士表示："我们不能在困难的时刻抛弃朋友。"

这场 20 周年晚宴有着丰富的象征意义。当首席执行官罗伯特·霍顿于 1990 年开始赞助泰特时，英国石油公司的总部还位于伦敦塔内，那是伦敦城最宏伟的摩天大楼之一，里面有数间正式的功能套房。当时，该公司的股价为 1.60 英镑，是一家中等级别的西方公开上市石油公司，堪称"七姐妹"之一。20 年过去了，如今它的股价几乎是当时的 4 倍，并成了世界第二大私有石油公司。不过，在布朗的领导下，英国石油公司的总部被迁到圣詹姆斯广场，那里相对朴素，没有豪华的客房。尽管这家公司的财务规模已经扩大，但它还是将正式活动继续外包给其赞助的公共机构。在举办招待客户和政要的正式活动时，英国石油公司不仅会用到泰特美术馆，还会用到大英博物馆。这种对建筑空间的使用，完美地说明了私有公司、国家和英国社会精英之间的共生关系，这一切都离巴格兰和科里顿十分遥远。班纳那架废弃的战斗机恰好呼应了这一现实：该公司现在对英国军事实力的依赖程度降低了，而更多依赖的是其对全球文化的影响力。

第 11 章 这苦涩的大地

人群中出现了两位不速之客:"托尼"和"鲍比"。他们穿着花连衣裙和高跟鞋来到了现场,他们一边喝酒一边聊天。在某个瞬间,他们的身上突然开始泄漏出液体。一股黑色的物质顺着他们的腿上流了下来,原油溅到了走廊的大理石地板上。当看到鲍比和托尼跪在地上,试图抹去越来越多的浮油时,其他的客人惊呆了,并不断往后退。只听二人大声地宣布道:"这只是海洋中的一次微小泄漏……没什么好担心的。"他们的台词正是在嘲弄唐熙华那句声名狼藉的发言。过了很长一段时间,美术馆的保安才将他们带走,并在那摊扰乱了晚宴的黑水四周竖起屏风。

与此同时,一队身着黑色衣服、头戴黑色面纱、携带着印有 BP 标志的两加仑容器的人,像黑色液体般涌向了大楼入口处的台阶。这些手持横幅的示威者一边向浮油上撒着羽毛,一边向仍试图进入泰特的客人们发放传单。

通过这一次的行动,"解放泰特"(Liberate Tate)闯入了媒体的视线,并推动了一场旨在结束石油行业 15 年来对艺术的赞助的新运动浪潮。包括"非石油艺术"(Art Not Oil)"平台""要或不要 BP?"(BP or Not BP?)在内的众多团体都参与了这场运动,这给泰特美术馆与英国石油公司的合作带来了挑战。不仅如此,该公司与大英博物馆、皇家歌剧院、国家肖像馆和皇家莎士比亚剧团签订的赞助协议,也受到了质疑。这场运动的规模和强度有了很大提高,并且他们也采用了一系列新的战术。

"解放泰特"在泰特现代美术馆和泰特英国美术馆内举行了一系列表演活动,并创作了诸如《人类成本》(Human Cost)和《胎记》(Birthmark)等一系列本身具有极高艺术价值的作品。深厚的美学底蕴,使他们获得了大量的媒体报道,并登上了《金融时报》的头版。由此,艺术媒体也开始注意到这些作品的高质量和这场争论的严肃性。

除此之外,"平台"团体还采取了科学分析和法律途径,对泰特美术馆进行了司法审查,并要求其披露英国石油公司向美术馆支付的具体赞助金额。人们普遍认为，如果没有英国石油公司的支持，那么许多英国文化机构都将无法再对来访的公众开放。但据长期跟踪泰特美术馆案例的出庭律师和事务律师所说，这家石油公司只提供了美术馆总资金的一小部分。就因为这一笔相对微薄的报酬，该公司便被允许在泰特美术馆所有的文学作品上免费做品牌宣传，并可以利用美术馆举办例如20周年晚宴这样的公司活动。运动的参与者们认为，现在的情况是，英国石油公司并未在公民生活中发挥关键功能，反而是公共资金正通过廉价的广告囤积使这家公司受益。

渐渐地，"解放泰特"的作品受到越来越多的关注。终于，裂缝出现了。2016年3月11日，泰特美术馆宣布，在当年的12月末，他们将不再与英国石油公司续签赞助合同。这段维系了25年的伙伴关系即将被画上句号。值得一提的是，后来有消息披露说，这笔交易的结束时间与在任了27年的尼古拉斯·塞罗塔爵士辞去泰特馆长一职，以及加入了8年的约翰·布朗离开泰特美术馆董事会的时间刚好吻合。这家公司与文化机构之间被迫决裂，运动取得了成功。泰特美术馆已从英国石油公司的手中解放出来。激烈的长期斗争以及参与运动者的最终胜利，表明了英国文化机构对石油是何等不安，这种转变与英国金融业是完全一致的。这个几十年来一直在帮助塑造英国文化的行业，现在反过来被这股文化重塑了。

15年来，活跃分子一直在提请人们注意石油行业对艺术领域的赞助。如今，这种批评终于得到了主流大众的关注和支持，这反映出英国公众发生了转变，并对石油越发怀疑。与40年前的"托雷坎荣号"（Torrey Canyon）漏油事件相类似的"深水地平线号"灾难加剧了这种怀疑。石油公司利用赞助来接触他们的"特殊公众"，并以此作为其建立"社会许可"的关键工具。现在，这个工具正从他们手中被慢慢地拿走，一条通道被封锁了。文化赞助的减少看上去只是一个细节，但由此可以看出，国家文化正在塑造石油公司。

2012年12月31日

我们突然看到了那个我们一直在寻找的人。他就在那里，在离这里只有几码远的地方沿着路边走着，他穿着带有白方格花纹的硬领衬衫，腰略微有些弯曲，光着头，双手放在背后——牧师菲利普·瓦茨爵士（Reverend Sir Philip Watts）。我们本想知道，过去了这么多年，我们是否还会认出他来。当我们的车子经过时，这位牧师突然抬起头来，直直地看向我们。毫无疑问，虽然过去了10年，但这就是那位不光彩的壳牌公司前首席执行官。

那段经历堪称壳牌公司历史上最丢脸的事件之一，而瓦茨正是事件的中心。因夸大石油和天然气储量、对投资界进行误导，这家公司被美国金融监管机构处以了1.2亿多美元的罚款。英国金融服务管理局（The Financial Services Authority）表示，这是壳牌公司"前所未有的不当行为"。瓦茨和他的两位最资深的高管辞去了职务，但他始终坚称自己是清白的。我们想就此事对他进行采访，但首要任务是先找到他。我们发现他的名字与一个乡村教区有关，于是决定进行调查。

我们驱车绕过伯克郡雷丁市南部的沃菲尔德和宾菲尔德教区，一路上遇见了栖息在橡树上的寒鸦和盘旋于蓝天上的秃鹰。在狭窄的车道上，我们一直能看见保时捷汽车，偶尔还会与一些电动车或混合动力车擦肩而过。总之尽是些豪华车辆。这是资产经理的国度，是对冲基金所有者的土地。豪车被路面阻挡了下来，开始小心翼翼地沿着碎石路前行。英格兰的这个角落是如此富饶，如此迷人且宁静。

大天使圣迈克尔教堂中挤满了人。内心比白人更具种族优越感的会众正在这里举行一场周日圣餐和洗礼。这幢维多利亚时期的哥特式建筑，看起来与英格兰国教会十分相似，但这里的礼拜却与国教会的《公祷书》（the Book of Common Prayer）相去甚远。"牧师"安迪是个令人窒息的福音派教徒。他和鲁伯特一起用电子键盘计算着时间。当第一首歌快结束时，安迪穿着黑色皮夹克、牛仔裤和运动鞋，把头往后一仰，将双臂伸向了空中。他似乎突然间欣喜若狂。坐在前排长椅上的3名年轻女子一边摆动臀部，一边兴致勃勃地唱起了歌。

这项"歌曲礼拜"仪式可以说是十分不正式，其间，安迪手持麦克风，一边在走道中漫步，一边发表着演讲。这简直就像是一档电视游戏节目。这次的布道主题恰好是《天赋寓言》(the Parable of the Talents)，而最后，他也为教会给准大学生们开设的资金管理课程打了个广告。

现年71岁的瓦茨在2004年因"储备金置换丑闻"所引发的争议而离开了英荷集团（Anglo-Dutch group）。与约翰·布朗不同，瓦茨没有东山再起。他从所有公共生活中消失了。他去牛津大学的里邦学院学习了神学，然后被任命为伯克郡沃尔瑟姆·圣劳伦斯教区的牧师，这个教区就位于沃菲尔德的隔壁。这是一个曾有着与壳牌公司首席执行官范·伯登同等地位的人，两人都曾经从海牙的办公室里审视着世界，并且都曾拥有遍布全球的控制力。

近10年来，瓦茨似乎一直在回避做任何的公开声明。我们问过许多人，大家都认为他可能已经去世了。直到2013年，他对《梅登黑德广告商》(Maidenhead Advertiser)说的话才出现在了媒体上："它（这桩丑闻）切断了我之前的事业发展，却为我现在的所作所为开辟了道路。我对此深表感激。"

在他走向咖啡壶和教堂后面的人群之前，我们问他对安迪的礼拜方式有何看法。他实事求是地答道："福音派是英格兰教会中唯一有待增强的部分"，他一边说着，一边用手臂轻轻推开了人群。我们最终拨通了那个电话，但通话只持续了几秒钟，因为这位前高管一听到"壳牌"这个词就立刻闭嘴了。

沃菲尔德的礼拜似乎与尼日尔河三角洲的村庄和城镇生活相差不多。在瓦茨被赶出壳牌公司后的13年里，他的世界发生了翻天覆地的变化，但三角洲的生活却几乎没有任何改变。然而，这位首席执行官下台所造成的影响改变了壳牌公司的发展历程，虽然已经过去了15

年，但这种影响仍未消失。替换储量的丑闻导致壳牌公司的资产价值减少了 20%，这也是壳牌公司股票多年来的最大跌幅。瓦茨的继任者杰伦·范德维尔（Jeroen van der Veer）决心弥补这一失败。他呼吁改变壳牌公司内部的文化，并重新努力获取石油储备。

　　瓦茨的倒台表明了到底是谁在掌控壳牌公司。作为公司的首席执行官，瓦茨本来希望能够安然度过这场由壳牌 20% 储量降级所引发的风暴，但机构的投资者们却要求他做出解释，当他们没有得到想要的解释时，壳牌公司股票的价值便开始下跌。为了阻止股市下跌，壳牌公司的董事们将欧洲最强大公司的负责人瓦茨赶下了台。这是一个范·伯登必须引以为戒的故事。在瓦茨下台后，范·伯登通过一次重组完成了他的重要职业转变，成为一名副总裁。如果范·伯登敢将公司推向严重损害股东利益的方向，那么壳牌公司的董事会也将把他赶下台。他可能本想让公司进行快速的能源转型，但这一情况无疑会影响到他的个人热情。

* * *

　　2005 年，在位于伦敦市中心南岸区的壳牌公司中心内，杰伦·范德维尔正坐在一间挤满了资产经理和分析师的会议室里。这是自瓦茨倒台以来，壳牌公司首次提出发展计划，投资者希望能够了解范德维尔提案的实质内容。几个月前，他在休斯敦用两个口号概括了自己的优先事项："上游更强，下游赢利"（More Upstream and Profitable Downstream）和"企业至上"（Enterprise First）。

　　范德维尔浏览着他的幻灯片，勾勒出了他为壳牌公司规划的上、下游发展轨迹。其中最引人关注的要数勘探和生产前景，即"上游更强"。投资的重点被放在了阿尔伯塔的油砂或焦油砂以及俄罗斯最东部省份——北太平洋库页岛近海处的石油和天然气项目上。至于壳牌公司购买了美国阿拉斯加北极楚科奇海的钻井许可一事，他仅用三言两语简短地提及。

自1969年英国石油公司在阿拉斯加北坡发现石油以来，石油地质界普遍认为，在近海处也会有类似的资源。与北海和墨西哥湾的钻井深度相比，楚科奇海海床和海面之间的距离相对较小，仅有260英尺。然而，对于国际石油工业来说，在北冰洋进行钻探是一项极具挑战性的任务，因为10月到次年3月之间，那里几乎没有白昼。到新年前夕，海洋会完全结冰，北极的温度会降至零下30℃。在夏季的几个月里，则需要保护钻机免受冰山和由强风吹起的海浪的影响。

尽管美国地质调查局在2008年估计，北冰洋的海底仍有世界上13%的石油和30%的天然气储量有待发掘和开采，但石油公司纷纷对这些艰难的开采条件和极高的成本望而却步。

处在壳牌和英国石油等公司核心地位的勘探和生产部门，一直都是由工程师主导的，而对工程师们而言，应对看似不可能的技术挑战，向来都十分具有诱惑力，例如在暴风雨肆虐的北海的英国区域进行钻探。工程学中有一个最基本的谬论，那就是如果有足够的时间和资金，没有任何问题是无法解决的。在整个20世纪90年代，这些部门一直缺乏资源。现在，在伦敦机构投资者的资产经理的要求下，壳牌公司的董事会将会选择投入大量的资金进行勘探。兴高采烈的工程师们要开始工作了。

作为第一步，公司在2008年以创纪录的21亿美元的价格，从美国政府手中买下了楚科奇海的开采许可证。他们在邻近的波弗特海上，也购买了1英亩的区域以供勘探。在被投资者插手后，壳牌公司开始变得孤注一掷，他们为这些许可证花下了巨额的费用。

勘探工程师开始与位于荷兰海牙以南5千米处的赖斯韦克（Rijswijk）的研究和设计团队展开合作，此外，壳牌在阿拉斯加安克雷奇市的办公室重新开业了。

一年后，他们从分包公司租用了第一艘地震测试船。他们乘船离开瓦尔迪兹，途经荷兰港，穿过白令海峡，进入了楚科奇海。地震勘测的结果看起来大有希望，壳牌拥有开采权的北冰洋下面的岩石中，可能蕴藏着数十亿桶石油。

从位于海牙的董事会会议室，或位于伦敦的英杰华集团（Aviva）资产经理办公室的中央供暖舒适度来看，当1959年莫里斯·布里奇曼同意买下阿拉斯加北坡61.3万英亩的土地进行勘探时，北极似乎如英国石油公司董事会所看到的那样，是一个既遥远又"空旷"的地方。但在那时，楚科奇还是一片无主之地，或者更确切地说，是一匹无主的牝马。

墨西哥湾的灾难，加上金融危机产生的深刻动荡及其对石油价格的影响，甚至给北极圈之外的地区也带来了负面影响。

2012年12月31日，壳牌租来在楚科奇海进行勘探的"库鲁克号"（Kulluk）钻机，在被向南拖向西雅图的途中发生了拖缆断裂。在暴风雨中，钻机被冲上了岸。壳牌公司试图让勘探计划与这起事故撇清关系，但这起事件已经说明了北冰洋的危险性，以及壳牌向投资者和公众做出的保证的虚伪与空洞。

壳牌的高管们针对这些批评给出了自信的回应：北极仅仅是一项工程挑战，就像北海"不可逾越的问题"一样，它也终将被克服。与之前一样，这里也是一片可以用于追求更高或合理目标的石油产区。

在泰特美术馆安静的大厅里，一位与当地社区一起反对石油工业的半英国半加拿大的活动家苏珊娜·达利瓦尔（Suzanne Dhaliwal）正在向人们解释，她为何十年来一直十分激进地反对在阿尔伯塔省进行露天焦油砂开采，以及在阿拉斯加北冰洋进行海上钻探。

"这是自500年前开始的父权制暴力的延续。我们本以为殖民主义已经结束。但这一进程却可能改变了它消失的步伐，并通过石油行业使其变得更加恶毒。"达利瓦尔是这场斗争的关键人物，是阿拉斯加北部原住民社区和西欧民间社会运动之间的重要纽带。"我坐在股东大会的会议室中，并听取了会议的结果，他们的话语间充斥着煤气灯的数量，对原住民妇女的不尊重，暴力，以及对土地的看法。从根本上，

243

石油公司就是那种暴力的新生力量。我认为这些公司在本质上是无法改变的。"

反对壳牌石油公司钻井计划的呼声遍及加拿大和美国。在美国大都会的心目中，阿拉斯加长期以来一直都被视为一片空旷的荒野、原始的苔原，以及北极熊、驯鹿和弓头鲸的栖息地。实际上，阿拉斯加州确实是一块与美国其他州相分离的地方。除了一小部分美国公民，谁也没有去过阿拉斯加州，更不用说看过北冰洋了，但《国家地理》杂志、野生动物纪录片和"一生一次"巡游之旅的宣传手册却激发了人们的想象力。这种认为冰冻的北方是无人之地的幻想，完美地印证了达利瓦尔对殖民主义的剖析。

为了维护这种美国人心目中的幻想，在1989年"埃克森－瓦尔迪兹号"（Exxon Valdez）油轮搁浅和阿拉斯加海域石油泄漏等灾难发生后，非政府组织和媒体发起了一场伟大的运动。尽管这一幻想存在缺陷，但工业化带来的威胁着实激起了民众对壳牌在楚科奇海钻探计划的反对。一系列国际舆论开始支持制止对北冰洋的钻探，尤其是要制止壳牌公司的计划。在这场阻止化石燃料开采的斗争中，人们的口号是"将它留在地下"。

对这样一种基于技术进步的必然性，并以扩张领土为传统美德的文化和产业而言，这种公众支持代表了一种显著的转变。因为这是一场建立在基本假设之上的运动，人们假设壳牌的技术没有安全性可言，假设北冰洋是一个不应被对能源的渴望所玷污的边远地带。增长开始有了限制。

这种平静的意识革命在很大程度上是由英国石油公司的"深水地平线号"灾难推动的，但对于壳牌公司而言，这场灾难很不幸地发生在了他们开展阿拉斯加项目的六年里。民间社会对英国石油公司的井喷事件是十分愤怒的，奥巴马政府对此做出的回应是关闭所有深水钻井。虽然这项规定仅执行了5个月便被中止了，但英国石油公司近期在美国海湾发生的灾难性"深水地平线号"漏油事件，却给壳牌的计划蒙上了一层阴影。反对北极石油开采运动的参与者们不断地重复着这样的口号：壳牌如何证明这不会是另一场"深水"灾难？

绿色和平组织、"平台"和"共享行动"（Share Action）利用墨西哥湾灾难给伦敦投资界带来的冲击，使人们意识到壳牌在阿拉斯加的勘探，也极有可能会破坏北极脆弱的生态系统，并摧毁壳牌自身。"深水地平线号"将英国石油公司逼到了破产的边缘，而楚科奇海也很有可能会给壳牌带来同样的危机。在编写了几份报告，并召开了几场冗长的会议后，这一要旨被证明大获成功。

壳牌投资者关系团队受到了几位来自主要股东的资产经理的强烈质疑，包括伦敦的英杰华集团（Aviva）、阿姆斯特丹的 APB、纽约的 CBIS 和巴黎的法国外贸银行（Natixis）。这不仅迫使壳牌开始为其在北极地区的投资计划辩解，还让人们对石油公司的财务决策究竟是否明智产生了质疑。作为所有投资组合的基础，壳牌股票的长期可靠性开始使人们产生了担忧。壳牌公司在阿拉斯加北极地区面临的困难，可能会威胁到其在伦敦金融部门的地位。这件发生在石油帝国遥远角落的事件，改变了伦敦市中心的态度。

2013 年 5 月 21 日

年度股东大会的正式部分将持续 4 个小时。一如既往，这是一个非常奇怪的仪式过程，所有党派都扮演着各自的角色，公司的董事们则像一排主教那样坐在高处，俯视着会众。讲台前面写有标题——"荷兰皇家壳牌有限公司"，后面的墙上挂着壳牌的标识，标识的上方是一块屏幕，上面显示着每一位发言董事的面部特写。坐在这间半满礼堂中的大多数人都是顺从的信徒，他们一般都是领着养老金的退休老人，并且几乎全是荷兰人。英国人在此类活动中的影响力正在无情地减小。"大主教"——公司的董事长乔尔马·奥利拉（Jorma Ollila）邀请大家对年度报告和账目发表意见。一些不远万里来到这间礼堂的人，提出了关于壳牌的业务对地球遥远角落的人民和环境造成影响的问题，从加拿大到乌克兰，从尼日利亚到美国，这种问题遍及全球。

奥利拉对每个问题都回答了一点儿，然后便将其传递给一位值得信任的"主教"——通常是首席执行官彼得·沃瑟（Peter Voser），但偶尔也会是首席财务官西蒙·亨利（Simon Henry），或是决定高管薪酬水平的薪酬委员会主席汉斯·威杰斯（Hans Wijers）。身为企业和社会责任委员会主席的查尔斯·霍礼德（Charles 'Chad' Holliday）数次被要求发表评论。董事会的其余9名成员——获得过圣迈克尔和圣乔治大十字勋章的奈杰尔·谢恩瓦尔德（Nigel Sheinwald）爵士，前英国驻美国大使、2003—2007年（伊拉克战争年代）布莱尔的外交政策和国防顾问以及荷兰前财政部部长杰里特·扎尔姆（Gerrit Zalm）——全都静静地坐在那里，一言不发。他们直视着观众，神情冷漠。这是一群不可动摇的正教守护者。他们耐心守护着的不仅是股东的红利，还有一种看待世界的特殊方式，一种思维方式。

与会者的每一个问题和陈述似乎都经过了仔细的推敲和思索。他们讲话的目的并不是希望从讲台上得到某种有意义的回答，也不是希望公司能够奇迹般地改变方向。谁也没有期待过扎尔姆或威杰斯、霍礼德或谢恩瓦尔德会突然改变想法。大多数情况下，奥利拉、沃瑟和亨利等人的回应，也同样是经过了反复推敲的。公关团队精心准备好了答案，以确保他们可以在适当的情况下驳回或否认、缓和或感激，这些回答被准备得无懈可击，不会给财富造成任何威胁。

但这种仪式般的交流偶然间被一句话给打断了。来自"共享行动"的路易丝·罗斯（Louise Rouse）对该公司对承包商的监督提出了质疑，这是一家促进责任投资的慈善机构。沃瑟回应说，为了应对监督近100万名直接和间接员工所带来的挑战，他们采用了"供应商原则""绩效监测"和"企业框架协议"等手段。沃瑟说这些计划自2009年就已经开始实施，但罗斯坚称这些计划并未能解决承包商监督的根本缺陷，2012年壳牌公司试图在阿拉斯加楚科奇海进行钻探的惨败,尤其是"库鲁克号"钻机的搁浅,就揭示了这一点。罗斯的一番评判,得到了听众中机构投资者们的热烈支持,他们对壳牌公司的计划表示出强烈的担忧。

反破坏原住民土地环境组织(Resisting Environmental Destruction on Industrial Lands)代表、来自阿拉斯加州波因特霍普的梅·汉克(Mae Hank)进行了发言。她之所以能来到这里,是因为苏珊娜·达利瓦尔(Suzanne Dhaliwal)开展了团结一致的工作。汉克结实的身躯裹着一件浅蓝色的钩编披肩,她身体前倾,对着麦克风说了几句英语后,就改换成了自己的因纽特语。几秒后,她在房间内掀起了一阵波澜——坐在红色天鹅绒座椅上的一排排荷兰退休老人开始窃窃私语,讲台上的男士们耸耸肩,露出了自以为是的傻笑。非执行董事、前荷兰政治家汉斯·威杰斯开始大笑,并和坐在他旁边的公司秘书米歇尔·布兰杰斯(Michiel Brandjes)交头接耳。这是一个令人不适的时刻,就好像是哪个偏远山区的小剧团突突然被领进了这座西欧大剧院中一般。奥利拉的声音从扬声器中传来:"你的问题是什么?"汉克继续平静地说道:

我们都享用着来自海洋的食物……我们害怕自己吃的食物会受到海上钻井的威胁……你来到了我们的后花园——海洋对我们来说就像一个花园……海洋每年有6到8个月被冰层覆盖,壳牌公司拿不出任何证据证明在冬季的几个月里,在强大的洋流和风暴中,他们能够安全地控制石油不会泄漏……如果一旦发生任何泄漏,那壳牌公司将如何赔给我们被杀死的食物?他们将如何补偿这20代人,让他们度过寒冬?

正式会议结束后,剩余的与会者一股脑儿地冲出大厅,狼吞虎咽地吃起了三明治和糕点。这是一个可以尝试与董事会成员进行一对一对话的好机会。我们和汉克一起捉住了西蒙·亨利。她又重复了一遍自己的问题:"壳牌将如何补偿20代人?"亨利说:"你解释说海洋是你们的后花园,我们无法赔偿你花园的损失。但我重申,壳牌正在采取非常谨慎的做法,并且不会发生任何事故。"汉克不声不响地坚持道:"话是这么说,但我们都看到了1月'库鲁克号'钻机搁浅时的情景,我们被吓到了,你将如何补偿这些人?"亨利逐渐变得暴躁起来:"库鲁克号与这次的钻探无关,那纯粹是一起海上事故。至于赔偿,我们将遵守美国联邦和阿拉斯加州关于这些事项的所有法律。"

汉克解释说,对她来说,一代就是50年。我们问亨利:"您计划的最远日期是到什么时候,我是说,您的财务预测窗口会延伸到什么时候?"他回答说:"在油砂方面,到2050年。"我们试图将他的时间和汉克的做了一下对比,他考虑的是50年,也就是一代人,而汉克考虑的是20代。亨利回答道:"这是一个哲学问题。世界人口正在增长,能源需求也将随之增长,我们必须帮助满足人们的这一需求,这就是为什么我们需要在北极开发资源的理由。"汉克轻声细语地坚持道,这个石油项目不是为了世界的发展,而是为了公司的利润。亨利看起来有些困惑:"但一家赢利的公司就是一家好公司——一家可以投资未来的公司。"

交流结束后,我们都因世界上竟然存在两种如此截然不同的观点而感到震惊——无论是在地点上还是时间上。距离亨利的52岁生日还有7周。他21岁开始受雇于壳牌公司,当时他在默西河畔的斯坦洛担任炼油厂工程师。此后,他曾在埃及、越南等地工作过。汉克从17岁开始反抗石油工业对她家园的掠夺。近40年来,她一直待在原地,努力捍卫着千百年来一直属于她们社区的土地和海洋。

亨利在回答赔偿问题时说,壳牌公司将遵守法律,但显然,在制定这些美国范围内的法律方面,壳牌公司的权力要远大于距华盛顿千里之外的波因特霍普的社区。壳牌公司认为,最坏的情况下无非就是连续10年一直支付赔偿金,就像英国石油公司在美国墨西哥湾海岸的经历一样。但站在他对面的汉克却以不同的角度看待此事。对她来说,

20 代的时间等同于 1000 年。汉克认为，她的社区要么会被石油工业所摧毁，要么会在未来很长一段时间内，都要承受由此带来的后果。亨利计划在 10 年内从壳牌公司退休，届时楚科奇海的全面石油生产可能才刚刚开始。他可以全身而退。对他来说，后代的问题只是一个哲学问题。而对汉克来说，这却是一个发自肺腑的生存考问。

一句哥伦比亚的谚语浮现在了我的脑海中："只要有耐心和唾液，蚂蚁也能吞大象。"那个被西蒙·亨利的回答所遮掩的世界，那些讲台上宣扬的正统观念，还有达利瓦尔所描述的殖民主义，所有这一切都正在被汉克和其他人的激情和勇气所颠覆。

2015 年 8 月 27 日

大雨倾盆而下。一股强劲的西南风沿泰晤士河吹来，穿过伦敦的朱比利花园，猛烈地吹袭在皇家节日大厅与壳牌公司中心之间的铁路高架桥上。人群挤在拱道下宽阔的人行道上。在狭窄的马路对面，一组管弦乐队正在演奏《北冰洋安魂曲》(Requiem for Arctic Ice)。在音乐家们的身后，一个身影隐约被湿漉漉的脑袋和裹着大衣的身体所遮挡，那是夏洛蒂·澈奇（Charlotte Church），她正坐在那里，等待着属于她的时刻。

2015 年初春，似乎有迹象表明壳牌首席执行官范·伯登想要宣布停止公司的北极计划。情况好像正在发生动摇。但随后，他向投资者重申，公司计划了 2015 年 7 月和 8 月再次对楚科奇海进行钻探。阻止壳牌石油公司的运动已经达到了狂热的程度，"皮划艇运动员"试图堵住通道，不让钻机通过。

在全球运动的高潮时期，我们在伦敦参加了一项活动。8 月，我们挤在铁路桥的拱道下，一边躲避倾盆大雨，一边聆听大提琴、小提琴、中提琴和低音提琴奏出的旋律。头顶上方不时有火车缓缓驶过，传来一阵阵隆隆声。观众们欣赏着这场六重奏表演，但他们的视线时不时就会被一辆辆经过的单层红色公共汽车、白色送货车或是垃圾车给挡住。管弦乐队不顾干扰，仍继续演奏。像我们收到的传单上写的那样，在场的都是曾在"泰坦尼克号"邮轮甲板上演出的著名音乐家。

坐在观众席前排的都是新闻摄影师和电视摄制组，他们来到这里是为了夏洛蒂·澈奇和绿色和平组织新闻办公室的工作。比尔·奥迪（Bill Oddie）也前来为此次的运动提供大力支持。远处，绿色和平组织媒体团队的负责人正在与琼恩·雪诺（Jon Snow）聊天。第四频道（Channel 4）显然正在制作一组跟该事件有关的节目。

第四首安魂曲的最后一个音符演奏完毕。音乐声暂停了几秒，当夏洛蒂·澈奇站起身时，镜头纷纷对准了她，只听她唱道：

这苦涩的大地，
啊，结出了丰硕的果实。
爱有什么好，
唔，若是无人分享。

我们凝视着拱道外。滂沱的雨水流淌过朱比利花园空旷的草坪，远处有一排色彩鲜艳的雨衣，那是游客们在排队等待登上"伦敦眼"。近处，游乐场的座椅在空中旋转，旗帜迎风招展。一名女警察努力地推开记者，好让摩托车通过拱道。虽然这里的一切都离想象中的北极如此之远，但我们还是被感动得流下了眼泪。

如果我的生命像尘土，
哦，掩盖了玫瑰的光芒。
我有什么好，
只有天知道。

在活动的开幕式上，艺术总监梅尔·埃文斯（Mel Evans）和活动家安娜·琼斯（Anna Jones）详细阐述了《北冰洋安魂曲》的基本理念。在壳牌于阿拉斯加附近钻探石油期间，由作曲家、音乐家和主持人组成的团队，一直都在壳牌中心的前门外演奏这4首曲目，这项活动每天都在进行，并且以后也将继续。只是由于恶劣的天气和人群规模，今天的活动现场才向东移动了18米，改在了铁路拱道的庇荫处。

> 主啊，这苦涩的大地，
> 是啊，竟会如此冰冷。
> 今天你还年轻，
> 但很快，年华将逝去。

身为作曲家之一的克里斯·加拉德（Chris Garrard）一直是"壳之声"（Shell Out Sounds）乐队的拥趸。为使人们注意到壳牌出资赞助了一档古典音乐节目这一事实，该乐队曾在南岸中心的礼堂内外进行了现场演出。这场运动非常成功。在短短几年内，壳牌公司便和南岸中心于2015年1月终止了赞助合同。今天的安魂曲演奏，以及过去3周的表演，都是由"壳之声"的行动演化而来的。在这里，一组专业的六重奏家和一位世界知名的歌手用音乐作为武器，对石油工业发起了抗议。但活动的目的并不是要把壳牌赶出南岸中心和其他文化机构，而是要把他们赶出北极。

> 但当我内心的声音在哭泣，
> 我确信一定会有人回应我的呼喊。
> 和这苦涩的大地，
> 哦，也许不会，哦，竟是如此苦涩。

演出结束后，人群中爆发出一阵掌声，我们走出拱道，走进了雨中，谢天谢地，雨势已经减弱了一些。在壳牌中心另一侧的贝尔维德路（Belvedere Road）上，一幢建筑被脚手架覆盖着，抬头看去，我们发现在波特兰石材砌成的光滑墙面上，许多楼层的窗户上都没有玻璃。那些空旷的窗口仿佛是冰冷岩面上的一双双盲眼。主塔楼正在重建中。这座大厦，以及位于皇家节日大厅后面的铁路高架桥之外的街区，都曾为壳牌所有，那里是欧洲最大办公区的一部分。现在整个东楼都被卖掉了，在20世纪90年代变成了豪华公寓。主塔本身于2011年被卡塔尔地亚尔公司（Qatari Diar）收购：与20世纪60年代时相比，壳牌现在的办公区只是当时的一小部分。翻新是新业主努力吸引租户的一种手段。

这家公司正慢慢地从公众的视野中消失——首先是河岸街上的壳牌Mex之家（Shell Mex House）被关闭，紧接着是其在南区岸业务的缩减。也许几年之后，壳牌的旗帜将不会再飘扬在壳牌中心的大楼上方，就像壳牌的标识已不再会出现在南岸中心的古典音乐季上一样。

挤在铁路拱门下的人群中，似乎没有人去过阿拉斯加，更不用说目睹过目前在北冰洋地平线上作业的巨大钻机了。然而，六重奏的琴弦和演唱者的歌喉发挥了强大的艺术功能——他们呈现出了肉眼看不见的东西。从文斯·泰勒和"披头士"乐队开始，音乐一直以来都在助力石油文化的发展，而现在，音乐站到了另一边。

2015年9月28日

壳牌上游美洲公司（Shell Upstream Americas）的董事马文·奥德姆（Marvin Odum）宣布，"在可预见的未来，壳牌将停止在阿拉斯加近海处进行进一步的勘探。"11年前，杰伦·范德维尔将阿拉斯加的北极地区视为壳牌光明未来的一部分，但这项耗资70亿美元的风险投资最终付诸东流。

这条消息一经宣布，便在伦敦市和海牙的壳牌社区引起了轩然大波。一直以来，公司的董事会总会将执行该项目或是选择该战略的决定展示给员工、投资者，以及所有感兴趣的公众。公司将该项目视为提高赢利能力计划的一部分，并在其实施期间表现得镇定自若。但现在，壳牌公司对这一决定已经无话可说，只能将其描述为一次重大转变。该公司一直坚持不懈地追求着这一目标，他们投入资金以说服他人相信这是一项至关重要的投资，但现在，他们却不得不承认一切都是徒劳。这给像特里这样的人带来了些许满足感。多年来，为了结束环境破坏和军事对抗给北极地区带来的威胁，他们一直坚持在《卫报》上组织运动。

几个月后，壳牌在美国的负责人马文·奥德姆辞去了职务。此时距离集团财务主管西蒙·亨利离职已有一年多。离职后不久，他便获得了英国政府中的一个职位。此外，此事还产生了更广泛的战略影响。长期以来，英国石油和壳牌公司一直依赖于英国和荷兰的地缘政治影响力，以支持其在美国的投资。据了解，在1959年至1966年，英国石油公司正是因为得到了麦克米兰和威尔逊政府的协助，其首席执行官莫里斯·布里奇曼才能够投资600万美元，在阿拉斯加北坡买下61.3万英亩土地。毕竟，在此期间，英国石油公司51%的股份归英国政府所有。这是英国政府的钱。2010年夏天，在"深水地平线号"危机期间，英国石油公司呼吁卡梅伦政府为帮助其抵御奥巴马政府的攻击而出面进行辩护。现在，壳牌在荷兰和英国所获得的支持加上其在华盛顿的影响力，未能形成一种足以支持其在北极进行钻探，并可以确保其资本投资安全的政治氛围。反对石油勘探的国际运动已经变得十分强大，足以从根本上摧毁对该项目的政治支持。这一现象着重显示出了石油公司实力的下降。

在环境运动和原住民的压力之下，奥巴马政府下令不再颁发楚科奇海的钻探许可，并随后于2016年12月宣布全面禁止在北极进行石油勘探。

人们普遍认为，奥巴马一部分是出于对当时当选总统的特朗普的鄙视才做出这一决定的。就在6周前，特朗普凭借其非同寻常且极出人意料的胜利，赢得了入主白宫的机会，据信，帮助其获得这场胜利的一部分资金，便是来自石油和天然气行业。特朗普在竞选活动中宣称他将推翻所有对海上钻探活动的限制，尤其是在北极地区。他说到做到，2017年4月28日，他签署了一项命令，解除了禁令。

尽管特朗普撤销了奥巴马政府的总统令，但壳牌公司在北极地区的失败似乎预示着与高资本成本、高风险项目相关的结构性转变。与特朗普政府的决定形成鲜明对比的是，在民间社会压力的推动下，由马克龙领导的法国政府于2017年6月24日宣布将中止法国全境的石油和天然气勘探活动。法国本土并没有进行过真正的石油勘探，法国在天然气方面的潜力微不足道，但其在法属圭亚那等海外领地的碳氢化合物产量和前景，却对该行业极具吸引力，并很有可能会被壳牌或英国石油公司利用。此外更为重要的是，这里是七国集团国家政府放弃石油和天然气的象征。

与此同时，阿拉斯加北极的胜利，也为全球抗击气候变化运动带来了信心。自2011年以来，生态活动家和原住民群体就一直在打击对大澳大利亚湾的开采。英国石油公司在那里购买了许可证，5年来，他们的进展缓慢但坚实，直到在民间社会运动的推动下，南澳大利亚州政府对其发起了抵制。在澳大利亚国家海上石油安全与环境管理局的干预下，项目进展得更为缓慢了。在此期间，绿色和平组织参与的一场国际运动也在此事上施加了压力。最终，英国石油公司退出了该项目，并注销了成本。宣布这一消息的12个月前，壳牌公司刚刚停止了在北冰洋进行钻探。

2004年，时任首席执行官杰伦·范德维尔推动新储量的开发，作为计划的一部分，壳牌开始向北极近海钻探领域进军。在展开阿拉斯加大冒险的同时，该公司还对加拿大焦油砂进行了大规模投资。2004年至2017年，为了在阿尔伯塔的森林下开采这种重沥青物质，壳牌投资了数十亿美元。而现在，为了应对在阿拉斯加的战败，范·伯登在

2017年3月宣布，壳牌将出售其85亿美元的油砂资产。很显然，从焦油砂等高成本的长期项目中撤出的计划已经开始了。壳牌和英国石油公司也在进行更广泛的战略转变。

壳牌放弃在阿拉斯加进行近海钻探，不仅是因为这家公司改变了计划，更重要的是因为整个地区的未来。因为人们普遍认为，壳牌公司的楚科奇海项目，将成为照亮整个北极地区石油和天然气勘探道路的灯标。如果壳牌能够证明从极地海底提取碳氢化合物有利可图，那么其他公司也会纷纷效仿。楚科奇海、邻近的波弗特海、格陵兰岛周围的北极海域、挪威以及俄罗斯北部海岸沿线都将被迅速开发。巨大的冰原和冻土带空间，将被生产平台、管道、陆上天然气和石油码头、直升机基地、简易机场、港口和通道所占据。工业资本曾经侵占了北海，而现在，这片占地球北部十分之一、广阔到超乎想象的空间，也将被它以同样的方式侵占，并且在全球变暖的影响下，极地地区永久冻土减少，因此侵占的速度将被加快。

不过反之亦然。壳牌公司无法再继续维持其拥有的庞大资本、非凡的政治实力和工程实力，这可能导致其他私营公司的股东对此类高风险企业失去信心。

范德维尔曾称赞阿尔伯塔省的焦油砂和北极的边缘地带是壳牌未来战略的核心，这些省份的生产活动一直延续到了20世纪50年代。加拿大和美国一度被认为是高度稳定的政治实体，对资本极为有利。范·伯登放弃北极和沥青砂的决定，不仅影响到了这些项目和地区的未来，也影响到了公司本身。如果一部分的未来已经被放弃了，那么壳牌的新未来又会是什么呢？

国际民间社会通过破坏政府对壳牌计划的支持，限制了石油和天然气领域的扩张。由于这种扩张历来与石油公司的赢利能力有关，因此这些限制对英国经济的金融支柱也产生了影响。

2015 年 12 月 12 日

> 我想看到这个世界，我想看到它沸腾
> 我想看到这个世界，我想看到它沸腾
> 只有四度，只有四度
> 只有四度，只有四度
> 我想听见狗因口干舌燥而狂吠
> 我想看到鱼在大海里肚皮朝天
> 所有狐猴和所有这些小生灵
> 我想看到它们燃烧，只有四度
> ——阿诺尼（Anohni），《4 度》（*4 Degrees*），2015 年

阿诺尼（Anohni）于 2015 年 12 月 12 日在巴黎举行的"联合国气候变化框架公约气候峰会"（UNFCCC Climate Summit）前夕发布了她的单曲《4 度》。六年前在哥本哈根举办的上一届峰会，被普遍认为十分失败。自那以后，此次的峰会就一直被视为最关键的会议。

在巴黎峰会的筹备过程中，社会各阶层都被动员了起来。政府部门和部长们反复推敲了他们的提案，企业公关团队和首席执行官们准备好了他们的演讲稿，民间社会制定了走上街头的战略，并确保所有的协议都不仅仅是夸夸其谈。企业游说的核心说辞是，尽管需要认真对待气候变化问题，但不应该影响全球石油和天然气的生产。民间社会通过非政府组织、活动家团体和数千名参加游行的公民表达了一个诉求，他们要求划定红线，并响应"将它留在地下"的号召，迅速减少碳排放量。最终，196 个国家通过谈判达成了《巴黎协定》，尽管这项协定比民间社会活动家所希望的软弱了许多，但协议的达成是至关重要的。这些国家制定了一个目标，即将全球平均气温保持在比工业化前最多高出两度的水平，并承诺努力将升温水平保持在 1.5℃以下。这改变了石油公司的经营格局，迫使他们至少能对巴黎说两句

空话。

在安排之下，我们见到了杰里米·莱格特（Jeremy Leggett），他是在长达25年的《联合国气候变化框架公约》进程中最顽强的活动家。杰里米·莱格特有着一副足球运动员的身材，他的头发灰白，脸上虽然长有皱纹，但看上去丝毫没有老态。这位65岁的老人穿了一身黑：黑色的衬衫，外面是深色的针织套衫和夹克。我们在位于伦敦帝国理工学院的南肯辛顿大学的皇家矿业学院见到了他。

莱格特从保安服务台前走过，举手投足间都流露出了一种归属感：40年前，他在牛津大学拿到了地质学博士学位后，曾在这里授课。当时，他成功获得了壳牌、英国石油公司和其他石油公司的顾问工作。后来，在对学术生活的觉醒，以及对气候变化威胁的认识驱使下，他辞去了工作，加入了国际绿色和平组织，并成为那里的首席科学家。

我们之所以过来这里，一部分是为了看看这座前皇家矿业学院是否能够与时俱进，成功摆脱了超高碳排放量的过去。我们此前得知，其他地方的石油和天然气课程都几乎招不到学生。楼梯间的装潢十分宏伟，所有的扶手都是黄铜制成的，脚下是灰色的大理石板地面，墙壁上贴有白色的瓷砖，我们沿着楼梯向上走去，进入了走廊，莱格特对这个熟悉的空间陷入了沉思。他发誓说，在他执教的几年里，每间教室外都贴有壳牌和其他公司的名字，并且在楼梯间的主平台上，还放置有一台钻机模型。那是英国北海的鼎盛时期。学生们来这里主要是为了今后可以在新的海外殖民地工作。

那台著名的石油钻机模型还在，但已被挪到了一个角落中。我们遇到的一位年轻学者表示，虽然德士古（Texaco）等公司仍在资助研究经费，但总体预算还是十分紧张。英国各地都出现了同一种局面：选择进入这些石油和天然气行业培训学校的学生人数正在减少。这里也不例外，英国社会似乎正在远离石油工业，而这本身也正迫使该行业改变形态。

当我们在空荡荡的走廊中闲逛时，一扇门突然打开了。里面走出了一位衣着无可挑剔的老者，他的手中紧握着一顶洪堡毡帽和一台深色的苹果笔记本电脑。莱格特立即认出他是丹尼斯·布坎南教授（Dennis Buchanan），并向他介绍了自己。布坎南笑着说："我在22年前达到50岁时就退休了，但如你所见，我如今还留在这里。"莱格特就"能源转型"及其对皇家矿业学院的影响向他进行了详细的询问。"我们的需求比以往任何时候都大"，这位采矿地质学名誉教授说道。"电动汽车离不开铜，你走在了时代的前沿。"他笑着说道。

我们找到一间咖啡馆坐了下来。莱格特谈到了他与英国石油公司前首席执行官唐熙华等重要石油高管的私人关系，他说：

他在爱丁堡大学读书的时候我们是朋友，我那时在牛津。我们参加了英国沉积学研究小组，这个小组隶属于地质学会。我们一起喝过很多次酒，但后来就渐渐疏远了。那时我饶有兴趣地关注着"深水地平线号"事件的进展，当看到托尼的评论说"我希望自己的生活能够回到正轨"时，我感到一阵尴尬和不安。这太不可思议了！在那之后，他突然成为矿业集团嘉能可（Glencore）的董事长，我听到他在为煤炭狡辩。这对我的血压可不太友好。

莱格特一直是绿色和平组织反气候变化运动的核心人物。1990年9月，该组织出版了由莱格特负责编辑的《全球变暖：绿色和平报告》（*Global Warming: The Greenpeace Report*）。这份报告为往后7年工作打下了基础，其大部分内容都是围绕着《联合国气候变化框架公约》展开的，而后者也是《巴黎协定》背后的机构。随着1992年6月在里约热内卢地球问题首脑会议的举行，和1997年12月《京都议定书》在缔约方会议上的出炉，政府间的进程实现了初步繁荣。莱格特为20世纪90年代的气候谈判撰写了一篇强有力的目击报道：《碳战争：全球变暖和石油时代的终结》（*The Carbon War: Global Warming and the End of the Oil Era*）。在这篇报道中，他对化石燃料公司企图破坏国际谈判的行径进行了生动的描绘。

莱格特解释说，他十分同情英国石油公司首席执行官布朗。"我一度十分崇拜他。我认为他确实是打心底里认同'超越石油'战略的，但却没起到什么作用。"他对我们说起了2015年巴黎气候谈判筹备期间，他与布朗的谈话内容。"那是在一个深夜，在葡萄牙一家酒店酒吧中。我们当时正在喝一瓶上好的红酒。我告诉他，如果他放弃石油，那他就可以青史留名，并为这个星球做出巨大贡献。"他继续说道："布朗有能力在愿意和不愿意遵守绿色计划的石油公司之间引发一场分歧。他说我的观点'很有意思'，他回去后会认真考虑一下。但后来就没了下文。"不久之后，布朗在《金融时报》上发表了一篇专栏文章，为石油行业进行了辩解。"我从那时起便和他分道扬镳了。我写了一篇博客，说他是在胡说八道。我收到了一封来自他内阁主管的电子邮件，说布朗对此非常沮丧。他甚至没有亲自联系我。"

在《京都议定书》发表之后，莱格特开始将主要精力放在太阳能世纪公司（Solar Century），并致力于成为一名可再生能源企业家。他是这项变革性技术的热情拥护者。当18个月前，我们在帝国理工学院会面时，他一腔热忱地说道："考虑到太阳能和电池的指数增长曲线，到2030年，世界确实有可能实现全面脱碳。虽然提到的这两者，显然必须与电动汽车、生物燃料和微型电网相结合才行，但这是可以做到的。事实上，要想达成巴黎气候协议的要求，在2050年到来之前，还必须有很多工作要做。"他又强调："这不仅是我的个人观点，其他人也这么想，比如谷歌的工程总监雷·库兹韦尔（Ray Kurzweil）。"他着重强调了其他技术的重要性。"就在我们谈话这会儿，所有这些研究都在进行中。易捷航空（EasyJet）表示，他们将在10年内启用电动飞机为旅客提供短途服务，而瑞典造纸商索德拉（Södra）则预计到2030年将实现'碳负排放'，他们的方法是每砍伐一棵树就种植3棵，并使其公司名下的伐木卡车和船只，在不使用化石燃料的情况下运行。"

莱格特描述的是一个即将到来的世界，在这个世界，石油和天然气公司都将被边缘化。这在很大程度上是一个由民间社会推动各国政府制定国际《巴黎协定》，从而有效限制了石油领域的扩张。

2016年4月14日

英国石油公司首席执行官鲍勃·达德利（Bob Dudley）面色苍白，从笔记中抬起头来，回答了几个提给董事会的尖锐问题。他坐在伦敦港区卓著中心3/4空机库大小的礼堂中，凝视着外面成片的灰色软垫椅子和头发花白的退休老人。这是2016年的年度股东大会，也是一个艰难时期。英国石油公司每年亏损65亿美元，虽说这一部分是因为公司要支付"深水地平线号"灾难的赔款，但也着实让一些伦敦城的股东们感到了不满，因为他们给达德利涨了20%的薪水，使其年薪达到了近1400万英镑。

在谈到北海之前，他将开幕词的重点放在了英国石油公司正在全球推进的项目上，他说：

我们在英国仍然致力于满足国家的能源需求。我们在谢特兰群岛以西的克莱尔岭项目是英国北海正在进行的100亿英镑投资计划的一部分。克莱尔岭的两个平台即将完工，明年年底将开始生产第一桶石油，总产量预计为6.4亿桶。这两个平台都将在近期启动，并将长期持续生产能源——实际上，是持续几十年。这意味着它们将在未来的几十年间，不断为股东创造利润。

达德利仔细概述了英国石油公司的责任，即为全球最终将增加的20亿人口提供热、光和运输能源，以及该公司从石油向天然气的有计划转变。他解释说，英国石油公司只能在更广泛的政策环境允许的情况下尽快采取行动，他表示，自己热切希望政府的决策者们能够尽早推动这一进程。

但问题接二连三地出现。演讲者们一个接一个地站在了麦克风前，对着远处讲台上的 14 位董事发表了演说。英国绿色和平组织的路易丝·罗斯（Louise Rouse）和查理·克罗尼克（Charlie Kronick），就英国石油公司的加拿大焦油砂项目发表了看法；澳大利亚荒野协会（Wilderness Society of Australia）的林登·施耐德（Lyndon Schneiders）和碳分析公司（Carbon Analytics）的迈克尔·桑顿（Michael Thornton），强调了该公司的钻井计划对大澳大利亚湾海洋的威胁；荷兰汇盈投资公司（APG Investments）的贾格斯·瓦利亚（Jags Walia）和英杰华集团的阿比盖尔·赫隆（Abigail Herron），敦促董事会遵守其气候承诺；而"非石油艺术"组织的克里斯·加拉德（Chris Garrard），则对英国石油公司赞助大英博物馆的动机提出了质疑。

在就任首席执行官后的第一次演讲中，达德利提到了 2015 年 12 月的"历史性的《巴黎协定》"，以及英国石油公司应对气候变化的方式。当轮到詹姆斯拿起麦克风代表"平台"发表讲话时，他开始就这一点展开了讨论。

《巴黎协定》使人们普遍认识到，2/3 的化石燃料必须被留在地下，不能进行开采。一切都在发生转变，世界上最大的煤炭公司皮博迪（Peabody）已经于昨日申请破产，这就是最好的说明。达德利先生，您谈到了英国石油公司在应对重大变化方面有着悠久的历史，例如 20 世纪 70 年代阿拉伯国家将石油企业国有化时的案例。那么为何您现在无法切实应对给您提出的要求呢？为何您、壳牌上游美洲公司首席执行官伯纳德·鲁尼（Bernard Looney）、副首席执行官勒马尔·麦凯（Lemar McKay）、首席财务官布莱恩·吉尔瓦利（Brian Gilvari）和其他人，要继续批准将更多的碳排放到大气中的项目呢？

他继续说道：

您在之前的演讲中谈到了安全问题。英国石油公司向来强调安全是一项个人责任,个人应承担起义务。在像'深水地平线号'这样的灾难发生后,人们拼命去确认哪些人应该为此次事故负责。现在,您本人和您的直属同事,正在做出破坏地球气候安全的决定。

我的问题是:是否有任何制度可以确保个人,不仅仅是指整个公司的集体成员,而是特定的某个人,可以对他们在批准新油田方面所采取的行动承担起个人责任吗?

达德利的回答非常直截了当:"你似乎已经将前提定为了我们有罪。"

自20世纪70年代末以来,苏格兰北部海岸外的谢特兰群岛西部海域一直都是石油钻探的目标区域。英国石油公司于1990年和1993年先后在"菲尔娜文油田"(Foinaven Field)和"希哈利翁油田"(Schiehallion Field)发现了石油。菲尔娜文于1997年开始生产石油,希哈利翁则于1998年开始生产。在人类的想象中,这些寒冷的海域长期以来一直都是鸟类、鱼类、船只和小说的故乡,现在却沦为石油资产。土地成了达德利等人在年度股东大会及各大演讲中的主题。但环保人士却对钻探海底岩石的权利提出了质疑。

谢特兰群岛的西部海域很深,为了开采石油,英国石油公司订购了两艘特殊的"海上浮式储油用油轮"(FPSOs)——"希哈利翁号"(Schiehallion)和"油王菲尔娜文号"(Petrojarl Foinaven)。后者是由西班牙加利西亚费罗尔船厂(Ferrol)的一艘旧油轮改装而成,油轮的下水仪式是在1996年10月21日,由时任英国石油公司首席执行官约翰·布朗的母亲葆拉·布朗(Paula Browne)组织的。绿色和平组织试图拦住这艘油轮,不让她离开西班牙港口,并阻止其沿英吉利海峡前进。

1997年,也就是第二年,多家石油公司开始在谢特兰群岛西部和罗卡尔岛海域的勘探区块展开地震工作。同年5月,英国绿色和平组织在电影院中投放了一则广告,用于进一步推出《大西洋边境倡议》,

以阻止在谢特兰群岛西部进行钻探。与此同时,国际绿色和平组织也加入了这场运动,他们将气候变化与阿拉斯加、澳大利亚和大西洋边境的石油勘探活动联系了起来。

1997年6月10日,来自绿色和平组织的两名活动家皮特·莫里斯(Pete Morris)和罗比·凯尔曼(Robbie Kelman),在一个救生舱中开始了对罗卡尔岛为期42天的占领,他们宣称这座岛屿为一个新的全球化国家——韦夫兰。一个月后,绿色和平组织的船只展开行动,尝试对"大西洋探险家号"(Atlantic Explorer)的地震工作进行阻挠。8月,活动家们设法将前不久刚从罗卡尔岛转移过来的救生舱固定在了英国石油公司为谢特兰群岛西部勘探而租用的"斯特纳·迪号"(Stena Dee)钻井平台的锚链上。英国石油公司为此向绿色和平组织提出了140万英镑的损害赔偿要求。他们似乎是想借此机会让这个组织破产,但在公众的强烈抗议之下,公司最终做出了让步。

所有这些事件都发生在日本京都联合国气候谈判之前的夏天。此次的缔约方会议于1997年12月11日通过了《京都议定书》。在当时看来,这似乎是在对抗全球变暖方面迈出的重要一步。

对谢特兰群岛西部的开发仍在继续。2015年4月,英国石油公司与壳牌公司和奥地利石油公司OMV合作,宣称将开启一项为期7年的钻探活动,为了能在2035年及以后开采劳约尔油田中的石油,他们要在希哈利翁油田中开一个新的油井,使其与劳约尔油田连接。2015年12月,一艘建造于韩国的海上浮式储油用油轮"格伦莱昂号"(Glen Lyon)被拖过印度洋,送往挪威和谢特兰群岛西部。与此同时,在谢特兰群岛西部的克莱尔油田,英国石油公司计划到2050年生产石油的项目,也正在如火如荼地进行中。达德利在2016年的年度股东大会上宣布了该项目的进展。

在发现和开采谢特兰群岛西部的油田之前,人们已经充分认识到了石油的燃烧及开采会给气候带来影响。事实上,1997年5月19日,英国石油公司首席执行官约翰·布朗在加利福尼亚州斯坦福大学发表

263

了一篇开创性的演讲，他在演讲中公开承认了气候的变化，并因此被誉为石油行业中首位承认气候变化的高管。3天后，布朗说："如果我们都对我们星球的未来负有责任，那么现在就应该未雨绸缪。"

自1997年以来，谢特兰西部油田的原油燃烧后不断地产生二氧化碳。据估计，这些原油产生的碳将在大气中保留一个世纪，直到2097年。那么，谁来对菲尔娜文、希哈利翁和北海其他油田的二氧化碳排放负责呢？

活动家们表示，通过开采化石燃料、破坏地球大气层进行牟利是一种犯罪行为。与所有的官僚犯罪一样，化石燃料行业也存在责任扩散问题，但这并不能减轻个人的责任。在未来的某一天，故意开采化石燃料可能会被正式列为一种犯罪行为。这说明了世界各地许多气候变化案件的审理工作的重要性。这不仅是"#ExxonKnew运动"和德国法院对德国莱茵集团（RWE）提起的诉讼的核心，也是苏格兰律师波利·希金斯（Polly Higgins）在努力实现一项"生态环境破坏法规"过程中的核心。

这种犯罪行为若想成立，就必须要确定"人们是否知道自己卷入了一场生态犯罪"，以及是否主动或被动忽视了这一事实。这个时间点也许会出现在1988年于多伦多举行的"大气变化问题"世界会议（World Conference on the Changing Atmosphere）上。或许是在1990年，当莱格特编辑的《全球变暖报告》出版之际。或许是在1992年举行的"里约地球峰会"（Earth Summit）上。或许是在1995年在柏林举行的第一届缔约方会议上。或许是在1997年《京都议定书》通过之时，也或许是2015年的《巴黎协定》，又或许是在人们对这项犯罪的观念确立之时。

* * *

出席本届卓著中心年度股东大会的来宾中，有来自"养老基金"

（Pension funds）等主要机构股东的少数资产管理人代表。这些机构在英国石油公司的股份发行总额中占有很大比例，因此，如果他们能够切实地发表意见，就可以在气候变化等问题上向董事会施压。他们的影响力来自养老金制度在英国金融部门中的重要性。

从1908年的《养老金法》(*Old Age Pensions Act*)到1946年的《国家保险法》(*National Insurance Act*)，再到21世纪的第二个10年的"职业养老金计划"（Occupational Pensions schemes），退休后养老金的保障结构已成为现代英国金融体系的基本要素。"养老基金"本质上是谨慎的投资者。他们的经理们致力于将资本投入能够提供稳健而非惊人回报的资产中。因此，这些基金主要投资于土地、政府债券和蓝筹股。对于"养老基金"来说，石油公司是可靠的收入来源。

这些机构已经存在了一个世纪之久，这意味着它们积累了大量的资金。事实上，据说到20世纪80年代，当保守党政府开始加大力度关闭英国煤炭局（National Coal Board）时，它就已成了某些人口中的一个拥有矿业子公司的养老基金。因为国有企业的真正价值正是在于其庞大的养老金计划。

大部分养老金计划都是面向投保人个人的，但有些则是针对个人所在的工作机构。因此，一名养老金在"煤炭董事会养老金计划"下的英国煤炭局雇佣矿工认为，现金储备应该是属于劳动力的东西。伴随着集体意识而来的是对加强民主控制的渴望。事实上，在1984—1985年的矿工罢工前夕，煤矿工人可以在一定程度上影响其养老金计划的权利成了一个重要议题。

30年后，民主党的参与使养老金计划再次成了一个重要议题。2012年，致力于防止气候变化的非政府组织"350"的主管比尔·麦基本（Bill McKibben）发起了一项倡议，以说服机构投资者出售其在石油、天然气和煤炭公司的股份。这是一场说服资产管理公司放弃化石燃料股本的运动，他们的理念是，通过破坏人类在地球上的宜居环境来牟利，不仅在生态上不可持续，而且在社会层面上也不道德。最初，麦基本和其他关键的活动家以及娜奥米·克莱恩（Naomi Klein）等作家，只是希望能够说服一些美国的私立大学和教堂，并让他们至少象征性地体现一下，所有此类机构都应停止资助化石燃料的原则。

但令人意想不到的是，雪球越滚越大。在不到5年的时间里，许多大学、宗教团体、保险公司和养老金计划都宣布将脱离化石燃料。2018年1月11日，美国迎来了一个关键时刻，德布拉西奥市长（Mayor de Blasio）宣布，纽约将在5年内从石油、天然气和煤炭行业撤出其价值2000亿美元的城市养老基金。同年9月，另一组投资者表示，他们将从化石燃料中撤出逾6万亿美元的资金。与此同时，世界上最大的挪威主权财富基金宣布了出售其价值130亿美元的石油、天然气和煤炭投资的计划。此举有着非凡的象征意义，因为这项价值1万亿美元的基金，正是在挪威石油和天然气财富的基础上建立的。

这些发生在海外的转变也对英国产生了影响，在英国，许多地方政府在公民施加的强烈压力下选择了撤资。2017年6月22日，代表众多地方当局工人的英国最大工会之一的UNISON发表了声明，宣称他们支持撤资运动。

在他位于伯蒙德西办公室下面的一家咖啡馆里，我们见到了马克·坎帕纳（Mark Campanale）。他毕生都是在伦敦金城中度过的。通过为投资者设计在不影响地球的情况下赚钱的系统的方式，他成为可持续金融领域的开拓者。他是1989年"木星生态基金"（Jupiter Ecology Fund）的联合创始人，这是第一家单位信托投资公司，该公司一直坚决拒绝持有对环境具有破坏性的公司的股份。他与尼克·罗宾斯（Nick Robins）和其他人一起，在亨德森全球投资公司（Henderson Global Investors）设立了专门的基金，使投资者可以确保他们的资金不会流向石油和天然气公司。

21世纪中期，坎帕纳和罗宾斯开始有了碳泡沫的想法。自17世纪现代资本市场发展以来，投资者泡沫的幽灵就一直困扰着金融界。此事的风险在于，人们持有在某个行业运营的公司股份，但某一天，大家却突然发现，这一行业的价值原本被极大地高估了。手里的股票变得几乎一文不值，投资者就此陷入破产。在此类危机中，最臭名昭著的要数 1720 年的"南海泡沫事件"，但最近发生的则是"互联网泡沫"。从 20 世纪 90 年代中期开始，投机性资金开始涌入 pets.com 和世通公司（WorldCom）等互联网公司。在 2000 年全年，一系列事件动摇了人们对该行业的信心。到 2002 年 11 月，pets.com 已经破产，互联网公司股票价值缩水 17500 亿美元。伦敦证券交易所中最著名的受害互联网公司是 lastminute.com。

碳泡沫提供了一种可能性，甚至是一种或然性，即由于气候的变化，人们将在某个时间点大规模放弃化石燃料。届时，那些投入如此巨大努力收购或勘探油气田以供未来开采的公司将发现，这些资产已经无法维系，岩石中的原油没有市场，同时也无法通过将开采权出售给其他公司的方式获利。用金融术语来说，油田将成为"搁浅资产"。以数十亿美元买下的碳氢化合物巨兽，随着利润的退潮，会突然变为搁浅在沙滩上的鲸鱼，慢慢死去。在这个紧要关头，即使是像英国石油公司和壳牌公司这样老牌公司的股东，也可能持有近乎毫无价值的股票，并面临巨大损失。罗宾斯和坎帕纳认为，在这种可能性的威胁下，应鼓励养老基金等长期机构投资者减少对化石燃料公司的持股。

2011 年 11 月，二人成立了"碳追踪计划"（Carbon Tracker Initiative）小组，由太阳能企业家杰里米·莱格特担任主席，并发表了题为《不可燃烧的碳：世界金融市场是否存在碳泡沫？》（*Unburnable Carbon: Are the World's Financial Markets Carrying a Carbon Bubble?*）的报告。效果令人大为振奋。他们的发现很快便在商业媒体和伦敦城中引起了关注，这一部分是由于罗宾斯和坎帕纳在过去 30 年中建立了良好的声誉。该报告使"碳追踪计划"小组成为一个致力于发展研究并向伦敦和国际资产管理公司传递信息的团队。

8 年过去了，坎帕纳隐藏在碳泡沫背后的理念几乎已经被全球金融市场所接受。但化石燃料的历史遗产——包括金融和文化遗产——

却给伦敦城中的投资者带来了巨大的挑战。他向我们解释说：

虽说英国石油公司和壳牌股票的可靠性越来越弱，但却不可低估将股票投资组合从化石燃料中剥离出来的困难。在伦敦，这种惯性是因为伦敦市历来与石油公司紧密相连。法国、荷兰和瑞士投资者的转变速度要快得多。

坎帕纳就一些矛盾点展开了研究：

石油公司的分配资本回报率正在下降。因此，他们用债务支付股息，这增加了他们的负债水平。但他们的股价上涨了，这违反了逻辑。我们试图说服资产管理公司，但他们回答说，"当这些公司问'当石油和天然气需求将在未来20至25年内不可避免地增长时，我们的股价会随之增长吗'时，我该怎么回答呢？"

当时油价很低，使得大规模项目无法进行，他说明了这些公司是如何辩称油价必然是会上涨的。"我们必须要说，化石燃料世界的变化是结构性的，而不是周期性的"；尽管这是过去几十年的趋势，但油价在降低之后并不会必然升高。"事实上，石油公司确实看到了这一点。这就是壳牌和英国石油公司持续退出北极项目和阿尔伯塔省焦油砂项目的原因。"他总结道："碳泡沫是一场巨大的斗鸡博弈游戏。投资者不愿相信最坏的情况会真的发生。他们就像1938年'水晶之夜'事件发生后仍留在纳粹德国的那些人一样。我最近在鹿特丹做了一个演讲，有200名观众都是被吸引过来的。我真的很惊喜。"这是金融部门用来塑造石油行业的力量，而非相反，就像20世纪七八十年代那样。

搁浅资产的逻辑直接影响了撤资运动，并为呼吁公共机构出售其在石油和天然气公司的股份提供了智力上的支持。它们在法律上需要保护那些依赖它们的人，例如未来的养老金领取者们，这不仅是因为气候变化，也是出于它们的信托责任。

在撤资运动背后，年轻一代正在抛弃这些伟大的母公司。这些行动无不表明了信任的缺乏。正如信用的关键是信条一样，信任是资本主义的关键要素。长期以来，这些公司一直要求民间社会相信他们有能力为其把握未来。而现在，这场运动则揭示出了一定程度上的不信任。这是一个瓦解的过程，是一个将我们的希望从公司描述的未来中解脱出来的过程，也是一个缓慢而痛苦的平息过程。

第 12 章
罪恶的交易

2017 年 12 月 11 日

在夜晚散步时,我们走到了位于伦敦码头金丝雀码头加拿大广场 20 号的英国石油公司综合供应与贸易中心入口处。大楼里亮着几盏灯,前台坐着一位随处可见的保安。尽管已经很晚了,但楼里面仍未停歇。然而,工作的不是坐在办公桌前的男男女女,而是交易大厅的计算机,当工作人员在附近的酒吧喝酒或回家睡觉时,计算机仍持续不断地运行。伦敦办事处经常与英国石油公司新加坡办事处和芝加哥办事处联络。石油交易是一年 365 天,每天 24 小时不间断地进行的。当我们凝视着大楼时,时间是 22:30,但新加坡时间是 6:30,芝加哥时间是 16:30。美国的员工仍在工作,几小时后,人类的活动将移至新加坡,大约 10 小时后将再次回到这里。

对于这间办公室来说,波动性是赢利的前提。交易者,无论是人还是机器,都在不断地寻求着变动。2017 年 12 月 11 日早间,"福蒂斯管道系统"关闭的消息传出,英国 40% 的原油立即停产。这场危机发生在阿伯丁郡斯通黑文附近的内泽里路上一个矮马场的角落。附近几所房屋的居民已被疏散。该管道的所有者英力士集团(INEOS)宣称,此次泄漏的修复需要数周时间。尽管数台 JCB 挖掘机在油田里昼夜不停地工作,但这还是意味着在 2018 年元旦管道重新开放前,英国和挪威北海的石油产量将承受每天高达2000万英镑的损失。石油平台每天的产量损失达数百万英镑,但贸易商们却因价格的意外波动而获利。

我们来到这座办公大楼是为了探索石油贸易商的世界,并思考日益活跃的资本流动是如何重塑英国石油系统并使其缺乏弹性的。人们常说,企业喜欢稳定。如果遵循制造模式的大公司要进行投资,他们就要确保近期和中期的情况在相当程度上都是可以预测的。例如,政府不会突然提高税收或改变就业法规。企业界对英国脱欧的担忧主要集中在市场准入、关税、税收或立法可能突然发生变化,而这也被批评家们视为"恐惧计划"(Project Fear)中自私自利的部分。这使得未来十分不稳定,以至于无法在当前安全地投资。

然而,其他业务遵循的交易模式则是通过购买商品赚取利润,并期望能以更高的价格出售商品。这可能会涉及投机,无论是鞋、火车票,还是原油的交易都是一样的。一段可预测和稳定的油价对一个石油交易者来说并没有什么好处,因为他们的收入正是来源于对不可预测和不稳定市场的精明判断。波动性被视为赢利的前提。

2008年秋季,当壳牌公司、英国石油公司和埃克森美孚公司等争相应对全球油价的暴跌时,商业媒体已经将注意力转向了该行业中一个蓬勃发展的领域——石油贸易商。经过40年的发展,该领域现在由托克、贡渥和维多等少数大型私营贸易公司所主导。

他们的商业模式似乎与英国石油公司和壳牌完全不同。在后者的信条中,石油公司需要努力融入主要国家的社会、经济和政治结构,以便使他们看起来像那些国家中的佼佼者。这使得他们在其他事物之外,还能够利用地缘政治和军事支持:英国的英国石油公司、美国的埃克森美孚公司、英国和荷兰的壳牌公司等就是例子。然而,许多石油贸易商虽在伦敦设有办事处,却将总部设在瑞士,作为一个国家来说,瑞士几乎没有任何地缘政治影响力,并且自1815年以来,从未在国外采取过军事行动。它所提供的是一个几乎不透明的金融体系和一个对公司极为有利的税收体系。作为回报,贸易商们会在世界舞台上不遗余力地为瑞士争取利益。他们时刻保持低调，根据传统，他们不会在瑞士或其他任何地方进行赞助、组织社区活动或花钱为企业打广告。

在石油市场中，这些大宗贸易商既是母公司，又是子公司。对他们来说，资本回报是通过在航运码头购买原油或精炼产品，由油轮将其运至遥远的港口，再卖给工业客户而产生的。虽然看起来很简单，但到了20世纪90年代，这个过程已经变得极其复杂，并且有可能会影响石油的物理流通，当贸易商不断采取投机行为时，问题就会变得尤为明显，因为这意味着他们会在销售合同未获得同意的情况下购买石油，从而承担起潜在损失的所有风险。一艘油轮可能会在部分归壳牌所有的尼日利亚伯尼码头装载30万桶价值1800万美元的原油，其目的是在9天后以2000万美元的价格将这批原油出售给美国得克萨斯城的英国石油公司炼油厂。然而，如果在此期间发生了寒潮或炼油厂火灾，导致西欧对石油产品的需求意外增加，那么批发公司将十分愿意以每桶高于美国几美分的价格买下这批原油。这样一来，这艘油轮将改航至大西洋中部，并将货物运往欧洲，比如位于默西塞德的壳牌斯坦洛炼油厂。

我们习惯于生活在一个高度互联的数字世界中，信息昼夜不停地在全球范围内流通。我们对"准时交货"这一概念的理解，来源于每天将货物从配送站运送到超市，或是将汽车零部件运送到装配线。这种定量流动的现实也同样存在于石油世界中。当你在阅读这些文字的同时，有数百条管道将原油从井口泵送到海运码头，数千艘油轮在世界各地的海洋上航行，数十家炼油厂每时每刻都在等待卸货。

在过去30年间，石油贸易公司发展迅速。维多成立于1966年，截至2019年，其收入达到了2250亿美元，这与英国石油公司3000亿美元的收入相差得并不多。维多每天都要处理700多万桶的原油及原油制品。相比之下，世界第四大石油消费国日本的每日消费量连400万桶都没有达到。

此外，维多一直在稳步巩固实力，并逐步进入了传统上由石油公司控制的地区。例如，壳牌就以 36 亿美元的价格将其在非洲和澳大利亚的部分业务出售给了维多。而且，就像为了强调这一转变似的，维多在 1995 年至 2018 年的领导正是壳牌的前任高管伊恩·泰勒（Ian Taylor）。这些转变虽然可以被解读为维多正在蜕变为壳牌或英国石油公司，但实际情况似乎恰好相反：石油公司正变得越来越像石油贸易商。高度流动的资金——我们称之为"动态资本"——正在重塑石油行业。

据财务业绩显示，英国石油公司 2015 年的亏损达 65 亿美元，这是该公司百年历史上最大额的年度亏损。其首席执行官鲍勃·达德利（Bob Dudley）在 2016 年年度股东大会上的发言，就是在这样的背景下进行的，这种异常糟糕的表现被归咎于自 2008 年以来持续的低油价和由"深水地平线号"灾难带来的巨额成本。但总体数字却掩盖了这样一个事实，那就是高质量的业绩并不是均匀地分布在公司的所有部门的。获得可观利润的只是其中一个部门。事实上，它的收益有效地挽救了整个公司的声誉，使其免于遭受更为灾难性的后果。这个部门正是"英国石油公司综合供应与贸易（IST）"。

这是该组织在性质上的一个显著变化，其意义与 20 世纪 80 年代的前首席执行官沃尔特斯和 21 世纪初的布朗所策划的变革一样深远。这家公司因动荡而蓬勃发展。

对英国石油公司或壳牌来说，在持续不断的数据流中进行买卖是其强大的利润来源。这些利润有助于支付全球股东的股息，以及至少三大洲的贸易员和相关员工的工资。在伦敦、英国东南部和其他地区的家庭中，它可以为汽车、私立学校和医疗保健提供资金。与此同时，许多养老金领取者将发现，他们手中的持有英国石油公司和壳牌股份的养老金计划正在不知不觉中使他们受益。

尽管科里顿和壳牌赫文炼油厂已经倒闭，巴格兰和卡林顿的化工厂也已被拆除，但这些地区仍有许多家庭依靠壳牌和英国石油公司的利润为生。在工业基础设施消失很久之后，人们仍然可以使用企业的养老金来购物和度假。

有越来越多的公民开始生活在动荡的背后。这种经济上的波动，可能会导致国家政治方面的波动，"脱欧"前后的动荡就是一个例子。英国的政治阶层似乎越发显现出脸书的创始人扎克伯格的指导思想——"快速行动，打破陈规。如果你没有打破东西，就说明你的行动速度还不够快。"

2016年10月4日

与石油公司相比，石油贸易商更加谨慎，注重隐私，对媒体的警惕性也更高。鉴于此情况，我们十分高兴能与大卫·贾米森（David Jamison）取得联系，并获邀前往他在西苏塞克斯的种马场。

我们从B级公路的路口驶出，走上了一条两侧布满茂密杜鹃花丛的狭窄车道，这是一条通往种马场的路。我们在一栋木屋旁停下了车，房子的周围是黑色的谷仓。乍看之下，贾米森浓密的银发和高大的身躯让我们回想起了保守党首相希思。他穿着一条具有一定年龄和背景的男人们常穿的红色裤子，一件带有蓝、绿、黄色条纹的衬衫，食指上戴着一枚金戒指。他是个大块头，年轻时一定不太好惹。他十分热情地接待了我们。

贾米森是石油贸易巨头维多公司的前首席执行官，他带领我们穿过了一间宽敞的餐厅，餐厅的天花板很高，横梁看起来是用很古老的橡木制成的。他告诉我们，这座房子是由他从新加坡的办公室通过传真发送来具体规格，并请一位建筑师建造的，房子的绝大部分都很现代化。餐桌上有一份《每日电讯报》和一瓶打开了的红酒。他的书房十分凌乱，小木桌上堆满了文件，地上铺着一张褪色的红地毯。在这些文件中，有一份是萨凡纳石油公司（Savannah Petroleum）的年度股东大会通知，他是这家公司的非执行董事。在半掩着窗帘的窗边，摆有3位年轻女性的照片，那是他的女儿们。再往旁边是许多马球运动

第 12 章 罪恶的交易

员和马匹的照片。

也许是由于某种冥冥之中的命运安排，贾米森的住所就在莫里斯·布里奇曼爵士墓地的南面 2 英里处，彼得·沃尔特斯爵士家东面的 11 英里处。3 位石油富豪都定居在了这个英格兰田园的角落，但他们却在不同的领域中度过了一生。有一些风暴撼动了英国石油公司，并成为两位首席执行官职业生涯中的屏障，但贾米森却因同样的风暴而变得富有。

1967 年 5 月的"六日战争"一夜之间改变了油轮贸易条款。它削弱了石油公司的实力，并推动了如亚里士多德·奥纳西斯等拥有油轮的航运大亨的崛起。它还将权力交给了那些用油轮装载石油进行买卖的贸易商。这一转变催化了沃尔特斯的思想转变，而回想起来，这也意味着布里奇曼的社会民主石油公司的倒闭。

亨克·维埃托尔（Henk Vietor）是众多新玩家中的一员，他于 1966 年与雅克·德蒂杰（Jacques Detiger）在鹿特丹成立了维多贸易公司。3 年后，贾米森开始在维多位于伦敦的分部中就职。

1972 年的贾米森是位于马里波恩克劳福德广场的伦敦办事处的负责人。"那个荷兰人当时想雇一个年纪大一点的人，于是我说：'听着，我现在已经把业务搞明白了。再过 3 个月，你打电话过来，我要么在这儿，要么走人。如果我走了，那就意味着我处理不了这些事。'我 28 岁时相当傲慢。'在此期间，请让我继续做下去。'老板德蒂杰说：'好吧，大卫，你可以做，但千万不要投机，好吗？'"贾米森的工作是把买家和卖家放在一起，并避免让维多承担财务风险。投机是违反交易规则的。

第二年，即 1973 年，受第四次中东战争的影响，石油行业陷入了动荡。"我从罗马尼亚买了 1 万吨石油放在船上。我知道自己要做什么，但不太确定。我赚了 10 万美元。每吨赚 10 美元。这太多了。德蒂杰打来电话说：'你做了投机买卖，是吗？'我说，'好吧……不完全是，雅克。我心里很清楚自己在做什么。'他说，'那很好，继续吧。'"

"在他这么说之后，我下午又买进了三批货，因为中东地区的冲突愈演愈烈了。我决定开始投机，并在鹿特丹和阿姆斯特丹储存了 50 万吨石油。这只是一次投机。"他解释说，这意味着石油是在没有客户的情况下被购入的，并且被储存在了荷兰的港口。这是违反规则的。

生活有时候就是很离奇。我和来自我最大的竞争对手阿特拉斯（Atlas）的人在丽兹大酒店吃了一顿丰盛的午餐，那是一家隶属于美国科赫兄弟（Koch Brothers）的公司。我们喝了很多酒。我们在席间彼此交换了意见，而他则掌握着比我更多的石油。在吃完午饭往回走的路上，我恍然大悟，如果他拥有如此大量的石油，而我拥有的量仅次于他，那么其他人手中还剩什么呢？我要开始销售了。我把第一批货物以低于市场（价格）20 美元一吨的价格卖给了埃索石油公司的新老板。阿特拉斯的那个家伙回到办公室，他本来期待得到同事们的祝贺，但他们却说："你犯了一个错误。你被贾米森盯上了。"市场开始崩盘，因为我一直在大量抛售。周围的石油太多了，导致供应过剩。我想战争也同样持续了过久，该结束了。是啊，维托的伦敦办事处在那一年大获成功。

我们听了他 45 年前的故事，这似乎完美地说明了人们是如何从波动中攫取交易利润的——实际上，与其说是从中攫取，不如说是推波助澜。

沃尔特斯和贾米森的命运也与两伊战争交织在了一起。这场冲突始于 1980 年秋季，并最终在沃尔特斯于次年担任首席执行官时，成为英国石油公司彻底重组的催化剂。贾米森回忆道：

伊朗与伊拉克开战了。我那时正在布宜诺斯艾利斯打马球。我的西班牙语很糟糕，但我能看懂电视上喷气式飞机袭击炼油厂的画面。我立刻上了飞机。圣诞节结束了。我回到伦敦，开始大量购买石油。

第 12 章　罪恶的交易

当时有几个人去滑雪,于是谣言传开了,大家说贾米森疯了。但这就是那场危机造就了维托的始末。

事实上,彼时正逢撒切尔主义诞生之际,石油贸易商的时代也正在到来。

两年后,由于与荷兰办事处产生了意见分歧,贾米森感到精疲力竭,他辞去了伦敦的职务,成为维多新加坡公司的董事。在这个东南亚国家中,他拼命地做交易、打马球,同时在苏塞克斯买下了这座种马场,并协调重建了房屋。他还出资赞助了自己的马球队——基地位于考德雷公园内的"半人马座"队。

他向我们解释了他生活的动力:"我 20 多岁时没有钱,所以我的想法是赚钱。对我来说,这是一个相当简单的等式;一旦成了家,就必须得有钱。此外我开始迷上了打马球,这是一项很费钱的运动。"赚钱需要承担风险,这正是他赖以生存的东西。"我从骨子里就是一个交易商。它令我上瘾。我不喜欢海洛因。我从来没碰过那东西。马球,我喜欢。那绝对让我上瘾。"

随着谈话步入尾声,贾米森变得愈发忧郁,他回忆起了他 74 年来的生活:

马球是我的挚爱,但随着年事渐长,现在也打不了了。高尔夫太慢了。石油还可以给我带来一些快感。目前我正在用石油做一些事情,只是为了向维多证明我仍然宝刀未老,向他们证明石油仍然存在。我和伊恩一直保持着联系。他向我表示了祝贺,因为我发现了今年在阿拉斯加找到的最大量的石油。

伊恩是指伊恩·泰勒,他是维多公司的前任董事长,是 30 年前被贾米森从壳牌聘请来的。

2016 年 10 月 4 日,一家名为 NordAq 的私人石油公司在阿拉斯加面向北冰洋的陆地上有了重大发现，贾米森是该公司的重要投资者。这在此后被誉为了该省历史上最重大的发现之一。当时，大型石油公司正慢慢撤出阿拉斯加，由私人股本支持的小型公司的运营，预示着这片石油区域的新生。

然而，若是将NordAq和60年来一直是阿拉斯加北坡驱动力的英国石油公司相对比，就会发现该行业正在发生更深层次的转变。NordAq的一些发现，只有在能够利用这些60年来发展起来的大规模基础设施时才有价值——尤其是"纵贯阿拉斯加输油管道"，这条管道一部分是由英国和美国的公共财政资助建造的。因此，英国石油公司还勉强可以声称，其在美国政府鼓励下开采北冰洋边缘的石油是为了更多的国家发展，但贾米森对NordAq的投资却仅仅只是为了资本回报。

在资助NordAq的20年之前，贾米森曾是苏联解体后首批在俄罗斯油田冒险投资的伦敦私人资本所有者之一。贾米森创立了西比尔能源公司（Sibir Energy），并发了大财。在当时的俄罗斯，腐败现象十分普遍，但阿拉斯加州也一样。

"问题出在管理层。其中一个最初与我有联系的家伙表现得十分糟糕。媒体全程都在报道"，贾米森带着一丝愤怒说道。在这次令人叹为观止的石油发现曝光的4个月后，NordAq的首席执行官和创始人陷入了滥用公司资金的刑事指控。我们想知道，在大型上市公司衰落，私人股本公司崛起之际，这是否就是石油和天然气时代即将到来的征兆，对这些公司来说，碳氢化合物的开采，是否意味着他们又多了一个新的赌场？

贾米森的回答为我们厘清了其中的差异：

"私人股本"是石油投资领域的一个新元素。这当然让人很难知道钱是从哪里来的。有大量资金在俄罗斯四处流动，金主们不想透露他们的身份，因为他们可能会受到制裁。如今，许多投资者都想在黑暗的掩护下暗箱操作。即使他们清白得不能再清白了，他们也不想被人看见。

第 12 章 罪恶的交易

2018 年 11 月 23 日

贾米森谈到的私人股本公司是石油行业金融结构转变的象征，这与贸易的发展一样意义深远。为了了解其对英国经济造成的一部分影响，我们前往苏格兰东北部。

大清早，阿伯丁的阿诺德·克拉克汽车展厅中有许多客户在进行租赁交易。为了方便追踪从圣弗格斯码头延伸到田间和森林深处的天然气管道系统，我们也租了一辆柴油发动机的沃尔沃。广播新闻中适时地传来了刺耳的消息："今天，首批石油被从谢特兰群岛西部的新巨型克莱尔岭油田开采出来。获批 7 年后，这项耗资 50 亿英镑的项目终于开始投入使用。英国石油公司表示，6 亿桶石油将使其至少将生产维持到 2050 年。"在明亮的卤素灯的照射下，奔驰、福特和沃克斯豪尔❶泛出了无瑕的光泽。这间用平板玻璃墙保护着的大房间很暖和，完全将 11 月的严寒拒之门外。尽管北海的石油日渐减少，但我们仍在继续接受着其慷慨馈赠的信息和伴随而来的所有梦想。在离开阿伯丁之前，我们有 3 个人要见。

特雷弗·加里克（Trevor Garlick）是一个温和冷静的人。他身材苗条，精力充沛，看上去与他的年龄很相称，他跟我们讲述了他和他的妻子徒步去巴塔哥尼亚旅行的经历。他曾担任过 5 年英国石油公司北海主管，其间主要负责该公司在英国和挪威的资产，如今他是机遇东北（Opportunity North East）的主管，这是一家鼓励对阿伯丁郡地区进行投资的政府机构。在 ONE 安静的办公室里，他坐在了我们面前，他身着深色西装，白色衬衫，双手放在桌子上，眼神亲切。这种感觉就好像是他在等我们对他进行面试。

他在大学中学习了地质科学和石油工程，并于 20 世纪 80 年代初

---

❶ 沃克斯豪尔汽车公司是英国较大的轿车厂商，成立于 1903 年，1925 年被美国通用汽车公司收购。——编者注

开始在海上工作,自此,加里克的工作生涯与北海交织在了一起。从"派普阿尔法平台"的恐怖事故,到风力发电比例的增长,他历经了这个非同寻常的殖民地的重要阶段。在加里克加入英国石油勘探公司(BP Exploration),在北海挪威区工作后不久,约翰·布朗就被任命为公司该部门的负责人。

从2009年起的6年里,加里克一直在担任英国石油公司在整个北海地区的主管。在任期内,他负责监督了一系列不断发展的石油项目,同时还应对了诸多突发事件——从2009年4月1日导致了16人遇难的英国石油公司的米勒油田返航直升机坠毁事件,到2014年陪同首相卡梅伦出席依法必须要进行的平台探访。

在加里克领导北海期间,英国石油公司展开了重要的新石油项目。我们在电台中听到的新开放的拥有6亿桶原油的克莱尔岭油田,在一定程度上是在加里克的指导下诞生的。

鉴于加里克新获得了政府区域发展部门负责人的职位,于是我们转而开始讨论从这个新职位的角度出发,他对阿伯丁未来有何看法。他解释说,石油和天然气行业仍然占主导地位。有些人估计,这两个行业为苏格兰地区提供了40%~50%的就业机会,但在2014年至2016年油价暴跌后,这一水平降低了很多。尽管石油在经济中依旧占据主导地位,但有一件事却已经发生了巨大变化,那就是石油和天然气巨头的衰落和私人股本公司的崛起。2000年,英国石油公司和壳牌公司约占英国石油产量的39%;到2019年我们与加里克见面时,他们的占比减少了一半。这种差异绝大部分都是由私人股本支持的小规模新公司造成的。

在低油价环境下,石油巨头们将注意力集中在了巴西和西非附近新的深水区域的钻探上。英国石油公司和壳牌将油田出售给像克律萨俄尔(Chrysaor)这样的公司,这使得英国的离岸产业在本质上变得更加不稳定,因为在价格受到冲击时,较小的公司更容易破产。这一转变说明了英国北海工业步入了一个新阶段,并且很可能是其生命的最后阶段。自 20 世纪 90 年代末以来，英国石油产量下降了 2/3 以上。

我们询问加里克，阿伯丁这个省是否即将"消失"。他在此事上听取了北海老圣人阿伯丁大学教授亚历克斯·坎普（Alex Kemp）的意见，他最近声称，英国的石油和天然气行业价值 130 亿~150 亿美元，并预测至少在未来 25 年内不会枯竭，直到 2045 年。

撰写了北海权威历史的坎普仍然乐观地认为，尽管有许多的石油巨头退出，并且气候问题和低油价导致了活跃度低迷，但北海仍可以在英国的能源前景中发挥重要作用。

我们在阿伯丁大学校园里找到了这位石油经济学教授，他正在进行一项几乎不可能完成的小型研究，因为研究论文实在是太多了。坎普身材矮小，举止严肃，戴着厚厚的方形眼镜，穿着粗花呢夹克。他长得有点像精灵王。

他告诉我们，"这个行业目前正在复苏，但仍相当困难。从结构上看，我们现在至少还有一些主要公司，但他们一直在出售到期资产，还有许多新进入者，其中包括相当小型的公司，以及相当多的私人股本投资公司。"

"这与 20 世纪 70 年代有很大不同，与 20 世纪 80 年代相比也有很大的区别，当时在 1986 年油价暴跌前后，这个行业仍然由主要石油公司主导。"

在离开之前，我们问坎普石油是否在帮助撒切尔政府击败矿工方面发挥了重要作用。"哦，是的，起了很大作用。你看一下这些数据就会发现，（发电站）燃油的使用量直线上升。"这为政府更广泛的政治和经济计划提供了资金吗？"它实现了减税。他们降低了较高的所得税的税率，因此也有助于实现这一目标。"

正如坎普强调的那样，英国石油公司和壳牌是众多不断出售北海油田的大公司之一。2015 年，总计有价值近 10 亿美元的北海资产被出售，2017 年 1 月，壳牌将价值 30 亿美元的英国北海项目出售给了克律萨俄尔，2017 年 5 月，丹能（今沃旭能源）将全部的石油和天然气资产出售给了英力士集团。截至2020年1月，英国石油公司自身出售了价值6.25亿美元的北海权益。为了使资产对购买者具有吸引力，大公司利用其政治力量移除一些自20世纪60年代以来一直都由公司负责的退役管理费用。

自开始在北海勘探以来，人们普遍认为，建造海上石油平台需要大量资金，但同时，在这些大家伙的使用寿命结束时，将它们拆除的成本也将十分高昂。尽管私营公司有动机进行初始投资——这里绝对能够开采出数百万桶原油——但在所有最有利可图的石油都被开采出来之后，旧平台的拆除工作却没什么吸引力。

随着最新的石油之旅拉开帷幕，法律上要求的退役海床清理工作到底应该做到什么程度，以及由谁支付费用的问题再次被摆在了眼前。以一系列政府部门为代表，石油行业和白厅之间展开了长期的争论。这个行业最终在2010年达成了目标。由于全球油价大幅下跌、对北海工业的影响，以及"保守党-自由民主党联盟"（Conservative-Liberal Democrat Coalition）的软弱，石油行业在财政部部长尼克·摩根（Nicky Morgan）议员的协调下达成了一项协议，该协议规定，英国政府今后将通过对拆除旧石油平台和管道的税收减免的方式承担起50%~75%的责任。批评家们看到，这些私人公司将一半早就能预见到的"一堆破烂"的清理费推卸给了政府。

正如得克萨斯·吉姆（Texas Jim）在《雪福特羊、雄鹿和黝黑黝黑的石油》（*The Cheviot, the Stag and the Black, Black Oil*）中一边跳舞一边拉着小提琴唱到的那样：

你们大伙儿都疯了，
我从你的海底发财了。
我觉得合适的时候就走人，
身后只留下一堆破烂。

第 12 章 罪恶的交易

2019 年 11 月 8 日

ONE 的办公室与全国铁路、海事和运输工人联合会（RMT）的办公室形成了鲜明的对比。距离阿伯丁仅 20 分钟车程的北海石油工人工会总部显然受到了更大的创伤。我们在这里见到了该联盟的区域组织者杰克·莫洛伊（Jake Molloy）。

身为一名技术官僚，加里克本身就是十分清醒的，而莫洛伊的故事则令听者清醒。这位工会领袖解释说，2014 年以来的全球石油行业低迷导致了裁员浪潮，离岸劳动力减少了近 1/3，员工人数降至约 26000 名。那些留下来的人被迫接受了更糟糕的条款和条件。"我们倒退回了 35 年前！"他在惊呼中回忆起了他 20 世纪八九十年代在海外的经历。现在，平台上越来越多的工人都是临时工，这意味着他们只是被雇来做两到三周的差旅，结束后便返回到岸上继续面临失业。这就是"零工经济"（Gig Economy），只是这些人并非骑摩托车的快递员或咖啡师，而是在一个极其危险的行业中工作的训练有素的专业人士。在这个行业中，个人错误可能会引发灾难性的后果。正如一名装配工人告诉我们的那样，"大家每时每刻都坐在一颗碳氢化合物炸弹上。"

莫洛伊情绪低落，他说：

我一直告诉其他工会，与石油公司的谈判代表谈话是一桩妙事。他们在房间里时看起来一本正经，但当他们站起离开房间时，他们就走了，他们他妈的想干什么就干什么。我一直对其他工会说，要想搞清楚这群人，弄明白他们心里到底在想什么，唯一的办法就是把一切公之于众。如果你需要站在大街上举着扩音器大喊大叫，那就不要犹豫，去揭露他们吧。

半个世纪以来，在石油运营商开采其资源的同时，这片近海殖民地一直都在向英国输送财富，而现在，它实质上已经开始衰竭。与此同时，私人股本公司也随着大公司的迁出而迁入，那些在其油气田工作的人的处境变得更为糟糕。莫洛伊担心，在"派普阿尔法平台"这样的灾难和工会行动给人们的工作和生活带来重大变化之前，海上的生活就已经开始回退到原始状态。他说，盛行于20世纪八九十年代的所谓"难缠劳工黑名单"如今又卷土重来了。

我们接着讨论到了钻机的退役问题。莫洛伊跟我们讲了他曾见过的过程。"举例来说，在英国石油公司的米勒油田中有'终止生产阶段'。在这个阶段，你必须要确保油井保持安全，要把所有的管道接头都塞住，把一切都抛弃掉，并全数进行销毁。这些工作是由在生产阶段对装置进行维护的工作人员负责完成的。他们把灯一关，然后就走人了。"下一阶段的工作由英国石油公司的分包公司进行监督，其中包括派特法（Petrofac）和意大利塞班公司（Saipem），后者受雇负责移除平台的"上部模块"和支腿。

塞班公司使用大型S7000起重船将能容纳100人的旧住宿装置吊了起来，并将其跨海运输到了挪威的史托德岛，在那里，整个构造的大部分都将被挪威克瓦纳集团回收了。"在其中一个峡湾，他们用割炬把它劈开，然后分割无数个小碎片。"这听起来很简单，实际上在英国石油公司发布的视频中看起来也不难，他们采用了延时摄影并且配上了摇滚乐，在视频中，人类只是一些穿着荧光工装裤的玩具小人。

但在提到距离陆地超过100英里的北海的激烈状况时，莫洛伊表现得极为愤怒。他声称，S7000起重船的船员都是菲律宾人，他们飞往挪威的卑尔根机场，从那里被转移到一艘海船上，这艘船会将他们运送到起重船上。他们一上船就会被送往米勒平台，并开始用割炬肢解这只野兽，将它剥皮抽筋。他们的工作不分天气，无论是风平浪静、波涛汹涌，还是严寒酷暑都不会停工。他说，他们轮班工作12~15小时，每天工资45美元。这连英国最低工资的一半都达不到。"这些公司可以逃脱惩罚，因为最低工资的法规并不适用于离岸12英里以外的地区。他们把这些人归为了海员！"但显而易见，他们和全球集装箱船上的船员不同，他们并不是海员，他补充道。米勒项目是在彼得·沃尔特斯爵士担任英国石油公司负责人时开始的，工人们的工资之所以被削减到最低限度，是因为这些公司想在米勒为期35年的项目寿命中花费尽可能少的资金。

随后，我们与塞班公司取得了联系，并请其对此发表评论。伦敦的一位公共关系官员告诉我们，在米勒平台上工作的所有人，收入都不低于英国最低工资。塞班公司的公关表示，受雇在起重船上工作的员工的工资，取决于与"国际运输工人联合会"商定的（不明确的）费率。

莫洛伊说，在平台退役之际，他已经与那些对安全深感担忧的主管交谈。他说，他们来找他，并声称，"这是不安全的，我们不符合英国健康与安全管理局（HSE）和其他任何地方的规定"。莫洛伊补充道：

> 这些监督员在北海的平台上工作了35年，他们知道起重工必须通过海上石油工业培训组织三门的课程，才能成为他们心目中称职的起重工。他们在米勒看着这些家伙，这些人没有受过训练，一切都举步维艰，也很不安全，所以他们非常担心。他们不断向我抱怨，向英国健康与安全管理局部门抱怨，并提出问题。

在莫洛伊施压后，英国健康与安全管理局去检查了米勒的情况。令莫洛伊失望的是，英国健康与安全管理局的检查员回来后，说一切都很正常，这一部分是因为该油田不再"生产碳氢化合物"，也不再被视为油井，所以他们采用了不同的标准。

很明显，为了尽可能减少这项工作的花销，有一些法律被变更了。"但这是一种不安全的操作。这是对外国人的剥削。这些马来西亚人、印度人、菲律宾人，他们都是好小伙，但这是一件极其严肃的事情，并且发生在英国。"他笨手笨脚地拨弄着手机，给我们看了一位伤痕累累的男子照片。他就是在做石油平台退役工作时被严重烧伤的。

"海上有着质量过硬的钢铁。它本可以被带到陆地上，熔化后制成风力涡轮机，但却缺少策略。"莫洛伊说的是"北方生产者"，这是一艘在"麦卡洛克油田"使用了17年的采油船。它的所有者丹麦的马士基公司（Maersk）将其出售给了圣基茨和尼维斯联邦的一家邮政信箱公司，该公司向英国当局伪造文件，并将这艘船从提赛德拖到了吉大港。"他们航行到孟加拉国，把它扔在了一个该死的海滩上。"马士基表示自己受骗了，但毫无疑问，当英国北海发现自己卷入了另一个"一堆破烂"的非法出口问题时，有人将利润置于孟加拉国的人民和生态之上。

2018年9月24日

"那是什么？一定就是它了！"我们位于阿伯丁以北30英里处，尽可能地紧紧跟随着海岸线。我们在树梢上监视着猎物——圣弗格斯天然气码头高高的橙黄色火焰。我们从A90公路驶离，沿着支路进入了这座综合设施。我们看不到能量在地下流动的迹象。英国约1/4的天然气通过靠近公路的钢管进行输送，然后被泵送至全国的发电机、厨房和中央供暖系统。我们滑过灰色的铁丝栅栏。远处的储罐和火炬烟囱上方有一个防风罩。一只秃鹭站在种有修剪整齐的树木的路边，对我们的路过毫不在意。一排排标志树立在那里——"国家电网传输系统""北海中游合作伙伴""禁止拍照""访客请到传达室进行登记"——但码头的停车场里却空无一人。奥迪车和现代车按照各自的车位停放着。我们按照指示停了下来，倒车入库。很显然，司机必须确保可以在紧急情况下尽快撤离。

我们坐在车里。挡风玻璃后面的一切都是灰蒙蒙的。在我们面前，两边都有10英尺高的无边无际的网状栅栏，上面覆盖着尖锐的铁丝。这三道深层防御措施，是用来守护这片面积相当于斯坦洛或卡林顿的大片区域的。铁丝网之间的地面上铺满了白色砾石，除草剂喷洒得很到位。每隔一段距离，就会出现一座耸立的铁塔，上面安装着闭路电视摄像机。我们从未见过这种像监狱一般的工业园区。只有那火光，那在海风中摇曳着天然气火炬的火光，才能让人意识到这里正在发生着什么。

这座综合设施归"北海中游合作伙伴"（NSMP, North Sea Midstream Partners）所有。这是"弗丽嘉英国协会"（FUKA, Frigg UK Association）的接待处，该协会控制着一条从北海北部（包括挪威）抽取天然气的管道。这里也是谢特兰岛地区天然气出口系统管道上岸的地方，该管道用于从谢特兰油田西部进口天然气，主要由北海中游合作伙伴所有。北海中游合作伙伴还拥有英国南部通往提赛德的北海天然气管道。

为何这个北海中游合作伙伴看上去对国家的天然气拥有很大的控制权？它不是一个家喻户晓的名牌，甚至连我们这些认为自己了解这个行业的人，都对它知之甚少。这家公司注册于泽西岛，2018年9月24日，它被以13亿英镑的价格出售给了雷恩豪斯基础设施公司（Wren House Infrastructure），这是一家隶属于科威特投资局（Kuwait Investment Authority）的子公司，后者是科威特的主权财富基金。那么是谁将它卖给了他们呢？是弧光资本公司（ArcLight Capital Partners），一家总部位于美国波士顿的私人股本公司。我们很清楚的是，在出售之前，北海中游合作伙伴的主要参与者是迈克·瓦格斯塔夫（Mike Wagstaff），他在6年前创建了这家公司。我们从未听说过瓦格斯塔夫这个名字。据谷歌的搜索结果显示，一位与他同名的男子现在在萨里拥有一座葡萄园，他喜欢和妻子及两个孩子一起在克罗地亚航行。

似乎不仅仅是海上资产，令人不悦的陆上管道世界，也正在从公司手中转移到私人股本公司手中。一种新型的动态资本正在重塑这个行业。

正当我们下车时，一辆国防部的警车驶过，一个坐在副驾驶座位上的人仔细打量着我们。我们向工厂的入口走去。这个大门口不禁让人联想起有组织犯罪题材恐怖片中的场景。我们通过对讲机与相关人员联络。一个和我们身高差不多的小铁栅栏向后滑开，里面露出了半张脸。"我们想参观码头。""不可能。你需要给阿伯丁241300打电话。那是PX集团的办公室。"对话结束。我们回到了车中。机器的轰鸣声不绝于耳，海鸥在微风中翱翔。

我们设法联系上了迈克·瓦格斯塔夫，他建议我们下来，在萨里的吉尔福德车站与他见面。"你肯定能认出我来。我开着一辆脏兮兮的蓝色丰田陆地巡洋舰。"他停下车，友好地和我们握了手，然后带我们去了一家意大利餐厅，他和那儿的店主十分熟络。我们在一间有着橡木横梁的安静房间内坐了下来。他热情而流畅地谈论着他的生活和工作。虽说大多数男人都喜欢这样，但他尤其喜欢。他语速很快，每一个历史性的日子都记得清清楚楚。

57岁的瓦格斯塔夫精力旺盛，他的举止很随意，脸上时常挂着微笑，但说话时他会直视你的眼睛。他仍然喜欢去听"拱廊之火"（Arcade Fire）或The National等摇滚乐队的演唱会。他与妻子希拉里都是英国葡萄酒界的知名人物——他们的葡萄园在"英国本土美食"等网站上广受赞誉。

在泽西的私立寄宿学校毕业后，他在牛津大学学习了机械工程，并在伦敦帝国理工学院获得了石油工程硕士学位。毕业后，他就职于壳牌公司。1987年和1988年，他在伦敦帮助该公司推动北海南部气田的开发工作，当时正值保守党政府将英国天然气私有化，并将更多的英国资源出售给壳牌等跨国公司。

但瓦格斯塔夫开始对这家公司感到厌烦。"他们像所有的大公司一样，太慢了，太官僚了……有点儿像公务员。"他离开后加入了伦敦城中的施罗德投资银行（Schroders）。这是"大富豪"的全盛时期，英国人被鼓励建立自己的现金储备，并为此感到自豪。他的团队为当时已被私有化的英国天然气公司提供了资产管理方面的建议。20世纪90

年代中期，施罗德将瓦格斯塔夫派往纽约。这是至关重要的几年，他在华尔街的狂热中，了解到了飞速发展的金融体系。

他有一笔交易是为一家总部位于阿伯丁的名为风险制造（Venture Production）的小型公司筹集 600 万美元资金。该公司于几年前成立，其模式是收购那些大公司认为规模太小而无暇顾及的油气田。风险制造公司将精力集中在特立尼达和英国北海。到 1999 年，瓦格斯塔夫离开施罗德，成为风险制造公司的首席财务官。"我把每一分钱都投了进去。"他告诉我们说。通过密集的劳动力、成本削减和税收效率，加上与钻井承包商合作的新方式，风险制造公司发展迅猛，并在 10 年内掌控了超过 15 个英国海上气田。瓦格斯塔夫本来希望风险制造公司能够保持独立，但该公司却已经在伦敦证券交易所上市，并于 2009 年成为森特理克集团（Centrica）恶意收购的受害者，后者是一家英国天然气集团旗下的私营公司。

瓦格斯塔夫向我们详细解释了他对森特理克此举的担忧，这不仅是因为这家天然气巨头收购风险制造公司的价格比他所想的低了很多，还因为他称这家公司很快就放弃了风险制造公司的许多创新实践。尽管如此，此次出售还是有所补偿的："公司的每个人都成了风险制造公司的股东，甚至连接电话的女孩也是。我们的 180 名员工中出了 19~20 位'期权百万富翁'，这在员工总数中的占比可能要高于微软。"据公开记录显示，他一个人就赚了"大约 2000 万英镑"，但他说，"这话可能不太中听，但当超过了某个临界点时，实际上，钱嘛……它是一张记分卡而已，无论是 2000 万还是 3000 万英镑，它显然都不会改变我的个人生活方式。"他反思道："在风险制造公司度过的 12 年十分美妙，我们取得了一些我认为很棒的成就。这段经历不仅令人难忘，而且与众不同。我们拥有一支很棒的队伍，我们过得很开心。"

他对我们解释说，当他在 47 岁离开风险制造公司时，他不想过退休后打高尔夫球的生活，所以他在萨里买下了一座葡萄园。他的故事与贾米森的相呼应。25 年前，42 岁的贾米森带着赚来的钱离开了维多，他在家乡定居，并买下了自己的种马场和马球队。和贾米森一样，瓦格斯塔夫也忍不住想要回到他曾经工作过的世界。

两年半后，瓦格斯塔夫与弧光资本建立了长期关系，弧光资本是一家美国私人股本公司，也是风险制造公司最大的投资者之一。他与他们合伙购买了提赛德天然气码头（Teeside Gas Terminal）和相关的管道系统。瓦格斯塔夫与弧光资本和提赛德的管理团队共同投入了一笔未公开的个人财富，北海中游合作伙伴由此诞生了。为了从北海北部的 20 多个油田和曾由特雷弗·加里克主导的谢特兰群岛西部的多个油田中抽取天然气，他们于 2015 年 8 月铺设了弗丽嘉英国协会和谢特兰岛天然气出口系统管道。这一大捆钢管沿着海床，径直插进了我们曾在停车场停留过的圣弗格斯码头。现在，英国能源基础设施的关键部分掌握在一家美国私人股本公司和一位萨里的千万富翁手中。3 年后，瓦格斯塔夫和弧光资本以 13 亿英镑的价格将北海中游合作伙伴出售给了科威特投资局的一个分支机构。瓦格斯塔夫带走了多少钱还不得而知，但他说，"我们过得很好。我们在财务方面都过得很好。"如今，圣弗格斯码头产生的利润都流向了科威特和华尔街 J. P. 摩根的投资银行。当瓦格斯塔夫在萨里的餐厅中与我们交谈时，我们感到这一切都与金钱有关；实际的基础设施，码头中 10 英尺高的栅栏，200 英里外的海上天然气平台，似乎都太过遥远了。

圣弗格斯码头是由法国道达尔公司和英国天然气公司于 1977 年建成的。资金来自公共机构。1988 年，瓦格斯塔夫第一次与英国天然气公司打交道；他利用这 30 年来获得的知识和技能，从这个由国家出资建造的管道系统中赚取利润，并转手出售。

在如今这个天然气产量下降的年代，这座 38 年来一直十分稳定的国有战略基础设施成了金融游戏中的计数器。在愈发流动的资本形式的推动下，这个行业正逐步迈向波动。

第 12 章　罪恶的交易

2016 年 9 月 28 日

　　天然气管道的旁边是福蒂斯管道系统，它在克鲁登湾登陆，负责输送石油。这些北海沿岸的管道都是一家子，它们是英国工业系统的动脉，贯穿了苏格兰东北部的田野和丘陵。与瓦格斯塔夫对北海中游合作伙伴的所有权相类似，掌控着福蒂斯输油管道的是英力士集团的所有者——吉姆·拉特克利夫（Jim Ratcliffe）、安迪·库里（Andy Currie）和约翰·里斯（John Reece）——3 位英国最富有的人，他们合计拥有超过 350 亿英镑的私人财富。

　　2005 年，当他的公司英力士以 90 亿美元的价格收购了英国石油公司旗下亿诺公司（Innovene）的全球化学品业务后，詹姆斯——现在的詹姆斯爵士，人们口中的吉姆·拉特克利夫摇身一变成了英国石油和天然气界的一位重要人物。然而，在被《周日时代富豪榜》（Sunday Times Rich List）评为英国最富有的人之前，他的名字一直不为英国社会所知晓。我们越是仔细研究他的传记，就越能理解对于英国的未来来说，他和迈克·瓦格斯塔夫的象征意义远比英国石油公司的约翰·布朗或壳牌的范·伯登要大。作为国家之舟的领航者，他常常被拿来与全国铁路、海事和运输工人联合会（RMT）的杰克·莫洛伊作比较。

　　拉特克利夫的童年时光是在英国石油公司赫尔附近的索尔特德化工厂的下风处度过的：在工党首相哈罗德·威尔逊描述的"技术白热化"时代，这里曾是这座城市未来的一部分。拉特克利夫的父亲经营着一家实验室设备制造和工厂供应公司。在伯明翰大学化学工程专业学习期间，年轻的拉特克利夫曾在索尔特德实习，于 1973 年 8 月毕业后，他成为这家工厂的见习工程师。彼得·沃尔特斯当时是英国石油化工公司的主管。

　　拉特克利夫仅工作 3 天就被解雇了。他有湿疹病史，公司的医生担心现场加工的有毒化学品会使他的湿疹加剧。1973 年秋天，当英国

石油帝国的兴衰
英国的工业化与去工业化

正在对抗"石油危机"之际，他转而投向石化公司的财务部门，成为比彻姆制药公司（Beecham Pharmaceuticals）的实习会计师。到1980年为止，拉特克利夫担任过埃索（Esso）的管理会计人员，并获得了伦敦商学院的工商管理硕士（MBA）学位。正如他后来解释的那样，他从后一段经历中学会了"一切都与金钱和数字脱不开干系。所有的一切都与金钱以及由金钱所产生的股本回报率有关。"搬到英国中部地区后，拉特克利夫在考陶尔兹公司（Courtaulds）工作了7年，担任高级材料部门的负责人。

1987年，他被一家名为安宏资本（Advent International）的美国风险投资公司看中，这家公司将他从考陶尔兹挖了过去，他的工资从37000英镑涨到了115000英镑，并且有望参与不断增长的私人股本领域。与英国石油公司的沃尔特斯、维托公司的贾米森以及后来就职于施罗德投资银行的瓦格斯塔夫一样，拉特克利夫受到了来自新自由主义最前沿的教育。"私人股本对我来说是一个全新的世界。我对此一无所知。我的武器库里本来没有这样的工具，但我必须习惯去使用它。我为此付出了巨大的努力，但我幸存了下来。"他后来回忆道。

拉特克利夫和英国石油公司的命运很快又纠缠在了一起。1991年年初，在首席执行官罗伯特·霍顿的推动下，英国石油公司掀起了一阵削减成本的浪潮，他们决定关闭手中两家精细化工厂中的一家——海斯或是卡苏顿，这两家工厂很久以前就被发现是污染云铎河的毒素来源。拉特克利夫决定离开安宏资本独自行动，他成立了自己的风险投资部门来收购工厂。他出价3700万英镑收购英国石油公司的精细化工部门。"我设法说服了普华永道的比尔·蒂斯代尔（Bill Teasdale），他冒了天大的风险，我还向英国石油公司解释了我们的出价和银行的一样高。"他用妻子和两个儿子的家庭作为赌注。"我把所有筹码都放在上面了。所以一旦计划失败，我将万劫不复。"到1992年9月，漫长的谈判已经完成，拉特克利夫不仅拥有了海斯和卡苏顿，还得到了后一个工厂中的英国石油公司商业经理安迪·库里（Andy Currie），他也加入了拉特克利夫的新公司。

3年后,英国石油公司渴望摆脱其位于比利时安特卫普的庞大工程。1995年5月,拉特克利夫和库里将英国石油公司的废弃物收入囊中,并将其转变为赢利企业,保持了生产。拉特克利夫说,"谁也没有注意到安特卫普的业务赚了多少钱,因为他们没有好好处理账目。"它至今仍是西北欧化学世界的中心。每当拉特克利夫收购像海斯或卡苏顿这样的工厂时,他不仅会买下硬件设施,还会一并买下员工。到21世纪初,他手下约70%都是英国石油公司的前员工。

这些收购完成之后没多久,拉特克利夫便与安迪·库里于1998年正式成立了英力士集团。普华永道的约翰·里斯也在其导师比尔·蒂斯代尔的建议下加入了他们。英力士没有在伦敦证券交易所上市。这是一家为拉特克利夫、库里和里斯这3位高层所有,没有外部股东的私人公司。这是一种新型的私人股本支持工具;是一种英国石油和天然气新时代的新资本形式。

壳牌公司负责人范·伯登在该公司持有的股份,仅占全球几十亿壳牌股份的极小一部分,而约翰·布朗尽管凭借其持有的英国石油公司股份积累了大量的个人财富,但他同样只持有该公司很小一部分股份,而拉特克利夫却持有英力士集团60%的股份。这是一种全新的模式,也可以说是回到了石油行业的早期,拉特克利夫在英力士中的权力水平与20世纪30年代之前德特丁在壳牌的旗鼓相当。

自成立以来的20年里,英力士已从多家西欧工厂发展成为一家全球性公司,2019年的销售收入达到了850亿美元。这在很大程度上是通过借入资金和购买英国石油公司、壳牌公司、陶氏化学(Dow)和英国帝国化学工业集团等公司不想要的工厂来实现的。英力士集团没有遵循英国石油公司和壳牌等公司在20世纪早期创建的模式,即通过传统的银行贷款和发行股票的方式筹集资金,从而分散所有权并创建一家公共有限公司(PLC)。相反,它的资金池变得更加广泛,他们从高收益"垃圾"债券、对冲基金和其他私人股本提供商那里筹集资金,而后者所使用的资金则来自高净值人群。

这一制度确保了不动产的所有权仍掌握在拉特克利夫和他的两位同事手中。这本身就是一种私人股本模式，也是未来石油和天然气公司的典范。现在，在北海近海处就有一大批这样的小公司，只是公众很少听说而已。其中有一家名为 Siccar Point 能源公司（Siccar Point Energy），由前森特理克公司（Centrica）高管乔纳森·罗杰（Jonathan Roger）经营，并得到了私人股本集团黑石（Blackstone）和蓝水能源（Blue Water Energy）的支持。另一家是受到海港能源公司（Harbour Energy）支持的克律萨俄尔，而前者自身也受到了 EIG 全球能源合作伙伴（EIG Global Energy Partners）的支持。还有"海王星公司"（Neptune），由风险投资公司凯雷集团和 CVC 支持。

英国石油公司并不满足于只出售安特卫普等个别工厂，而是希望处理掉公司的整个石化部门。英国石油公司首席执行官约翰·布朗和首席财务官拜伦·格罗特（Byron Grote）的计划，是将该部门拆分为一个名为亿诺的公共有限公司，并发行股票。在美国和欧洲拥有 19 家工厂的亿诺公司将会成为世界第五大石化公司。令他们极为惊讶的是，英力士出价 90 亿美元想要收购整个部门。拉特克利夫计划从众多银行筹集资金。布朗甚至拒绝与拉特克利夫见面，他在面谈中告诉我们说，当拉特克利夫第一次以买家身份出现在现场时，他并不知道这名来自英力士的男人是谁。

随后发生了一场激烈的谈判。拉特克利夫几次险些竞标失败。在最后时刻，英国石油公司如顺理成章般将格兰杰默斯炼油厂（Grangemouth Refinery）也扔进去一同打包出售了。2005 年 10 月 7 日，交易结束，英力士集团在没有经营炼油厂经验的情况下，接管了福斯河岸上的工厂和城镇。

拉特克利夫的自传中提到，他给一位名为吉姆·道森（Jim Dawson）的前壳牌高管以及当时的英力士集团董事会成员打去了电话咨询。道森只是半开玩笑地给他发送了一个叫作 HowStuffWorks 的网站的链接。这个玩笑很奏效，英力士关于炼油厂的几乎所有信息都是从这个网站上获得的。英力士的董事比尔·里德（Bill Reid）回忆道："炼油是一项价值100亿美元的业务，但我们对它的理解少之又少……我们完全没有把握。"

我们沿着福斯湾海岸向西驶出爱丁堡。在我们右侧，我们瞥见了一艘停泊在霍德角码头的油轮。刚过林利思哥，我们就到达了山顶，映入眼帘的是位于福斯河岸的格兰杰默斯炼油厂。白色的蒸汽从冷却塔中飘出，橙色的火焰在烟囱上方跳动。位于我们左侧的是一片偶尔被桦树遮挡的沼泽地，上面遍布着管道、塔楼和被蒸汽包裹着的建筑物。我们转而驶上了高速公路，向综合设施的中心开去。这是金尼尔（Kinneil）的储罐，它是位于福蒂斯管道系统末端的稳定码头，天然气和石油就是在这里被分离开的。前者通过管道被输送至炼油厂，后者则大部分被泵送至达梅尼罐区以东，然后从那里被输送至霍德角码头，并通过油轮运至世界各地。

这条公路直通格兰杰默斯。道路的左右两侧都是管道系统、看似废弃的土地、远处的冷却塔和一排排停放着的汽车，这些反复出现的事物令人感到眼晕。在这片人造的广袤天地中，没有人类的身影。我们摇下车窗，远处的火焰和空气中刺鼻的气味闯了进来。在两条公路交会的地方，是一座前卫的蓝色建筑。这是英力士炼油公司的总部，楼体设计新颖而洁净，在一片第二次世界大战前和20世纪60年代的建筑中，这幢大楼凭借着其闪亮的外观脱颖而出。我们很快就来到了一个整洁的住宅区，这里与这片看上去像蒸汽朋克而非尖端工业的广袤天地格格不入。这是一个为炼油厂员工建造的城镇，其中全都是精心维护的独栋二层房屋。这里距离工厂近得惊人，烟囱和冷却塔就在屋顶上方。给人的感觉就好像格兰杰默斯镇是建在炼油厂和石化厂里面的。这片人类的蜂巢聚集在一个与苏格兰其他地区隔离开的孤岛上，它的北面是福斯河，东面是埃文河，西面是卡伦河，南面是M9高速公路。这是一片属于自己的天地，这里有自己的大街、自己的斯巴达健身中心、自己的泽特兰 391 梅森旅馆，和自己的殡仪馆合作社（Cooperative Funeral Care）。我们把车停在了里帕克酒店附近。

我们在这里见到了马克·里昂（Mark Lyon），他是格兰杰默斯炼油厂联合工会分会的组织者，也是一场公共运动的傀儡，最终于 2014 年 2 月被英力士解雇。2005 年从英国石油公司收购炼油厂之后，英力士和员工之间进行了长达 10 年的激烈斗争，其中大部分是因为该公司坚持认为，只有采用冻结工资和削减养老金的方式，才能保障公司的未来。

拉特克利夫几乎没有试图掩盖他显而易见的观点，他认为工会只是对良好管理的阻碍。在公共有限公司领域有一种最起码的观念，那就是从首席执行官到最低级的学徒，公司里的所有人都为公司服务。现在的英力士虽说拥有一个联邦组织架构，却几乎都是由拉特克利夫一个人来掌控的。

在里帕克酒店的休息室里喝咖啡时，里昂回忆说：

当英力士收购（炼油厂）时，我们（工会）安排了一次会议与他会面。我们当时有点儿像是在告诉他，"我们真正想要的是餐桌上的一个席位。"我们希望参与决策，并希望对该工厂进行投资。他对待我们的态度就像希望我们快点消失一样。他不愿意和我们讲话。

里昂描述了 4 年后的第二次会面："他坐在我们旁边吃葡萄。几乎就像在说'快给我剥葡萄皮'。他说话时背对着我们。'我给你们发工资，发奖金。你们还想要什么？'所以这不是一件契约性的事情。这就像是在说：'你给我打工，所以你应该心存感激。'当然了，事情的进展并不顺利。"他沉思着。"很奇怪、他的性格很奇怪，几乎像是一个邪教（人物）。"

在格兰杰默斯，英力士、联合工会和工人之间的纠纷最终升级为全面罢工。然而，拉特克利夫最终得到了他想要的，在传记中他自夸道:"这起事件从此在网站上重塑了劳资关系,永久地改变了英国工会政治的进程。"

与工会和劳动力抗争就是与这片土地抗争。格兰杰默斯炼油厂于1924年由英国石油公司的前身英伊石油公司开设,在过去的80多年里,它一直为这一家公司所有。工厂周围的城镇就是该公司为工人建造的。格兰杰默斯就像巴格兰的沙田庄园,或是肯特炼油厂周围村庄里的住宅房屋。

里昂在自己的书《格兰杰默斯战役》(The Battle of Grangemouth)中对他父亲在工厂化学品部门的工作做了说明。"我们住在一套朴素舒适的四合一公寓里,这套公寓是公司为员工建造的住房……所有房子前后都有巨大的花园。如果你需要修理或在家里遇到困难,可以打电话给(格兰杰默斯)工厂,他们会派人过去。"

喝完咖啡后,里昂带我们去四处看看。他一边开车,一边给我们介绍周遭的环境,从现已关闭的BP社交俱乐部大楼,到独立住宅区的街道,他说:

这里的房子都是英国石油公司的。他们在这里为我们建造了一个新城镇,这就是我们喜欢他们的原因。我父亲在英国石油公司工作。这家公司很像一个大家长。我们是BP家族。这使得整个小镇都忠心耿耿。它带来的另一样东西是容忍。这是一个嘈杂的城镇。火焰照亮了整个夜空,到处都是噪声、气味和污染。但是,由于镇上几乎每个人都依赖这个行业,所以每个人都能容忍这些。

在这座大型综合设施的东端,靠近金尼尔稳定码头,有一座看起来是新建的阴暗的黑塔。里昂解释说,这里储存着来自宾夕法尼亚州的"水力压裂"天然气。

后来,拉特克利夫开始为英力士在格兰杰默斯使用的天然气而烦恼,所有这些天然气都来自为瓦格斯塔夫的北海中游合作伙伴所有的圣弗格斯。英国北海的天然气库存能维持多久,更重要的是,英力士得向供应商支付多少钱?当美国页岩气热潮到来,天然气的价格开始大大低于欧洲市场价格时,这一问题变得尤为尖锐。这威胁到格兰杰默斯和英力士其他欧洲工厂的生存能力,因为它们需要在全球市场上与美国工厂竞争。页岩气通常通过水力压裂从陆上岩石中提取,这是一种新方法,需要向油井注入大量的水和化学品。它对环境和社会都有影响,因此在美国遭到了许多社区和活动家的强烈抵制。

为了摆脱英国北海供应带来的束缚,拉特克利夫尝试了一种双管齐下的战略——首先是坚定地在英国陆上开采自己的压裂天然气,其次是从美国进口压裂天然气。

在这场在英国石油和天然气行业中,与社区就压裂天然气的尝试展开的斗争中,英力士集团处于领先地位。它与另一家私人股本公司库锥亚公司(Cuadrilla Resources)并肩而立,布朗勋爵曾一度担任过后者的董事长。反对英力士集团的运动十分激烈,尤其是在约克郡的拉伊代尔地区。拉特克利夫和该公司的公众形象开始变得不佳,他们的公关顾问"祖乌媒体公司"(Media Zoo)想尽办法维护这家石化公司的形象,但反水力压裂运动取得了显著的成功。在英国,几乎所有有新的陆上钻探的地方都爆发了抗议活动。在兰开夏郡与库锥亚公司的斗争尤其艰难。到2016年,工党和自由民主党呼吁禁止使用水力压裂法,在2019年12月大选前,保守党也承诺将会实施这项禁令。与此同时,在苏格兰议会中占多数的苏格兰民族党(Scotland the SNP),也将这条禁令纳入了法律。拉特克利夫的第一个策略即使没有被彻底击败,也至少被推迟了。他抨击英国政府对水力压裂的限制,称其"没有科学依据",并表示,如果不进行天然气水力压裂,那么英国将会继续依赖"不稳定"的风能和太阳能。

与此同时,英力士制订了一套从宾夕法尼亚州进口压裂天然气的计划,方式是提取乙烷并运输到大西洋彼岸。这一次他们完全成功了。2016年9月28日,美国首次向格兰杰默斯输送天然气,为福斯湾供电。

拉特克利夫在这个庞大的项目中投资了 20 亿美元，其中包括在宾夕法尼亚州的马库斯胡克建造一座乙烷出口工厂，以及从该州西侧的压裂气田建造一条 300 英里长的管道。他还委托特殊船只将冷冻液体运输到大西洋彼岸。尽管英力士集团获得了英国政府的"关键性"支持，但这些建筑却建在了中国而非英国。这一决定激怒了里昂。

"他们打造了船只来运送天然气。他们邀请人们去看他们的下水仪式。我们不屑一顾地说：'这些船是在克莱德的哪个船厂里建造的？'这些船是在中国造出来的。"他对政府的行为感到愤怒。"你可能觉得有人会说，'如果你要造船，那么我们希望能在英国建造。如果你要用钢材，那么我们希望能在英国采购。'"

在我们试图了解拉特克利夫的过程中，我们着重研究了他的自传《炼金术士：英力士集团的故事，一个工业巨人的成长》(*The Alchemists: The INEOS Story, an Industrial Giant Comes of Age*) 以及他在该书出版后所做的几次采访。这不可避免地会限制我们对他的理解，但我们之所以这样做，是因为我们无法采访到拉特克利夫本人和任何英力士董事会层面的人。为了获得该公司的真实信息，我们发送了电子邮件，但却石沉大海。在邮件中，我们提出的请求之一是确认英力士集团最终控股公司的总部。多年来，我们一再要求与首席执行官进行面谈，但却不断遭到拒绝，这与我们在业内接触的其他所有人都形成了鲜明对比。正如一位熟悉拉特克利夫的人直截了当地告诉我们的那样："吉姆不会做任何他不想做的事（比如采访）。"

2020 年 6 月，英力士集团宣布斥资 50 亿美元收购更多的英国石油公司资产，这几乎是英国石油公司仅存的化学品业务了，在此之后，我们最终获得机会与英力士集团的首席公关官理查德·朗登（Richard Longden）进行了交谈。朗登的工作地点位于瑞士的洛桑。他说，他会与我们重提英力士集团控股公司的最终总部是在摩纳哥、伦敦还是马恩岛的问题。但他没有。不过朗登确实表示，英力士集团"总部位于英国，并在其运营的各个地点，都进行了税务登记"。正式的总部问题

石油帝国的兴衰
英国的工业化与去工业化

可能看起来微不足道，但这正是这种新商业模式的特点之一，即英力士集团可以成为英国工业的最大所有者之一，但它的确切总部却仍然很难确定。这种动态资本的新模式比过去40年的新自由主义更难以捉摸，也更易于回避公众的监督。

而这也是相当有趣，因为在2010年，当英力士集团与工党首相戈登·布朗就税收问题发生争执时，他们将总部从英国迁至瑞士罗勒一事发挥了巨大的政治作用。然后在2016年，英力士集团回归。他们在位于伦敦西区骑士桥的新办公室中举行了盛大仪式，而拉特克利夫则开始为脱欧和英国一切事务摇旗呐喊。然而，2018年8月，在被封为爵士的两个月后，报纸上发生了一场风暴，一则报道称拉特克利夫因税务原因逃往了摩纳哥。

拥有庞大的资产、劳动力和强大企业实力的英力士集团标志着行业中的一种新型制度，并展现了英国石油和天然气世界的现状和未来，他们不想接受任何面谈，除非是100%按自己的要求进行的面谈。尽管他们常常躲在幕后游说部长，但它却与那些利用媒体建立积极形象的公司不同，它不需要记者。像英力士这样的公司直接隐藏了起来，除非是自愿做公开演讲，否则他们基本上不接受审查。这种公司为私人所有，通常由居住在国外的个人进行纳税。这些公司也可能在海外注册：泽西岛的北海中游合作伙伴或英力士集团，似乎最终都由拉特克利夫通过位于马恩岛的一家名为"英力士有限公司"的公司进行控制。同时，英力士集团推销的文学作品却表现得开放又坦诚。英国石油公司或壳牌的现任首席执行官从未创作过像《炼金术士》那样坦率的作品或是写过自传。

* * *

我们感谢里昂抽出时间带我们参观格兰杰默斯。我们开车来到了福蒂斯管道系统的尽头。要找到这个地方不是一件容易的事。我们盯

第 12 章 罪恶的交易

着系统导航地图,从一个住宅区的后面绕了过去,我们在一座狭窄的铁路桥下沿着一条几乎是单轨的道路向前行驶。"就是那儿了。""什么?""那座山是一座假山。那根本不是一座山,它是一片人造的丘陵地带,周围环绕着一组巨大的储罐。"我们找到了达梅尼罐区。

我们小心翼翼地往前开着;现在是黄昏,周围一个人也没有。我们凝视着这座大土丘,注意到有一条隧道消失在了它的中央。这条隧道是一条灯火通明的道路。它看起来很像是邦德电影里的场景。我们在空荡荡的停车场里停了下来,想知道什么时候会有人来和我们打招呼。

但最后什么事情都没发生。我们下车,走到了隧道口的一个小移动房前,里面有一位穿着高可视性工作夹克的女人。我们敲了敲窗户。"您这儿有关于这座存储设施的任何信息吗?""没有,但你可以试着拨打这个号码问问。"她在一张便利贴上写下来一串电话号码。我们回到了车上。

我们不知道下一步该怎么办,这是沿着福蒂斯管道系统进行的为期两天的旅程的高潮,但我们此时却丝毫感受不到激动。这座山蕴藏着价值不菲的原油,具有极高的战略意义,但与圣弗格斯天然气码头相比,这里似乎没有任何"真正"的安全保障。我们随后注意到小屋里的警卫正朝我们的车子走来。哦,天哪!我们摇下车窗,摆出一副无辜的表情。"你们是怎么找到这里的?你们不应该知道这个地方。这里是保密的。"她说道。我们解释说,我们可以在系统导航地图上看到它,而且我们知道英力士集团和吉姆·拉特克利夫的所有信息。她笑了。"我见过吉姆。他来过这里。他很脚踏实地,是个好男人。"

第 13 章
愤怒纽带

2011 年 8 月 10 日

我们顺路来到了位于伦敦西区考文特花园的苹果品牌店。与英国的其他 38 家分店一样，店内是一片平静的绿洲。产品的陈列显得十分谨慎，店员们尽量避免给人留下硬性推销的印象。全程都印证了那句话，"放松，你已经来到了未来。"事实上，苹果品牌店和许多竞争对手一样，都在出售同一件物品：未来。

大数据公司与谷歌、亚马逊、脸书和苹果这样的公司联手，自命为我们不可避免的未来。在这些新星耀眼的光辉之下，其他那些长久以来一直预示着前方道路的天体都变得黯然失色。在 20 世纪的大部分时间里，石油公司向人们提供了"现代生活"的必需品——向驾车者提供汽油，向农民提供杀虫剂，向居民提供塑料。英国石油公司和壳牌公司向英国和其他地方始终都在描述和出售同一样事物：未来。但他们却已经愈发无力完成此事。

2005 年，按市值计算，苹果公司在企业名单中位列第 39 位，位居榜首的是最大的私人石油公司埃克森美孚公司。2011 年 8 月 10 日，40 年来一直位居榜首的埃克森美孚公司被苹果公司短暂超越。到 2019 年，苹果公司排名第一，而埃克森美孚公司则勉强跻身前十。前者的市值是后者的两倍。与被取代的埃克森美孚公司相同，壳牌公司和英国石油公司的全球排名也出现了类似的下滑趋势。这种资本转移已经开始对英国的经济产生影响。

大数据公司的商业模式臭名昭著。对于这些数字巨头来说，原则只有一个：公司的实力和价值取决于它能够提取到的用户服务数据。2010年，照片墙（Instagram）卖出了10亿美元的价格。这并不是靠他们的13名员工，而是靠他们拥有的3000万名用户。

大数据公司已经建立起了一个效果显著的资本回报机制。这不是通过手头拥有和使用的气田等固定资产实现的，而是通过控制平台的访问用户数据来达成的。这种"无资产资本主义"或"无资本资本主义"造成了一些令人困惑的经济现实。2016年，全球最大的出租车服务提供商是优步（Uber），而优步本身连一辆车也没有；世界上最大的住宿提供商是爱彼迎（Airbnb），而该公司却没有一栋建筑；全球最大的零售商是阿里巴巴，但它甚至连库存都没有，更别提什么仓库了。

到2017年，媒体间流传着这样一句话："数据就是新石油"。当然，壳牌公司和英国石油公司也注意到了这种转变。两家公司都意识到，它们可能会在能源市场面临来自大数据公司的严峻挑战。或许亚马逊会资助日益衰退的北海石油大省，帮助他们建设风力发电场？或许谷歌会进入电力零售市场，向英国数以百万计的用户出售电力？又或许苹果会推出 iVehicle，一款可以与手中的 iPhone、iPad 和 iPod 同步的电动汽车？在这个新领域和长达一个世纪的石油开采领域中，那些在市场上占据垄断地位的公司，将失去他们的权力和产生最高资本回报的能力。

尽管存在着明显的差异，但大石油公司和大数据公司之间却有一个关键的相似之处：它们同属于采掘行业。英国石油公司和壳牌公司采掘的是石油和天然气，亚马逊和脸书采掘的是数据。在这两种情况下，对开采基础设施的控制至关重要。

电动汽车将这种被开采资源的差异清晰地展现在了世人眼前。一个多世纪以来，石油内燃机一直都是开采原油的重要工具。在那个世纪的后半叶，石油产业链中最具资本效益的部分，被证明是原油的泵送和运输，而非向车主出售汽油。但若是没有车主，对原油开采的需求将大幅减少。对于英国石油公司或壳牌公司来说，英国汽车司机的作用只是等同于它燃烧汽油的多少。

英国是世界上最大的汽油市场之一，如果每个人都转而使用电动汽车，那将对石油行业产生影响，但石油公司可以利用这种转变达到自己的目的。推广电动汽车的价值并非来自使用电力的驾驶员本身，而是来自公司可以收集的有关驾驶员习惯的数据，以及使用这些数据去指导销售和获益。这就是运行电动汽车计划的公司所要采掘的资源，在以脸书或谷歌为主导的商业模式下，汽车已经逐渐演变为平台。

2018 年 2 月 16 日

杰里米·边沁（Jeremy Bentham）的身上散发着一种令人愉快的自信。这种感觉或许是由他戏剧性的着装带来的，他穿着一件深色的西装外套，里面是一件带有红色纽扣的黑色衬衫，手指上戴着的金戒指上，镶嵌有一颗巨大的黑色宝石。与他形成鲜明对比的是温德尔·布罗尔（Wendel Broere）的着装，他穿的是常规的蓝色西装外套和白衬衫，脚上的黑皮鞋被擦得油光锃亮。布罗尔是一名新闻处官员，负责在海牙的壳牌总部监督我们的采访。

对这家专注于未来的公司来说，边沁的团队是一根触须。边沁是皮埃尔·瓦克（Pierre Wack）于 1966 年成立的场景小组（Scenarios unit）的负责人。这一由 28 名员工组成、预算庞大的部门的任务是了解未来的社会、经济和政治趋势，并以清晰、有说服力的语言，将这些信息传达给壳牌的高管和公司以外的关键政治人物。

壳牌的场景小组久负盛名，而边沁办公室的装潢则显示出了他对该小组处境的清醒认识。在一面墙的中间挂着一幅画，画中是一只渡渡鸟，下方有一组名单。这些都是团队前任负责人的名字。最上方是瓦克，最底部是边沁。渡渡鸟的形象代表一种警告，即壳牌本身可能会面临消亡。这种观念一直是边沁思想的核心。在我们长达一小时的谈话中，他说："我不能保证我们不会变成渡渡鸟。也许渡渡鸟只顾着学跳舞了？但公司是不会因为我们的坐视不理而消亡的。壳牌非常清醒，也非常投入。"

静下心来仔细琢磨边沁和他的立场，我们会获得很多启发。瓦克曾师从亚美尼亚神秘主义者古吉夫（Gurdjieff），并从一位印度教先知那里学习到了感知未来的艺术。对于瓦克来说，场景团队的目的不是向壳牌高管提供指导公司大船航向的数据，而是训练他们去感知自己即将驶入的大海。他试图鼓励他们跳出既定的思维框架，跳出正统观念。与瓦克不同，边沁本人在未来学家的世界中没有任何特别的建树。事实上，他的作用似乎不是为壳牌高管讲解社会的方向，而是向记者和政治家们介绍壳牌自身的方向。批评家告诉我们，这是公司的一个弱点，反映了公司对其未来角色的焦虑。

边沁坐在一块白板前，白板上是他团队成员的名字和一张手写便条，上面引用了一句科幻作家威廉·吉布森（William Gibson）的话："未来已经降临，只是它还未均匀地分散开来。"

"壳牌是否预见到了英国脱欧和特朗普？"我们问。他回答说：

是的。如果你回顾一下2013年发布的"山脉和海洋"场景，就会发现其中对这些力量都有描述。"山脉"实际上是关于权力的集中，尤其是在精英阶层。"海洋"是关于权力的分散。这也是一个如何成为具有竞争性的精英的问题。从某种意义上说，英国和美国存在有竞争性精英，他们通过建立广泛的选区来确立自己的地位。特朗普或约翰逊就是毋庸置疑的精英人物，非常强大的精英人物。我们的领导团队中有一位很了不起的地缘政治分析师，他对一切了如指掌。他在公投前表示："虽然我认为脱欧不是最好的结果，但相信我，这真的会发生。"因此，我们对此事的后果进行了一些思考。我们也因此有了脱欧的场景。

边沁对英国未来的分析让我们印象深刻：

我们看到，至少在十年内，英国政府的注意力都将主要集中在同一个问题上，这意味着其他领域的政策将被忽视。我们看到脱欧可能会导致英国解体，并引发有关北海的各种问题。我们仍然是北海的重要参与者，因此这一系列问题可能会非常复杂。

他向我们说明了他是如何将这些预见到的场景计划组合在一起的：

我的职责是对公司里的权贵讲真话，所以我必须尽可能地保持客观。像我这样的人，天生就在某一特定领域中成长，因此需要一直受到挑战，为了弥补这一事实，我们才有了如此庞大的外部顾问网络。通常情况下，一个情景规划，比如将在下个月发布的《健康星球的美好生活》（*A Better Life with a Healthy Planet*），会受到150名来自壳牌和300名来自外部的各领域专家的"敲打"。

"他们是从查塔姆研究所这样的地方来的吗？"我们问道。"是的，他们来自智囊团，比如亚当·波森（Adam Posen），他是总部位于华盛顿的经济研究的负责人，还有政府的官员们。我喜欢与澳大利亚前总理马尔科姆·特恩布尔（Malcolm Turnbull）一起谈论他看待事物的方式。"

边沁对壳牌与全球政治人物的接触已经习以为常。然而，这些顾问的涉猎领域虽广，但却似乎与他在"山脉"中隐喻的精英们如出一辙。后来，当被问及壳牌在英国去工业化进程中所扮演的角色，是否从根本上导致了英国脱欧时，他承认英国一些地区确实被忽视了："这个问题并非只发生在壳牌，而是出在总体的领导层，包括企业领导层、政府领导层、学术领导层,在他们眼中,许多需要重点关注的事情都是理所当然的",而这反映出了"他们的大脑被那些有影响力为他人塑造现实的人所掌控,形成了狭隘的现实观"。

他渴望从脱欧的阴影中走出来,并解释了壳牌将如何在能源转型中引领潮流。"这是你的想法吗?"我们问。"从某种意义上说是的,显然是我从什么地方学来的。"电力登上全球燃料的顶峰将是全球能源系统变化的关键。正如他所说的那样,要将"全球的电气化率从不足20%"转变为"超过50%"是一项挑战。这个目标太大了。究竟该如何实现尚不清楚。"但壳牌并没有守株待兔,我们已经是北美第二大电力交易商了。近期您将看到我们会在电力领域做一些采购。"

边沁解释说,通过转向可再生能源发电,壳牌可以帮助世界达成"到2070年实现零碳"的目标。根据他的描述,该公司有能力在十年内彻底转型,并迅速出售目前几乎构成了壳牌全部价值的石油和天然气资产。这是一个雄心勃勃的目标,边沁并没有说壳牌"会",而是说它"有能力"做出这种改变。听了他的演讲,我们虽然惊讶于他的大胆,但心里深知,到2070年实现零碳排放,比许多气候科学家和活动家的要求晚了近40年。比英国政府制定的目标晚了20年。

边沁此番声明是通过他的团队在2016年和2017年创建的场景得出的。他们解释说,能源世界正在经历一个极端不确定的持续阶段,在这个工业周期中,由英国脱欧和特朗普带来的社会和政治动荡,被清晰地反映了出来。他们在这种不确定性中预见了世界的四种未来发展,并鼓励董事会采取能源转型战略,这将使壳牌从一家石油公司转变为一家能够在受到气候问题限制的世界中运作的能源转型公司。世界对石油的需求可能会在21世纪20年代末达到顶峰,这意味着一家判断错误的石油公司,极有可能会留下难以出售的原油储备等搁浅资产。我们看到,"碳追踪计划"(Carbon Tracker)等组织的想法正被世界上最大的公司所接纳。根据这一战略,壳牌已经开始出售在高油价的前提下才能赢利的项目,例如英国的北海油田项目,以及在2004年后大规模开展的加拿大焦油砂投资。

边沁明确表示，壳牌有必要在石油需求达到最高峰之前摆脱高成本项目。在我们会面的3周前，他这番意见就已被发表在了《财富》（Fortune）杂志上。他解释说，如果壳牌把阿尔伯塔焦油砂项目拖得太久，"你就——天哪，请原谅我这么说——你就他妈的要见鬼了"。他开心地笑了起来，又将这句话重复了一遍。我们的脑海中又浮现出了渡渡鸟。为了阻止焦油砂的开采，全球开展了长达10年的运动，理由是这可能会破坏加拿大原住民的生活，并对气候产生灾难性的影响。但边沁的工作是避免壳牌的消亡。

基于四种被预见的世界，以及随后的《健康星球的美好生活》场景报告，壳牌正在就如何应对2015年《巴黎协定》提出的气候变化挑战向各国政府提供咨询服务。正如边沁解释的那样，他们希望确保以正确的方式处理这些关乎壳牌存亡的问题：

一个让人担心的问题是，脱碳等特定领域的压力在不断积聚，然后在某一个时间点上，也许是10年后，这些压力必须得到解决，到那时，人们会下意识地做出也许不太明智的政策转变。因此，我们应该进行一场持续的理性辩论，而不是期待有人能够突然出手把握住方向盘。

因此，壳牌希望以一种平静而和缓的方式来管理他们认为必然会发生的变化，这种方式应该与他们的商业战略相吻合，并且不会影响他们的资本价值。他们认为，如果他们能够制订出一个不会造成利润损失的转型计划，并能够鼓励政府以符合这一计划的速度进行变革，那么壳牌将一切顺利。然而，正如过去十年的政治事件所揭示的那样，这种有80年历史的"自由企业的家长制"模式是很容易被打破的。

边沁迫切地向我们展示他的首席执行官范·伯登对他想法的支持："我非常惊喜地发现，在上任后，他确实接受了能源转型的现实，除此之外，在他心中，用他的话来说就是，相信着这一点。我也是相信的，在我们的最佳状态下，壳牌可以成为一股向善的力量，因为能源在世界上是不可或缺的。"他在最后这段话中展现出了自己的工程学根基："我们现在聊的是全球经济的重组，这是一项令人敬畏的任务，事实上，正是因为它令人敬畏，所以才鼓舞人心。我至今仍然深受鼓舞。"

当我们离开时，我们问边沁他是哪里人，因为他的口音有些独特。他的老家是英国西南部诸郡吗？"是啊。大家跟我说了。这是因为我以前经常调动。但当我和我的老同学们重聚，喝了几品脱之后，我的口音就又回来了。我出生在布莱克浦，但我们的老家在威根。"他没有遵循家族传统进入煤矿，而是在20世纪80年代初加入壳牌，负责斯坦洛炼油厂的设计工作，在同一时期，肯尼·坎宁安和西蒙·亨利也在那里工作。安迪·麦克劳斯基也是在那时写下了OMD乐队风行一时的流行歌曲。

蒸馏塔就是我的设计之一。那在当时是英国公路上最大的单体建筑。我从某些角度拍了一些很棒的照片。当我访问利物浦并降落在约翰·列侬机场时，我经常去那里，因为我有埃弗顿足球俱乐部的套票——我知道他们现在很糟糕，他们真的很糟糕——但当我驶进机场的时候，我仍然能看到我在斯坦洛的一些努力成果。

壳牌已经把默西塞德抛在了后面，正如边沁以令人惊讶的冷静态度解释的那样："壳牌在英国的炼油能力毫无意义，这就是我们退出该地区的大体原因。"默西塞德属于壳牌的过去，而非未来。未来的分布并不均匀。

2018年2月17日

走上楼梯，穿过旋转玻璃门，我们回到了壳牌位于海牙的总部大厅。门厅是用白色大理石装饰的，看起来与这座建筑的规模很相称。

在一条长长的前台后面坐着3位女士，让人不禁联想起航空公司登记处的空姐，她们记下了来访者的详细信息并发放了安全通行证。我们一边坐着等待安排给我们的导游，一边看着匆忙过往的工作人员。他们大多处在20岁到40多岁，穿着牛仔裤、开领衬衫和运动衫，都很随意。这些人既不是公务员或投资银行家，也不是软件设计师或企业家。这里流露出一种使命感和平静感。

3位接待人员用荷兰语交谈着。这座城市的周围有大量的壳牌办公室，还有一家供员工入住的公司酒店。尽管壳牌公司是一家英荷跨国公司，但在荷兰的首都，我们丝毫看不出这是一家英国公司。透过卡雷尔·范·拜兰特兰大道上的平板玻璃窗，我们可以看到一排排街道，这些街道的名字——巴利斯特拉特、贾瓦斯特拉特和苏门答腊——无不呼应着壳牌的荷兰皇室血脉。这家公司是这个贸易帝国的重要引擎。

一位衣着考究的通信主管走了过来。他轻快地跟我们打了个招呼，整理好我们的门禁卡，并引导我们穿过另一组旋转门，进入公司的另一间会议室。他在电梯里用一口无可挑剔的英语说他想了解关于脱欧的事情。他说他对此事尤为感兴趣，因为他以前是荷兰外交部的演讲稿撰写人。在6楼，我们走进了铺着地毯的首席执行官套房。

范·伯登的办公室位于大楼的拐角处，正好可以眺望到奥斯杜因公园的绿茵。他坐在一张L形的大桌子后面，身边环绕着高管的礼品。一个玻璃盒子里摆着一条木龙，这显然来自中国。这个房间尺寸适中，其余的地方排列着舒适的座椅。冬日的阳光从半开半闭的百叶窗缝隙中照射进来，洒在了花瓶里的白色兰花上。范·伯登是一个身材魁梧、头发灰白的荷兰人，他伸出一只手，勉强挤出一丝笑容，但似乎有些疲惫。我们以前曾在公共场所见过很多次面，他总是表现得很友好、很放松。奇怪的是，尽管今天是在他自己的行政套房里，但他看上去却不大自在。

然而，正如边沁所预料的那样，范·伯登很快就对能源转型感到兴奋，并突然滔滔不绝地讲了起来：

社会最终需要做的是使能耗脱碳，达到每兆焦耳能耗零碳排放的程度，为了符合《巴黎（气候协定）》，我们很可能会在 21 世纪后半叶达到这一目标。目前，我们消耗的能量约为每兆焦 74 克，我们必须努力归零。这意味着我们需要在 2050 年之前降到每兆焦 40 克，壳牌曾这样说过："如果我想在 2050 年成为一家有价值的公司，并且想向社会提供零碳能源系统道路上的必需品，那么我们自身也必须降到每兆焦 40 克才行。"

他解释说，壳牌将通过以下方式实现目标："我将通过改变我们提供的能源产品组合，并在此基础上做出其他各种努力的方式，将碳排放量降到每兆焦 40 克。这些努力包括出售更多的可再生能源，到 2050 年，这可能相当于每年建造 5~7 座世界级风电场。"他对自己声称的规模点了点头表示赞同，并在继续讲话之前，说了一句"是的"来强调之前的发言。

"我们将必须在加油站中向汽车出售大量的可再生能源，这个量可能相当于目前荷兰发电量的 3 倍。"除此之外，"我们将通过大规模的以自然为本的'碳抵消'来帮助社会走向零碳。为了抵消我们到 2050 年仍将出售的碳氢化合物的剩余排放量，我们考虑重新造一片和西班牙面积差不多大小的森林。为了做到这一切，我们制订了计划。"

我们的脑袋开始飞快转动：一年有 7 个世界级的风电场！重建西班牙国土大小的森林！这一切只是为了处理这家公司产品的碳排放。我们要在哪里种植这片足以吸收其他所有地方的碳的森林呢？这对英国意味着什么？回归到无边的原始森林时代？让北海挤满风电场？我们被这位中年人的实力震惊到了，他坐在公司大厦六楼的办公室里，想象着他能做出所有这些改变。

随后，他开始将话题转向了电气化，并解释了其中的逻辑：

这种正在进行的能源转型是不可否认的，从根本上说，这是由一些因素所驱动的,其中之一是对能源需求的不断增长,这在某种程度上是不可阻挡的,并将受到人口统计数据和繁荣的推动。另一个趋势则是创新,新技术、新的做事方式、客户的新态度以及我们用电和安排生活的新方式。这两大趋势对能源系统来说是至关重要的。当然,现在你想要的是一个尊重《巴黎协定》的成功,将气温浮动控制在两摄氏度或更低的水平上。那么我们该如何为自己定位呢?或者我们想要持有何种信念呢?

范·伯登似乎有些停不下来了,他概述了两种信念定势:

由此产生的第一种"纽带"是人类对能源系统的无知,人们有些自满,可能认为一切都可以在千钧一发之际得到解决,认为别人需要先行动起来,然后自己才能行动。第二种"纽带"是公众意识的提高,人们产生了越来越多的愤怒,要求社会、企业、政府、非政府组织和公众的不同部门之间更好地进行合作,推动以一种完全不同的方式,真正地塑造系统,并迫使我们走上那条"两摄氏度的道路"。

他将后者称为"愤怒纽带",并表示:"我们壳牌公司认为'愤怒纽带'虽然令人不安,但也是一种更好的纽带。"

因此,想在逐步到来的未来中保有一席之地的壳牌,将自己置身于一个"愤怒纽带"之中。

他重新强调了这一点:"我希望我能画出一幅别人轻易画不出的画作,这个作品中存在着根本的不确定性,以至于我们必须以高度的信念来驾驭这一切,但同时也要记住,我们可能随时都会犯下严重的错误。"他解释说,"能源系统将过渡为一个更加电气化的系统。在21世纪后半叶,电力在最终能源消耗中的份额将从不足20%增长到50%以上。"

对于壳牌而言,这将是一个实现利润最大化的机会:

第 13 章 愤怒纽带

它将彻底改变电力系统的动态性，使其不再以一种相对枯燥、可预测、集中计划的方式行事，而是转变为一种高度动态、不可预测和灵活的方式。这种转变将发生在发电方和消费方两方面。这将为我们带来一个非常重要的经济机遇。因此，这是壳牌作为一个综合性参与者进入电力价值链的动力之一，因为我们相信有经济租金可供使用，如果你是一家能源转型公司，那么你的目标就是要抓住这一点。

范·伯登还在滔滔不绝地讲着，我们意识到他正在按照一部精心编写的剧本表演。和我们见过的其他人一样，他显然很喜欢这种变幻莫测、喜怒无常的赢利方式。他的发言中包含了许多来自场景团队的短语，感觉就像是为壳牌内部员工精心定制的一样。看来想要更深入地了解眼前这个男人，我们只能打断他，并从一个更刁钻的角度向他提问。

我们问："你在议会大厦对面壳牌中心的办公室里坐了很多年。那是一段我们已经习惯了的漫长政治稳定期。而现在我们进入了一个完全不同的阶段。你是否预见到了这一点呢？关于脱欧？"这个话题显然将一直具有敏感性，他要求自己的答复不被公开。

范·伯登在壳牌的制造部门和化学品部门工作了 35 年，他的职业生涯恰逢工厂倒闭的时代。我们问他："人们说，脱欧和特朗普问题的原因包括全球化、去工业化和'落后'。在 20 世纪 60—80 年代，石油工业是英国经济的重要组成部分。之后像卡林顿这样的工厂关闭了，桑顿也关闭了……"

在沉默良久之后，他说了一句："是的。"

我们继续说道："你可以看到，壳牌实际上已经把英国抛在了后面：桑顿关闭了，卡林顿关闭了，威尔顿关闭了，西廷伯恩关闭了……"

他回答说："是的……这是真的……我想这已经发生了，我对此也无法再改变什么。"

但这位壳牌公司的负责人坚称，该公司只是在做出和行动一致的反应：

社会和全球经济中存在着巨大的力量，这些力量推动了真正的全球化和消除贸易壁垒等事情的发展。我们的一些资产原本是为国民经济服务的，但当它们不得不进行国际竞争时，其竞争力就降低了，而且，呃……工厂的关闭是一个主要的推动力。例如，将全球约150个制造工厂减少到60个这件事，就推动了石化足迹的改变。

我们将话题从过去拉回到了未来，回到了他热衷于被报道的领域，以及谷歌等大数据巨头所构成的威胁上来。"我认为必须得把它当作一种威胁来看待，但同时我也认为我们有着他们不具备的优势。"他解释道：

想想看权力链，把它看作是一个个互不相连的组件。如果你想在这条链上取得成功，就必须与电子接触，否则你就不能参与其中。因此，你必须得有创造资产的机会。你需要与客户接触。如果你想参与其中，就必须在其中占有一席之地，那就是利用套利机会进行交易。

我们清楚地看到了壳牌公司是如何从即将到来的低碳世界中获取利润的。他继续说道：

如果你现在真的想收获现有的东西，那么数字化是所有这一切中一个非常重要的组成部分。要利用与客户行为有关的海量数据系统，要能够看到趋势，要能够，也许……你知道的，要能够关掉别人家中可能不被注意的需求，但这可能会给你带来一个巨大的交易机会。比如说在浴室里，如果你关掉电源半小时，没有人会注意到的。但如果你在两百万套房子里做这件事，它就会突然成为你在一场交易中的重要筹码。

因此，英国的 2700 万户家庭都被当成了这场电子扑克游戏中的筹码。当范·伯登谈论贸易机会时，我们想起了大卫·贾米森和 1968 年在鹿特丹成立的维多，那以南 60 英里就是 8 岁的范·伯登长大的地方。

关于大数据，他说：

你知道，数据公司在吸引数据科学技术人员方面处于有利地位，所以他们确实掌握了这一板块，但他们却没有掌握客户主张，他们没有掌握发电能力，他们没有弄明白的是这场交易游戏。他们可能并不合适坐下来与政府讨论市场设计，以促进该行业的增长。所以我认为我们已经掌握了这个大拼图中的所有板块。

我们再次看到，壳牌公司获取利润的工具之一是按照自己的设计塑造英国能源市场。这可能是对游说政府部门的一种礼貌描述。

我们说："但谷歌和亚马逊拥有的是关于客户令人难以置信的细节，他们有着数量惊人的关于人们生活的私人材料。然而，你可能连你的客户是谁都不知道，因为他们只是些经过加油站的司机。"

范·伯登回答道："我想我们会有的。我们会越来越多地利用这一点，而且出于隐私等方面考虑，我们此举将会非常谨慎，但我们会通过脸书之类的东西与大数据进行互动。如果我们在电力行业，就必须通过与终端客户的接触点来实现这一切。"他解释道："我们与这些客户签订的合同是，'请允许我们访问这些信息，我们将为您管理这些信息。'"

因此，家庭已经成为能源市场中的一个交易筹码，能否知道我们何时使用浴室，取决于是否可以收集到大量的数据。

通过"愤怒纽带"这句话，这位荷兰人再次谈到更广泛的政治和社会前景：

我认为，作为一个社会团体，我们不可避免地会在这一点上摇摆不定，这是一种更加自信的联结，在这一联结中，我们壳牌公司也必须扮演一个更加坚定的角色，壳牌坚持认为政府必须正确行事，壳牌将与更广泛的联盟进行合作，这种合作将不仅限于能源部门，而是与更广泛的社会"可信联盟"进行合作。

他一边用手指敲打着桌面一边继续说道：

你得这样做才行，如果你不做，事情是不会自己发生的，实际上如果你不这么做，我们会向你的选民挑明这一点。并不一定是要指名道姓地羞辱政府，让他们做正确的事情，这只是一种帮助，你懂的，使他们行动起来做正确的事。我们不能强制提出要求。我们不能命令政府这样做。我们没有得到授权。

他谈到了在西方民主制度的不可预测性下工作的挫败感：

在这个不同寻常的国家，荷兰，我们可以真正坐下来跟政府解释能源转型应该是什么样子，并将它指出来。我们愿意采取行动，我们会把钱放在嘴边，但这些都是我们为了达成目的而必须设置的参数。其中一件事是政府政策的可预测性，所以不要说'哟！这届内阁会做正确的事情，但我们不能保证下一届内阁也会'。因为等到我们实施投资计划时，内阁就已经换届了。所以你知道，我该怎么才能确定前进的道路呢？

我们对民主与应对气候变化之间的未来冲突有了初步的理解。请记住，壳牌在其百年的历史中，曾在数百个国家和政治体系中运作过，其中许多实际上是一党制国家。公司的任务一直没有变过，那就是资本回报率，其次是其所在国家的性质。这就是范·伯登80年前的前任亨利·德特丁的行事逻辑。

时间快到了。在离开房间之前，我们对目前正在撰写的书做了一些说明，并谈到了我们对音乐和石油工业之间联系的理解。我们抓住时机问了最后一个问题，期待听到一些意想不到的回答："您最喜欢的乐队是什么？"犹豫片刻后，他吐露了心声——"齐柏林飞艇"乐队（Led Zeppelin）和"滚石"乐队（Rolling Stones）。杰里米·边沁曾说，他最喜欢的乐队是"深紫"（Deep Purple）"乌里亚·希普"（Uriah Heep）和"齐柏林飞艇"。他们是壳牌大楼里的老摇滚迷。

我们沿着卡雷尔凡拜兰特兰向苏里南的壳牌外籍员工档案馆（Shell Expatriate Archive）走去。尽管壳牌公司在风力发电和植树造林方面有规模庞大的计划，并宣布要"改造世界"，但这些项目与目前和未来的石油和天然气项目规模相比，仍相形见绌。范·伯登每年为能源转型或"新能源"计划拨款20亿美元，但这只是2018年用于购买和开发新油气田的230亿美元中的一小部分。该公司似乎正在对冲赌注，他们或许正同时朝着两个不同的方向前进。围绕通过碳产生利润的核心手段来构建未来，外加对可再生能源进行少量投资。这一部分是因为，壳牌在2070年前实现零碳排放的目标，远落后于英国许多机构在2030年前实现零碳排放的要求。也许这意味着英国地方当局、无数活动家和非政府组织，正将自己置身于可信联盟之外？又或者这可能是另一个错误的开端，就像壳牌收购了一家大型太阳能企业，然后在四年后于2006年关闭掉，或是英国石油公司的"超越石油"倡议早早被放弃了一样？

在未来的斗争中，有人对壳牌和英国石油公司抱有信心。也有人明确表示，在努力开发电力市场的同时，范·伯登应停止勘探和开发新的油气田，并将公司的精力集中在关闭现有的化石燃料项目上。否则，许多批评家将认为壳牌希望遵守《巴黎协定》的言论是不可信的。与许多其他人一样，董事会也承认35年来，他们已经知道了化石燃料对气候的威胁，在这段时间里，我们只会在客户的纵容下使问题加剧。

在我们会面前不久,范·伯登向媒体发表评论说:"目前的挑战是,我们不知道未来会走向何方。"但壳牌显然正试图规划未来,从而避免地位被大数据等公司篡夺。关于庞大的办公大楼和场景报告,边沁和范·伯登说:"在气候变化问题上,我们非常清楚,也非常投入。交给我们来处理吧,我们会帮你处理好的。"这两天,我们在总部大楼中进进出出,对公司自信的光环感到惊讶,却又隐隐不安。

2018年9月7日

位于阿伯丁郡梅尼庄园的特朗普国际高尔夫球场礼品店内,摆满了印有球场所有者标识的商品。这里有高尔夫球衬衫、高尔夫球帽、泰迪熊、雨伞,还有美国第45任总统营销部门的所有物品。当我们花了3英镑买了一个印有特朗普标志的高尔夫球徽章时,柜台上那位乐于助人的伙计告诉我们,球场上1/3的顾客都是美国人,他们从美国各地飞来苏格兰,并在总统的球场上玩一局。阿伯丁郊区的沙丘上留下了一抹美国风情,这里被修剪整齐的果岭和俱乐部会所占据了,有点像想象中的佛罗里达州或得克萨斯州。这座城市在20世纪70年代作为休斯敦的殖民地重获新生,现在,由于石油枯竭,一位美国"爸爸"将一座高尔夫球场赠予了它。这或许是美好岁月无意间留下的纪念品。

柜台后面是餐厅。熙熙攘攘的顾客在音乐声中吃着午饭。透过落地窗,在那些专注于陶器和餐具的灰色脑袋上方,我们可以看到明亮的绿色球道、一簇簇马兰草、冰冷灰暗的海平线,以及排成一长排的11根巨大柱子。这些是阿伯丁湾海上风电场的涡轮柱,灰白色的叶片在灰暗的天空中静静地转动。其中一座塔的底部停泊着一艘工作船。

令人惊讶的是,这排柱子看起来如此之近,主宰了海上的风景。毫无疑问,这应该是英国风电场的最大手笔。特朗普近十年来一直试图阻止这里的建设。他的公司员工一再游说苏格兰政府。他们对阿伯丁市政府授予规划许可的决定提出了上诉，而苏格兰民族党的主导者霍利罗德（Holyrod）对这一决定表示支持。他们甚至将此事提交给了苏格兰法院，并上诉至英国最高法院。特朗普威胁要撤回投资并关闭球场。但这并没有用。2018年9月7日，苏格兰第一部长尼古拉·斯特金（Nicola Sturgeon）建造并启用了这些涡轮机。

我们来到梅尼是为了思考北海风能的未来。我们对特朗普的动机以及他在财政和总统权力上的运用完全质疑。但这一景象比我们预期的更为壮观。这些涡轮机确实对特朗普的领地和俱乐部会所的海景构成了挑战。但除此之外，他们还可以被视为对梅尼所代表事物的侮辱。这座球场是石油和天然气工业的产物。一些阿伯丁的公民之所以能成为这里的会员，正是得益于石油带来的财富。从维护机械到塑料高尔夫球标记器，这个地方能运作起来，全都仰仗着石油。正是石油使1/3的客户能够从美国飞过来。涡轮机代表了另一种存在方式。对于即将到来的风能和太阳能世界来说，涡轮机将可以提供许多乐趣，但它却无法提供足够的能量给这种高尔夫球场——这种建立于在油轮甲板之上的休闲活动。

第二天早上，天气很冷，我们穿过阿伯丁港，走过空荡荡的碎石场和漫长低矮的钢铁仓库。把集装箱运到远处工厂的卡车发出雷鸣般的响声。海鸥在东北风中来回滑行。娜塔莉·加齐（Natalie Ghazi）正在第六单元的门口等待。在把我们带到楼上的一个会议室的路上，她一直滔滔不绝地讲着话。阿伯丁湾风电场和巴罗因弗内斯船厂（Barrow-in-Furness）附近的奥蒙德风电站的负责人凯文·琼斯（Kevin Jones）热情地和我们握了手，并招呼我们坐下。在这个设计简单的房间里，围绕着福米加牌的桌子和塑料椅子，我们展开了对话。我们此刻正位于瑞典大瀑布电力公司（Vattenfall）的运营和维护海岸基地。

大瀑布电力公司是一家总部位于索尔纳的瑞典跨国公司，100%为国家所有，与英国石油公司一样成立于1909年。它的年销售额达130亿英镑，是北欧列国中最大的公司之一。这家公司的英文名为

"Vattenfall"，是"瀑布"的意思，它是由一家水电和核电公司演变而来的，但在 20 世纪 90 年代，它在几个国家中发展为了以燃煤为基础的火力发电公司，同时还拥有煤矿。直到 2016 年，它才出售了其位于柏林南部劳齐茨的臭名昭著的露天矿场。这家公司将自己的碳负债有效地转嫁给了他人。

负债问题并非无关紧要。2017 年 11 月，一名秘鲁农民在德国哈姆的一家法院中，以"气候损害"为由对德国 RWE 公司提起了诉讼，并最终胜诉。索尔·卢西亚诺·利尤亚（Saul Luciano Lliuya）认为，RWE 是一家煤炭开采和燃煤发电企业，它加剧了全球气候的变化，导致了冰川湖的形成，并对他的家乡华拉兹造成了威胁。他要求对方对他迫不得已修建的防洪堤进行补偿，并为社区的防御措施费用做出赔偿。2013 年发布的一项研究得出结论，自"工业化开始"以来，RWE 排放的二氧化碳约占全球二氧化碳排放量的 0.5%。如果此案成功，那么所有化石燃料公司可能都要对其造成的历史损害负责，包括壳牌公司和英国石油公司。事实上，在著名的美国气候责任研究所的一项最新研究中，这 2 家公司都入选了 20 家二氧化碳排放量大企业名单。壳牌位居第六，占历史排放量的 2.12%；英国石油公司位居第四，占 2.47%。大瀑布电力公司的加入将使这串名单变得更长。

就在我们准备好开会时，我们收到了公司的宣传资料。在一本小册子的开篇两页中，有一张大瀑布电力公司旗下肯特平原风力发电场的照片，上面印有这样一句话："一代之内无化石"的字样。下面的内容如下：

我们的目标是在一代之内摆脱化石燃料。为了实现这一目标，我们需要在适合未来的能源解决方案上进行投资。在英国，随着工业和交通的电气化，预计到 2050 年，电力的需求将翻一番。我们计划在可再生能源园区建设超过 4 GW 的风能开发、供热、电网和充电网络，现在，我们正投资于打造一份解决方案，旨在提供更智能的气候可能性。

阿伯丁港是英国北海石油和天然气殖民地的物流中心，2003年，由市议会领导的阿伯丁可再生能源集团（AREG）发起了在阿伯丁港口外修建风电场的倡议，但进展十分缓慢。最终，该组织借助了大瀑布电力公司的资本和组织力量，并从欧盟获得了4000万欧元的研究拨款。

欧洲海上风电部署中心（European Offshore Wind Deployment Centre）为该项目起了一个恰当的名称，其背后的含义是，该项目不仅应表明阿伯丁超越石油和天然气的决心，或至少接纳可再生能源，它还应该成为一个研究海上风电挑战的工具。北海南部相对较浅，根据50年建造天然气平台的经验，在100英尺深的水中安装风力涡轮机，是一项相对规范的工程任务。但北海北部更深的海域则更具挑战性，大瀑布电力公司想知道如何以最经济的方式建造更强大的风力涡轮机，从而降低供应成本。

琼斯热情开朗，乐于回答任何问题，对自己的工作也是一腔热忱。他语气温和地概述了这座风电场。"阿伯丁市议会启动了阿伯丁可再生能源集团。他们是真正的驱动者，他们富有远见。"2016年，陆地上的施工开始了，琼斯也是在那时加入的。这排风力涡轮机将运行20年，产生的电力足以为阿伯丁70%的家庭供电。琼斯努力地向我们解释这项研究中的创新之处，其中包括应用了一种新型涡轮塔架基础，和一种安装过程更快且几乎无噪声的吸力式导管架。此外还有通往海岸的特殊高压电缆，这条电缆在梅尼高尔夫球场南部的布拉克道格登陆，并向内陆延伸5英里，直到与国家电网相连接。他解释说，这项实践将减少风电场和电网之间的电力损失。

这个来自大瀑布电力公司的男人，没有提及当地对布拉克道格陆上开发项目的抵制，而是强调了围绕工程开展的社区联络。从特朗普到英国皇家鸟类保护协会（Royal Society for the Protection of Birds），反对风电场的人不一而足。野生动物组织仅在涡轮机的数量和布局减少后才终于表示同意。加齐在谈话中着重强调了将在未来3年持续进行的"环境影响评估",并表达了此举对瓶鼻海豚、海鸠和海鳟造成的影响的担忧。

吸力式导管架的基础由波兰、荷兰和比利时的工厂建造,在纽卡斯尔组装,然后被运送至北方,由荷兰黑雷马公司(Heerema)的船只"埃吉尔"号(Aegir)从彼得黑德港和邓迪港运至海上,并由新加坡的"亚洲海格力斯Ⅲ"号(Asian Hercules Ⅲ)大型起重船竖立起来。叶片所连接的发电系统是由林德的维斯塔斯(Vestas)制造的,这是一家位于丹麦菲英岛上的风力技术集团。整个结构的钢材来自世界各地众多不为人知的熔炉和铁矿。

这套为接纳风电而建的系统是用从地球上抠下来的材料制成的。为英国公民提供绿色能源的机器,绝大部分是在其他地方制造的。北海风力发电的早期发展与20世纪40至70年代在当地建造的炼油厂、化工厂、油轮和海上石油平台形成了鲜明对比,但却与后来合约向海外出逃时的情况一致。琼斯对我们认为英国公司缺乏参与的看法表示赞同。"这真是令人失望。"他说道。

琼斯对他所参与创造的无化石电力世界充满了热情,所以这些阴影也很快就从从脑海中被驱散了。他住在湖区,一般都是开着他的电动汽车前往巴罗和阿伯丁的。当前往伦敦参加在大瀑布电力公司英国总部举行的会议时,他乘坐的是新电气化的西海岸主线列车。我们向他和加齐询问了所有这些涡轮机的位置,以及英国电气化在更广泛文化中的地位,并表达了我们对《斯坦洛》和《宝贝,你可以开我的车》等曲目的喜爱。尽管琼斯兴奋地回忆起,他侄子最喜欢的视频游戏《使命召唤》(Call of Duty)的故事背景,就被设置在一个风电场中,但他们却想不出任何一首与风电场相关的歌曲。

在我们采访过琼斯之后,加齐带着我们走过了一条装饰着吹制玻璃艺术品的走廊,道路两侧全都是明亮的蓝色和绿色。她说:"这些作品是委托当地艺术家谢拉赫·斯旺森（Shelagh Swanson）与学童一起为我们的办公室制作的。"加齐谈到了大瀑布电力公司通过家庭活动和由"一些非常小的孩子展示电力进入房子的方式"来庆祝项目揭幕的情景。这个世界与45年前福蒂斯油田开工时相去甚远，那时，有1000名主要来自伦敦的客人陪伴着女王参加揭幕仪式，仪式上还有一顶有两个足球场大小的铺着红色地毯的帐篷。

与此同时，在大瀑布电力公司的控制室中，有四个身穿工作服、体格健硕的男子，正坐在计算机终端后面。他们都是北欧人，其中包括来自丹麦的克里斯蒂安。人们开始觉得，就像早期英国海上石油和天然气行业受到得克萨斯州和路易斯安那州规范的约束一样，即将到来的英国海上风电行业，也将由不同国家的文化所主导。

这里只是一个维修中心，但它却与我们在海上石油钻井平台上看到的军事文化和危险感形成了鲜明对比。显而易见的是，这里清洁、平静而柔和。海上风电场往往鲜少有人驻扎。特里回忆说，他曾站到了一个海上风力涡轮机的顶部，当时，那个巨大的结构体来回摆动，让他反胃。但人们并不用担心发生井喷、火灾或爆炸。

一位50多岁的大瀑布电力公司风电工程师解释说，他过去曾为哈里伯顿公司（Halliburton）制造过半潜式和自升式钻井平台，但他辞职后加入了大瀑布电力公司，在阿伯丁风电场工作。"2014年经济低迷之后，钻机工作变得格外紧张。这个地方压力小得多。当然，在派普阿尔法平台事故之后，平台上的安全措施加强了，但正如'深水地平线号'所表明的那样，你永远都是坐在一颗碳氢化合物炸弹上的。"他告诉我们说，"我在海上的涡轮机上工作，但这份工作让我每天晚上都能回家。"

在访问大瀑布电力公司之前不久，我们就即将到来的风能世界，向石油贸易工会成员杰克·莫洛伊提问。风电场的老板们认可工会吗？"名为'英国可再生能源'（Renewables UK）的行业贸易机构谈到了一项合作协议，但这项协议非常薄弱且毫无进展。"但是，我们要问的是，挪威人在北海石油领域已经取得了强大的工人权利，这难道不能在北欧风电行业中复制吗？丹麦有可再生能源行业工会吗？"这没有任何意义。"为了建立斯塔万格、埃斯堡和阿伯丁之间的伙伴关系，以推动事态的进展，人们在哥本哈根举行了一场会议，但收效甚微。

阿伯丁湾等风电场周围的大部分建设和维护工作，都被大瀑布电力公司外包给了外国公司。风电场的运营商表示，英国公司并不总是活跃在这些市场中，但除了基建成本外，没有什么可以阻止在这里进行的制造工作。据披露，为苏格兰和南方能源公司（SSE）建造碧翠丝风电场（Beatrice Wind Farm）的俄罗斯和其他国家移民工人的工资仅为每小时5英镑，这进一步增加了人们的担忧。该公司坚称自己正在纠正这一错误，但对莫洛伊来说，这只是风电行业的一个象征，该行业走的是一条追求廉价成本而非社会效益的石油之路。为了确保风电行业的发展符合国家利益，英国政府最终需要介入。正如在20世纪80年代被边缘化和私有化之前，英国国家石油公司曾在20世纪70年代所尝试的那样，莫洛伊坚持认为："对于不想拥有所有权的想法，我始终无法理解。"

总有一天，在不太远的将来，英国将被风电场所环绕，在它们之间开辟的航道将如同穿过麦田的小路一般。就像昔日的石油和天然气那样，它们将成为未来英国经济的核心。这些大型工业企业有着什么样的文化，拥有者是谁，工人的条件如何，对生态是否尊重，这些问题在未来都是至关重要的。因为这些价值观将严重影响整个英国的文化。这一北海风电的新时代正是在石油和天然气行业迅速衰落的情况下诞生的。同样是在英国北海，石油和天然气继承了美国南部各州的一些专制的工作制度，并使这里成为资本和劳工之间新自由主义关系的试验场。莫洛伊希望确保海上风电行业能够从这一文化遗留中自我"净化"。

第 13 章 愤怒纽带

* * *

几周后，我们在位于黑衣修士桥的伦敦总部办公室中，见到了大瀑布电力公司英国区的负责人丹妮尔·莱恩（Danielle Lane）。虽然仅上任十个月，但她此前二十年的工作生涯都是围绕着海上风电行业度过的，她就行业中的女性问题热切地表达了看法。她说，现在的性别比例比她刚入行时要好得多。行业有了女性化趋势，大瀑布电力公司出台了一项公司政策，即从风电场的工程师到董事会，公司应该保证至少有 35% 的女性员工。

我们对莱恩发起攻势，告诉她我们认为英国对北海风电行业缺乏参与，而她则衷心同意我们的看法，认为目前存在"供应链问题"，以及国家支持水平偏低问题，而后者本身则反映了英国在思想观念上对市场经济简单概念的偏见。北海石油和天然气设备供应商是否参与其中了呢？"没有，他们的转变速度很慢，已经习惯了行业的高利润，因此可再生能源对他们来说利润太低了。这种情况一直持续到油价暴跌，然后他们就都开始抱怨说，我们一直把他们拒之门外。"正因如此，我们才看到英国海上风电的供应链是由波兰、丹麦、荷兰和其他地方的工厂提供的。莱恩说："英国对北海风电的前景持有过多的怀疑态度。"

她让我们想起了马克·坎帕纳莱的一句话。我们问："这是因为化石燃料在英国文化中根深蒂固吗？"

是的，这是一种非常有趣的看待方式。我在诺福克与在校生一同参加了一个活动，来帮助他们了解风电行业工作的机会。我们问，"你们为什么对这个行业感兴趣呢？"最后，其中一名同学站起来说："我们怎么会不感兴趣呢？风电场是我们当地文化的一部分啊。"我只觉得这是我听到过的最好的回答，因为当我第一次来到东安格利亚的时候，大家都是在问："你们现在想做什么呢？你们为什么要这样做？" 20 多年过去了，情况发生了改变。我的意思是，当我第一次来到这个地区时，她甚至还没有出生。实际上，那是我整个职业生涯中最鼓舞人心的时刻之一。我感到很遗憾，因为我们一开始并没有抱着这种态度，我们本可以做得更多的。

然而，莱恩自身是来自化石燃料世界的，这不禁让人浮想联翩。她在切斯特长大，母亲是一名教师，父亲在朗科恩港的英国帝国化学工业集团工作，那里位于默西河畔，可以俯瞰整个斯坦洛。英国帝国化学工业集团化工厂的原料由壳牌炼油厂提供。英国帝国化学工业集团现已停业，但这座工厂却仍然存在，目前由拉特克利夫的化工巨头英力士集团所有。

我们问莱恩，她对最近一波受到许多现任政府人士批评的学生气候罢工有何看法：

我认为这很了不起，我绝对钦佩那些为气候变化而奋斗的学生。这又回到了它是文化的一部分这一点上。我认为我这一代人有些自满。我记得人们去美体小铺购物时，既注意购买公平交易商品，又时刻担心有机食品，但一到假期，他们却都乘着飞机飞走了。所以我认为，罢工者们很棒。他们愿意站出来说，"我们需要做些不同的事情，我们需要做出一些真正艰难的决定"，而我希望我们大家都能这样做。

* * *

阿伯丁的风电场就在港口外，在那里可以看到城市居民区的全景。与之相比，石油和天然气平台的布局则显得十分稀疏，数十个平台之间，每两个的距离都非常遥远，尽管这些平台通常都是由阿伯丁负责的，但它们所在的位置却远远超出了视线。

这些从风中窃取能量的大型机器出现在了这座城市居民的日常生

活中，尽管该计划最初是由市议会制订的，但这些机器无论如何都不属于当地人。它们和福蒂斯石油平台一样，都是私人资本组织的财产。它们所受到的外力作用也很类似。福蒂斯为英国石油公司所有，但直到将其出售给总部位于休斯敦的阿帕奇公司，英国石油公司在十年间都没有对其进行过任何投资。大瀑布电力公司也可以以同样的方式对待阿伯丁湾风电场。这家瑞典跨国公司在5个不同的国家拥有大约50个风电场。如果它也像英国石油公司开始做的那样，选择将投资集中在其他地方，那么阿伯丁计划的资金可能会被剥夺，致使港口办事处得不到维护，员工无法更换，工作条件也将无法得到改善。该公司已经威胁要退出之前不久刚刚进入的英国电力供应市场。

在参观大瀑布电力公司办公室的当天，从巴罗到马里湾，从沃什到肯特郡的塔内特，共有30多个海上风电场在运营。英国拥有世界上最大的海上风电市场，但其90%以上的风电场都为英国以外的资本公司所有。其中许多是国家机构，如慕尼黑市政公用事业公司或丹麦公共养老基金。

英国石油公司曾在美国经营过一些风电场，但在英国却没有。壳牌曾在英国工业中占有一席之地，2003年至2008年，壳牌持有当时世界上最大的海上风电场——泰晤士河口的"伦敦阵列"（London Array）33%的股份。但壳牌却将这些股份出售了，其大部分股权被转到了阿布达比基金（Abu Dhabi investment fund）的马斯达尔（Masdar）手中。面对环境大臣希拉里·本恩（Hilary Benn）议员的指责，壳牌公司在2008年解释道："我们不断审查我们所有业务中的项目和投资选择，并重点关注资本纪律和效率。"该公司表示，美国政府对风能的激励政策可以提供更具竞争力的回报。十年后的今天，在共同资助荷兰海岸的"蓝风风电场"（Blauwwind Wind Farm）后，范·伯登明确表示，他计划买下英国北海地区的建设权。20年来，壳牌集团的洗牌和重组完美地说明了一点，那就是这一庞大的资源将随着私人资本关注点的变化而发生改变。

石油帝国的兴衰
英国的工业化与去工业化

　　英国北海板块下方的石油和天然气开采受到了一系列驱动因素的推动。从英国政府的角度来看，最初的决定是由解决不断攀升的国际收支赤字的渴望所推动的，1973年之后则是由其对获得能源供应的担忧所推动的。隐藏在灰色海洋之下的岩石保证了安全。从私人公司的角度来看，英国北海有着巨额利润的诱惑，因此他们十分渴望获得石油储备。双方就开采这些资源的速度发生了争执。两者争执不休，但他们都认识到了这是一种有限的资源，并且在某个时间点，石油会最终耗尽。

　　拂过海面的风与海床下的流体岩石不同。风是无限的。可能会有风平浪静的日子，也可能会有狂风大作的日子，但风自身是永远不会终止的。有限的岩石和无限的风之间存在着根本的差别，这些差别或许可以帮助资本和国家确定以一种不同的方式来利用后者——一种拥抱而非剥削的方式。也许这将为下个世纪的经济节奏打下基础，就像石油曾为20世纪的节奏打下了基础一样。除了动态资本之外，还会出现其他节奏吗？

第 14 章

走向灭绝

2011 年 8 月 10 日

我们正处于一间玻璃温室中，这是格洛斯特郡斯特劳德郊区一栋整洁的前议会大厦的一个房间。房间内有亮蓝色的地毯、舒适的椅子、一个烧木头的炉子和架子上的英国厨艺女王奈杰尔·劳森（Nigella Lawson）的食谱。一个身穿黑色足球衫和运动裤的男孩在房间内外跑进跑出。他的妈妈是盖尔·布拉德布鲁克（Gail Bradbrook）——一位分子物理学博士，也是一名约克郡煤矿工人的女儿。

这间家庭住宅是环境运动"反抗灭绝"（Extinction Rebellion）的源头。在 2018 年 10 月的一段简短视频中，有 12 个人宣称："请听我们的话，对这些生态危机采取明智的解决方案。若现在不采取行动，那么我们会给子孙后代留下一个濒临灭绝的星球，我们拒绝这样。"

最初由十几位活动家发起的"反抗灭绝"运动，已经发展为一个全球运动，对此，布拉德布鲁克似乎感觉有些好笑，又或许有些困惑。在英国，这个圆圈沙漏标志可能与英荷石油巨头的红底黄扇贝一样广为人知。"如今，我们遍布 50 个国家，在英国有 150 个小组，在全世界至少有 300 个。这可以说是梦想成真，但就协调工作而言，这也是一场噩梦。虽然我没有救世主情结，但我曾确信这样的情况终将到来。所以很奇怪，我对现在的一切都感觉似曾相识。"

"反抗灭绝"和其他许多环保运动的主要区别之一是,它鼓励大规模的非暴力反抗,并乐于将逮捕和出庭当作公关机会。布拉德布鲁克因涉嫌破坏伦敦交通部大楼而面临法律指控,她解释了她认为这样做很重要的原因:

我在银行墙壁上喷过涂鸦。人们无法理解,这是在大街上,有个女人在这里涂鸦?但这些手段的有效期太短了。不过,如果你被他们逮捕了,那就有故事了。或者说,就算他们不逮捕你,而你在那里站了一天,那也算有了一个故事。你不会输的。如果你只是拿着标语牌在那里站上一两个小时,那没有人会在乎的,难道不是吗?

她自言自语地笑着说:"一想到我自己做的'走向灭绝'的演讲,我就忍不住想笑。当时只有12个人挤在这儿。"金发碧眼、鼻子上穿了孔的布拉德布鲁克舒适地坐在长椅上,跷着二郎腿。说话时,她更愿意远远地看着墙面,而不是我们的脸,但她是一个热情而又急躁的人。她更多地忙于幕后工作,经常负责财务,而她的外向且不切实际的合作者罗杰·哈勒姆(Roger Hallam)则更倾向于充当"领头人"。

照看孩子,管理家庭,并担任一个世界性运动的负责人的感觉如何呢?虽说这是一个自我组织和部分自主的运动。"嗯,孩子们对我花费这么多时间在这上面既有些恼火,又有些开心。前几天,我收到了克里斯·帕克汉姆(Chris Packham)(野生动物节目主持人)的粉丝来信,而他们的表现就像是在说:'你竟然没听说过克里斯·帕克汉姆的大名吗?!'他们只是普通的孩子。他们喜欢足球。她笑着说,他们可能会成为银行家,开着跑车。"布拉德布鲁克感受到了一种巨大的责任感。"我确实在做一种精神修行,而我是一个经过训练的科学家,所以我不会为了修行去做一些乱七八糟的事情。但我们现在的生活还能做些什么呢?"

"反抗灭绝"背后的策略并不是凭空产生的:"多年来,我一直试图找到合适的手段，但忽略了大量跟社会变革相关的文学作品。吉恩·夏普（Gene Sharp）的作品已经被翻译成80种语言，他是公民抵抗运动之父。他说，当政府对有正当理由的和平抗议者进行镇压时，结果只会适得其反。"

47岁的布拉德布鲁克将她的一些政治信念追溯到1984年至2005年的矿工罢工，以及她在约克郡南埃尔姆萨尔的生活。"那一整年我爸爸都无所事事，这可把我妈妈逼疯了。她一直在他周围胡闹。他是一个传统的人，但他没有站在纠察线或其他什么地方。我们写了一些关于学校矿工罢工的文章。这让我产生了从政的想法。""反抗灭绝"本身来自布拉德布鲁克参与的早期活动团体，当时她正试图组织大规模的税收不服从和反对天然气压裂、当地垃圾焚烧炉以及希思罗机场扩建的行动。

就在我们与布拉德布鲁克会面的几天前，"反抗灭绝"的活动家使用她所说的战术袭击了位于南岸的壳牌公司总部，他们对着平板玻璃的正面喷漆，并将出入口锁住了几个小时，直到警察将他们带走并拘留。

不久之后，我们参加了壳牌公司首席执行官范·伯登向伦敦城的分析师们做的演讲。这场演讲不是在壳牌公司中心，而是在隔壁的县政府大楼内举行的，原因不言而喻，但也可能是因为这里的办公室被"反抗灭绝"抗议者封锁后更易于安保。

范·伯登的团队向资产经理发出了邀请，并向他们传达了一个乐观的信息——关于公司正在构建的黄金般的未来。壳牌公司将在绿色领域采取哪些行动受到了广泛关注，这些领域包括氢动力船、电动汽车充电站和家用发电。然而，范·伯登向他们保证，就壳牌对化石燃料的参与而言，我们还远远没有走到尽头。

他承诺，未来净碳排放量将降低，但油气的勘探和生产将继续，因为"只要石油和天然气的需求不断，壳牌公司的供应就会持续下去，这意味着投资也将持续。"

演讲结束后，我们拦住了他，并向他询问了对那些在伦敦总部涂鸦的活动家有何感想。他认真地看着我们说："我很高兴看到'反抗灭绝'和学校的学生们提高了这场气候辩论的知名度。我们壳牌在能源转型方面的速度只能与社会发展和创造新产品需求的速度一样快。"

不过,他的公司比其大多数竞争对手对待转型的态度都要积极,但却仍被列为了坏人之一,对此他难道不生气吗?"当然了,壳牌受到攻击这事儿令人沮丧,但这也许并不奇怪,因为壳牌这个品牌太有标志性了。这当然很好,但也会产生一些麻烦。最重要的是,我们希望进行这场辩论。"他在某种程度上可以感谢布拉德布鲁克,是她创造了这场辩论。

2019 年 4 月 23 日

"我的未来被他们搞砸了,这不公平。他们正在搅乱我的未来,这不是我的错。"2019 年 4 月,在"反抗灭绝"运动试图封锁伦敦的第一个早上,埃尔西·露娜(Elsie Luna)刚刚在议会广场发表了一场激动人心的演讲。这个 10 岁的孩子挥舞着粉色、蓝色和绿色的"反抗灭绝"旗帜,热情地对逐渐聚集在薄草地上的 500 来名示威者发表演讲。背景是丘吉尔的铜像,而她身后则是用脚手架包裹着的大本钟。这位来自斯肯索普的小女孩宣称:"成年人确实应该承担责任,但事实上他们没有。所以如果没有其他人保护气候,那我们为什么不做呢?"反抗者中,有些人的年龄是她的 7 倍,她告诉他们,"我去找了公司的领导。我说了'请一定一定要发布气候紧急状态,并将化石燃料留在地下。'"人群中爆发出一阵欢呼。

几分钟后,露娜盘腿坐到母亲身边,一边眯眼看着太阳,一边向四周扔草。这位戴眼镜的女孩是英国学生气候罢课运动的先驱,她看起来很顽皮,还有点儿注意力不集中。但当向我们谈论起应对气候变化时,她立即变得敏锐而严肃:

我意识到这个状态十分紧急,于是我参与得越来越多。我看到了石油公司的名单，然后我想："为什么不去问问他们呢，为什么他们觉得这样做是为了我的未来？"但大多数情况下，我甚至没办法找到任何能说话的人，一般情况下，只有保安会对我说："不，对不起，他正在国外。"我会说："那我可以和今天在办公室的任何人说个话吗？"他们会说："不行，你需要预约。"然后对话结束。

"情况基本上都是这样的，但有两次我找到了说话的人。第一位是壳牌英国董事长辛尼德·林奇（Sinead Lynch）。林奇基本上只是说，'我们不需要禁用化石燃料就能拯救你的未来。'所有这些谎言都是为了在我面前给自己'洗绿'罢了。我们两人基本上都没有聊得太深。我们都没有改变，那天什么事都没有发生。"她笑了。"关于那件事没什么好说的。我和她在一起聊了 30 分钟。"她继续说道："第二天，我与英国石油公司的媒体人员香农·怀斯曼（Shannon Wiseman）通了话。我决定缩短时间，避免所有争论，我说：'你们什么时候可以不使用化石燃料呢？'那好像是唯一的问题。她说：'我们还不知道答案。'她显然回避了这个问题。"露娜笑了。

然而就在第二天，也就是 2018 年 11 月 21 日，《泰晤士报》报道了她的行动，该报道称："埃尔西提醒林奇女士，壳牌公司应对全球 1.67% 的碳排放负责，并要求她'为了世界的儿童，请务必宣布气候紧急状态，并改变主意，将化石燃料留在地下'"。

这次的抗议有些神奇，仿佛是出自安徒生的童话一般。林奇竟然在百忙之中挤出了 30 分钟给一个突然到访的 10 岁孩子，我们对此很感兴趣。为什么林奇要摆好姿势和露娜一起自拍，为什么要将她妈妈给她们拍的照片传给《泰晤士报》发布呢？这些公司一直以来都严格控制着高级员工照片的发布，为了防止首席执行官们的表情失控，他们都是要求摄影师按照最严格的合同进行拍摄。在拥有大约 10 万名员工的公司中，只有不超过 20 人的照片曾被刊登在新闻媒体上。难道说露娜拥有让壳牌公司无法抵御的魔力吗？

林奇可能是英国壳牌公司的董事长，但与名称相比，她的角色更具礼仪性，在 26 年的职业生涯中，她只在这台化石燃料机器的真正核心——"勘探与生产"领域工作了 4 年。作为商业经理和可持续发展副总裁，她在面对公众方面有着长期的经验。也许她坦率地接受了露娜的访问，为了表明壳牌公司愿意像其首席执行官范·伯登于 10 个月前向我们描述的那样，成为"愤怒纽带"的一部分？这场学校罢课始于格雷塔·桑伯格（Greta Thunberg）于 2018 年 8 月 20 日坐在瑞典议会外的抗议，当时距离我们与范·伯登会面已经过去了半年，距离见到林奇和露娜还有 3 个月。这场运动在几周内像野火般在全球蔓延开来。也许这场学校罢课带来了一个全世界都渴望听到的信息？边沁关于"愤怒纽带"的预测似乎极具洞察力。

当然，露娜的行为引起了广大公众的想象。当地报纸《格里姆斯比电讯报》（Grimsby Telegraph）对她进行了报道，3 个多月后，她因"个人的奇思妙想"而获得了全国奖项。卡罗琳·卢卡斯议员于 2019 年 3 月 11 日在国会大厦举行的"气候联盟绿色心脏英雄"（Climate Coalition Green Heart Hero）仪式上为她颁发了牌匾，当地议员尼克·达金（Nic Dakin）自豪地出席了那次仪式。露娜和其他所有罢课学生都在媒体和政治上引起了关注。

接下来的一个月，这场运动的催化剂格雷塔·桑伯格也来到威斯敏斯特，向众多议员发表了演讲。这是 10 年来在艾德礼套房中举办的最拥挤的会议，房间内只是勉强有站着的空间。在环境大臣迈克尔·戈夫（Michael Gove）面前，她对着麦克风用小到几乎听不到的声音说，"我今年 16 岁。我来自瑞典。我代表年轻一代发言。"她对自己的主题很感兴趣：

我很庆幸自己出生在一个人人都告诉我们要实现远大梦想的时代和地方。我可以成为我想成为的任何人。这是我们祖父母甚至做梦也想不到的。我们拥有了我们想要的一切，但现在我们可能会变得一无所有。我们现在可能连未来都没有了。因为未来被出卖了，所以一小部分人可以赚到多到难以想象的钱。每当你们说一切皆有可能时，可是人生只有一次，我们的未来就会被偷走。你对我们撒谎了。你们给了我们虚假的希望。你们告诉我们未来可期。

桑伯格表情严肃地要求道："必须'降低'碳排放量是我们对气候危机最危险的误解。因为这远远不够。如果我们要将气候变暖的增幅维持在1.5℃到2℃，就必须停止排放。'停止'的意思是零排放——然后很快就要变成负排放。这与当今的大部分政治观点都不符。"

她把目光转向了英国。"英国目前积极支持对化石燃料的新利用——例如页岩水力压裂工业、北海油气田的扩建、机场的扩建——这些都如此荒谬。"她承认了这一挑战。"气候危机是我们所面临的最容易也是最困难的问题。最困难的是，我们目前的经济仍然完全依赖于化石燃料的燃烧，以及通过由此引发的生态破坏来创造持久的经济增长。"她强调了立刻采取行动的必要性，并对聚集在此的男男女女发出了谴责，而这些人都和她的父母或祖父母一样大了。"你们不听从科学，因为你们只对能让你们像以前一样继续下去的解决方案感兴趣。而那些答案已经不复存在了。因为你们没有及时行动。"她得出了自己的结论："我们这些孩子……没有走上街头让你们和我们一起自拍，也没有强迫你们对我们的所作所为表示钦佩。我们这些孩子这样做是为了唤醒成年人。我们这些孩子这样做是因为我们想找回希望和梦想。"

桑伯格坐下来，静静地听着议员们的回答。正如她预测的那样，戈夫告诉她，"当我听你讲话时，我感到非常钦佩。你的声音——平静、沉稳而清晰——就如同我们良知的声音一样。"他的回答带有悔恨的意味。他感受到了"责任和内疚。我和你的父母是一代人，我认识到了我们在应对由我们酿成的……气候变化方面还做得远远不够。"桑伯格、露娜以及所有罢课学生展现出了巨大的力量。这是对道德权威的破坏性力量。其威力不亚于1973年坎维"愤怒的母亲们"（Angry

Mums）在占领西方石油公司办公室时所表现出的力量。林奇似乎受到了挑战，她无法驾驭这一切，只能寄希望于自拍。

我们发现自己正在对学校罢课进行反思。在过去70年左右的塑料、农药和汽油时代中，随着家庭舒适度和私人财富的增长，世世代代的情况都有所改善。但现在，由于对金融危机的政治回应，情况已经发生了逆转，与此同时，英国公共领域和生态丰富性的下滑也暴露了出来。

2019年7月，石油输出国组织秘书长穆罕默德·巴金多（Mohammed Barkindo）表示，世界舆论已经开始越来越多地动员人们反对石油，这"开始……支配政策和企业决策，包括对石油行业的投资"。他说，石油输出国组织官员的家庭也感受到了压力，因为他们自己的孩子"正在向我们询问他们的未来，因为……他们看到自己的同龄人站在街头反对这个行业"。他指责运动的参与者用不科学的论据误导着人们。罢课学生对他的评论感到高兴，他的评论强调了民间社会正在影响石油行业的发展，而不是相反。

这个国家中最年轻的一代被眼前所遭受的破坏吓坏了，他们转而开始对抗他们的长辈。迈克尔·戈夫谈到了他的愧疚感。我们也有同样的感受。戈夫出生于1967年。他和我们是同一代人。我们都是石油革命的孩子。我们都曾受到过这些儿童和青少年正在反抗的石化世界的哺育和庇护。

这场反抗对石油和天然气行业构成了严重威胁。边沁和范·伯登解释说，壳牌公司可能在2070年前实现零碳排放，而这也成了林奇思想背后的时间表。但罢课学生要求这些公司遵守气候科学，将化石燃料留在地下，并到2030年之前实现零排放。对于像壳牌公司或英国石油公司这样大规模且拥有巨额石油和天然气资产的公司来说，想在不破坏赢利能力的情况下实现这一目标是非常困难的。两家公司都表示，他们将寻求遵守《巴黎协定》，减少对化石燃料的投资，加快低碳生产转型。英国石油公司新任首席执行官伯纳德·鲁尼表示，到2050年，该集团将实现零排放，并"重塑"自身，成为一个新的、更环保的企业。

专家表示，一种选择是效仿沃旭能源的做法，出售所有化石燃料资产，并以巨额股息的形式将财务收益返还给股东。然而，尽管他们可能退出石油和天然气市场，但这些资产却仍将存在。沃旭能源在英国北海的大部分油田都被英力士集团买下了。

像边沁的壳牌团队这样的规划师们，最终倾向于制定出一条通往零排放的道路。但他们的目标日期不是 2030 年。他们断言这是不可能实现的。桑伯格宣称这种说法不成立，必须采取不同的策略。"避免气候崩溃需要采用大教堂式的思考方式。我们必须在还不知道如何建造天花板的情况下就打好地基。"这与石油和天然气行业的所有原则都背道而驰。包括谢特兰群岛西部油田复杂且寿命长达 60 年的项目在内，没有一个项目是在不了解今后如何展开的情况下获得批准的。资本要求就是如此。从财政角度来讲，在不知道如何建造天花板的情况下开始施工，将会是一种荒唐的举动。

因此，这些公司的负责人都力求扮演那种大家长制机构中的常见角色，也就是照顾孩子的父亲角色。我们离开海牙总部时，壳牌轻声安慰道："在气候变化问题上，我们很清醒，也很投入。交给我们来处理吧，我们会帮你们处理好的。"这与林奇对露娜说的话不谋而合："我们不需要禁用化石燃料就能拯救你的未来。"

约翰·布朗在关于他的第五本书《创造、思考、想象：设计文明的未来》（Make，Think，Imagine：Engineering the Future of Civilisation）的访谈中，出人意料地发表了一则评论。有人问："你会对格雷塔·桑伯格说什么？"他回答说：

我想说，我在这方面花费的时间比你们出生在这个星球上的时间都要长，脱碳需要时间。所以我的建议是：记住，能源是一个非常庞大的系统，没有任何解决方案。我们不可能有一颗灵丹妙药让解决方案奏效。我们需要采取一切措施（来减少排放），因为说服人们做出改变太难了。

他以慈祥的家长的语气继续说道：

我们需要用很长的时间，才能将石油和煤炭从能源系统中剔除，而天然气则需要更长的时间。我们有从碳氢化合物中提取大量碳的工具；我们缺的是合适的成本。通常情况下，某件东西你生产得越多，它就越便宜，核能除外，你生产得越多，它反而变得越贵。

这些听起来像是为资本服务的工程师说的话。当被问及我们是否能够快速减少排放量以避免灾难时，他总结道：

如果我们现在开始行动，我们就还有机会。如果我们现在不开始，机会就会越来越渺茫。我22年前就曾说过，我们应该从那时开始。詹姆斯·洛夫洛克（James Lovelock）提醒我说，我们并不是在试图拯救这个星球，而是在努力拯救这个星球上的人类。这个星球会自己照顾自己的。它将有它自己的生命轨迹。我们正在做的是调整它的路径。我们会走过去。它会走回来。我们必须采取一些措施，来让这条路适用于人类。因为如果我们什么都不做，我们就是在把人类的一部分，也许不是全部，交给死亡。我们是管家，因为人类必须生活在这个星球上。

如果最年轻的一代对于像71岁的老人这样的长辈感到不满，该怎么办呢？桑伯格曾宣称："北海油气田的扩张是如此荒谬。"这是对布朗、特雷弗·加里克（Trevor Garlick）或杰克·莫洛伊等人终身事业的谴责。这些人的子女或孙子谴责了他们毕生的努力。正如诗人W. B. 叶芝（W. B. Yeats）在《苇间风》（*The Wind Among The Reeds*）中所写的："我们孩子的孩子的孩子会说我们撒了谎。"

第 14 章　走向灭绝

2019 年 5 月 22 日

这里虽然人数不多，但他们所传达的信息却十分坚决。在利物浦北部的安菲尔德区，议员莉娜·希米奇（Lena Šimić）正手持麦克风在市政厅的台阶上讲话。一位朋友站在她身边，手里举着一个扬声器。这条城市中心的街道上聚集着来自默西塞德郡各地劳工组织的活动家、罢课学生和当地"反抗灭绝"组织的成员。

这是一种新颖的融合。习惯了在左翼听众面前讲话的希米奇对"反抗灭绝"群众的忧虑和愤恨格外留心，并对利物浦市长乔·安德森（Joe Anderson）的政策深表怀疑。他被戏称为"混凝土·乔"（Concrete Joe），因为据称他与一些私人房地产开发商关系密切。然而，最近他一直在努力为《利物浦绿色协议》（Liverpool Green Deal）争取政府资金。

希米奇的话语扣人心弦且信念坚定：

唐娜·哈拉韦（Donna Haraway）在她的书《与麻烦共处》（Staying with the Trouble）的开头几段中写道："我们——大地之上的所有人——都生活在令人不安的时代、混乱的时代、令人苦恼和混沌的时代。我们的任务是变得有能力，在我们所有人自命不凡的回应中相互配合。"我们聚集在此，既是为了呼吁我们的政治家、我们选出的代表作出回应，同时也是为了响应他们的回应。我们都知道自己陷入了麻烦之中，我们别无选择，只能坚持下去，努力渡过难关。

她继续说道：

默西塞德郡帮助建立了石油世界。我们这里拥有国内最大的炼油厂之一——斯坦洛，以及建造油轮的船厂坎梅尔·莱尔德。这就是我们的历史。我们还拥有利物浦湾上的伯波堤海上风电场，那是英国最棒的风力资源之一。我们拥有默西河的潮汐，那可能会带来潮汐能。有时，我们甚至拥有太阳。我们受到了自然资源的眷顾。我们需要立即宣布"气候紧急状态"！让我们使利物浦和默西塞德成为建立后碳世界的地方之一吧。我们需要一个公正的过渡，我们需要为人民而不是为利润建立我们的新世界。风、潮、太阳都属于我们。我们需要将风电场纳入公有制——人民将拥有风！

这是一个独特的事件，一个罕见的聚会。希米奇是在杰里米·科尔宾（Jeremy Corbyn）当选为领袖后涌入该党的新一批工党成员之一。在整个英国，这一群体都是左翼人士，而且往往来自年轻一代，他们对能做出的变革和理想的未来充满激情。"反抗灭绝"的活动家有着不同的政治传统，但他们也在这里规划未来。英国 59 个地方当局已经发布了气候紧急状态声明，这是一项关于未来的政策声明，其内容是利物浦应该在仅仅 11 年内，也就是 2030 年之前实现碳中和。

"我们需要生存，并想象这种变化，你们是我们的指路明灯。是你们和学校中罢课的年轻人们教会了我们如何以其他方式生活。当我走进会议室时，我不会忘记这一点。正如哈拉韦所说：我们要么彼此成为一体，要么形同陌路。"

几个月后，由安德森市长领导的市议会一致投票决定宣布"气候紧急状态"，并在 2030 年前使利物浦实现净零。一个零排放或碳中和的英国会是什么样子，或感觉像是什么样子呢？关于这个问题，人们有着无数种观点，而且目前仍有数百条实现这一目标的提议。然而，大多数说明都认为，石油——可能还有天然气——在未来的作用将非常有限。这些碳氢化合物商品已经成为过去的一部分，开采和销售这些商品的公司必须迅速转型，否则就会倒闭。英国公民社会正在迫使地方和国家政府向石油和天然气行业宣战，或者至少为其未来而战。

考虑到这些商品和公司在过去一个世纪里一直都是英国基础的一部分，由委员会、自治区、城市甚至议会本身做出这些紧急声明就变得十分必要。这些意向书所带来的后果极具戏剧性。这些迹象表明，这个国家的形态发生了深刻的转变，正如阿伯克龙比在《大伦敦规划》（Greater London Plan）中将伦敦塑造成了一个石油城市一样。它们预示着电力城市的到来。

* * *

当她还是个孩子的时候，她的父亲就给她娃娃的房子装上了小电灯，从那时起，布里奇特·哈特兰·约翰逊（Bridgit Hartland-Johnson）就梦想成为一名电气工程师。如今，40 年过去了，这个女孩成长为一个女人，她正在运用一些创新的电池存储项目来帮助默西塞德郡保持照明。

"我喜欢这些项目"，当我们在伦敦的沃旭能源总部见到她时，哈特兰·约翰逊说"人们曾抱怨过由存储产生的财务成本，但那改变了整个规则"，她面带笑容地表示道。

一直以来，风能和太阳能总是被生产的间歇性所困扰：这些能源只有在天气允许的情况下才能生产。电池的诞生使电力得以被储存下来，直到企业或家庭需要时才被拿出来使用。但这项技术仍处于初级阶段，这些存储方案以前被认为开发和运行成本太高。世界上最大的海上风电开发商沃旭能源已决心打破僵局，在利物浦实施两个试验计划。

哈特兰·约翰逊作为欧盟委员会能源咨询小组的成员，在以下两方面都发挥了主导作用。第一个是位于默西河口的华莱西，与利物浦湾的伯波堤海上风电场相连的一项两兆瓦计划。第二个则是一项更大的二十兆瓦项目，位于利物浦的卡内基路，用来处理来自苏格兰多个风电场的电力。

"随着我们使用更多的电子设备和为交通系统供电，我们的电力消耗模式正在改变，而且越来越不可预测。"她解释道："我们的发电方式也在改变，因为我们在电网中增加了更多来自风能和太阳能的低碳能源。存储和可再生能源的结合，意味着我们现在能够提供增强电网运营的基础设施，并最终使我们的消费者收获更大的价值。"

在将默西塞德地区从石油经济转向低碳经济的更广泛战略中，沃旭能源提出了电池倡议。2019年夏天，在向国家政府提交利物浦2.3亿英镑的《绿色城市协议》（Green City Deal）申请时，市长乔·安德森解释道："如果我们要实现2030年成为零碳城市的目标，我们就需要变得大胆、激进和充满雄心壮志。"他补充道："通过环境更好且更加节能的住房、智能技术的运用，以及确保年轻人拥有正确的技能的手段，来对增长地区的职位优势加以利用……我们将有巨大的机会来改善城市所有居民的生活。"

安德森承诺，如果他的计划获得政府资助，他将创造1万个新工作岗位，建造或改造6000套住房，建立利物浦互惠银行，帮助人们登上住房阶梯，并支持新的绿色企业。利物浦市区也正在着手准备将25辆氢燃料公交车中的首辆投入使用。

正在为公交车设计氢燃料电池的是阿科拉能源公司（Arcola Energy），这家公司的领导是在利物浦出生的本·托德（Ben Todd）。这些汽车初期将使用由英国氧气公司（BOC）提供并从天然气中提取的"棕色"氢气，但最终将转化为使用由可再生沼气制成的氢气。

托德告诉我们："我们正在利物浦建设生产基地，我们期待着在我的家乡建立零排放公交车队和新型高价值制造业。"

* * *

关于在默西河上实施潮汐发电计划的可能性，一直存在着长期的争论。不过，塞文河口的计划却要先进得多。位于巴格兰的前英国石油公司石化工厂已被指定为斯旺西潮汐潟湖发电项目的变电站。在这套计划中，在涨潮和退潮时，水流将在压力的驱使下，从16个直径超过7米的水下涡轮机叶片缝隙间流过。每天四次来自不同方向的力，每年将产生 400 千兆瓦的零碳能量；足够支撑 15 万户以上的家庭。开发商"潮汐潟湖电力公司"（Tidal Lagoon Power）也将在加的夫和塞文河口推出一项类似的计划。

具有讽刺意味的是，在斯旺西湾潮汐潟湖背后出谋划策的是一个年轻时尝试过英国石油公司毕业生计划但失败的人。马克·肖洛克（Mark Shorrock）还记得他早期与英国石油公司的接触：

我在利兹大学获得了汉语和西班牙语学位，并与其他 50 个孩子一起申请了这个毕业生快速通道计划。我们进行了为期 4 天的测试，目的是考察我们是否是他们想要的那种有抱负的人才。在活动结束时，一位负责协调该计划的女士说："毫无疑问，你们是可以做一些重要的事情的，对我们来说你们过于有主见了。"

位于西贡的肖洛克是通过 Zoom 与我们通话的，他正试图在那里建立太阳能业务。他看起来就像一位老朋克摇滚歌手，面带略显哀伤的微笑，留着尖尖的灰色头发，身穿黑色 T 恤。他很容易就能从深思熟虑的思考状态中脱离出来，展开一场商业企业家激动人心的营销宣传。

斯旺西湾在 2015 年获得了规划许可，并得到了工党和威尔士政府的支持，但威斯敏斯特却在补贴水平问题上犹豫不决，他们想花最少的钱获得更多的收益。在初期的热情退却之后，保守党的部长们于 2018 年夏天正式拒绝了为这项 13 亿英镑的项目提供资金。他们声称这太贵了，但肖洛克决心通过其他方式筹集必要的资金：

我从一开始就犯了一些错误，我很幼稚。我以前从未真正与政治家打过交道。我参与的所有风能和太阳能项目都毫无异议地顺利进行了。像斯旺西湾这样的大型标志性计划将对英国产生真正的影响，但它的规模太大了，似乎有时会引起错误的关注。

这位 49 岁的男人确信，政府内外的化石燃料游说团体在阻碍水电项目进展方面起到了不小的作用，他说：

我清楚地记得那两次会议，因为这是我在为斯旺西湾争取支持时所经历的最艰难的时刻。包括卡梅伦和右翼智囊团的其他人各种人在内，没有一位曾让我遇到过这么大的麻烦。其中一次是和史蒂文·弗里斯（Steven Fries），他是前壳牌高管，当时在美国商业、能源和工业战略部工作。当我谈到可再生能源的积极因素时，他展现出了极端负面的肢体语言。

他继续说道：

他听了我为斯旺西湾争取财政支持的演讲，我在演讲中概述了第一个原型的投资回报时间表，但他的大意是：你做的不是 10 年期投资回报模型，所以这没什么用。然而，对新技术提出这样的要求显然是不合理的。我知道化石燃料行业正在围绕碳捕获和碳储存问题开展的大规模游说活动，这为他们博得了人们的同情和一个辩解的机会，并将使他们能够继续燃烧石油和天然气。

第二次艰难的会议是一位公关朋友与英国石油公司炼油和营销部前主管约翰·曼佐尼（John Manzoni）组织的一次聚会。"每当我们谈到斯旺西湾和可再生能源这个话题时，约翰·曼佐尼都显得非常尴尬。他非常有礼貌，非常专业，但他的肢体语言表明，他对可再生能源的整个想法由衷地感到不安。"最终，当时的商务和能源部部长格雷格·克拉克（Greg Clark）对斯旺西湾说了"不"，他声称这项计划不是最划算的。

肖洛克表示，政府从不喜欢与他这样的小企业对话，他很难见到任何有资历的人，他说：

政府官员们热衷于和像法国电力集团（EDF）这样的企业打交道。2016年，我确实向鲍里斯（即鲍里斯·约翰逊）做了一个关于斯旺西湾的五分钟简报。他说这是一个"非常好的想法"，我们应该将它们建造在英国海岸。鲍里斯喜欢企业家，但他现在是否会予以支持还有待观察。去年，我还在工党晚宴上与科尔宾进行了交谈。他明白了。当他意识到了英国供应链的重要性，比如涡轮机将由通用电气公司（GE）在拉格比的一家工厂制造后，他变得非常热情。

科尔宾承诺，如果工党在大选中获胜，那么工党政府将支持这项计划。

虽然斯旺西湾号称是革命性的，但潮汐能已经并不是什么新鲜事了。自1966年以来，在布列塔尼的兰斯河上，西欧一直在实施一项重大计划。这条长达750米、13米高的拦河坝每年能产生500吉瓦的电力。肖洛克将兰斯河看作是一个8岁的小男孩。他的父亲是一位德文郡农业社区的商业顾问，他把车停在了一座俯瞰电站的桥上。"这给我留下了很好的印象。我为涌进24个涡轮机的水而着迷。"

2019年11月8日

1988年，戴安娜王妃在默西塞德郡斯坦洛炼油厂开设了一家新的润滑油中心，一位8岁的女孩向她送上了一束鲜花，她是该厂一名工人的女儿。30多年后，这个现在也是女人的孩子描述起了这件事："她很可爱。她并没有和我说很长时间的话，但她说，既然我们已经见面了，那我们将永远都是朋友。"这位女儿后来成了国会议员、影子能源大臣以及潜在的石油承办人。"我认为，现在在政治和经济上，人们愈发认识到化石燃料正在被淘汰。"丽贝卡·朗·贝利（Rebecca Long-Bailey）告诉我们："我认为业界都知道这一点。如果他们不适应这一变化，并开始多元化经营，那么他们将很难继续前进。尤其是当工党这样的政府一旦开始上台执政，他们将考虑在未来尽快淘汰化石燃料。"

我们正在她位于大曼彻斯特区索尔福德的办公室中谈话，办公室位于一条繁忙的街道上，就在 Top Trough 三明治专卖店和 Wizard 文身穿孔店旁边。办公室的墙壁上装饰着"美国机械工人协会"（United Machine Workers' Association）的历史性印刷品、"社会主义戒律表"（Socialist Commandments）以及当地音乐英雄乔伊·迪维斯（Joy Division）和史密斯（Smiths）的黑白照片——这是乐队展示在索尔福德青年俱乐部（Salford Lads' Club）前的标志性形象。朗·贝利承认，在她十几岁的时候，她每周都有 4 天会去曼彻斯特的夜间俱乐部里玩儿，那时的她染着一头彩虹色的头发，下唇穿了孔，穿着宽松的裤子和背心，有那么一点儿像"滑板女孩"。

如今，坐在她低调但时尚的办公室里的朗·贝利是一个直率、笑容可掬、衣着整洁的人。这位影子商务和能源大臣刚满 40 岁；她让我们想起了在赢得索尔福德和埃克勒斯（Eccles）的安全议会席位之前，她曾是一位年轻的专业律师。在我们 2019 年 11 月进行谈话后不久，朗·贝利便参加了一场大选，这场大选的特点是首次围绕气候变化问题进行了高级别的辩论。然而投票并没有按照她预期或想要的方式进行。朗·贝利保留了她的席位，但约翰逊和保守党的全面胜利，却给她的议程带来了巨大的打击。

尽管如此，绿色工业革命背后的理念——市政风电场、数百万户家庭的绝缘和电动汽车的制造——依然存在。在 2020 年的工党领导人选举中，这些理念在包括她本人在内的候选人所作的承诺中占据了重要地位。

工党和工会都对过去许多人认为的环境运动持谨慎态度，他们认为这场运动过于理想化，过于中产阶级，对关闭煤矿、核电站或石油设施造成的失业影响过于疏忽。但朗·贝利表示，学校罢课和"反抗灭绝"运动在改变人们的观念方面发挥了重要作用。

她还很清楚，从煤炭和石油转向可再生能源必须是一个公平的过程，既能迅速创造新的就业机会，又能让人们摆脱旧的污染性工作。矿场的关闭及其对社区造成的巨大影响不能在重复上演。"为了能够进行转型，我们必须让工人和那些甚至没有参与化石燃料行业的人与我们并肩作战，我们要让他们看到自己的家庭、汽车和技术发生了巨大转变，我们必须证明这对他们有好处。想要做到这一点，就需要进行一场工业革命。"

如凯特·拉沃思（Kate Raworth）、安妮·佩蒂弗（Anne Pettifor）和玛丽亚娜·马祖卡托（Mariana Mazzucato）这样的女性经济学家越来越多，她们的学术工作支撑了这一进程。牛津大学讲师、《甜甜圈经济学》（*Doughnut Economics*）一书的作者拉沃思告诉我们，在新的绿色经济中，大型石油公司未必会受欢迎。"是的，我们希望摆脱化石燃料，但我们不想让太阳能等新行业完全被那种自上而下都将股东需求摆在第一位的公司占领。"

这一信息是否已经传递给了像联合工会的兰·麦克劳斯基（Len McCluskey）这样的顶级工会人士以及索尔福德街上的人们了呢？我们问朗·贝利。"是的，他现在是一名气候活动家了，不是吗？"她笑了。"就连我的从未真正谈论过气候问题的妈妈，也在2019年工党大会之前对我大声咆哮，说要为2030年设定零碳目标。'2030年，丽贝卡！2030年！'我差不多这样回答道：'好吧，科学家妈妈，谢谢您。'这已经开始引起人们的共鸣了。"

朗·贝利的出生地并不远，她的父亲吉米·朗（Jimmy Long）最初在曼彻斯特运河上的索尔福德码头为壳牌公司卸货，后来这座码头关闭了。他被调到了斯坦洛，并在那里的一家润滑油厂工作，丽贝卡就是在那期间赢得了抽奖，向悲情王妃戴安娜献上了鲜花。"我父亲在20世纪70年代加入壳牌时没有受过教育，这是一笔巨大的交易。这是一支高度工会化的劳动力队伍，每个人的工资都很高。他总是说在得到那份工作的那一天，他是世界上最幸运的人。"他最终离开了，具有讽刺意味的是，他的女儿希望看到这一行业的逐渐衰落，尽管这是在以一种公正的方式保护就业和社区。

朗·贝利是一场政治运动的象征，尽管这场运动似乎已经失去了议会的支持，但仍在英国政体中蔓延。这场运动的核心是意识到应对气候变化的斗争意味着石油和天然气在英国已经时日无多，黑金帝国的末日即将到来，下一个挑战将会是如何控制风力、潮汐和太阳能的世界。这一共同财富的所有权将会如何塑造这个国家？

* * *

"发现"号（The Discovery）驶过利物浦码头的闸门，加里·弗林特（Gary Flint）带着她驶入了默西河宽阔的棕色水流。潮水刚刚退潮，在水流的帮助下，这艘玻璃纤维双体船驶入了利物浦湾。

这是一群奇怪的艺术家、作家和活动家，他们热衷于想象另一个能源世界会是什么样子。其中包括戏剧讲师加里·安德森（Gary Anderson）和市议员莉娜·希米奇。有来自利物浦沃尔顿选区工党的蒂姆·杰夫斯（Tim Jeeves），还有一位正在制作与气候变化相关戏剧的艺术家佐伊·斯文森（Zoë Svendsen），还有我们自己。我们来这里并不是为了从阴暗的大海中捕捞银鳕鱼、牙鳕鱼或鳐鱼什么的，而是为了拥有伯波堤海上风电场。

不久，我们就瞥见了猎物，矗立在西部海域中的一排排苍白的涡轮机。在我们身后，城市的房屋和高楼大厦向南北延伸。

二级左右的风不断从东北方向刮来。今早的微风很冷，但其中夹杂着的潮水的气息使人感到平静。我们将伯波的基点标志浮标甩在了港口，船改变了航向，并稳定了下来，它将在40分钟内到达涡轮机底部。

希米奇把我们召集在一起，展开了一条被做成了条幅的白色主帆，上面写着猩红色的大字：人民将拥有风。

安德森用最大的声音朗读起了诺曼·麦凯格（Norman MacCaig）

的《一个在阿西特的人》(*A Man in Assynt*):

> 谁拥有这片风景?
> 拥有与爱有关吗?
> 因为它和我有一段如此接近人类的爱情
> 我们甚至会争吵。——
> 当我过于自信地闯入时
> 它用如一只手掌般的风拒绝了我
> 或挡住我的去路
> 震颤的沼泽或湖泊
> 在不应该有湖的地方……
> 谁拥有这片风景?——
> 买下它的百万富翁或
> 清晨蹒跚下坡的偷猎者
> 背上扛着只鹿?
> 谁拥有这片风景?——
> 将它带来的人或
> 我才是被它拥有的那个?

船的噪声太大了,当他们面向灰色的海洋大声朗诵自己的诗句时,我们站得很近。

希米奇:"谁拥有这片海景?买下它的百万富翁或我们才是被它拥有的那个?被大海拥有意味着什么?拥有占据了西部地平线的风力涡轮机意味着什么?"

杰夫斯:"我们可以看到伯波堤海上风电场和伯波堤扩建海上风电场。2007年,丹麦国有公司丹能建造了首批90台涡轮机。第二个阵列由258台发电机组成,于2017年由同一家公司调试。这些机器的叶片加起来平均产生256兆瓦的电力。伯波堤海上风电场有能力为23万户家庭供电。当每个家庭和办公室、每个学校和商店，都得到适当的绝缘、高效的照明和加热时，这些涡轮机将能够为利物浦及其他地区的所有公民提供足够的电力。"

斯文森："在本世纪的头20年里，后来改名为沃旭能源的丹能是如何攫取了这一资源的？利物浦湾的河床属于英国共有财产。最终是女王，当然是在政府的指导下，授予了在这里建造涡轮机的权利。这股从兰开夏郡的海岸吹过大海、吹向爱尔兰的风属于每个人，而不是某个人。"

杰夫斯："一排会计师从一家国际银行的总职员那里筹集了贷款，他们资助沃旭能源建造了这些机器。现在沃旭能源向六大电力公司出售电力，挨家挨户地从英国数百万家庭和企业的账单上收取利润。我们现在越来越近了。超乎寻常的高楼大厦耸立在我们的头顶。他们巨大的刀刃划破了空气。"

安德森："每台涡轮机的每一部分都被装载在伯肯黑德的坎梅尔·莱尔德船厂的驳船上，并由拖船牵引着从我们所遵循的同一路线渡过。在尺寸巨大的起重机的帮助下，高架被高高吊起，并安装在深深陷入海湾泥床的混凝土基础上。在每根柱子的顶端都安装着一组发电机，上面安装有三个叶片。"

希米奇："我们怎么可能没有注意到这些巨大建筑的建造？曾经西部的地平线是一条灰色的线，现在它点缀着一大群机器，它们从空气中吸取着金钱。同一股微风也曾吹动了商船的船帆，为这座城市的商人创造了财富。我们该如何利用这使我们的船在海湾上摇晃的公共风资源？我们该如何利用它来实现共同利益？我们如何才能确保从家庭和公司账单中筹集到的资金用于修缮建筑物，使其免于承受冬日的严寒和夏日的酷暑？"

杰夫斯："如果陆地和海洋从由公司控制、用于产生资本回报的空间，转变为由大家共同控制、共同拥有的空间，会怎么样？共同的土地和共同的海洋。现在属于沃旭能源的财产将成为利物浦人民的财产。

王室和政府对海湾海床的拥有权，必须成为沿海居民的共同权利。"

斯文森："'控制'一个资源，一个地方，而不是发自内心的主宰感，又有什么好处？拥有感。比主宰更重要的是拥有。我们今天来到这里，就是为了帮助拥有这些风电场。在我们的想象中抓住它们，让它们渗透到我们的梦中，填满我们的日常思想。"

希米奇："30 年前，默西塞德的'夜行者乐团'乐队（Orchestral Maneuvres in the Dark）发行了他们的歌曲《斯坦洛》。他们用斯坦洛炼油厂的一台柴油泵的原始录音创造了这首曲子的基本节奏。"

和着机器的节拍，安迪·麦克劳斯基唱道：

我们将你建成
为了我们自己
斯坦洛

现在我们将在伯波堤海上风电场录下 7 号涡轮机叶片的声音，来为未来之声提供基本的节奏。

船长关掉了引擎，小船开始轻轻摇晃。我们一言不发地站立着。

过了一会儿，树叶从我们头顶上掠过。

后记
风之联邦

2020 年 10 月 1 日

为了见到飞马俱乐部的炼油厂工人,我们计划再次前往泰晤士河口。但据 2019 年 12 月 4 日政府公报上的一则官方公开记录称,清算人已被召集起来了。1961 年由美孚开设,并先后由英国石油公司和瑞士石油冶炼公司(Petroplus)接管的科里顿炼油厂娱乐俱乐部和运动场已经关闭了。从此又多了一座废墟。

2020 年,英国石油行业员工遭遇了更糟糕的情况:新冠疫情大流行。从 4 月中旬开始,英国人的日常生活彻底被疫情改变了,汽车旅行停滞,在家办公增多,机场关闭。斯坦洛等炼油厂对汽油的需求直线下降。几十年来,从科里顿到盖特威克的输油管道首次陷入危机。全球对石油产品的需求下降,加上沙特阿拉伯和俄罗斯之间的价格战,迫使原油价格下跌。

国际能源署(International Energy Agency)宣布,石油行业正面临 25 年来最糟糕的形势,2020 年 4 月 21 日,美国原油价格降至零。石油期货合同一度达到每桶负 40.32 美元。这意味着生产商没有依照惯例,采取关闭油井这种代价高昂的举措,而是选择了付钱给顾客,让他们将石油从手中带走。英国北海上下都有石油平台正在亏本生产原油,人们担心将有 40% 的离岸劳动力会被解雇。

在泰晤士河口、安格尔西附近的利物浦湾以及福斯湾的河口，油轮庞大的身躯点缀在地平线上。所有能用的远洋油轮都被雇佣来储存石油，并锚定在世界各地的海岸。由于供不应求，超大型油轮的租赁成本在一周内翻了一番。

据石油公司、交易商和其他人推测，疫情最终将平息，原油价格将会回升。如果他们能把石油储存在陆地或海上，事实上是在市场之外的任何地方，他们就可以从经济好转中获利。

面对利润的下降和股价的暴跌，各大石油公司纷纷开始削减开支、裁员和削减股东薪酬。到2020年5月，《周日时代富豪榜》报道称，英力士集团的吉姆·拉特克利夫已经损失了60亿英镑的个人财产。

到了仲夏，壳牌公司注销了价值220亿美元的石油和天然气资产，并自第二次世界大战以来首次削减了对股东的支出。其首席执行官范·伯登罕见地承认，集团内鲜少被提及的交易部门帮助公司避免了蒙受更大的损失。

同样地，英国石油公司注销了170亿美元的资产，导致美国商业杂志《福布斯》（Forbes）质疑这是否是石油行业走向终结的开始。杰里米·莱格特、"碳追踪计划"小组和气候活动家向我们提出的关于担忧"搁浅资产"的论点已然成为现实。

2020年8月4日，英国石油公司新任首席执行官伯纳德·鲁尼宣布，该公司将在未来10年内削减40%的化石燃料。他表示："英国石油公司今天推出了一项新战略，他们将重塑业务，从一家专注于生产资源的跨国石油公司，转变为一家专注为客户提供解决方案的综合能源公司。"

此外，该公司承诺每年向风能等低碳能源投资50亿美元以上。鲁尼坚称，英国石油公司希望在未来成为一家能源公司，而不是一家石油公司。

由约翰·布朗在20年前发起的"超越石油"战略，曾一度被他的继任者唐熙华所抛弃，但这一次，因为英国石油公司的生存岌岌可危，这一战略又被重新拾起。布朗对鲁尼"非常明确"的方向声明表示了赞赏，而尼克·巴特勒则承认英国石油公司正处于一个高度复杂和快速变化的形势当中。巴特勒补充道："英国石油公司已经迈出了对迄今所有大型石油（和）天然气公司来说最大胆的一步，而这正是我们正在进入一个新时代的标志。仍无法确定的只是变化的速度。"

然而，英国石油公司会遵守这些承诺吗？其他石油公司会效仿吗？即使英国石油公司在未来 10 年将其石油和天然气产量减少 40%，但这又是否足以使该公司符合《巴黎协定》的要求呢？许多人是持否定态度的。"绿色和平组织"对英国石油公司的善变印象深刻，他们指出，该公司对俄罗斯石油公司（Rosneft）等第三方石油公司的投资并未在新的行动计划中被提及。

其他前英国石油公司高管对未来的看法各不相同。其中一人表示，考虑到英国和国际公民社会以及应对气候变化的财政和政治压力，鲁尼别无选择，只能在公司方向上做出重大改变。

"他们能兑现吗？这是个大问题。可再生能源部门的资本回报率远低于石油和天然气。一个大的石油发现可以让你在未来 5 年保持赢利。而可再生能源在很大程度上仍依赖政府补贴。"他说："老实说，如果让我来主持这场变革，我一定会赔个精光。你正试图进入一种电力经济，但你并没有真正直观地理解它。我认为从石油到可再生能源的平稳过渡几乎是不可能的。看看石油公司过去（艰难的）多样化经历吧。"他认为，像埃克森美孚这种在民间社会压力较小的公司，很有可能会介入并收购英国石油公司。

过去，石油公司曾帮助塑造了公民社会，但现在情况恰好相反。公民社会正在塑造原油生产商，但英国和欧洲其他国家承受的压力要比美国大得多。

然而，世界上最大的私人石油公司——得克萨斯州的埃克森美孚也必然难逃新型冠状病毒疫情、封锁和石油需求崩溃的影响。埃克森美孚自 1928 年以来，首次被排除在了标准普尔道琼斯工业指数（S&P

Dow Jones Industrial Index）的美国顶级股票之外。

在石油行业衰落的同时，大数据开始崛起，因为在整个英国，电话会议、家庭工作和购物已经成为常态。这意味着亚马逊和脸书以及 Zoom 等新公司的销售额和股价有了大幅提升。电力经济如日中天。在 2020 年的前 8 个月，Zoom 的股价从 68 美元升至 457 美元。电动汽车制造商特斯拉的股价从 2020 年 1 月 1 日的 84 美元升至 2020 年 9 月 1 日近 500 美元。

自 20 世纪 40 年代以来，人们第一次对作为国家骨架的石油管道系统的未来产生了质疑。从家庭到国家电网到海上风电场，电力供应变得愈发重要。新型冠状病毒疫情的影响之一似乎是加速英国从石油向电力的转变。杰里米·边沁和范·伯登都曾暗示过这种转变，但这两人都没有预料到这种情况会发生得如此之快。壳牌公司和英国石油公司仍在指望天然气被用作向全电力经济转型的"过渡"燃料，他们希望天然气可以用于生产以化石燃料为基础的氢气，为公交车甚至船舶提供燃料。

4 年前，我们开始了我们的旅程，我们本想强调石油及其工业是如何塑造了英国的过去和现在的。但我们最终感受到，这个岛屿上的人民正在开始重塑石油巨头和国家的未来。

托尼·韦德是我们在飞马俱乐部中认识的前科里顿炼油厂工人之一，他仍然对英国脱欧持乐观态度，并仍然相信石油有着美好的未来。"我们（英国）是不可能在风能方面自给自足的，而且不管怎么说，制造电池所需的矿物资源都是被中国人控制着的。我们仍然拥有石油，在英国脱欧之后，我们的国家又回来了。"黑金帝国？"是的，它还活着。"韦德坚持说。尽管他对化石燃料许下了忠诚的承诺，但具有讽刺意味的是，当地的瑟洛克委员会（Thurrock Council）刚刚在太阳能计划上投资了 6 亿英镑。

与此同时，威尔士政府确定了 11 个"优先"地区，以开发大规模的陆上风能和太阳能。一份磋商文件称："威尔士的煤炭、钢铁推动了工业革命，我们的风能、太阳能和潮汐资源预示着一个清洁、可持续的未来。"

在阿伯丁，该市最著名的石油服务公司伍德集团（Wood Group）正着手为苏格兰东北部制订一项脱碳计划，目前他们正就是否必须关闭北海以达到英国的气候目标而展开辩论。

英国的石油世界正在迅速变化，这一点也反映在了流行文化上。戴夫·兰德尔（Dave Randall）是前"无信念"乐队（Faithless）的吉他手，他和他的"斯洛沃"音乐团体（Slovo music collective）共同发行了与气候相关的歌曲。和维尔科（Wilko）一样，兰德尔也是在埃塞克斯郡俯瞰着泰晤士河沿岸的炼油厂长大的。

关于2020年夏天发行的专辑《面包和蝴蝶》（*Bread and Butterflies*），他说："这感觉像是一个奇怪而关键的时刻。我们试图探索影响我们所有人的问题，并捕捉一些由此唤起的感受。但最重要的是，这是一张乐观的专辑，诞生于对更美好世界的信念。"

"斯洛沃"（Slovo）的歌手芭芭拉（Barbarella）在《拯救我们》（*Deliver Us*）一曲中敦促我们道：

为了人民而起
为了树木而起
为了鸟儿和蜜蜂而起
为了老幼而起
为了尚未演唱的歌曲而起

年轻人仍在崛起。我们在议会广场上结识的10岁的埃尔西·露娜，后来创立了"反抗灭绝儿童"运动（XR Kids），她依旧对石油公司、政府甚至"反抗灭绝"运动本身深感失望。如果说公民社会正在改变英国和石油公司，那对她而言可以说还不够快。

"我认为'反抗灭绝'将气候置于司法之上是错误的：两者同样

重要。"她说道,"石油公司之所以继续压榨土地和原住民,只是为了致富。石油公司所有这些关于脱碳的言论都是在'洗绿'而已,而(政府的)现行体制只是问题的一部分。他们是不会做出正确的决定的。"

这么说来她放弃了吗?"不,绝对没有。但我认为我们必须改变策略,从在当地社区开展工作做起。没错,这就是我现在要做的事。"她说。

在石油世界的废墟之下,新事物正在萌生。

Abercrombie, Patrick, Greater London Plan, HMSO, London, 1944.

Ackroyd, Peter, London: The Biography, Vintage, London, 2001. Ascherson, Neal, Stone Voices: The Search for Scotland, Granta, London, 2002.

Baker, J.A., The Peregrine, Harper Collins, London, 1967.

Bamberg, James, The History of the British Petroleum Company, Vol. 2: The Anglo-Iranian Years, 1928-1954, Cambridge University Press, Cambridge, 1994.

Bamberg, James, The History of The British Petroleum Company, Vol. 3: British Petroleum and Global Oil, 1950-1975, Cambridge University Press, Cambridge, 2000.

Becket, Andy, When the Lights Went Out: Britain in the Seventies, Faber & Faber, London, 2010.

Benn, Tony, Against the Tide: Diaries 1972-1976, Arrow, London, 1999. Benn, Tony, Conflicts of Interest, Diaries 1977-1980, Arrow, London 1996. Bergin, Tom, Spills and Spin: The Inside Story of BP, Random House, London, 2011.

Browne, John, Beyond Business: An Inspirational Memoir from a Visionary Leader, Weidenfeld & Nicolson, London, 2010.

Browne, John, Seven Elements That Have Changed the World, Weidenfeld & Nicolson, London, 2013.

Cable, Vince, Free Radical, Allen and Unwin, London, 2010.

Carson, Rachel, Silent Spring, Houghton Mifflin, Boston, 1962.

Carter, Paul, Don't Tell Mum I Work On the Rigs, She Thinks I'm a Piano Player in a Whorehouse, Nicholas Brealey Publishing, London, 2006.

Cocker, Mark, Our Place, Can We Save Britain's Wildlife Before It Is Too Late?, Vintage, London, 2018.

Crane, Nicholas, The Making of the British Landscape, Weidenfeld & Nicolson, London, 2016.

参考文献

Cummins, Ian and John Beasant, Shell Shock: The Secrets and the Spin of an Oil Giant, Mainstream, Edinburgh, 2005.

Curtis, Mark, Web of Deceit, Vintage, London, 2003.

Davies, R.E.G. and Philip J. Birtles, Comet: The World's First Jet Airliner, Paladwr Press, Virginia, 1999.

Davies, John, Energy to Use or Abuse?, Shell UK Ltd., London, 1976.

Ellams, Inua, Three Sisters, Oberon Books, London, 2019.

Evans, Kathy and Douglas Marsh, Who's Hoo: A Century of Memories, Running Dog Press, UK, 2008.

Evans, Mel, Artwash, Big Oil and the Arts, Pluto Press, London, 2015.

Gabel, Medard and Henry Bruner, Globalinc: An Atlas of the Multinational Corporations, The New Press, New York, 2003.

Gill, Crispin, Frank Booker and Tony Soper, The Wreck of the Torrey Canyon, David Charles, Devon, 1967.

Gretton, Dan, I, You, We, Them, Vol. 1, William Heinemann, London, 2019.

Haraway, Donna J., Staying with the Trouble: Making Kin in the Chthulucene, Duke University Press, Durham, NC, 2016.

Harrison, Jeffrey and Peter Grant, The Thames Transformed: London's River and Its Waterfowl, Andre Deutsche, London, 1976.

Harvey, W.J. and R.J. Solly, BP Tankers: A Group Fleet History, Chatham Publishing, London, 2006.

Heath, Edward, The Course of My Life: The Autobiography of Edward Heath, Hodder & Stoughton, London, 1998.

Howarth, Stephen, Sea Shell: The Story of Shell's British Tanker Fleets 1892–1992, Thomas Reed Publications, London, 1992.

Howarth, Stephen, A Century in Oil: The 'Shell' Transport and Trading Company 1897–1997, Weidenfeld & Nicolson, London, 1997.

Howarth, Stephen and Joost Jonker, Powering the Hydrocarbon Revolution 1939–1973: A History of Royal Dutch Shell, Vol. 2, Oxford University Press, Oxford, 2007

Howarth, Stephen and Joost Jonker, Powering the Hydrocarbon Revolution 1939–1973: A History of Royal Dutch Shell, Vol. 2, Oxford University Press, Oxford, 2007

Johnson, Wilko, Don't You Leave Me Here, Little Brown, London.

Jonker, Joost and Jan Luiten van Zanden, From Challenger to Joint Industry Leader, 1890-1939: A History of Royal Dutch Shell, Vol. 1, Oxford University Press, Oxford, 2007.

Kemp, Alex, The Official History of North Sea Oil and Gas, Vol. 1: The Growing Dominance of the State, Routledge, London, 2014.

Kemp, Alex, The Official History of North Sea Oil and Gas, Vol. 2: Moderating the State's Role, Routledge, London, 2011.

Kissinger, Henry, Years of Upheaval, Little Brown US, Boston, 1982.

Ledger, Frank and Howard Sallis, Crisis Management in the Power Industry: An Inside Story, Routledge, London, 1995.

Leggett, Jeremy, The Carbon War: Global Warming and the End of the Oil Era, Penguin, London, 1999.

Levine, Steve, The Oil and the Glory: The Pursuit of Empire and Fortune on the Caspian Sea, Random House, New York, 2007.

Logan, Nick Logan and Bob Woffinden, The Illustrated New Musical Express Encyclopedia of Rock, Salamander Books, London, 1977.

Lyons, Mark, The Battle of Grangemouth, Lawrence and Wishart, London, 2017.

Marriott, James and Mika Minio-Paluello, The Oil Road: Journeys from the Caspian Sea to the City of London, Verso, London, 2012.

McGrath, John, The Cheviot, the Stag and the Black, Black Oil, Methuen Modern Plays, London, 1981.

Meadows, Donella H., Dennis L. Meadows, Jorgen Randers and William Behrens III, The Limits to Growth: A Report for the Club of Rome's Project on the Predicament of Mankind, Potomac Associates, Virginia, 1972.

Mitchell, Timothy, Carbon Democracy: Political Power in the Age of Oil, Verso, London, 2011.

Moody-Stuart, Mark, Responsible Leadership: Lessons from the Front Line of Sustainability and Ethics, Greenleaf, London, 2014.

Mumford, Lewis, The City in History, Penguin, London, 1973.

Muttitt, Greg, Fuel on the Fire: Oil and Politics in Occupied Iraq, Random House, London, 2012.

Nockolds, Harold, Shell War Achievements, Vol. 4: The Engineers, The Shell

Petroleum Company, London, 1949.

Orrell, Robert, Blow Out, Seafarer Books, Woodbridge, 2000. Pirani, Simon, Burning Up, A Global History of Fossil Fuel Consumption, Pluto Press, London, 2018.

Orrell, Robert, Blow Out, Seafarer Books, Woodbridge, 2000. Pirani, Simon, Burning Up, A Global History of Fossil Fuel Consumption, Pluto Press, London, 2018.

Platt, Edward, Leadville: A Biography of the A40, Picador, London 2001. Randall, Dave, Sound System: The Political Power of Music, Pluto Press, London, 2017.

Platt, Edward, Leadville: A Biography of the A40, Picador, London 2001. Randall, Dave, Sound System: The Political Power of Music, Pluto Press, London, 2017.

Rees, Lynne, Real Port Talbot, Seren, Bridgend, 2013. Roberts, David, Cammell Laird: Life at Lairds, Memories of Working Shipyard Men, Avid Publication, Gwespyr, 2008.

Rowell, Andy James Marriott and Lorne Stockman, The Next Gulf: London, Washington and the Oil Conflict in Nigeria, Constable Robinson, London, 2005.

Saro-Wiwa, Ken, Genocide in Nigeria: The Ogoni Tragedy, Saros International, Lagos, 1992.

Sebald, W.G., On the Natural History of Destruction, Hamish Hamilton, London, 2003.

Simons, Mike, Striking Back: Photographs of the Great Miners' Strike 1984–1985, Bookmarks, London, 2004.

Simons, Mike, Striking Back: Photographs of the Great Miners' Strike 1984–1985, Bookmarks, London, 2004.

Stanton Hope, W.E., Tanker Fleet: Shell War Achievements, Vol. 1, The Shell Petroleum Company, London, 1948.

Strawbridge, Don and Peter Thomas, Baglan Bay: Past, Present and Future, BP Chemicals Ltd, Baglan Bay, 2001.

Taylor, James Piers, Shadows of Progress: Documentary Film in Post-War Britain 1951–1977, BFI, London, 2010.

Thunberg, Greta, No One Is Too Small to Make a Difference, Penguin, London, 2019.

Yergin, Daniel, The Prize, Simon & Schuster, London, 1991.

Yergin, Daniel and Joseph Stanislaw, The Commanding Heights: The Battle for the World Economy, Simon & Schuster, New York, 2002.

Ziegler, Philip, London at War, Sinclair–Stevenson, London, 1995.

致谢

在此衷心感谢所有同意接受我们采访的人们，特别是像托尼·韦德、斯特凡·罗戈基、戴夫·穆森、埃迪·霍里根、科林·麦克马伦、约翰·皮克林（John Pickering）、肯尼·坎宁安、荣·伍德（Ron Wood）、特雷弗·加里克、约翰·卡多根爵士以及埃迪·马内尔这样在石油世界的核心工作，却鲜少在石油行业史上被提及的人们。与泰晤士河口前炼油厂工人们的会面成为本书创作的一个重要动力，正是他们让我们产生了这个故事中从未提及，但现在必须被讲述出来的想法。

感谢行业中那些更希望隐藏于幕后的男女老幼，如大卫·贾米森、维维恩·考克斯和迈克·瓦格斯塔夫等。没有他们的参与，这个故事不可能被讲述得十分精彩。约翰·布朗勋爵、本·范·伯登、杰克·莫洛伊、亚历克斯·坎普教授、杰里米·边沁、马克·里昂和尼克·巴特勒等更知名的业内人士都慷慨地奉献了自己的宝贵时间。他们所有人都提供了自己宝贵的见解，并向我们讲述了他们在那个向来以不透明著称的商业中心内的人生经历。

与维尔科·琼森、安迪·麦克劳斯基、乔恩·金、戴夫·兰德尔等词曲作家和电影制作人彼得·皮克林的会面，点亮了这个行业中浪漫的一面。石油行业催生了许多奇怪的机械，并推动了政治进程，而这些也给他们带来了诸多灵感与启发。

感谢那些以行业批评家和生态活动家的身份接受我们采访的人们，他们分别是拉扎鲁斯·塔马纳、苏珊娜·达利瓦尔、盖尔·布拉德布鲁克、埃尔西·露娜、格雷格·穆蒂特、路易丝·罗斯和杰里米·莱格特。

感谢那些同意接受我们采访的学者，他们分别是保罗·史蒂文斯教授、海伦·汤普森教授、詹姆斯·班伯格（James Bamberg）和蒂姆·米特切尔（Tim Mitchell）。感谢所有政治家和政界人士，包括迈克尔·赫塞尔廷勋爵、迪本（Deben）勋爵、约翰·塞尔温·古默（John Selwyn Gummer）、克莱夫·路易斯（Clive Lewis）议员、丽贝卡·朗·贝利议员、亚当·沃恩（Adam Vaughan）和保罗·波茨（Paul Potts）。感谢金融和大数据领域的从业人士，包括马克·坎帕纳、尼克·罗宾斯和大卫·霍金（David Hockin）。还感谢那些从业于未来可期的可再生能源领域的人们，他们是马克·肖洛克、布里奇特·哈特兰·约翰逊、丹妮尔·莱恩（Danielle Lane）、凯文·琼斯（Kevin Jones）和娜塔莉·加齐（Natalie Ghazi）。

我们也要感谢所有曾友善地同意接受我们采访的人们，虽然我们目前还未找到合适的方式将他们的话语融入故事中。他们的见解在本书的成书过程中提供了帮助。他们是大卫·米勒（David Miller）、波林·默里（Pauline Murray）、乔·科里（Joe Corré）、格蕾丝·佩特里（Grace Petrie）、比利·布拉格（Billy Bragg）、波夫·华里（Boff Whalley）、琼蒂·科尔切斯特（Jonty Colchester）、布瑞恩·马德森（Brian Madderson）、马修·赖特（Matthew Wright）、贾斯汀·摩纳格汉（Justin Monaghan）、克莱门迪·寇顿（Clementine Cowton）、欧文·绍恩（Owen Thorn）、保罗·斯科特（Paul Stott）、托尼·卡蒂（Tony Carty）以及黛米·唐尼利（Demi Donnelly）。也感谢那些提供过大量帮助但不愿透露姓名的业内人士。

我们要感谢所有在我们于英国各地旅行期间曾伸出援手，以及那些为我们提供了写作场所的人，包括迈克·英尼斯（Mike Innes）、凯洛琳·斯科特（Carolyn Scott）等。

非常感谢在过去五年中，围绕本书的观点与我们展开讨论并给予我们良多的所有人，他们是格雷格·穆蒂特（Greg Muttitt）、科亚·埃勃拉姆斯基（Kolya Abramsky）、加文·布里吉（Prof Gavin Bridge）教授、娜娜·德·格拉夫（Nana de Graaff）博士、吉沙·维茨卡尼斯（Gisa Weszkalnys）博士、亚历克斯·道吉（Alex Dodge）、安迪·罗威尔（Andy Rowell）、丹·格莱顿（Dan Gretton）、尼克·罗宾斯（Nick Robins）、西蒙·皮拉尼（Simon Pirani）、加雷斯·埃文斯（Gareth Evans）、约翰·乔丹（John Jordan）、斯图亚特·韦尔（Stuart Weir）、亚当·拉姆西（Adam Ramsey）、西蒙·阿姆斯特朗（Simon Armstrong）、詹姆斯·米克（James Meek）、法扎那·可汗（Farzana Khan）、张夏准（Ha Joon Chang）、阿迪蒂亚·查克拉博蒂(Aditya Chakrabortty)、卢克·哈丁（Luke Harding）、安妮·罗宾斯（Anne Robbins）以及绍夫特·瓦克斯（Soft Wax）。

感谢所有曾为我们提供过灵感和建议的人们，包括梅尔·埃文斯（Mel Evans）、查理·克罗尼克（Charlie Kronick）、梅·汉克（Mae Hank）、米卡·米尼奥-帕鲁埃洛（Mika Minio-Paluello）、安娜·高吉那（Anna Galkina）、杰斯·沃斯（Jess Worth）、艾玛·休斯（Emma Hughes）、苏珊娜·达利瓦尔（Suzanne Dhaliwal）、保罗·霍斯曼（Paul Horsman）、马克·布朗（Mark Brown）、丹尼·芝瓦士（Danny Chivers）以及吉姆·福特纳（Jim Footner）。

感谢所有曾帮助我们建立联系的人们，包括萨丽·唐纳森（Sally Donaldson）、安迪·诺曼（Andy Norman）、艾利斯·纳特（Alice Nutter）、乔·皮克林（Jo Pickering）、佐伊·霍维（Zoë Howe）和克里斯·米特切尔（Chris Mitchell）。

特别感谢那些一直以来帮助我们将本书的思想以书面以外的形式呈现并加以拓展的人们，他们是艾玛·戴维（Emma Davie）、索尼娅·亨里奇（Sonja Henrici）、考特尼·迈尔维（Courtney Mulvay）、劳拉·沃德哈（Laura Wadha）、朱利安·施万尼茨（Julian Schwanitz）、林德赛·波顿（Lindsay Poulton）、苏·琼斯（Sue Jones）和考勒特·百利（Colette Bailey）。

感谢几位指导作家和思想家，他们的作品为我们提供了极大的帮助，他们分别是朵琳·玛西（Doreen Massey）教授、蒂姆·米特切尔（Tim

Mitchell)、娜奥米·克莱恩（Naomi Klein）、保罗·马森（Paul Mason）、詹姆斯·班伯格（James Bamberg）、安德鲁·巴利（Andrew Barry）教授、格雷格·穆蒂特（Greg Muttitt）和西蒙·皮拉尼（Simon Pirani）。

我们感谢所有的歌曲作者，以及他们歌词的版权持有者，尤其要感谢来自索尼/ATV音乐公司的利亚·马克（Leah Mack），他允许我们免费或以相对最低的成本发布这些歌曲。

20世纪的英国石油工业几乎完全是白人男性的领域。然而，受到影响的却往往是有色人种社区，而带头质疑该行业计划的则往往是女性。我们试图为这一现实发声。在我们努力应对气候变化的过程中，走出黑金帝国的道路往往是由女性开辟的，这本书的第三部分便反映了这一点。我们想要为她们中的几位的勇敢开拓工作做出见证，她们分别是格雷塔·桑伯格、盖尔·布拉德布鲁克、丽贝卡·朗·贝利、海伦·汤普森、丹妮尔·莱恩、列那·希米可和十岁的埃尔西·露娜。

尤其要感谢尼克·罗宾斯（Nick Robins）、格雷格·穆蒂特（Greg Muttitt）、斯图亚特·韦尔（Stuart Weir）、阿迪蒂亚·查克拉博蒂（Aditya Chakrabortty）以及卢克·哈丁（Luke Harding）等作家最初的热情鼓励和一如既往的支持，没有他们，本书将永远无法面世。

特别感谢我们的委托编辑大卫·肖尔曼（David Shulman），他始终坚信我们所要表达的事情是至关重要的。我们感谢他和普卢托出版社（Pluto Press）中为这个项目提供过支持的所有编辑和制作人员，正是因为他们的努力，我们才坚持到了最后。我们非常感谢乔治·奥厄斯（George Owers）、雷欧·霍利斯（Leo Hollis）和汤姆·佩恩（Tom Penn）等来自其他出版社的人们，是他们帮助我们提炼出了本书的大纲，其中我们尤其要感谢汤姆·佩恩（Tom Penn）的耐心建议。同样也感谢马修·哈密尔顿（Matthew Hamilton），多年来，他一直担任这个项目的代理人。

十分感谢玛德琳·邦廷（Madeleine Bunting），她十分慷慨地花费时间来帮助我们进行编辑工作。

致谢

我们还要感谢萨丽·芬恩（Sally Fenn）、西蒙尼·布雷尼斯（Simone Brenneis）、科亚·埃勃拉姆斯基（Kolya Abramsky）、安迪·罗威尔（Andy Rowell）、加文·布里吉（Gavin Bridge）教授、法扎那·可汉（Farzana Khan）、简·特洛威尔（Jane Trowell）、克里斯·米特切尔（Chris Mitchell）、阿迪蒂亚·查克拉博蒂(Aditya Chakrabortty)、理查德·弗莱德曼（Richard Fredman）、尼克·罗宾斯（Nick Robins）、罗伯特·诺伊斯（Robert Noyes）、瑞安农·特罗威尔（Rhianon Trowell）、艾玛·休斯（Emma Hughes），以及所有曾阅读过本书草稿和大纲，并给予我们宝贵反馈的人们。

在本书的成书过程中，我们还受到了许多来自他人的帮助，他们提供了建议、援助、食宿，并与我们建立了弥足珍贵的友谊。

对特里·麦卡利斯特来说，这些支持分别来自：约翰·诺顿（John Naughton）、麦格·韦斯特伯利（Meg Westbury）、赛南·克利福德（Senan Clifford）、海伦·艾尔德（Helen Alder）、理查德·布朗(Richard Brown)、理查德·瓦茨曼（Richard Wachman）、菲利普·茵曼（Phillip Inman）、鲁珀特·尼特（Rupert Neate），以及约翰·欧·苏里万（John O'Sullivan）与利兹·马卡里斯特（Liz Macalister），CCC和"书生男孩"（Bookishboys）。此外，还要特别感谢温妮·布雷尼斯（Winnie Brenneis）董事总经理，以及位于阿登布鲁克的NHS工作人员，在特里遭遇了严重的自行车事故后，是他们鼓励他重新振作了起来。此外，在身边的亲朋好友中，要感谢卡鲁姆（Callum）和他的兄弟洛瑞·芬恩·马卡里斯特（Rory Fenn Macalister），他们给予了本书以关爱、欢笑和宝贵的支持。在这个有时会对我们产生压倒性威胁的项目中，萨丽·芬恩（Sally Fenn）扮演了灵感提供者、处理多重任务的编辑以及全能支持者的角色。

对詹姆斯·马里奥特来说，这些支持分别来自：平台的伙伴艾玛·休斯（Emma Hughes）、盖比·耶利亚兹可夫（Gaby Jeliazkov）、法扎那·可汉、莎拉·理雅各（Sarah Legge）、本·列侬（Ben Lennon）、亚当·玛·阿尼特（Adam Ma'anit）、罗万·玛塔拉姆（Rowan Mataram）、米卡·米尼奥-帕鲁埃洛、乔·拉姆（Jo Ram）、劳瑞·毛姆佩拉特(Laurie Mompelat)、罗伯特·诺伊斯（Robert Noyes）、马克·罗伯茨（Mark Roberts）、萨吉纳·谢赫（Sakina Sheikh）、莎拉·绍拉卡（Sarah Shoraka）、简·特洛威尔（Jane Trowell）、肯尼迪·沃克（Kennedy Walker）和罗丝·吉亚伊（Rose Ziaei），是他们的支持使这本书的面世成为可能。詹姆斯的工作是建立在平台上所有人的理解及其建立者所留下的宝贵财产之上的，他们分别是格雷格·穆蒂特（Greg Muttitt）、本·阿曼雅（Ben Amunwa）、梅尔·埃文斯（Mel Evans）、凯文·史密斯（Kevin Smith）、本·迪斯（Ben Diss）、约翰·乔丹（John Jordan）、苏珊娜·达利瓦尔（Suzanne Dhaliwal）、夏洛特·莱昂纳多（Charlotte Leonard）、爱瓦·加西维茨（Ewa Jasiewicz）、洛恩·斯道格曼（Lorne Stockman）、艾玛·桑斯特（Emma Sangster）、艾玛·麦克法兰德（Emma McFarland）、尼克·麦克法兰德（Nick McCarthy）和丹·格莱顿（Dan Gretton），以及所有从外界给予过帮助的人们，特别是艾琳·格拉赫（Irene Gerlach）、蒂姆·菲尔斯（Tim Fairs）、安迪·罗威尔（Andy Rowell）、辛迪·巴克斯特（Cindy Baxter）、查理·克罗尼克（Charlie Kronick）、尼克·希尔亚德（Nick Hildyard）、索卡里·道格拉斯·坎普（Sokari Douglas-Camp）、小肯·威瓦（Ken Wiwa Jr）、塞莱斯廷·阿卡珀波利（Celestine Akpobori）和史蒂夫·克莱茨曼（Steve Kretzman）。最后，詹姆斯衷心感谢他身边所有亲朋挚友们的大力支持和关怀，他们耐心聆听并给予了他诸多鼓励，他们是格雷格·穆蒂特（Greg Muttitt）、尼克·罗宾斯（Nick Robins）、丹·格莱顿（Dan Gretton）、约翰·乔丹（John Jordan）、列那·希米可（Lena Šimić）、马克·布朗（Mark Brown）、吉尼·法曼（Ginny Farman）、约翰·德·法贝（John de Falbe）、达内·斯坦纳特（Dany Steinert）和菲·斯帕罗（Fi Spirals）。尤其要感谢简·特洛威尔（Jane Trowell），多年来，她每天都致力于这项工作，并不断地鼓励我。